WEI CHENG NIAN REN
JIAN CHA WEN TI YAN JIU

未成年人
检察问题研究

张寒玉 王英 著

中国检察出版社

图书在版编目（CIP）数据

未成年人检察问题研究/张寒玉，王英著. —北京：中国检察出版社，2017.4
ISBN 978-7-5102-1862-0

Ⅰ.①未… Ⅱ.①张… ②王… Ⅲ.①青少年犯罪-刑事诉讼-研究-中国
Ⅳ.①D925.204

中国版本图书馆 CIP 数据核字（2017）第 057698 号

未成年人检察问题研究
张寒玉　王　英　著

出版发行：	中国检察出版社
社　　址：	北京市石景山区香山南路 111 号（100144）
网　　址：	中国检察出版社（www.zgjccbs.com）
编辑电话：	（010）68658769
发行电话：	（010）88954291　88953175　68686531
	（010）68650015　68650016
经　　销：	新华书店
印　　刷：	保定市中画美凯印刷有限公司
开　　本：	710 mm×960 mm　16 开
印　　张：	25.5
字　　数：	467 千字
版　　次：	2017 年 4 月第一版　2017 年 4 月第一次印刷
书　　号：	ISBN 978-7-5102-1862-0
定　　价：	65.00 元

检察版图书，版权所有，侵权必究
如遇图书印装质量问题本社负责调换

序一：

爱从来不是负担
——《未成年人检察问题研究》序

《未成年人检察问题研究》的出版，是特别值得庆贺的事情。

中华人民共和国成立后，随着国家法制建设的开展，未成年人司法制度也在不断摸索中前行。1984年10月，上海长宁法院成立"少年犯合议庭"，1986年6月，上海市长宁区人民检察院成立"少年犯起诉组"。少年法庭在其后得以蓬勃发展，而少年检察制度的发展长期处于停滞状态。最高人民检察院曾在1992年设立少年犯罪检察处，但在1996年刑诉法修改第二年即被撤销。在很长一段时间，只有上海市在各个区县检察机关设立少年检察机构，并在2009年设立上海市人民检察院未检处，形成了三级少年检察机构，其他省市的少年检察机构与制度建设，基本上处于停滞状态。

这种情况在2012年刑诉法增设未成年人特别程序专章后开始改变。针对未成年人刑事案件设置相对独立的特别诉讼程序，体现了我国对未成年当事人的特殊保护，使办理未成年人案件的程序更加符合少年司法规律，更有利于通过诉讼活动为犯罪的未成年人改过自新和回归社会创造有利条件。可以说，该程序的确立，在我国未成年人诉讼制度发展史上具有划时代的意义。此后，多个省市在省级检察机关设立独立的未检处，北京等地还在市县级检察机关设立了独立的未成年人检察机构。

在本轮司法改革实行员额制、大部制的背景下，独立未成年人检察机构与业务类别何去何从，成为必须回答的问题。最高人民检察院贯彻中央司法改革精神，遵循未成年人司法规律，强调在司法改革中，未检工作不能削弱，只能加强。为此，最高人民检察院围绕加强未检工作举办会议专门研究，并作出重大决策。譬如，未成年人刑事检察工作座谈会于2015年8月在无锡召开；最高人民检察院党组专题讨论未检工作；2015年12月23日最高人民检察院未检办成立；2016年6月在上海召开纪念未检30周年大会，回顾未检工作历程并对未检工作未来发展作出重大部署。

最高人民检察院设立独立未检机构，在我国未成年人司法制度史上具有里程碑意义。它标志着未检机构体系在我国已经覆盖四级检察机关，标志着我国未成年人检察职能成为相对独立的检察职能，标志着我国未成年人司法体系建设迈出了坚实的一步。在我国，未成年人检察在未成年人司法中扮演着重要角色，这是因为，我国刑事程序由立案、侦查、起诉、审判等构成，各个阶段相互独立、前后衔接，公安机关负责立案侦查，检察机关负责审查逮捕、起诉和诉讼监督，法院负责审判。在这个过程中，检察院不仅在整个程序中承上启下，而且负责对立案侦查和审判活动进行监督，是唯一能够参与刑事诉讼全过程的机关。同时，在未成年人司法中，采取非羁押措施为一般原则，而我国审查批准逮捕决定权在检察机关。此外，由于我国没有独立的少年实体刑法，案件起诉到法院后，如果未成年人的行为触犯了刑法，则只能作有罪判决，在量刑上从轻减轻处罚，而不能作转向处分决定。但是，由于在刑诉法中规定了未成年人特别程序，检察机关可以依据特别程序在审查起诉时作出不起诉或者附条件不起诉处理，这就可以使未成年人司法理念和特殊政策的贯彻发挥更大的作用。

不仅如此，未检职能的发挥对推动未成年人综合保护体系的建立具有极为重要的作用，包括建立检察机关保护未成年人内部横向与纵向衔接机制，防止出现保护真空，与其他执法、司法机关建立衔接机制，形成保护未成年人合法权益的工作体系，与政府部门、未成年人保护组织等建立跨部门合作机制，推动建立未成年人司法借助社会专业力量的长效机制，通过发挥监督职能，强化对各类侵害未成年人犯罪的立案、侦查和刑事审判、刑事附带民事审判活动的法律监督，确保未成年人得到妥善照料，并运用检察建议督促有关部门建章立制，加强对重点未成年人群体的保护等。

由于未成年人检察的重要性，使得未检检察官在未成年人司法中能够发挥特别重要的作用。作为资深未检人，张寒玉检察官长期在最高人民检察院从事未检工作，指导全国未检业务。她挚爱未检事业，既有扎实的理论功底，也有丰富的实践经验。王英检察官常年在未检一线办案，积累了丰富的办案经验，对许多问题也有深入思考。《未成年人检察问题研究》是她们对相关问题深入思考的结晶，倾注了她们的心血，更体现了她们对未检事业的爱。本书涉及的问题，有理念问题，有如何解释和运用法律的问题，有未成年人司法人员的思维方式问题，这些对未成年人司法都是至关重要的问题。可以说，把未成年人司法理念和法律规定、相关文件落实到具体办案过程中，真正实现"办理一个案子，挽救一个孩子，幸福一个家庭，和谐一方社会"的办案目标，本书作了积极探索。

有一个感人的故事：通往山顶寺院的山路难行，一位负重的朝圣者已是气喘如牛。当他看到一个小女孩背着一个小孩从旁边缓慢走过时，便同情地对她说："孩子，你一定很疲惫，背那么重的一个小孩。"小女孩听到后不高兴地说："你背的是重量，但我背的不是重量，是我的弟弟。"爱不是负担，而是一种喜悦的关怀与无求的付出。未检工作同样如此。在本书的字里行间，能够看到两位作者因为爱孩子而负重前行的坚韧和持之以恒的努力。本书尽管存在诸多不完善和疏漏，但并未因此而减损她们初心的美好。愿本书的出版，能进一步引发对未成年人司法理念和相关问题的深入思考，推动我国未成年人司法制度继续前行，不断完善，为孩子们的健康成长提供良好的司法保障，使他们能感受世界的温暖与美好。

是为序。

宋英辉

2017 年 2 月 6 日

序二：

未检人的激情与理性

——《未成年人检察问题研究》序

寒玉与王英两位同志新近完成《未成年人检察问题研究》一书，嘱我写个序言，这个要求我无法拒绝。

我与寒玉相识多年，她是那种说到动情处会潸然泪下或者拍案而起的人，迥异于传统刑事检察官那种一本正经、喜怒不形于色的形象。我很能理解寒玉对未检及少年司法事业的情感性投入。在未检尚未成为检察机关独立业务范围的时候，有一段时间的寒玉就像一个孤独的女剑客，执着地为未检鼓与呼。而在最高人民检察院设置未检办，正式将未检确立为检察机关独立业务范围的时候，寒玉仍然保持着战斗的激情和时刻的忧患意识。我很敬佩像寒玉这样的少年司法人，如果没有像她这样带着情感、有理想主义情怀的执着者，中国的少年司法改革早已夭折。

王英同志是寒玉的志同道合者，也是一名执着和投入的未检人。几年前，我到宁波市授课及调研，她就给我留下了深刻的印象，不但在课后坚持送我并一路从宁波聊到上海，还在很短的时间内就把我的讲课录音逐字逐句整理成了五万余字的文字稿并加上了注解，据说她还把我所有关于少年司法的著述都收集起来仔细读了不止一遍。王英同志长期在基层一线未检部门工作，对于未检尤其是少年司法心理学很有研究心得和实践经验，"王英工作室"早已成为宁波未检的品牌。王英同志还是位热心肠，有一次我在微信朋友圈里发了一张月夜照片，她就能解读出我的疲惫与伤感，还热心地要对我进行心理辅导，让我感动和紧张不已。

由这样两位不仅有着丰富未检实践经验而且有着志同道合理想的实务专家所共同完成的著作，必定会是一部值得期待的佳作。

全书共分为十九个专题，主要研究了未成年人刑事案件诉讼程序的执行及未成年人检察工作专业化建设两大问题。由于寒玉长期负责或者参与解答各地未检部门提出的实务中的疑难问题，因此每一个具体专题的选择与论证无不是针对未检及少年司法实践中的热点、难点与争议问题而展开，由此也成就了本书的实务参考性。由于未检及少年司法理论尚处于发展过程之中，还常常面临着成人检察思维及成人刑事司法理论的挑战与冲击，作者的针对性回应也由此成就了本书的理论开拓性。寒玉来自最高人民检察院，王英则来自最基层的检察机关未检部门，这样的搭配形式还确保了这部著作既有权威性还能"接地气"。

虽然寒玉和王英是富有激情而投入的未检人，但这部著作却是她们多年理性思考和沉淀的结果，在这部著作里，你可以读出激情与理性的完美结合。而正是这种激情与理性的碰撞与沉淀，才让全书结构、文风与语言独具特色。寒玉和王英同志常常会与我共同讨论未检及少年司法实务中所面临的理论与实践争议问题，通读全书，曾经讨论甚至是争论的情形还历历在目。你也许不一定同意她们的观点，但你很难不被感动或者触动。

本书的确是近些年来少年司法研究领域难得的佳作，相信这也会是读者的感受与判断。

上海政法学院刑事司法学院院长、教授、博士生导师
姚建龙
2017 年 2 月 15 日于前门东大街十号

前　言

为贯彻修改后《刑事诉讼法》增设的"未成年人刑事案件诉讼程序"（以下简称特别程序），进一步加强未成年人检察工作，最高人民检察院于2011年11月，在公诉厅设立了"未成年人犯罪检察工作指导处"（以下简称未检处），专门负责指导全国未检工作，而我有幸被指派负责该处工作。很多同志说未检工作是小儿科、哄孩子工作，没多少技术含量，因为大多数未成年人犯罪案件案情简单，孩子们都认罪，无论在事实、证据审查还是法律适用上，都没有多少复杂疑难。然而，当我接触这项工作后，大量的"疑难复杂"问题扑面而来，实在是我始料未及的。

由于刑事诉讼法规定的特别程序只有11条内容，而且大多数的规定较为原则和笼统，因此在理解和执行上一直存在很多困惑和争议。尤其在该程序执行的前两年，全国各地从事未检工作的同志通过电话、电子邮件等形式提出了无数的问题，几乎让我们应接不暇。比如对"可以"开展社会调查应当如何理解？是可以开展也可以不开展？还是"一般应当"开展？如果是"一般应当"开展，则什么情况下可以不开展？社会调查程序应当何时启动、由谁启动？没有合适成年人到场及在笔录上签名，未成年犯罪嫌疑人的口供证据效力如何？是否属于非法证据应当予以排除？对附条件不起诉适用条件中的"可能判处一年有期徒刑以下刑罚"如何具体把握？对附条件不起诉与相对不起诉如何区分适用？对外地未成年人如何开展社会调查、如何进行附条件不起诉的考察帮教？对犯罪记录已经封存的未成年人及其法定代理人要求出具无犯罪记录证明的，是否应当给其出具证明？等等。为了解决这些问题和困惑，我利用开会、调研、授课等一切机会不断地向相关专家求教，与各地的未检同仁进行研究探讨，并努力将较为成熟的研究意见体现在相关司法解释、规范性文件当中，如《最高人民检察院关于进一步加强未成年人刑事检察工作的决定》《人民检察院办理未成年人刑事案件的规定》等。在此过程中，我个人撰写了几万字的"未检工作问答"，形成了几十万字的授课讲稿。2014年10月，中国检察出版社的史朝霞女士与我商量出版未检工作方面的专著时，我便动议将上述问题研究整理成书，取名

《未成年人检察工作疑难问题研究》，主要内容就是解答各地提出的未检实务问题。

然而，由于近年来涉及未成年人的热点案件不断，如北京李××等轮奸案、海南校长"开房"案、南京虐童案等；未成年人保护和犯罪预防问题越来越广受关注，如留守儿童、困境儿童关爱问题、校园欺凌问题等；加之司法体制改革中未检专业化建设遭遇挑战，如一些原本计划成立未检专门机构的地方开始徘徊观望，有的试点单位将已经独立的未检部门又并入其他业务部门，有的甚至以检察官员额有限、未检案件数量少等为由，拒绝给未检分配员额……所有上述问题都需要最高检有所回应，致使未检处的工作异常繁忙，压力巨大。这几年我几乎是"五加二""白加黑"过来的，"出书"之事自然也就一拖再拖。但是，"问题"一直还在有意识地收集，相关研究更是不仅没有停止，还在工作中不断加以深化，尤其是对来自各方面不绝于耳的批评和质疑之声，更是促使我反复地进行思考。例如，来自专家们的拷问：为什么李××等轮奸案不断被披露？为什么没有被及时制止？检察机关对此是否能够有所作为？又如来自各方面的质疑：你们总是强调教育挽救，想没想到小恶不惩纵容大恶？对犯罪的未成年人一味宽缓并非带来的都是好的转变，同时也有对法律的"蔑视"和"不屑"吧？未检干警快要变成社会活动家了，把办案与帮教本末倒置，帮助上学、帮助找工作，这是检察机关该干的吗？未检要成立专门机构，那老年人、妇女等也是弱势群体也应特殊保护，难道也要成立专门机构？未检实行"捕诉监防一体化"？内部制约哪里去了？怎么是未成年人利益最大化？不是社会利益最大化吗？再如来自未检内部的批评：检察机关怎么能主持未成年人刑事案件的和解呢？这不是既当运动员又当裁判员吗？未检业务竞赛考帮教，怎么考？找个未成年人替身当场表演？考运用少年司法原理解决实际问题？那就无论什么问题都从轻缓、帮教角度回答不就行了吗，能考察出个啥？……这些问题既有未检工作的实践问题，也有关于未检工作和未检事业发展的认识问题。我认为，虽然这些问题是如此的尖锐、冷峻，却又是我们在推进未检工作中无法回避的，需要认真对待和解决，在思想上对这些问题予以澄清，对未检工作具有迫切的现实意义。

2015年12月，最高人民检察院成立正厅级的"未成年人检察工作办公室"（以下简称未检办），编制15人，下设一、二、三处，我负责一处工作，主要承担未成年人犯罪案件和未成年人人身权利遭受侵害案件的业务指导工作，工作内容和压力与之前相比减轻不少，研究精力自然更为充沛，本该尽早完成本书的撰写任务。然而，随着工作的推进和相关研究的深入，尤其是负责组织编写《未成年人刑事检察工作指引（试行）》（以下简称《指引》）之后，我自己已经不能够满足于仅仅被动地回答别人提出的问题了。孙谦副检察长在未检办成立后的第一次会议上，给我们提出了"要努力推动中国少年法"的目标，并说"将来你们这个部门就落实这部法"；而在此之前，他就指示我们编写《指引》，要求在明确基本工作标准的同时，提供方向性指导。这样，我便自然地把编写《指引》定位为为中国的"少年法"奠基，并燃起了三五年要拿出"少年法"蓝本的斗志。此时，我发现自己之前"头痛医头"式的研究是点性思维，支离破碎，覆盖不全；而当前，构建独立的未成年人法律体系是司法实践中的迫切需要，也是完善少年司法制度的根本出路。

当前，在我国司法体制改革的大背景下，少年司法制度改革已经走到一个关键性阶段，站在这个变革的关口，检察机关理应对改革中面临的基本问题进行前瞻性思考，厘清少年司法制度未来发展方向，推动中国少年司法制度的建立，以无愧其脊梁骨[①]的定位。因为在我国的少年司法中，检察机关发挥着重要作用，这不仅与其处于前承公安、后启审判的枢纽地位有关，也与检察机关法律监督地位以及侦查、批捕权的享有及公诉权的独占相关。批捕权与公诉权的行使，对于未成年人刑事政策的贯彻，包括非罪化、非监禁化的实现，发挥着关键的作用；同时，检察机关的法律监督角色与权能，为拓展工作空间、争取各方面支持创造了有利条件。总之，检察机关在少年司法改革与司法政策的贯彻中应当而且也能够发挥重要的功能作用。[②] 因此，我认为检察机关对于未检工作问题的研究应当通盘考虑，尽可能地提出一揽子的解决方案，从而为少年司法的进步作出应有的贡献。为此，我开始将自己的研究聚焦于构建未检独立体系，在梳理前期研究和思考的基础上，不断地尝试利用授课、微信等方式、途径，主动地提出问题并给出我的初步意见，如到底什么是未检专业化？如何构建未检的"专业标准"体系？未检角色定位是国家公诉人还是国家监护人？特别程序下讯问未成年人是否容许欺骗？特别程序下逮捕未成年人的标准如何具体把握？"径行逮捕"是否当然适用于未成年人？对未成年人刑事案件如何做到"慎诉"？等等。很多问题都引起了大家激烈的争论，这让我一时很是兴奋，然而这样的好感觉非常短暂，没多久我便陷入了纠结与迷茫：为理想化方案得不到支持，为很多问题在"未检"这一"小众"内部都难以达成共识……

[①] 上海政法学院刑事司法学院院长姚建龙教授对未检在少年司法中的定位。

[②] 龙宗智：《未成年人司法改革的意义与方向》，载《人民检察》2011年第12期。

是出版社的史朝霞女士及时提醒了我：你的想法很好，但要一步一步来，不要想一口吃个胖子。可以先把现有的研究整理出来，或者只是初步思考，甚至只是提出问题，还没有解决方案也没有关系，只要能引起大家的思考，哪怕是引起大家批评，一定程度上说对于未检工作乃至少年司法制度的发展都会大有裨益。一席话惊醒梦中人：丑媳妇总是要见公婆的。今天就要把这些研究勇敢地呈现给大家，哪怕它还不够成熟，但我有这样的信心：它是真诚的、热情的，也会对致力于少年司法事业的同道者有所启发。这个信心不仅来源于这项研究直面未检工作乃至少年司法的实践和理论问题，而且来源于我的两个坚定的支持者和合作者：一位是浙江省宁波市海曙区人民检察院的王英检察官，她创造了"未成年人心理测评—心理危机干预—心理疏导与认知调整—有效帮教"的体系化的"王英工作法"，而以她的名字命名的"王英工作室"获2014年最高人民检察院未检创新事例。我俩在共同参与编写《指引》的工作中相识，志同道合，惺惺相惜，在这项研究工作中互相鼓励、打气。我的一点点思想火花，她有本事让它放大；我的一些想法，她有相关案例和实践经验予以佐证；而我的很多设想，她甚至可以马上就去试验、去求证。一句话，她在未检工作实践中的探索和创新总是让我大喜过望。如果说未检工作是我今生挚爱的事业，王英就是共同成就这一事业的挚友。另一位支持者是我的儿子常成，他是新浪微博的员工，一直致力于文学创作，对"我的"未检工作兴趣浓厚。自我从事未检工作之后，就经常将自己关于未检工作的问题和观点与他探讨，他总是不厌其烦地把他"年轻的成年人"的看法告诉我，我的很多思路都是在与他讨论时获得的。比如我曾问他：我们给中小学生讲法治课大多讲未成年人犯罪的案例，基本上是"恐吓"式的，这是否真的有利于预防未成年人犯罪？他认为一个未成年人走上犯罪道路，往往在其犯罪之前心理已经失衡、行为已经失范。因此，对普通中小学生讲"预防犯罪"，应当讲防微杜渐、警惕不良行为、拒绝违法、侵权，讲如何管理自身情绪、如何规范自己行为、如何与周围人际互动等，这才是预防未成年人犯罪的着力点与落脚点。"当然，也不是说不可以讲犯罪案例，但重要的是揭示，不是讲案例'吓唬'孩子，而是讲案件背后的法治理念：权利义务关系。"又如当我给他介绍上海探索的"合适保证人"制度时，他的一句"国家是未成年人最好的保证人"让我茅塞顿开：这就是少年司法国家亲权理论的实践范例。更值得一提的是，全国首届未检业务竞赛加试赛用的试题最初就是他的创意。他从一部叫《伊甸湖》的外国电影中截取了未成年人共同犯罪的视频，撰写了背景资料，并提出考察点是未检专业人员眼睛里的未成年人。他告诉我网上几乎是"一边倒"地骂"熊孩子"，却很少有人看到成人的问题。我反复看了几遍这部电影,很赞同他的看法,因此,在他设计的基础上进行了完善。当然,最终这道题竟被领导选中,却是出乎我意料之外的惊喜。2015年年底,当我告诉他最高检要成立未检办的消息时,他竟然比我还兴奋:"理想终于要照进现实了。人家乌托邦都要找个村试试。""未检工作要迎来大发展,我得赶紧写点东西。"不到一个月,他的关于未成年人犯罪的小说《Last hope of G》诞生了。在小说中,他把对成人社会构成威胁的未成年人称为"超能力者",年轻人全新的眼光让我吃惊。2016年11月,我在"第二届中德刑法与犯罪学研讨会"上,看到德国慕尼黑大学法学院贝恩德·许乃曼教授关于"少年刑法何处去"的报告中,有这样一段话:"当今青少年的成熟过程在社会中发生,因此冲突原则上便早已注定。就其核心来说,青少年的刑事犯罪并非一种疾病,而在一定程度上是正常的,并且对大多数青少年来说都只是阶段性的。"这与常成小说中的某些观点可以说是不谋而合。为此,本书节录了常成这篇小说的一小部分,作为我们观点的注脚,供大家参考。少年司法从来就不是单纯的法律、法学问题,它是福利问题,社会政策问题,人性、民族性问题,社会学、教育学、心理学、犯罪学、人类学问题,跨界跨领域问题,需要大家共同合作研究。因此,我想这一次就是一个跨界研究的尝试,希望今后有机会能与各界、各领域的专家合作。

当然,我的信心还来源于本书所涉及的所有问题,我都曾见缝插针地向领导、同事、少年司法同仁以及相关专家、学者请教过。不仅最高检未检办的领导、同事,公诉厅、侦监厅、研究室、检察官学院等部门的领导、同志,最高法、全国人大、公安部、司法部、团中央、全国妇联、国务院妇儿工委等有关单位的领导、同志,还有宋英辉、卞建林、姚建龙、佟丽华、张建伟、林艳琴、席小华、高维俭、王雪梅、何挺、李振林、张鸿巍等专家,都曾给予过我耐心的指导和建议,有的甚至在百忙当中专门抽出时间听我的问题,与我讨论。在此,我要代表我和王英向各位领导、同志、老师表示深深的谢意!我们还要感谢"全国未检检察官""少年一家""暨南少年家事法""未检理论研究小组""未检工作指引""第一届未检竞赛选手"等微信群的各位专家、领导、同仁的不吝赐教!尤其要向那些与我们激烈地争论问题、提供了案(事)例和经验、感悟的同志致敬。我们很清楚,由于学养不足,很多问题论述得还不够深入,甚至可能存在偏颇,所以还想恳请各位领导、老师、同仁们拨冗检验,批评指正。

其实,我曾试图拉出一个我要感谢的人员名单,但是,实在是太多的人我要感谢了!从2011年年底我专门从事未检工作,至今整整五年了。在这五年里,我曾与很多领导、同志进行过激烈"论战",人家不同意我的意见,我就穷追不舍，曾把上海未检处一位同志的手机打爆；甚至早、晚的班车上，中午吃饭时，都成了我解决思想困惑、检验自己观点和想法的地方和时机。太多的人给了我宽容！在这五年里，有太多的专家、前辈、同仁关心我的工作，把他们发现的典型案件、事件、问题等转发给我，与我探讨，给了我莫大的鼓舞。总之，这五年已经验证了这样一个判断：保护孩子是人类的天性。所以，我最终要感恩孩子。

心中再次响起那首美国歌曲"当孩子诞生时"：

一道希望之光／在空中闪耀／一颗微星照亮了天上的路／横跨整个大地／开展了一个崭新的黎明／这都是因为一个小孩的诞生……

张寒玉

2017年2月3日于北京海淀区

法律法规、规范性文件一览表

1. 《联合国少年司法最低限度标准规则》，又称《北京规则》，1985年我国参与制定；

2. 联合国《儿童权利公约》，我国于1991年批准加入；

3. 中央综治委预防青少年违法犯罪工作领导小组、最高人民法院、最高人民检察院、公安部、司法部、共青团中央联合下发的《关于进一步建立和完善办理未成年人刑事案件配套工作体系的若干意见》，在本书中简称《六部门意见》，2010年制发；

4. 最高人民检察院《关于进一步加强未成年人刑事检察工作的决定》，在本书中简称《高检决定》，2012年制发；

5. 《人民检察院刑事诉讼规则（试行）》，在本书中简称《高检规则》，1997年制发，1998年、2012年两次修改；

6. 最高人民法院《关于适用〈中华人民共和国刑事诉讼法〉的解释》，在本书中简称《高法解释》，2012年修订；

7. 《公安机关办理刑事案件程序规定》，在本书中简称《公安规定》，2012年修订；

8. 最高人民法院、最高人民检察院、公安部、司法部《关于刑事诉讼法律援助工作的规定》，在本书中简称《法律援助规定》，2013年制发；

9. 最高人民法院、最高人民检察院、公安部、司法部《关于依法惩治性侵害未成年人犯罪的意见》，在本书中简称《惩治性侵害意见》，2013年制发；

10. 《人民检察院办理未成年人刑事案件的规定》，在本书中简称《高检规定》，2002年制发，2006年、2013年两次修订；

11. 最高人民检察院《关于进一步加强未成年人刑事检察工作的通知》，在本书中简称《高检通知》，2014年制发；

12. 共青团中央、中央综治委预防青少年违法犯罪专项组、中央综治办、民政部、财政部、人力资源社会保障部《关于加强青少年事务社会工作专业人才队伍建设的意见》，在本书中简称《社工建设意见》，2014年制发；

13. 最高人民法院、最高人民检察院、公安部、民政部《关于依法处理监护人侵害未成年人权益行为若干问题的意见》，在本书中简称《处理监护侵害意见》，2014年制发；

14.《检察机关加强未成年人司法保护八项措施》，在本书中简称《八项措施》，2015年制发；

15.《人民检察院未成年人检察工作指引（试行）》，在本书中简称《未检工作指引》，2017年制发。

目 录

序一：爱从来不是负担 ··· 宋英辉（1）
序二：未检人的激情与理性 ··· 姚建龙（1）
前　言 ··· 张寒玉（1）
法律法规、规范性文件一览表 ··（1）

上编　未成年人刑事案件诉讼程序的执行问题

专题一　特别程序的立法意图：追逐惩罚犯罪的未成年人，还是帮
　　　　助、教育他们？ ···（3）
　　一、特别程序设置的必要性 ··（3）
　　　　（一）未成年人身心特殊性 ··（3）
　　　　（二）对未成年人采取与成年人不同的刑事政策 ······················（5）
　　　　（三）国家对未成年人负有特殊保护义务 ····························（6）
　　二、特别程序的"特别" ···（6）
　　　　（一）特别程序的设计原理与普通程序不同 ··························（6）
　　　　（二）特别程序的基本原则"特别" ·································（7）
　　　　（三）特别程序与普通程序功能不同 ································（7）
　　三、特别程序与普通程序冲突时的执行 ··································（8）
　　四、特别程序的立法意图 ···（9）
　　　　（一）从特别程序确立的基本原则看 ································（9）
　　　　（二）从特别程序规定的制度、程序和要求看 ························（9）
　　　　（三）从特别程序立法说明上看 ····································（9）
　　核心观点 ··（10）

专题二　"教育、感化、挽救"方针和"教育为主、惩罚为辅"原
　　　　则：仅具宣示意义，还是要求具体落实于办案？ ·················（11）
　　一、帮教原则是实体法原则还是程序原则 ·······························（12）
　　二、对未成年人犯罪实行帮教原则的原因 ·······························（14）

三、教育与惩罚之辩 ………………………………………（15）
　　四、帮教原则与"宽严相济"刑事政策 …………………（18）
　　五、帮教原则与双向保护原则 ……………………………（25）
　　六、帮教原则是否仅具宣示意义 …………………………（31）
　　七、如何具体规范帮教工作 ………………………………（33）
　　　（一）一个悲剧引发的思考 ……………………………（33）
　　　（二）从几个维度厘清帮教的内涵和外延 ……………（35）
　　　（三）帮教的方式方法、重点环节和步骤流程 ………（39）
　　　（四）帮教工作中应当注意的问题 ……………………（57）
　核心观点 ………………………………………………………（62）
专题三　刑事诉讼程序中未成年人诉讼权利保障：权利如何细微关
　　　　怀？ …………………………………………………（63）
　　一、强制辩护 ………………………………………………（64）
　　　（一）侦查阶段的法律援助问题 ………………………（66）
　　　（二）讯问环节律师到场问题 …………………………（69）
　　　（三）法律援助质量的保证问题 ………………………（71）
　　二、合适成年人（法定代理人）到场 ……………………（74）
　　　（一）合适成年人到场的功能 …………………………（77）
　　　（二）合适成年人到场的法律效力 ……………………（78）
　　　（三）合适成年人的选择 ………………………………（80）
　　　（四）合适成年人的权利义务及履职保障 ……………（83）
　　三、分别办理 ………………………………………………（84）
　　四、隐私保护 ………………………………………………（85）
　　　（一）禁止公开的未成年人信息的界定 ………………（86）
　　　（二）不当公开未成年人信息的问责机制 ……………（87）
　　　（三）未成年人隐私保护的时间节点 …………………（88）
　　　（四）未成年人案件应否公开宣判 ……………………（89）
　　　（五）如何平衡未成年人隐私权与公众知情权 ………（90）
　　五、快速办理 ………………………………………………（90）
　　六、专业化办理 ……………………………………………（92）
　　七、犯罪记录封存 …………………………………………（94）
　　　（一）封存面要宽 ………………………………………（94）
　　　（二）封存措施要到位 …………………………………（96）
　　　（三）查询面要窄、程序要严格 ………………………（97）

（四）出具"无犯罪记录证明" ……………………………………（97）
　　　（五）严格限制解封 …………………………………………………（99）
　核心观点 …………………………………………………………………（102）
专题四　社会调查："可以"调查也可以不调查？ ……………………（103）
　一、对"可以"进行社会调查的理解 …………………………………（104）
　二、社会调查流于形式问题的解决 ……………………………………（107）
　　　（一）进一步明确社会调查何时启动、由谁来做 ………………（107）
　　　（二）进一步明确社会调查报告的性质和功能 …………………（111）
　　　（三）进一步规范社会调查的内容、程序等 ……………………（115）
　核心观点 …………………………………………………………………（120）
专题五　特别程序下讯问未成年人：是否容许"阴谋诡计"？ ………（121）
　一、特别程序下讯问未成年人的目标任务 ……………………………（121）
　二、特别程序下讯问未成年人的策略手段 ……………………………（123）
　　　（一）为何应当"特殊关照" ……………………………………（124）
　　　（二）威胁等对抗性讯问策略是否适用 …………………………（128）
　　　（三）是否应当禁止使用带有欺骗性的策略手段 ………………（130）
　　　（四）"许诺""挑拨离间"的策略是否合适 …………………（135）
　三、特别程序下讯问未成年人的程序规制 ……………………………（137）
　　　（一）对讯问主体的规制 …………………………………………（137）
　　　（二）对讯问时间的规制 …………………………………………（138）
　　　（三）对讯问地点的规制 …………………………………………（139）
　　　（四）对语言、态度和方式的规制 ………………………………（140）
　　　（五）对讯问流程、步骤及内容的规制 …………………………（140）
　核心观点 …………………………………………………………………（143）
专题六　特别程序下逮捕未成年人的标准："径行逮捕"是否当然
　　　　适用于未成年人？ ………………………………………………（144）
　一、对逮捕未成年人条件的意见分歧 …………………………………（144）
　二、比较视野下逮捕未成年人的条件 …………………………………（156）
　　　（一）国际公约和联合国刑事司法准则的相关规定 ……………（156）
　　　（二）域外国家和地区未成年人审前羁押情况借鉴 ……………（158）
　三、特别程序下逮捕未成年人制度设计 ………………………………（161）
　　　（一）明确对未成年人以不捕为原则、以逮捕为例外 …………（162）
　　　（二）准确把握对未成年人的逮捕标准 …………………………（163）
　　　（三）明确审查逮捕未成年人程序 ………………………………（166）

（四）建立与未成年人逮捕标准相应的配套制度 …………（169）
　核心观点 …………………………………………………………（170）
专题七　未成年人刑事案件的和解：检察机关可否主持？ ……（171）
　一、少年司法的恢复模式 ………………………………………（172）
　二、未成年人刑事案件适用和解的条件和案件范围 …………（177）
　三、检察机关可否主持未成年人刑事案件的和解 ……………（178）
　四、未成年人刑事案件和解应当特别注意的问题 ……………（181）
　核心观点 …………………………………………………………（182）
专题八　特别程序下未成年人刑事案件的审查起诉：如何做到
　　　　"慎诉"？ ………………………………………………（183）
　一、未成年人刑事案件起诉（不起诉）的原则 ………………（186）
　二、未成年人刑事案件不起诉、起诉标准的把握 ……………（187）
　　（一）存疑不起诉：入罪证据的把握应当更为严格 ………（188）
　　（二）绝对不起诉：入罪情节、危害性把握上从严 ………（189）
　　（三）相对不起诉：在适用条件的把握上放宽 ……………（190）
　三、附条件不起诉：转变执行中的消极、保守倾向 …………（193）
　　（一）对"可能判处一年有期徒刑以下刑罚"的把握 ……（194）
　　（二）特殊案件如少女杀婴案的附条件不起诉 ……………（197）
　　（三）附条件不起诉与相对不起诉、起诉的比较 …………（200）
　　（四）附条件不起诉的适用程序及制约救济 ………………（207）
　　（五）不公开听证：建立附条件不起诉直接审查机制 ……（210）
　　（六）附条件不起诉的核心环节：监督考察 ………………（211）
　四、未成年人与成年人共同犯罪案件的分案起诉 ……………（215）
　　（一）关于刑事案件合并与分案审理相关问题 ……………（217）
　　（二）分案制度的意义和价值目标 …………………………（219）
　　（三）构建分案制度的初步想法 ……………………………（223）
　核心观点 …………………………………………………………（229）

下编　未成年人检察工作专业化建设问题

专题九　未检专业化的必要性：仅仅因为未成年人是弱势群体吗？ ……（233）
　一、各地检察机关自发的探索和努力 …………………………（233）
　二、最高人民检察院自上而下的引领 …………………………（233）
　三、专家学者"临门一脚"的推动 ……………………………（235）

四、未检专业化建设必要性论证 …………………………………… (236)
 （一）未检工作的特殊性要求未检工作专业化 ……………… (236)
 （二）未检工作的重要性要求未检工作专业化 ……………… (238)
 （三）未检机构独立对未检工作发展的促进 ………………… (240)
 （四）未检工作专业化是履行国际公约、落实国家立法的要求 … (240)
 （五）未检工作专业化是落实司法体制改革精神的要求 …… (241)
五、未成年人与其他弱势群体的不同 …………………………… (242)
核心观点 ……………………………………………………………… (243)

专题十　什么是未检专业化：成立了独立的未检专门机构就标志着未检专业化了？ …………………………………………… (244)
一、未检专业化的前提：构建未检的专业标准体系 …………… (244)
二、未检专业化的核心：未检人的专业化 ……………………… (245)
三、未检专业化的保证：充分认识少年司法规律 ……………… (247)
 （一）少年司法是"预防性"司法而非"惩罚性"司法 ……… (247)
 （二）少年司法是"柔性"司法而非"刚性"司法 …………… (247)
 （三）少年司法是"能动性"司法而非"消极性"司法 ……… (248)
 （四）少年司法是"协作性"司法而非"对抗性"司法 ……… (248)
核心观点 ……………………………………………………………… (249)

专题十一　未检指引：如何构建未检的"专业标准"体系？ ……… (250)
一、未检指引：构建未检自己的专业标准 ……………………… (251)
二、突出强调未检工作的核心：司法保护 ……………………… (253)
三、依据法律，细化操作，填补空白 …………………………… (254)
核心观点 ……………………………………………………………… (259)

专题十二　少年司法的特殊理念：未检"行动中的法"是什么？ … (260)
一、国家亲权理念 ………………………………………………… (264)
二、未成年人最大利益理念 ……………………………………… (265)
三、尊重未成年人理念 …………………………………………… (268)
核心观点 ……………………………………………………………… (270)

专题十三　未检的职责范围：业务"盘子"该多大？ ……………… (271)
一、为何将未成年被害人的案件纳入未检受案范围 …………… (272)
二、在校成年学生犯罪案件应否纳入未检受案范围 …………… (273)
三、涉及未成年人的刑事执行和民事、行政监督工作应否纳入未检职责范围 ………………………………………………… (275)
 （一）将涉及未成年人的民事、行政案件法律监督工作纳入未检职责范围的理由 ……………………………………… (275)

— 5 —

（二）将涉及未成年人的刑事执行法律监督工作纳入未检职
　　　　责范围的理由 ……………………………………………（278）
核心观点 ………………………………………………………………（281）
**专题十四　未检的工作模式、工作机制："一体化"下监督制约哪
　　　　　　去了？** …………………………………………………（282）
　一、未检工作模式发展的历史回顾 ……………………………（282）
　二、质疑：缺乏内部监督制约 …………………………………（283）
　三、"捕诉监防一体化"未检工作模式的目标和内涵 …………（285）
　　（一）未检一体化的目标 ……………………………………（285）
　　（二）未检工作机制强调联动、协作 ………………………（286）
核心观点 ………………………………………………………………（296）
专题十五　未检的角色定位：国家公诉人抑或国家监护人？ ………（297）
　一、未检职能的历史演变及未检检察官角色争议 ……………（297）
　二、未检检察官的"角色分工" ………………………………（299）
　三、未检工作理念为角色定位提供重要依据 …………………（300）
核心观点 ………………………………………………………………（302）
专题十六　未检的犯罪预防：与"捕、诉、监"是何关系？ ………（303）
　一、一个案例引出关于未检的犯罪预防的重要性 ……………（304）
　二、再犯预防：跟踪三年 ………………………………………（305）
　三、临界预防：能否降低刑事责任年龄应对"熊孩子" ……（305）
　四、类案预防：法律监督可以大有作为 ………………………（309）
　五、一般预防：未检"法治进校园"讲什么 …………………（310）
核心观点 ………………………………………………………………（315）
专题十七　未检工作考核评价：办案质量体现在事实证据没搞错？ ……（316）
　一、考评原则 ……………………………………………………（316）
　　（一）独立评价 ………………………………………………（316）
　　（二）综合评价 ………………………………………………（317）
　　（三）找准核心 ………………………………………………（317）
　　（四）确保公平 ………………………………………………（317）
　　（五）具有一定的开放性 ……………………………………（318）
　二、关于评价内容 ………………………………………………（318）
　　（一）刑事案件办理 …………………………………………（318）
　　（二）特殊检察制度落实 ……………………………………（319）
　　（三）诉讼活动监督 …………………………………………（319）

（四）犯罪预防 …………………………………………………（319）
　　（五）专业化建设 ………………………………………………（320）
　　（六）"两条龙"建设 …………………………………………（320）
核心观点 ……………………………………………………………（321）

专题十八　未检人（未检检察官）的养成：如何能干"高级活"？ ……（322）
　一、问题的提出：未检人的眼光 …………………………………（323）
　二、未检检察官的画像 ……………………………………………（323）
　　（一）未检检察官是法律人 ……………………………………（323）
　　（二）未检检察官是"特殊之教育者" ………………………（326）
　　（三）未检检察官是儿童保护专家 ……………………………（329）
　　（四）未检检察官是感恩儿童的人 ……………………………（338）
　三、未检素能标准的两个维度："心"和"力" ………………（341）
　　（一）未检人的态度 ……………………………………………（342）
　　（二）未检人的能力 ……………………………………………（343）
核心观点 ……………………………………………………………（346）

专题十九　未检业务竞赛：考什么？怎么考？ ………………………（347）
　一、首届全国检察机关未成年人检察业务竞赛回顾 ……………（347）
　　（一）为期一天的未检综合业务知识笔试 ……………………（347）
　　（二）加试赛 ……………………………………………………（347）
　　（三）点评 ………………………………………………………（351）
　二、未检业务竞赛应该考什么 ……………………………………（353）
　　（一）通过什么样的题目来考出核心理念和能力 ……………（353）
　　（二）所出题目应当直面现实问题 ……………………………（354）
　　（三）考察未检人的独特眼光 …………………………………（354）
　三、具体考察内容 …………………………………………………（354）
核心观点 ……………………………………………………………（356）

附：样题 …………………………………………………………（357）
　一、简答题 …………………………………………………………（357）
　二、案例题 …………………………………………………………（360）
　三、申论题 …………………………………………………………（365）

附：《Last hope of G》节选 ……………………………………（373）

主要参考文献 ……………………………………………………（375）

后　记 ……………………………………………………………（381）

上编　未成年人刑事案件诉讼程序的执行问题

未成年人犯罪是少年司法制度产生和发展的内在驱动力，世界各国少年司法体制的建立和发展都与未成年人犯罪密切相关。未成年人和成年人在生理、心理、社会发展和犯罪原因等方面存在诸多差异，这种差异决定了少年司法与普通（成年人）刑事司法之间在目的和程序构造方面的差异。我国原来是将未成年人与成年人整体纳入刑事司法系统，忽略了未成年人犯罪、刑罚乃至执行的自身规律。[①] 2012年，在理论界和司法实务部门的共同努力下，新修改的《刑事诉讼法》设专章规定了"未成年人刑事案件诉讼程序"（以下简称"特别程序"），终于在立法上将未成年人犯罪案件的诉讼程序与成年人犯罪案件的诉讼程序（以下简称"普通程序"）相对分离，在吸收以往相关法律规定和总结实践经验的基础上，对办理未成年人刑事案件的一系列特殊方针、原则、制度和程序在立法上予以确定，并将其纳入第五编"特别程序"，由此，该程序又可称为未成年人刑事特别程序。这是立法首次确认特别程序的独立地位，强调未成年人与成年人在诉讼程序中的区别，体现了由一元化普通程序向二元化诉讼程序的转变，从而"开启了中国少年司法法典化的大门"[②]，也对我国的未

---

① 庄乾龙：《未成年人犯罪特别程序之定位》，载《青少年犯罪问题》2014年第3期。

② 姚建龙：《开启少年司法法典化之门》，载《中国青年报》2012年6月8日第7版。

成年人检察（以下简称"未检"）工作产生了深刻的影响：为了贯彻特别程序，最高人民检察院在修订后的《刑事诉讼法》正式颁布前夕（2011年11月），在公诉厅成立了未成年人犯罪检察工作指导处，专门负责指导全国未检工作；四年后的2015年12月，最高人民检察院正式成立"未成年人检察工作办公室"（未检办），正厅级单位，编制15人，下设一、二、三处。因此，可以毫不夸张地说，特别程序的确立是这几年未检工作快速发展的重要原因。

  然而令人担忧的是，特别程序在实践中的执行并不乐观。由于"特别程序"的规定较原则笼统，因而伴随着特别程序执行的，是自始至今连绵不断的困惑和问题："教育、感化、挽救"方针和"教育为主，惩罚为辅"原则是实体处理原则还是程序原则？其仅具宣示意义还是要求具体落实于办案？其含义是对所有犯罪的未成年人都要教育为主，还是指对犯罪轻的教育，犯罪重的惩罚；对有悔罪表现的教育，对不悔罪的惩罚；抑或教育有效果的教育，没有效果的就惩罚？对"可以"开展社会调查应当如何理解？是可以开展也可以不开展这么随意？还是"一般应当"开展，不开展是例外？那么例外情况又是什么？社会调查应当何时、由谁启动？社会调查报告是证据吗？被封存犯罪记录的未成年人申请公安、司法机关为其出具无犯罪记录证明文件的，可否为其出具？……上述问题不解决，必然会带来执行上的问题，因此在此部分我们就来专门研究这些问题。

专题一 特别程序的立法意图：追逐惩罚犯罪的未成年人，还是帮助、教育他们？

《刑事诉讼法》为什么要设立特别程序？是为了追逐惩罚犯罪的未成年人，还是为了帮助、教育他们？回答好像是不言而喻的：如果是为了追逐惩罚犯罪的未成年人，则普通程序可以做到，又何必增设特别程序？正如很多同志认为的，检察机关的侦查监督部门、公诉部门办理未成年人犯罪案件可谓"小菜一碟"、顺手可为之事，因为绝大多数的未成年人犯罪案件案情简单，犯罪嫌疑人认罪，事实、证据审查和法律适用等没多少"技术含量"，何必要成立独立的未检机构？因此，我们坚定地认为，特别程序的立法意图不是为了追逐惩罚犯罪的未成年人，而是为了帮助、教育犯罪的未成年人，是为了对进入刑事司法系统的未成年人也进行"特殊保护"。张明楷教授曾经在一次讲课中提道："我用两个小时讲为什么盗窃可以不是秘密窃取，而你就一句话'我认为立法机关的立法意图是秘密窃取'，请问是谁告诉你的立法机关立法意图的？"我们对张明楷教授的上述意见深以为是，为此，我们认为有必要就特别程序的立法目的进行更为深入的阐述。

一、特别程序设置的必要性

对于未成年人给予特殊的照顾和关怀是世界各国的共识。在刑事政策方面，多数国家都很重视对未成年犯罪人的教育、矫治，并将少年司法制度从普通司法制度中独立出来。新修订的《刑事诉讼法》首次确认了特别程序的独立地位，强调未成年人与成年人在诉讼程序中的区别，体现了由一元化普通程序（成人程序）向二元化诉讼程序的转变。具体而言，设置特别程序的必要性主要体现在以下几个方面：

（一）未成年人身心特殊性

未成年人缺乏抵御外界诱惑的生理机制，缺乏辨别能力和自控能力。一个人的未成年时期是一个不断试错纠错的过程。生理学、心理学、社会学、脑神经学、行为学等研究证实，未成年人的心理具有两个特性：一是易感性。未成年人尚处在人生起步阶段，他们十分敏感而又非常脆弱，对环境充满好奇与渴望，但没有足够的理智去甄别，是非标准模糊，容易受到家庭、社会等客观环境中不良因素的影响、诱惑而走上违法犯罪的道路。二是易变性。未成年人处于逐步社会化的过程中，生理、心理尚未成熟，可塑性强，容易发生变化，因而即使在违法犯罪后，也容易接受教育感化，重归正途。因此，未成年人是一个需要特别保护和教育的群体。在这一时期，采取的措施适当，就有助于他们养成良好的生活习惯和行为态度，确保其健康成长；而如果把握不好，应对失当，则可能毁掉其整个人生。与未成年人心理特性相对应，人格刑法学理论指出，未成年犯罪人的人格特点具有不同于成年犯罪人的诸多特殊性：一是假象性。未成年人和成年人最大的区别是心智发育尚未完全，认识能力和控制能力尚不全面，即使进行同样的行为，其主观认识上和成年人相比往往具有一定的差距。经验表明，未成年人犯罪往往不计后果，因为他没有经历过。即使实施了客观上严重危害社会的行为，也并不表明其已经形成了真正的犯罪人格，而可能仅仅是一种假象的"不法人格"。二是被害性。即未成年人犯罪往往有一个"被害—害人"的模式。由于未成年人免疫力差，在成长过程中遭遇不正常对待后容易导致其人格异化。从未成年人犯罪的产生原因上看，往往是社会上各种不良因素、制度缺陷、恶劣环境等交互作用的结果。实践中，涉罪未成年人多来源于残缺家庭或者留守、流动、闲散、流浪儿童群体，文化程度普遍偏低（大多数没有完成九年义务教育，受教育权没有得到充分保证）。因此，涉罪未成年人既是社会的危害者，也是不良环境的受害者。[①] 未成年人在生理上、心理上、主观意识同客观环境的关系上以及犯罪原因上等，都与成年人有着明显的差异和特点，其结论是"少年犯罪社会有责"，即对未成年人犯罪，不能由其罪责自负，其所不能承担和不应承担的罪责应当由社会分担。对未成年人犯罪单纯地处罚，不仅不公正，而且其特殊预防和一般预防作用也十分有限，消极作用却十分明显，如容易造成交叉感染，给未成年人打上犯罪的标签，进而导致重新犯罪等。因此，面对未成年人犯罪，国家和社会不应当简单地惩罚了事，而理当考虑国家、社会、未成年人谁应当负更多的责任[②]，并积极寻求和建立科学、合理、有效的应对之策，基本出发点就是要始终坚持对未

[①] 张寒玉：《继往开来 锐意进取 努力开创未成年人刑事检察工作新局面》，载《人民检察》2012年第13期。

[②] 参见王雪梅：《少年诉讼权利的保护与完善》，载《青少年事务与政策研究报告》，天津社会科学院出版社2003年版，第192页。

成年人权益的切实保护，依法教育、感化、挽救涉罪未成年人，尽最大可能给他们重新做人的机会，防止他们在犯罪的道路上越走越远，这既是预防未成年人犯罪的需要，也是社会应尽的责任。而未成年人身心的特殊性，决定了不应当将其与成年人纳入同一刑事诉讼程序。

（二）对未成年人采取与成年人不同的刑事政策

由于未成年人身心尚未成熟，缺乏完全的辨识与选择能力，其犯罪行为往往并非一种理性选择，而是本能冲动与社会负面因素影响下的结果。未成年人犯罪的主要致罪因素中，一部分属于自控能力不足造成的，另一部分则归因于家庭、社会与国家的监管不到位。随着未成年人年龄的增长，自控能力不足形成的致罪因素缺陷会得到自愈，而国家、社会与家庭可以通过增强预防与控制手段方式减少未成年人致罪的因素。因此对未成年人犯罪采取与成年人不同的刑事政策，在刑事司法中不是强调罪刑相适应原则，而是强调司法保护原则，这已在世界范围内达成共识。《北京规则》5.1规定："少年司法制度应强调少年的幸福，并应确保对少年犯做出的任何反应均应与罪犯和违法行为情况相称。"并在说明中指出，少年司法两个最重要的目的，"第一个目的是增进少年的幸福。这是那些由家庭法院或行政当局来处理少年犯的法律制度的一个重点，但是，在那些遵循刑事法院模式的法律制度中也应当对少年的幸福给予重视强调，从而可以避免只采用惩罚性的处分"；第二个目的是"相称原则"。"这一原则作为限制采取惩罚性处分的一种手段是众所周知的，而这一原则在大多数情况下表现为对违法行为的严重性有公正的估量。不仅应当根据违法行为的严重程度而且也应根据本人的情况来对少年犯做出反应。罪犯个人的情况（如社会地位、家庭情况、罪行造成的危害或影响个人情况的其他因素）应对做出相称的反应产生影响（如考虑到罪犯为赔偿受害人而做出的努力，或注意到其愿意重新做人过有益生活的表示）。"总之，对未成年人犯罪不以实现惩罚正义为唯一、首要目的，而以刑罚的谦抑性和犯罪少年的"社会复归"为主要目标，以预防再犯、帮助未成年人为宗旨，惩罚之后的正义结果的实现是未成年人特别程序中最后的、不得已的选择。其基本理念在于预防犯罪与帮助未成年人摆脱致罪因素。① 这与成年人刑事司法强调的"罪责刑相适应"原则，即强调结果与行为之间的"报应"截然不同，因而二者无法共用一个刑事诉讼程序，需要为未成年人设置一个特别程序。

---

① 庄乾龙：《未成年人犯罪特别程序之定位》，载《青少年犯罪问题》2014年第3期。

（三）国家对未成年人负有特殊保护义务

1991年我国全国人民代表大会常务委员会批准加入的联合国《儿童权利公约》在序言中指出，"儿童有权享受特别照料和协助"，"铭记《儿童权利宣言》所示：'儿童因身心尚未成熟，在其出生以前和以后均需要特殊的保护和照料，包括法律上的适当保护'"。《未成年人保护法》第3条规定："未成年人享有生存权、发展权、受保护权、参与权等权利，国家根据未成年人身心发展特点给予特殊、优先保护，保障未成年人的合法权益不受侵犯。"上述特殊保护的规定要求对未成年人犯罪的处理也要有特殊理念、原则（如"教育为主、惩罚为辅"等）、特殊组织（少年警察、检察、审判、辩护、矫正等）、特殊制度、程序和要求（如强制辩护、社会调查、分管分押等），设置特定的保护、协助机制，因此需要设置特别程序，对上述问题予以规范。

二、特别程序的"特别"

特别程序并非指该程序优越于普通程序，而是指该程序不同于普通程序。关于特别程序的"特别"，我们认为庄乾龙教授的论述非常清楚：[①]

（一）特别程序的设计原理与普通程序不同

刑事诉讼普通程序是基于程序正义而设，目的是保证刑事实体法（《刑法》）的正确实施，惩罚犯罪，保护人民，维护社会秩序（《刑事诉讼法》第1条规定），意义在于通过严格的中立步骤实现对犯罪人的公正惩罚，即精准打击，强调结果与行为之间的"报应"。遵循程序正义要求，诉讼程序被设计成严密有序的案件过滤器。普通程序的这种设计，以成年人为原型对象构建，拥有成熟且健全理智的他们有能力应对为正义而设的诉讼程序，程序、实体区分也迎合了成年人的成熟理智与可自主选择特点。而特别程序的设计原理并非"程序正义""精准打击"，而是基于预防犯罪目的而设，设计的根据在于对未成年人帮助、教育的需要，而非实现犯罪后的正义性后果。因为对于未成年人而言，其犯罪行为往往并非理性选择，而是本能冲动与社会负面因素影响下的结果，即在不良社会环境与"荷尔蒙"的综合刺激下的产物，因此以理性、正式的普通程序应对充满感性、冲动、尚未成熟的未成年人无疑南辕北辙；未成年人也难以准确区分过错、违法与犯罪行为，程序、实体之间的区分对他们也没有太大的意义，其软弱的身躯与幼稚的心灵难以承受传统刑罚与实现刑罚

[①] 庄乾龙：《未成年人犯罪特别程序之定位》，载《青少年犯罪问题》2014年第3期。

结果的正义性程序所带来的压力，也无法理解严苛的诉讼程序中的"正义"价值，因此，普通程序的程序正义所带来的制度能量，很可能会异化为鞭笞脆弱心灵的"凶器"。为此，特别程序将"教育、感化、挽救"和"教育为主、惩罚为辅"作为基本原则，设计了更为柔性、灵活的程序和协助保护机制，如合适成年人参与、分管分押、附条件不起诉、犯罪记录封存等，以应对未成年人的脆弱性、多变性与可塑性；其基本理念在于预防犯罪与帮助未成年人摆脱致罪因素，惩罚之后的正义结果的实现成为特别程序中最后的、不得已的选择。总之，特别程序正当性基础应是预防而非纯粹的程序正义，将特别程序原理定位于预防，不仅是未成年人犯罪特质的要求，更是未成年人司法保护理念的重要体现。

(二) 特别程序的基本原则"特别"

未成年人诉讼程序采取有别于成年人诉讼程序原则，这已在世界范围内达成共识。《儿童权利公约》确立了"未成年人利益最大化原则"，即第3条第1款"关于儿童的一切行动，不论是由公私社会福利机构、法院、行政当局或立法机构执行，均应以儿童的最大利益为一种首要考虑"。《北京规则》重申了这一原则，并将其称为"追求最大幸福原则"，该原则同时规定了"相称原则"，即要求司法机关对未成年人作出的惩罚应与其犯罪行为和人身特点相称，并特别强调司法机关应该注意未成年人的家庭情况、影响个人的其他因素，要考虑未成年人对被害人作出赔偿的努力及要改过自新的表示。此外，《儿童权利公约》《北京规则》《联合国预防少年犯罪准则》《联合国保护被剥夺自由少年规则》还分别就"分别处理原则""诉权特殊保障原则""诉讼及时便利原则""全面调查原则""双向保护原则"进行了规定。新修改的《刑事诉讼法》第266条以集中规定方式确立了特别程序的"教育、感化、挽救"方针，"教育为主、惩罚为辅"原则，保障诉讼权利以及专人办理等基本原则。

(三) 特别程序与普通程序功能不同

普通程序制度功能较为单一，主要为实现实体法后果服务。《刑事诉讼法》第1条即规定了"为了保证刑法的正确实施"，第2条规定了"保证准确、及时地查明犯罪事实，正确应用法律，惩罚犯罪分子，保障无罪的人不受刑事追究"。也就是说，普通程序以惩罚犯罪、维护社会秩序并追求实体正义为己任。而特别程序制度并不以实现实体法后果为己任，而是遵循教育、感化、挽救方针和教育为主、惩罚为辅原则，以预防再犯、帮助未成年人为己任，除了具有裁判功能，还具有对未成年人的教育功能、预防功能、恢复功能和保护功能等。为此，司法者在特别程序中享有更为宽泛的自由裁量权，但自由裁量权的内容以仁慈、关爱为主。

三、特别程序与普通程序冲突时的执行

《刑事诉讼法》第276条规定："办理未成年人刑事案件，除本章已有规定的以外，按照本法的其他规定进行。"实际上，未成年人案件从立案、侦查、起诉到审判阶段都有普通诉讼程序适用的余地；从适用比例上看，普通程序在未成年人犯罪案件处理过程中占据半壁江山。那么，特别程序与普通程序到底是什么关系？是相互依赖的关系吗？如果二者发生冲突则如何执行？由于特别程序萌发于普通程序之内，普通程序自身的强大秩序价值惯性难保不会对稚嫩的特别程序制度造成干扰；加之，执行程序的非独立化，普通程序本质上仍控制着未成年人犯罪的诉讼过程，① 因此，我们认为，厘清特别程序与普通程序之间的关系，为两者准确定位非常重要。由于未成年人犯罪原因、治理理念与刑罚策略都有别于成年人，特别程序与普通程序的立论根基完全不同，这决定了两者之间并非相互依赖的关系，而是相互独立且具有内在品性的个体。明确特别程序的独立地位，既是未成年人犯罪治理规律的要求，更是实现未成年人司法正义的重要保障。同时，根据"法律在适用上，特别法优先于普通法，盖因特别法为因特别需要而制定，用以补充普通法之不足，是故特别法与普通法竞合适用时，特别法应优先适用……此为适用法律必须坚守之原则"②，我们认为，当普通程序的规定与特别程序的原则、要求等相冲突时，对未成年人刑事案件的办理应当遵循特别程序的规定。例如《刑事诉讼法》第174条规定，"不起诉的决定，应当公开宣布"。第196条规定，"宣告判决，一律公开进行"。上述规定与第274条规定的未成年人刑事案件不公开审理要求（"审判的时候被告人不满十八周岁的案件，不公开审理"）以及第275条规定的犯罪记录封存制度（"犯罪的时候不满十八周岁，被判处五年有期徒刑以下刑罚的，应当对相关犯罪记录予以封存"）相冲突，此时应当按照特别程序规定的精神，对于未成年人刑事案件的不起诉决定不能公开宣布；对于被判处五年有期徒刑以下刑罚的未成年人刑事案件不能公开宣判。对此，《高检规则》第502条明确规定，"人民检察院办理未成年人刑事案件过程中，应当对涉案未成年人的资料予以保密，不得公开或者传播涉案未成年人的姓名、住所、照

---

① 庄乾龙：《未成年人犯罪特别程序之定位》，载《青少年犯罪问题》2014年第3期。

② 刘作揖：《少年事件处理法》（修订七版），台湾三民书局2010年版，第41页。

片、图像及可能推断出该未成年人的其他资料"。《高法解释》第487条规定："对未成年人刑事案件宣告判决应当公开进行,但不得采取召开大会等形式。对依法应当封存犯罪记录的案件,宣判时,不得组织人员旁听,有旁听人员的,应当告知其不得传播案件信息。"

四、特别程序的立法意图

(一) 从特别程序确立的基本原则看

《刑事诉讼法》第1条就规定了该法的目的"为了保证刑法的正确实施",可见,普通程序对接的是《刑法》;但《刑事诉讼法》第266条以集中规定的方式确立了"教育、感化、挽救"方针、"教育为主、惩罚为辅"原则、"诉讼权利保障原则"等基本原则,显而易见这些原则是为了对未成年人予以"特殊保护",是为了帮助、教育涉罪未成年人的。而我国《未成年人保护法》第五章"司法保护"中第54条规定:"对违法犯罪的未成年人,实行教育、感化、挽救的方针,坚持教育为主、惩罚为辅的原则。"《预防未成年人犯罪法》中也有类似规定。可见,特别程序对接的除了刑事实体法之外,更要与《未成年人保护法》《预防未成年人犯罪法》中的"司法保护"相对接。目前,刑法对未成年人犯罪的特殊规定极其有限,基本上是"小儿酌减"的理念及技术水平,没有针对未成年人的实体法,而实际上未成年人刑事司法并非只是在成年人刑事司法标准的基础上予以"小儿酌减"那么简单,其道理好比儿童医院的设立及医理。① 因此,这更需要我们在办案中坚持"教育、感化、挽救"方针和"教育为主、惩罚为辅"原则,对未成年人犯罪与成年人犯罪区别对待。

(二) 从特别程序规定的制度、程序和要求看

特别程序一共11条,除了规定基本法律原则,还规定了法律援助、社会调查、审查逮捕听取律师意见、严格限制适用逮捕措施、对未成年人与成年人分别关押、分别管理、分别教育和讯问、审判时法定代理人或者合适成年人到场、附条件不起诉、审理不公开、犯罪记录封存等,这些制度、程序和要求可以说每一项都体现了立法对未成年人的"特殊关爱"。

(三) 从特别程序立法说明上看

全国人民代表大会常务委员会副委员长王兆国2012年3月8日在第十一

---

① 姚建龙:《长大成人:少年司法制度的建构》,中国人民公安大学出版社2003年版。

届全国人民代表大会第五次会议上所作的关于《中华人民共和国刑事诉讼法修正案（草案）》的说明指出，"为更好地保障未成年人的诉讼权利和其他合法权益，修正案草案在总结实践经验的基础上，针对未成年人刑事案件的特点，对办案方针、原则、诉讼环节的特别程序作出规定。其中，设置了附条件不起诉制度，规定对于未成年人涉嫌侵犯人身权利民主权利、侵犯财产、妨害社会管理秩序犯罪，可能判处一年有期徒刑以下刑罚，符合起诉条件，但有悔罪表现的，人民检察院可以作出附条件不起诉的决定。同时，为有利于未成年犯更好地回归社会，设置了犯罪记录封存制度"。①

总之，特别程序明确规定一系列不同于普通程序的特殊原则、制度、程序和要求，意味着办理未成年人案件应当将未成年人利益放在第一位，以"少年权益最大化"为出发点，将重心放在教育、感化、挽救上，使其顺利健康回归社会。② 因此，我们认为，无论从特别程序规定的基本原则、具体制度、程序和要求看，还是从人大的权威解释看，特别程序的立法意图毫无疑问是为了帮助和教育未成年人，强调对于进入刑事司法系统的未成年人也要予以保护，这正是少年司法理念的反映。少年司法之所以被公认为是衡量一个国家司法文明的标志，我们认为其中一个重要原因是少年司法体现了扶助弱小的精神，成人社会对未成年人犯罪追逐惩罚被认为是以大欺小、以强凌弱，应当予以摒弃。

● **核心观点**

> 特别程序是为了保护未成年人的，除了对接刑事实体法之外，更与《未成年人保护法》《预防未成年人保护法》中的"司法保护"相对接，强调对于进入刑事司法系统的未成年人也要予以保护。这是中国少年司法立论的基础，离开这一基础，则我们后面要谈的所有问题，包括未检专业化建设，未检"捕诉监防"一体化工作模式"政法一条龙""社会一条龙"体系构建等，便都成了无源之水、无本之木。

---

① 载新华网，2012年3月8日。
② 宋英辉：《特别程序彰显对未成年人特殊保护》，载《检察日报》2012年4月2日第3版。

专题二 "教育、感化、挽救"方针和"教育为主、惩罚为辅"原则：仅具宣示意义，还是要求具体落实于办案？

世界各国对未成年人犯罪与成年人犯罪采取不同的刑事政策，对于未成年人犯罪，在刑事司法中不是强调罪刑相适应原则，而是强调司法保护原则。我国新修改的《刑事诉讼法》第266条第1款明确规定，"对犯罪的未成年人，实行教育、感化、挽救的方针，坚持教育为主、惩罚为辅的原则"。这是刑事诉讼法首次明确规定对未成年人犯罪的基本法律原则，意味着办理未成年人犯罪案件应当将重心放在教育、感化、挽救上，使其顺利健康回归社会。其实，早在20世纪80年代初期，彭真同志就提出对犯罪未成年人要像家长对待孩子一样，像老师对待学生一样，像医生对待病人一样，立足于"教育、感化、挽救"。

20世纪80年代至90年代初，我国先后参与制定了《北京规则》《联合国预防少年犯罪准则》等国际社会有关少年司法的重要法律文件。1991年全国人大常委会批准我国加入联合国《儿童权利公约》，1991年和1999年我国先后颁布实施的《未成年人保护法》（2006年、2012年两次修订）和《预防未成年人犯罪法》（2012年修正），均把"教育、感化、挽救"的方针和"教育为主、惩罚为辅"的原则确立为基本法律原则。未检工作正是为贯彻执行上述基本方针和法律原则而建立并开展工作的。

1986年上海市长宁区人民检察院率先成立我国第一个"少年刑事案件起诉组"，就是为了寻求、探索"如何采取适合青少年特点的方式、方法来教育、挽救、感化犯罪青少年，以有效地减少和预防青少年犯罪"，"像医生对待病人，像父母对待子女，像老师对待学生"，奠定了未成年人刑事检察事业从无到有，并逐步建制完善的基础。① 1992年福建省漳州市人民检察院《关于

---

① 2011年4月严明华主编：《未检制度的诞生与成长——上海市长宁区人民检察院未成年人检察工作简史（1986—2010）》，第1页。

成立"少检组"的通知》也载明是为了更好地开展对青少年犯的"教育、感化、挽救"工作。① 然而时至今日,不仅"中国少年司法探索只是一个'小众'行为,只要是超出这一'小众'领域,即使是在立法、司法和执法部门内部、从最高层到基层,对这一问题的认识仍然存在巨大隔阂",② 甚至就在"未检"这一"小众"内部,对于"教育、感化、挽救"的方针和"教育为主、惩罚为辅"的理解居然也存在着"巨大隔阂":如认为是对犯罪轻的教育,犯罪重的惩罚;教育有效果的教育,没有效果的就要惩罚;对有悔罪表现的教育,对不悔罪的惩罚等等。总之,是把教育与惩罚对立起来,主张一部分教育一部分惩罚。"对犯罪轻的初犯、偶犯可以教育、感化、挽救,对严重犯罪的未成年人以及对法律毫无敬畏、无悔罪之心的未成年人就要震慑,该打击的就要打击"是比较普遍的态度。尤其是目前特别程序还没有完全独立,办理未成年人案件从立案、侦查、起诉到审判阶段都有普通诉讼程序的适用余地,给这一基本法律原则的贯彻带来了巨大的挑战。为此,有必要在进一步澄清相关争议的基础上,深入研究这一基本法律原则如何具体把握。

一、帮教原则是实体法原则还是程序原则

有观点认为"教育、感化、挽救"方针和"教育为主惩罚为辅"原则是实体法原则,并认为"由于未成年人刑事诉讼程序的基本原则大都适用于未成年人刑事诉讼程序的全过程,而将针对'犯罪的未成年人'的实体法原则,即'教育、感化、挽救原则'作为未成年人刑事诉讼程序的基本原则,在有罪认定尚未经依法确定前就予以适用,将易于导致刑事诉讼中的有罪推定,因而并不适宜;因此,即使'教育、感化、挽救原则'可以作为未成年人刑事诉讼程序的原则,也需要予以严格的限制(如仅适用于依法确定有罪之后的程序),不宜将其作为基本原则予以规定"。③

当然,也有学者认为,成年人司法中程序、实体的区分迎合了成年人的成熟理智与可自主选择特点,而未成年人缺乏辨识与选择能力,程序、实体的区分对他们没有太大的意义。因而对原则规定采取融合式立法,将"教育为主、惩罚为辅"的实体法原则规定于程序法中,以刑事一体化思路设置未成年人

---

① 最高人民检察院编:《中国未成年人检察工作30年》,中国检察出版社2016年版,第20页。
② 皮艺军:《中国少年司法理念与实践的对接》,载《青少年犯罪问题》2010年第6期。
③ 王敏远:《论未成年人刑事诉讼程序》,载《中国法学》2011年第6期。

司法制度，值得肯定。① 我们认为，"教育、感化、挽救"方针和"教育为主、惩罚为辅"原则既是办理未成年人刑事案件实体处理原则，也是程序原则。教育、感化与挽救不仅是实体结果确定之后的司法行为，它贯穿于整个未成年人诉讼程序，即未成年人诉讼程序本身具有教育、感化与挽救功能，这是未成年人司法保护的应有之义。若按照"在有罪认定尚未经依法确定前不应适用教育、感化、挽救原则，否则将易于导致刑事诉讼中的有罪推定"，则未成年人诉讼程序中的司法转处等案件分流做法都有可能违反无罪推定原则，因为上述分流决定都是在判决之前作出的。而在国外大量实行的未成年人品格证据规则及我国现行的社会调查制度同样会遭遇程序正义的质疑。又如附条件不起诉是起诉便宜主义与法定起诉主义冲突与平衡后的结果，亦是法院最终裁决原则的例外，同样属于违背无罪推定情形。此结论成立，则在维护无罪推定原则这面大旗下，未成年人案件将被再次纳入普通程序范畴。② 可见，关于"教育、感化、挽救"方针和"教育为主、惩罚为辅"原则到底是实体法原则还是程序原则的争论，其本质关涉特别程序与普通程序"相互独立且具有内在品性的个体"，实在应当予以认真厘清。

由于我国没有专门针对未成年人的刑事实体法，《刑法》中对未成年人犯罪的规定仅有"从轻、减轻处罚"、不适用死刑等有限的几条，因此，一直以来在司法实践中办理未成年人刑事案件，更多的是注重程序意义上的"教育挽救"，而忽视其实体法上的重要意义，导致形式意义上的保护泛滥，而掩盖了实质意义上保护的不足，姚建龙老师将此谑称为"猫鼠游戏"（有时猫逮住老鼠，并不立即吃掉，而是要"玩"一会儿才吃掉），即虽然司法机关在形式上对少年司法进行了一系列改革，但最终还是在以成年人为基本模型的刑法体系下对未成年人定罪、量刑，最终的处理结果并未体现现代少年司法的基本理念。这一比喻虽然过于辛辣，但却从一个侧面说明了我国少年司法发展严重滞后。从各国少年司法制度看，对未成年人犯罪均实行有别于成年人犯罪的特殊方针、原则和政策，在目标上，追求的不再只是惩罚犯罪以及保障国家和社会安全，而是更加关注未成年人的福利，实现未成年人的最大利益成为其首要目标；在实体原则上，排斥报应刑，超越罪刑相适应原则，在关注行为的同时更加关注行为人，奉行刑罚个别化原则；在程序上，处理案件的过程不仅仅是一

---

① 庄乾龙：《未成年人犯罪特别程序之定位》，载《青少年犯罪问题》2014 年第 3 期。

② 庄乾龙：《未成年人犯罪特别程序之定位》，载《青少年犯罪问题》2014 年第 3 期。

个证明过程，更多的是一个求证的过程，所以在程序上规定了社会调查等制度；在处遇上，追求的不是惩罚而是矫正，所以在处置上采用观护制度，罪错未成年人最终进入的机构也不是监狱而是为未成年人专门设立的矫正机构，因此，我们认为，"教育、感化、挽救"和"教育为主、惩罚为辅"原则虽然规定在《刑事诉讼法》未成年人刑事诉讼程序中，但其不仅是未成年人刑事案件的程序法原则，也应当是实体处理原则。早在1991年颁布的《未成年人保护法》即规定了这项原则，而这项原则反映在刑事实体处理上，就是要在责任认定、刑罚适用等方面充分尊重未成年人的特点和教育保护未成年人的需要，如《刑法》规定对未成年人犯罪"应当从轻、减轻处罚"以及不适用死刑等，就在一定程度上体现了这一精神。为此，应当强调既要注重程序意义上的"教育挽救"，落实好《刑事诉讼法》规定的一系列保护未成年人的特殊制度、程序和要求；也要注重实体处理上的"教育挽救"，坚持教育和保护优先，最大限度地限制刑罚尤其是监禁刑的适用，从而引导未检干警以预防犯罪和教育、帮助未成年人为己任，真正将办案重心放在帮助未成年人回归社会、健康成长上。

二、对未成年人犯罪实行帮教原则的原因

"教育为主、惩罚为辅"原则实际上就是"以少年保护为主导、以少年责任为补充"[①]的现代少年司法理念，强调将刑罚作为最后的考虑对策，在有其他措施能够惩治和预防未成年人犯罪的情况下，尽可能不动用刑罚，刑罚只能作为一种辅助的、补充的手段。之所以对未成年人实行"教育为主、惩罚为辅"原则，主要有以下几方面的原因：

一是未成年人在生理上、心理上、主观意识同客观环境的关系上都与成年人有着明显的差异和自身特点。这种观点已经得到了科学论证，其结论是"少年犯罪社会有责"，因此，对未成年人犯罪不能是罪责自负，家庭、社会要分担责任；国家要为未成年人犯罪负出代价，承担风险，社会要为儿童利益让步，即所谓儿童利益优先、儿童利益最大化。

二是未成年人尚处于成长期，其生理、心理发育不成熟，辨认控制能力较低，主观罪过较小。未成年人作为特殊的犯罪主体，其刑罚的价值取向也应有其特殊性。"以施加痛苦的方式来防止犯罪，其本身不是理想的，由于刑罚是一种必要的恶害，故如果有其他方法可以防止犯罪，就尽量限制刑罚的适用。

[①] 参见赵国玲、徐然：《我国未成年人审判制度改革之检讨》，载《预防青少年犯罪研究》2012年第1期。

所以预防的正义确实优于严厉惩罚的正义。"① 对未成年人的刑罚目的更多不在于惩罚，而是为了其将来能更好回归社会，成为一个有益社会的公民。"未成年人一方面生理、心理不成熟，对社会和自我的认识具有较大的片面性、武断性、情绪性等，遇有外界因素的影响易做出非理智的行为；另一方面未成年人可塑性强，就整个人生历程来说，还处于起始阶段，人生观和世界观的可变性大，通过正确的引导，能够更好地实现自我价值和社会价值。"② 与成年犯罪人相比，未成年犯罪人具有更大的可塑性，更容易通过教育消除人身危险性从而顺利复归社会。因此，未成年人刑罚取向主要不是报应和威吓，而应着眼于教育。

三是"惩罚为辅"的惩罚是保护性惩罚，主要是为教育未成年人服务，而非社会防卫。需要关押，是对他的约束性保护，防止他继续危害社会也危害到自身，根本出发点仍是为了保护，终极理念是怎么做对未成年人有好处。在不得不对未成年人适用刑罚时，一要慎重考虑适用刑罚是否是必要的，可用可不用的尽量不用；二要慎刑，根据具体的犯罪情节和罪名科学地选择量刑幅度。与报应刑相比，教育刑具有较强的人道主义色彩，以"爱的名义"对犯罪的未成年人进行矫治，并"将重点更多地放在行为人的内心思想上，而不是行为的外在结果上"，促其早日转化、回归社会。

三、教育与惩罚之辨

有同志认为，对未成年人犯罪应当区别对待，对初犯、偶犯等，可以教育、感化、挽救，但对严重犯罪的、无悔罪之心的、根本不把法律放在眼里的未成年人，就要震慑、打击。因此，所谓"教育为主、惩罚为辅"，是指对犯罪轻的未成年人要教育，但对犯罪重的还是要惩罚；对有悔罪表现的未成年人采取教育方式，对不悔罪的则应当采取惩罚方式；对教育有效果的当然要教育，但对教育后没有效果的，就应当惩罚。

对上述观点我们不赞同。我们认为，这样的观点和态度，实质上是将"教育"与"惩罚"对立起来，并主张对部分未成年人教育、对部分未成年人惩罚。这不仅违反了我国《未成年人保护法》规定的对未成年人平等保护原则，而且会导致对犯罪的未成年人"不教而罚"或者"不教而宽"，实践中是极其有害的。我国《未成年人保护法》第3条规定："未成年人享有生存权、

---

① 张明楷：《刑法格言的展开》，法律出版社1999年版，第287页。
② 陈伟大：《悖论与反正：论未成年人的教育改造——兼评教育刑的否证性》，载《青少年犯罪问题》2007年第1期。

发展权、受保护权、参与权等权利，国家根据未成年人身心发展特点给予特殊、优先保护，保障未成年人的合法权益不受侵犯。未成年人享有受教育权，国家、社会、学校和家庭尊重和保障未成年人的受教育权。未成年人不分性别、民族、种族、家庭财产状况、宗教信仰等，依法平等地享有权利。"根据上述原则，无论是犯罪轻的还是犯罪重的未成年人，也无论是有悔罪表现还是不悔罪的未成年人，均有平等地享受国家"特殊、优先保护"的权利，我们在工作中应当平等对待所有未成年人，不应有任何的歧视或忽视，不应抛弃任何一个未成年人，不应把任何一个未成年人推向社会对立面。

因此，我们认为，对未成年人犯罪的区别对待，应当包括两层含义：

一是对未成年人犯罪要与成年人犯罪区别对待。未成年人与成年人相比，因脑成熟程度而导致的巨大差异，要求要适用不同标准加以应对。如《刑法》条文中规定的"明知"，是依照成年人、理性人和健全人的标准来确定的认知能力，成年人的"明知"不能等同于未成年人的"明知"，即使是同样"明知"携带的是毒品，成年人与未成年人对这一行为的性质、后果的认识就存在着本质的误差，二者在行为动机、行为方式上也同样存在着差异。比如孩子就更容易被人唆使，更容易误认为自己带的不过是一种娱乐时用的药丸，误认为只是替人帮忙。[1] 因此，"教育、感化、挽救"和"教育为主、惩罚为辅"原则反映到刑事实体处理上，应当强调办理未成年人刑事案件时，在诉讼的各个环节要时刻注意把握未成年人犯罪与成年人犯罪的不同特点，在认定罪与非罪、此罪与彼罪，认定"明知"等主观状态，认定自首、坦白、立功、被胁迫、被教唆等情节，认定被害人过错等方面，应当注意考虑未成年人的身心发展特点，不能按成年人对待，不能机械、简单地照搬以成年人为基准设计的刑事实体法，并且还要充分考虑具体案件的各种情节，提出有针对性的意见，进行个别化处理。以某地检察机关办理的一起案件为例：未成年人卢某某将同学捅伤后，即告知了学校老师和双方家长，并一起将被害人送至医院抢救，在抢救室外被公安人员抓获。一审检察机关和法院以没有投案的意愿为由，没有认定自首，致一审判决量刑过重，检察机关亦没有提出抗诉。该案上诉后，二审中检察机关补充相关证据后，认为未成年人向学校投案，并向双方家长承认案件事实，归案后亦能如实供述，符合自首的精神，应当认定自首，遂要求法院依法改判，最终二审从 14 年有期徒刑改判为 8 年有期徒刑。

二是在坚持"教育、感化、挽救"方针下，必然要求在个案处理上要针

---

[1] 皮艺军：《中国少年司法理念与实践的对接》，载《青少年犯罪问题》2010 年第 6 期。

对每个未成年人的不同情况"对症下药"进行教育挽救,不排除对一些严重犯罪的未成年人下"猛药",处罚很重,但这绝非一部分打击、一部分教育。未成年人独特的生理和心理状况,决定对其适用刑罚不能仅仅根据犯罪的客观危害,还要关注未成年人的犯罪原因、成长经历、社会交往、家庭情况、受教育状况等诸多因素,"只有将社会危害性与人身危险性也就是刑罚一般化与刑罚个别化统一起来,才能将罪刑均衡建立在更为可靠的逻辑基础之上"。① 其实,"教育、感化、挽救"方针和"教育为主、惩罚为辅"原则中,"教育""感化"和"惩罚"都是手段,"挽救"则是目的。对未成年人的教育主要是一种"感化"式的教育,不是强制性的改造,这与对成年犯的改造是不同的。对成年犯的改造本意是兼顾预防与报应需要,更合理地调配刑罚力度,因此惩罚是前提,改造是目的;② 而对于未成年人,则不存在报应,只为"治病救人"。因此,对犯罪情节轻、主观恶性小的初犯、偶犯等应当尽可能不动用刑罚手段,而是用轻缓的非刑罚手段进行教育;对于犯罪情节严重、主观恶性大的,在教育的同时辅之以适当的刑罚措施,以促使其接受教训、学会为自己的行为负责也是必要的。就如同病情轻的一般吃药、打针即可,病情重的可能要住院。对犯罪的未成年人依法惩罚也是实现挽救目标的手段,未成年人对自己的行为有一定的认识能力,应当承担其应负的刑事责任,以便学会为自己的行为负责;但惩罚本身不是目的,惩罚的目的依然是立足于挽救。正如2012年最高人民检察院原副检察长朱孝清在全国检察机关未成年人刑事检察工作会议上的讲话所明确指出的,对涉罪未成年人"不是简单的不捕不诉,而是要把教育、感化、挽救贯穿办案的始终,既不能不教而罚,也不能不教而宽。对于一些涉嫌严重犯罪的未成年人,基于其人身危险性大、矫正难度大,仍应依法批捕、起诉","但这也是为了教育、挽救而不是单纯的打击"。由此可见,教育挽救可以替代惩罚,而惩罚却不能替代挽救教育,并且将惩罚与教育对立起来的观念是错误的。

  教育既是处遇方式,也是处遇理念。教育是针对未成年人的身心特点和犯罪特点而确立的一项少年司法的基本原则,是少年司法制度的灵魂。少年宜教不宜罚。惩罚是通过震慑的方式让人望而却步。我国在几千年的重刑主义传统思维下,长期以来一直强调刑罚措施,尽管提出了教育的方针,但是现实中很多人依旧强调惩罚的威力,没有摆脱成人化的司法价值取向,如有人主张:"教育与挽救不能代替刑罚,刑罚应体现出教育与挽救。对未成年人该定什么

---

① 熊选国、牛克乾:《论刑罚裁量的价值观念》,载《人民司法》2003年第11期。
② 王利荣:《罪犯改造的价值与冲突》,载《法学研究》2001年第1期。

罪就定什么罪,该判什么刑就判什么刑,定罪和判刑都严格依照刑法的规定执行,防止教育有余而惩罚不足或者惩罚有余而教育不足"。① 持这种观点的人依然在教育的大旗下实行惩罚的实质,没有从根本上意识到少年权益,他们的思想中,对罪错少年的惩罚措施是必不可少的,少年利益最大化的原则被误读为放纵少年犯罪、破坏社会和谐。少年刑罚的根本目的在于教育,法院的作用是帮助未成年人,应当让未成年人尽快地回归社会,而不是做出有罪判决。② 因此,在少年司法领域的机构建设、程序运作及权利救济等方面应当更多地注入福利理念,全面提倡并贯彻少年司法的教育理念。

综上,我们认为,根据平等保护未成年人原则和"教育、感化、挽救"方针和"教育为主、惩罚为辅"原则的要求,对所有犯罪的未成年人都要教育、挽救,对情节轻的,不必辅之以刑罚这种"猛药"手段,一般的批评、教育或者行政的、经济的手段即可,如附条件不起诉的考察帮教措施以及《刑法》第37条规定的非刑罚性处置措施:"对于犯罪情节轻微不需要判处刑罚的,可以免予刑事处罚,但是可以根据案件的不同情况,予以训诫或者责令具结悔过、赔礼道歉、赔偿损失,或者由主管部门予以行政处罚或者行政处分";而对于犯罪情节重的未成年人则可以根据案件具体情况和教育矫治的需要,辅之以刑罚手段。总之,对所有涉罪未成年人都不能"不教而罚"或者"不教而宽",都应当坚持"不抛弃、不放弃"的态度和"教育为主、惩罚为辅"原则,最大限度地教育、感化、挽救,帮助其早日回归社会。

四、帮教原则与"宽严相济"刑事政策

2006年中共中央十六届六中全会通过的《中共中央关于构建社会主义和谐社会若干重大问题的决定》中提出:"实行宽严相济的刑事司法政策,改革未成年人司法制度,积极推进社区矫正。""宽严相济"被作为刑事司法政策明确提出来,实际上是对多年来"严打"刑事政策的反思和调整。研究表明,惩罚量的过高投入不仅不能发挥良好的威慑效果与矫治效果,反而可能激发更高的违法犯罪率。③ 我国从1983年开始的一次又一次"严打",并没有从根本上解决我国犯罪的高发率问题,出现了一个"刑事案件上升—'严打'—刑

---

① 张柏峰主编:《中国的司法制度》,法律出版社2000年版,第292页。
② 徐美君:《未成年人刑事诉讼特别程序的理论基础》,载《青少年犯罪问题》2005年第4期。
③ [比利时]洛德·沃尔格雷夫:《法与恢复性司法》,郝方稢、王洁译,中国人民公安大学出版社2011年版。

事案件又上升—又'严打'"的水涨船高现象。面对我国犯罪与社会治安的严峻形势，很多同志提出用"轻轻重重""宽严相济"的刑事政策来抗制犯罪。宽严相济思想在我国有着深厚的历史渊源。《左传·昭公二十年》记载："仲尼曰：善哉！政宽则民慢……慢则纠之以猛。猛则民残，残则施之以宽。宽以济猛，猛以济宽，政是以和。"① 意思是说："施政宽和，百姓就会怠慢，百姓怠慢就用严厉措施来纠正；施政严厉，百姓就会受到伤害，百姓受到伤害就用宽和的方法。宽和用来调节严厉，严厉用来调和宽和，政事因此而和谐。"第二次世界大战后，世界各国的刑事政策朝着"宽松"和"严厉"两个不同的方向发展，这种现象被称为刑事政策的两极化，也就是"轻轻重重"刑事政策。

所谓"轻轻重重"，是指对轻微犯罪处罚更轻，对严重犯罪处罚更重，即"宽者更宽、严者更严"，宽严两极化，使对严重刑事犯罪实行"严打"刑事政策和对轻微犯罪实行轻缓刑事政策相结合。"轻轻"立足于特别预防和刑罚宽和、谦抑主义，注重对罪犯的改善、教育，主要适用于轻微犯罪及主观恶性不大者，基本措施是刑事立法上的"非犯罪化"、刑事司法上的"非刑罚化、轻缓化、程序简易化"、刑事执行上的"非监禁化"；"重重"则立足于保护社会利益，强调刑罚的惩罚和报应，主要适用于重大犯罪及危险犯罪者，基本措施是刑事立法上的"入罪化"、刑事司法上的"从重或加重处罚、特别程序和证据规则"、刑事执行上的"长期隔离或监禁"。"轻轻重重"是西方国家在刑事政策日益缓和的背景下，面对日趋严峻的犯罪态势而推行的抗制犯罪的基本刑事政策。而"宽严相济"刑事政策是对基于震慑犯罪分子、维护社会稳定价值目标的"严打"刑事政策思想和基于刑罚谦抑、刑罚人道主义价值目标的"宽缓"刑事政策思想的折中和调和，从这一点上来说，其历史进步性是毋庸置疑的。②

但是，对于"宽严相济"刑事政策是否适用于未成年人犯罪，一直以来存在较大争议。我国早在1979年的《刑法》中就对未成年人犯罪确定了从宽处罚即"应当从轻或者减轻处罚"和不适用死刑两条重要原则；在1991年和1999年颁布实施的《未成年人保护法》和《预防未成年人犯罪法》中，又把"教育、感化、挽救"的方针和"教育为主、惩罚为辅"的原则确立为处理未成年人犯罪案件的基本法律原则。但是，由于我国没有形成系统的少年刑法体

---

① 彭东、张寒玉：《检察机关不起诉工作实务》，中国检察出版社2005年版，第5页。

② 高维俭、王群：《论宽罚严管的少年刑事政策思想》，载《青少年犯罪问题》2009年第4期。

系,在未成年人犯罪轻缓刑事政策的具体落实上,存在原则与相关规定脱节、理念与实践分离的情况,实践中对未成年人犯罪案件往往比照或者按照成年人犯罪的实体标准和诉讼程序处理,没有体现对未成年人的特殊对待,因而,2006年正式提出"宽严相济"刑事司法政策后,有同志认为未成年人首当其冲应当成为"宽严相济"刑事司法政策的适用对象,对未成年人犯罪采取轻缓的政策,如放宽对未成年人犯罪的不起诉标准等;① 并有学者明确指出,对违法犯罪的未成年人实施的具体刑事政策是"教育、感化、挽救"的方针,这一政策体现着宽严相济刑事政策的"宽"的一面。② 但是,也有论者认为,对未成年人犯罪不能仅强调"宽","要紧密结合未成年人的犯罪情节和主观悔罪态度,对于犯罪情节轻微、悔罪态度良好的未成年人,要果断适用宽缓政策。但是对于那些主观恶性极深、经多次教育仍不悔改的未成年犯,也不能一味机械从宽处理,要从严从重处理,一定要摒弃那些认为一旦涉及未成年人就要从宽处理的片面和错误认识,要切实认识到宽严相济不仅有宽,还要有严,只有当宽则宽、当严则严、宽严结合,才是宽严相济刑事政策的精神真谛,检察人员在办理包括未成年人犯罪案件在内的任何刑事案件时,都应该正确理解并准确适用该政策"。③ 也有论者提出,对未成年人犯罪宜采取轻刑化和刑罚严厉化两极化的刑事政策,轻其轻罪,对实施性质或情节较轻犯罪的未成年人,刑事政策宜从轻,不起诉或免予处罚或者适用非监禁刑;重其重罪,对实施严重违法犯罪的未成年人,刑事政策则宜从严,既可以考虑在刑事责任方面适当扩大范围,也可以考虑在刑罚方面依法从重处罚。对那些"犯罪不知为何物"的未成年人而言,宽大措施甚至会起到诱发犯罪的作用,或者成为其"二进宫""三进宫"渊薮,这无疑是一种司法纵容。④ 主张对未成年人犯罪采取"宽严相济""轻轻重重""两极化"政策的观点中,也有些微区别,如也有论者认为,对于重罪未成年人而言,应当施行"两极化"刑事政策,其最高量刑可以达到无期徒刑,最低可以达到缓刑;⑤ 又如有论者认为,针对未

---

① 李建国、姚石京:《司法实践与改革宽严相济刑事政策下未成年人犯罪不起诉制度探析》,载《法学杂志》2009年第2期。
② 马克昌:《论宽严相济刑事政策的定位》,载《中国法学》2007年第4期。
③ 王彬:《未成年人犯罪检察工作机制完善——以宽严相济刑事政策为视角》,载2009年《中国犯罪学学会第十八届学术研讨会论文集》(中册)。
④ 孙国祥:《保护与惩罚:未成年人犯罪刑事政策之选择》,载《江苏行政学院学报》2005年第3期。
⑤ 王魏:《重罪未成年人量刑建议实践分析》,载《国家检察官学院学报》2014年第2期。

成年人严重暴力犯罪、累犯等，还是要"严"，但不是与成年犯一样的严，要本着挽救的态度，"严"中有"宽"。①还有论者提出，应该在未成年人违法犯罪初期时提高惩罚力度，使其认识到自己行为的危害性，从而避免其行为滑向犯罪；而在违法未成年人处于违法犯罪后期，其不良人格已经形成的情况下，则应该强调轻缓对待，尤其是对已经违法甚至已构成犯罪的未成年人，应侧重对其改造和悔过教育。究其本质，这种主张就是"重其轻，轻其重"。②从上面的不同观点可以看出，对于"教育、感化、挽救"方针和"教育为主、惩罚为辅"原则与"宽严相济"刑事政策的关系问题，非常有必要在深入研究的基础上加以澄清。

我们认为，主张对未成年人犯罪宽严结合、宽严两极化，"宽者更宽、严者更严"，实际上是没有考虑到未成年人的特殊性，将未成年人犯罪与成年人犯罪同样对待。未成年人作为人类社会的一个特殊群体，在今天，无论哪一个国家都强调并认同其特殊性。未成年人的身心发育尚不成熟，社会化过程尚未结束，从这个意义上说，对未成年人违法犯罪，全社会都应当承担一部分责任。因此，对于未成年人的刑事政策而言，多数国家更倾向于"轻刑"以及犯罪的预防。③从基本理念上看，我国刑事法律也确立了保护主义理念和教育刑主义。我国立法上对未成年人犯罪实行"教育、感化、挽救"方针，坚持"教育为主、惩罚为辅"原则，这也是我国对未成年人犯罪宽宥处理的总原则，而在此基础上，还有一系列指导司法实践的"宽"的导向的具体刑事政策。例如根据《刑法》规定，犯罪的时候不满18周岁的人，不适用死刑；对已满14周岁未满18周岁的人犯罪，应当从轻或减轻处罚等。因此，我们虽然同意在一定情况下，对未成年人犯罪尤其是严重未成年人犯罪适用刑罚是必要的，但就贯彻"宽严相济"刑事政策而言，对未成年人犯罪在坚持"教育、感化、挽救"方针和"教育为主、惩罚为辅"原则下，只有从宽没有从严。其实这一点，无论从最高人民检察院《关于在检察工作中贯彻宽严相济刑事司法政策的若干意见》（高检发研字〔2007〕2号，以下简称《最高检若干意见》），还是《最高人民法院印发〈关于贯彻宽严相济刑事政策的若干意见〉

---

① 王宏玉、杨少锋：《我国未成年人犯罪刑事政策探析》，载《中国人民公安大学学报》2010年第2期。

② 谭志君、胡之芳：《未成年人犯罪的刑事政策理念》，载《青少年犯罪问题》2002年第1期。

③ 中国青少年研究中心：《中国"十五"期间青年发展状况和"十一五"期间青年发展趋势研究报告》，载《青少年问题研究》2007年第2期。

的通知》(法发〔2010〕9号,以下简称《最高法若干意见》)中看,也均是非常明确的。《最高检若干意见》第4条强调:"检察机关贯彻宽严相济的刑事司法政策应当坚持……严格依法……宽和严都必须严格依照法律,在法律范围内进行,做到宽严合法,于法有据。"第11条明确要求:"对未成年人犯罪案件依法从宽处理。办理未成年人犯罪案件,应当坚持'教育、感化、挽救'的方针和'教育为主、惩罚为辅'的原则。要对未成年犯罪嫌疑人的情况进行调查,了解未成年人的性格特点、家庭情况、社会交往、成长经历以及有无帮教条件等情况,除主观恶性大、社会危害严重的以外,根据案件具体情况,可捕可不捕的不捕,可诉可不诉的不诉。对确需提起公诉的未成年被告人,应当根据情况依法向人民法院提出从宽处理、适用缓刑等量刑方面的意见。"《最高法若干意见》也有类似规定,其第20条规定:"对于未成年人犯罪,在具体考虑其实施犯罪的动机和目的、犯罪性质、情节和社会危害程度的同时,还要充分考虑其是否属于初犯,归案后是否悔罪,以及个人成长经历和一贯表现等因素,坚持'教育为主、惩罚为辅'的原则和'教育、感化、挽救'的方针进行处理。对于偶尔盗窃、抢夺、诈骗,数额刚达到较大的标准,案发后能如实交代并积极退赃的,可以认定为情节显著轻微,不作为犯罪处理。对于罪行较轻的,可以依法适当多适用缓刑或者判处管制、单处罚金等非监禁刑;依法可免予刑事处罚的,应当免予刑事处罚。对于犯罪情节严重的未成年人,也应当依照刑法第十七条第三款的规定予以从轻或者减轻处罚。对于已满十四周岁不满十六周岁的未成年犯罪人,一般不判处无期徒刑。"可见,"两高"对于在未成年人犯罪案件中贯彻"宽严相济"的刑事政策,均强调在坚持"教育、感化、挽救"方针和"教育为主、惩罚为辅"原则下,只有从宽没有从严,这与我国现有法律规定是一致的。而对未成年人犯罪在坚持"教育、感化、挽救"方针和"教育为主、惩罚为辅"原则下,只有从宽没有从严,也就不是完整意义上的"宽严相济",因此,我们认为"教育、感化、挽救"方针和"教育为主、惩罚为辅"原则与"宽严相济"刑事政策是不同的,根据我国法律规定,对未成年人犯罪实行"教育、感化、挽救"方针和"教育为主、惩罚为辅"原则,而非"宽严相济"的刑事政策。

我国法律对未成年人犯罪之所以采取"教育、感化、挽救"方针和"教育为主、惩罚为辅"原则,而不是"宽严相济",主要是考虑到未成年人的身心特殊性和未成年人犯罪的特殊性。现代生理学、心理学的研究均证实了人的少年时期在生理和心理上与成年人的差距。在生理上,他们正处于发育的第二个高峰期,各项生理机能包括大脑都处于快速发育阶段,内分泌加剧,容易导致他们的情绪不稳定。外国研究结果进一步证明,人的大脑发育一直持续到

25 岁左右，那时候最后一块发育的区域是前额叶，而前额叶具有阻止人们作轻率、冲动决定的作用。① 在心理上，人的少年时期正处于社会化的关键期，生理上的快速发展与心理发展相对滞后，使他们存在较为明显的身心发展矛盾和心理困惑：精力旺盛、容易兴奋却又缺乏理性控制；性发育成熟却又缺乏成熟的道德准则；与成人社会存在隔阂却又有强烈的交往需求；依赖家长却又渴望独立；好奇心、模仿能力强却缺乏对事物的深刻认识；充满美好的梦幻却与现实有着较大的差距。② 由于未成年人生理和心理发育尚不成熟，性格易冲动，缺乏自我控制能力；其人生观、世界观和价值观尚未成型，具有极大的可塑性；"犯罪不知为何物"，或者虽然他们可能对什么是犯罪、犯罪可能受到处罚等有一些直观、朴素、浅薄的了解，但对其后果缺乏深刻认识；未成年人比成年人更容易因受到不良环境的影响而走上犯罪的道路。因此，即使未成年人犯罪与成年人犯罪在客观上造成的社会危害程度相同，甚至超过成年人犯罪的社会危害程度，但在主观上，二者之间有巨大差距，成年人犯罪被认为是其自由意志的结果，而未成年人犯罪则是其身心不成熟和不良成长环境共同作用的结果。正是基于未成年人相比成年人巨大的生理、心理差距和未成年人犯罪的社会原因，成人社会应当对未成年人犯罪承担起责任，付出应有代价，给予更多的宽容。忽视未成年人与成年人在生理和心理上的差距，不反思成人社会给未成年人提供了什么样的成长环境，而是依照成人的标准予以评价、谴责、严惩，甚至"该严者更严"，是有失公允和道义的。③ 这是其一。其二，重刑和严惩对预防犯罪的作用是有限的，这已经是一个不争的事实，在预防未成年人犯罪方面尤其如此，而且其消极影响更加明显。未成年人正处于成长和社会化的关键阶段，而刑罚和监禁使他们与社会隔绝，必然影响他们正常人格的发展，同时也可能会在服刑的过程中与其他罪犯交叉感染，加之背上犯罪的标签，使他们在刑满释放后回归社会面临很大困难，容易导致他们自暴自弃，重新犯罪，甚至成为累犯、惯犯、职业犯。即使较短时间的监禁对未成年罪犯的影响也是明显的，长期监禁的后果则更为严重。如在美国明尼苏达州，1991 年释放出的青少年五年内重新犯罪的比例是 91%，在马里兰州，1994 年释放后两年内重新犯罪的比例是 82%，华盛顿的这一比例一年内是 59%，两年内

---

① 姚建龙：《未成年犯死刑的废除与美国少年司法的走势》，载《青少年犯罪问题》2007 年第 4 期。
② 肖兴政、郝志伦：《犯罪心理学》，四川大学出版社 2004 年版，第 102 页。
③ 王海：《对我国未成年人犯罪刑事政策的思考》，载《刑法论丛》2012 年第 2 期。

是68%。许多研究表明美国全国范围内这一比例平均为50%—70%。① 我国学者研究发现,在重新犯罪人员中,有31.8%是在14岁至18岁之间受到第一次惩处。② 国内外的研究均证实,未成年人走上重新犯罪的道路后,其社会危害会更大,并且是拉动犯罪率的主力。而一些地方的实践则证明,如果真正把"教育、感化、挽救"方针,"教育为主、惩罚为辅"原则和非罪化、非监禁化、轻刑化落到实处,对减少未成年人重新犯罪能够起到积极作用。如浙江省余姚市人民法院从2006年到2008年共判结2778名少年犯,其中多数为缓刑,通过加强与社会力量的配合,采取多种措施进行教育、感化、挽救,达到了无一人重新犯罪的效果。③

因此,少年司法的任务应是努力挽救罪错未成年人,使他们回归社会,防止他们在犯罪的道路上越走越远;对未成年人适用刑罚应当是不得已而为之,同时也应当以教育、挽救为出发点,不能为了惩罚而惩罚,其立足点应当在"教"而不是"罚"。总之,坚持"教育、感化、挽救"方针和"教育为主、惩罚为辅"原则,并非简单的从轻处理,而是要把教育、感化、挽救贯穿于办案始终,令其感受法律对未成年人特殊群体所给予的道义体恤和人性温暖,从而唤起其内心的感动与悔悟,从而真心向善;也并非一味从轻,对于涉嫌严重犯罪的未成年人,基于其人身危险性大、矫正难度大,在缺乏有效替代矫正措施的情况下,应当在法定量刑范围内,根据犯罪严重程度、矫治难度和矫治条件的不同处以不同轻重的刑罚,但绝无严惩的道理。④

对于前面有论者提出的"重其轻,轻其重"的意见,我们认为其重视早期的"教育预防"建议是中肯的。对此,也有学者进一步提出了"宽罚严管"的意见,认为贯彻对未成年人"宽罚"理念的必然结果是使大量少年犯罪人流入社会,这对社会支持系统提出了较高的要求。而如果缺乏有效的社会支持系统,缺乏在社会化的环境中防护犯罪少年再行危害社会以及有效矫治犯罪少年的机制,那么单纯的"宽罚"举措可能是对犯罪的放纵或姑息,其后果将会有害于社会稳定,有害于人权保障,是无法让人接受的。其结果可能就是"宽罚"理念不得不让步于以牺牲少年健康成长为代价但却能在短期和表面上

---

① 汤继荣编译:《美国少年犯罪与少年司法现状》,载《青少年犯罪问题》2003年第1期。
② 丛梅:《未成年人重新犯罪实证研究》,载《河南省警察学院学报》2011年第10期。
③ 董小军、陈海滨:《社会力量助推未成年人犯罪审判工作,2778名少年犯无一重新犯罪》,载《宁波日报》2008年6月2日(A02)。
④ 王海:《对我国未成年人犯罪刑事政策的思考》,载《刑法论丛》2012年第2期。

有效防卫社会的"严惩",回归于报应主义的窠臼,这显然有悖于宽宥处罚的初衷。因此,为了配合"宽罚"举措,顺应刑罚人道主义趋向,有必要落实"严管"举措。① 我们非常赞同"宽罚严管"的观点。宽罚严管的思想实际上是刑事政策社会化的思想,它一方面要求我们对于有《预防未成年人犯罪法》中所列不良行为,尤其是严重不良行为的未成年人提前介入和干预,如对未成年人越轨行为严格管教,警察警戒介入学校欺凌问题,对未达刑事责任年龄,但行为已经构成犯罪的未成年人进行有效矫治等;另一方面要求做好对采取非刑罚、非监禁处置的未成年人的后续管教工作,建立必要的配套措施,如配套建立青少年社工队伍等,从纵向的可能犯罪、犯罪处理、犯罪处理结果的实施等以及横向的立法机关、司法机关、社会管理机构等编织成一个有利于少年健康成长的全面、系统的网络,以共同落实"宽罚严管"工作,这才是预防和减少未成年人犯罪的治本之策。

综上,我们认为,"教育、感化、挽救"方针和"教育为主、惩罚为辅"原则与"宽严相济"刑事政策是不同的,对未成年人犯罪在坚持"教育、感化、挽救"方针和"教育为主、惩罚为辅"原则下,只有从宽没有从严。当前有些司法人员的观念依旧受到刑事惩罚思想的约束,或延续成年人"宽严相济"刑事政策理念,没有彻底贯彻教育代替惩罚的理念。因此,我们认为应当大力倡导教育的理念,使其成为一种普遍的共识。

五、帮教原则与双向保护原则

所谓双向保护原则是指社会利益、社会安全的防护和未成年人利益均应受到保护。这一原则被认为发端于《北京规则》第1.4条的规定,即"少年司法应视为是在对所有少年实行社会正义的全面范围内的各国发展进程的一个组成部分,同时还应视为有助于保护青少年和维护社会的安宁秩序"。其基本含义是指少年司法既要注重保障社会的安全、秩序,也要注重保护失足少年,努力把两者有机结合起来,做到保护社会与保护少年的统一。② 2004年9月第17届国际刑法学大会通过的《国内法与国际法下的未成年人刑事责任决议》亦指出:"对年轻人的保护、他们的和谐发展和社会化极为重要,同时也应当确保社会的安全,重视受害者的利益。"根据上述规则和决议,在处理未成年人犯罪案件时,需要权衡好社会利益和未成年人权益之间的关系,在最大限度保

---

① 高维俭、王群:《论宽罚严管的少年刑事政策思想》,载《青少年犯罪问题》2009年第4期。

② 姚建龙:《少年司法制度基本原则论》,载《青年探索》2003年第1期。

护未成年犯罪人利益的前提下，兼顾社会利益的保护。《高检决定》第 6 条规定："注重矛盾化解，坚持双向保护。要加强对被告人认罪服法教育，促其认罪悔罪，主动向被害人赔礼道歉、赔偿损失。要加强与被害人的联系，听取其意见，做好释法说理工作，并注重对未成年被害人的同等保护，充分维护其合法权益。对于符合刑事和解条件的，要发挥检调对接平台作用，积极促进双方当事人达成和解，及时化解矛盾，修复社会关系。要加强办案风险评估预警工作，特别是对社会关注的重大未成年人刑事案件，主动采取适当措施，积极回应和引导社会舆论，有效防范执法办案风险。"《高检规定》第 12 条第 2 款规定：人民检察院应当充分维护未成年被害人的合法权益。对于符合条件的被害人，应当及时启动刑事被害人救助程序，对其进行救助。对于未成年被害人，可以适当放宽救助条件、扩大救助的案件范围。《惩治性侵害意见》第 4 条规定："对于未成年人实施性侵害未成年人犯罪的，应当坚持双向保护原则，在依法保护未成年被害人的合法权益时，也要依法保护未成年犯罪嫌疑人、未成年被告人的合法权益。"人民检察院在办理未成年人刑事案件中，既要保护未成年人的合法权益，也要维护被害人合法权利、社会安全等社会利益。

落实"教育、感化、挽救"方针和"教育为主、惩罚为辅"原则，必然要涉及双向保护问题，即平衡社会利益与未成年人利益之间的关系，实现两者兼顾。但是，尽管从宏观层面上讲，对于社会安全的防护与对于未成年人利益的保护是一致的，是不冲突的，不存在次序上的先后；但在具体的微观层面上，社会权益的维护与未成年人权益的保护会在操作层面发生各种各样的冲突；对这二者总会有所偏重，而不可能像天平的两端那样保持一种精确的平衡。这实际上就向我们提出了一个难题：如何做到二者的相对平衡？怎样回应未成年人的犯罪行为？如何平衡被害人的权利和意愿？在二者发生激烈矛盾冲突时又该怎么办？能否以"教育为主、惩罚为辅"原则优先保护未成年人利益？这些问题实在不容我们避而不谈或者含糊其词。许多发达国家在建立和完善少年司法制度的过程中，也一直存在保护少年与防卫社会之间不断调整、平衡的问题。例如为了解决二者的矛盾，美国创设了将特别严重的少年犯罪移送成人法庭程序。即对于犯有某些严重罪行的少年，少年司法可以放弃管辖，而将案件移送到成人法庭审理。如在费城，16 岁以上持枪（武器）犯罪等严重暴力犯罪，被视为成人犯罪，由成人法庭审判，不再适用少年诉讼程序。在检察环节，未成年人犯罪案件同时满足以下三个条件则由成年人公诉科接手：一是性质恶劣的暴力犯罪，二是有很充分的证据，三是影响较大、社会广泛关注。不过，需要指出的是，美国至今没有加入《儿童权利公约》；而且，虽然其未成年人犯罪刑事政策自 20 世纪 70 年代开始严苛化，但自 20 世纪 90 年代中期以来，美国未成年人犯罪刑事政策决策者以及学术界对严苛主义进行了深刻的反思，人们已经认识到，把希望寄托于刑罚主义，无论如何是达不到预期目的的。许多人又开始建议重新肯定传统少年司法的康复主义、福利理念，再次强调按照少年的最大利益来决定其处遇，而不是主要根据其行为来计算其惩罚。① 2005 年 3 月 1 日，联邦最高法院在洛普诉西蒙斯（Roper v. Simmons）一案中禁止对未成年人适用死刑的裁定，是对 20 世纪 70 年代后期以来所推行的严苛政策深刻反思的结果，实际上重新肯定了传统福利型未成年人犯罪刑事政策的保护主义理念。正如有的美国学者所指出的那样，目前的未成年人犯罪刑事政策是在以前的福利政策与后来的严苛政策之间进行了折中。②

加拿大曾经也有将严重的少年犯罪移送成人法庭程序，但在其加入《儿童权利公约》后，即颁布了新法案，废除了将青少年移送成人法庭。原法案允许将青少年在特定情况下移送成人法庭审理和作出成人判决。但实践表明，被移送成人法庭的案件中很大比例并非暴力犯罪，移送造成案件复杂化和审理迟延。而且，一旦青少年被移送成人法庭，则其身份可以公开，其结果是在法庭作出有罪判决前，青少年的身份已被公开，而对青少年犯的身份保护是加拿大青少年司法保护体系的基础，其基本原理是青少年姓名的公开会阻碍矫正并对青少年产生有害影响。为此，新法排除了移送程序，完全由少年法庭决定被诉青少年是否有罪，然后在特定条件下少年法庭可以作出成人判决，青少年的身份不能被公开，除非少年法庭认为其有罪且作出了成人判决。但在作出成人判决时需进行综合考虑，如果一个青少年判决足以让该犯罪少年承担责任或者检察官建议不要作出成人判决的，则法庭不会作出成人判决。③ 我们认为，《儿童权利公约》第 3 条第 1 款所确立的"儿童最大利益"原则，即"关于儿童的一切行动，不论是由公私社会福利机构、法院、行政当局或立法机构执行，均应以儿童的最大利益为一种首要考虑"，不仅在国际公约和区域性条约中得以规定和重申，并且在解决有关未成年人问题时，被作为解释相关法律条文的重要依据。目前，最大利益原则已经成为保护未成年人各项诉讼权利，尤其是刑事诉讼权利的根本原则或总原则。根据这一原则，各缔约国应当通过立

---

① 参见姚建龙：《美国少年司法严罚刑事政策的形成、实践与未来》，载《法律科学》2008 年第 3 期。

② See Martin L. Forst, Martha - Elin Blomquist: "Cracking Down on Juveniles: the Changing Ideology of Youth Corrections", Notre DameJournal of Law, Ethics and Public Policy 1991, 5 Ntdjlepp, pp. 374－375.

③ 彭东、张寒玉：《美国加拿大少年立法、司法现状及启示》，载《人民检察》2013 年第 15 期。

法、司法、行政等一切手段和措施，维护儿童的各项权益，并且以是否实现了儿童的最大利益作为衡量各项工作的一项重要标准。具体而言，儿童的最大利益原则的内容和要求有：第一，成员国在国内立法和司法中，必须考虑该原则的贯彻及其适用；第二，国家必须重视它的法律拘束力以及与本土法律文化相结合的程度，以便最大限度实现原则的立法精神；第三，国家必须采取措施和制定相应的程序以把它们的义务与公约中相关的儿童权利相结合，利于把本国的儿童权利落到实处。就《北京规则》而言，虽然规定了双向保护原则，但未成年人的利益始终被放在首位，"在少年案件中必须一贯以维护少年的福祉和他们未来的前途为重"，"应努力在每个国家司法管辖权范围内制定一套专门适用于少年犯的法律、规则和规定，并建立授权实施少年司法的机构和机关，其目的是满足少年犯的不同需要，同时保护他们的基本权利"。在保护未成年人与保护社会的排列顺序上也是将其放在首位，"少年司法应视为是在对所有少年实行社会正义的全面范围内的各国发展进程的一个组成部分，同时还应视为有助于保护青少年和维护社会的安宁秩序"。因此，我们认为，双向保护原则应当以未成年人需要特殊司法保护为基础，将保护社会利益和保护未成年人权益共同作为其司法的目标，并以发展的眼光将保护未成年人权益作为保护社会利益之需要，从而在一定程度上体现出保护未成年人权益应优于保护社会利益的司法价值取向。因为少年利益超越了现有的社会利益，重点加以保护是为了社会今后长远的、更大的利益。当刑罚以此为价值取向时，关注的焦点就由犯罪行为转向犯罪人，刑罚的使命由主要惩罚犯罪转向教育改造犯罪人。而少年司法的任务就是为解决这些冲突打开出路，[①] 在坚持双重保护的同时，更注重少年优先的原则。在保护社会和保护少年两个目的发生冲突时，考虑少年的身心特点和保护少年健康成长的重大意义，要侧重于保护少年的利益。当在操作层面上两种利益发生冲突时，社会（成人）利益应当让位于未成年人利益，因为未成年人利益优先一定是相对于成人利益和社会利益的。如果"双向保护原则"始终是对等的、相同权重的、不偏不倚的，"儿童权利优先"这一原则便很有可能被架空，而成为一句空话。实践中对有较大社会危险性或有较大主观恶性的少年犯给予监禁处罚，这样做首先不是对社区安全的保护，而是对少年的保护，即这样的孩子需要关起来，关起来对他们的再社会化更为有利，可以避免这类少年因为继续侵害社会或他人而使自己遭受更重的惩罚，毁掉自己的前程。而且，关起来不等于一关了之，教育措施应当跟上。所以，应当这样来认识，未成年人利益的优先保护，就是对社会利益的最完善的保

---

① 皮艺军：《中国少年司法理念与实践的对接》，载《青少年犯罪问题》2010年第6期。

护。应当把未成年人权利保护和健康发展当作全部少年司法的最高目标,在这个目标面前社会权益也必须要作出让渡。我们认为,上述观念的树立非常重要。目前,很多同志以美国等少年司法由福利模式转向强调少年责任,"所谓少年责任理念,就是少年司法制度的主要任务在于使少年对其不法行为后果承担认知、消除甚至接受惩罚的义务。与以往少年保护理念强调少年利益和行为人的人格特征相比,责任理念更加关注少年的行为和后果特征,强调社会、社区的安全、利益以及对受害人的保护和补偿",① 主张我国少年司法制度改革中要强调社会保护的重要性,强调未成年人利益与社会利益"同等保护"。对此,我们不能苟同。因为美国的未成年人犯罪刑事政策一直具有浓厚的福利保护色彩,在一定程度上使社会利益、被害人利益的保护有所缺失,因而其"严苛"最多只能看作是一种"纠偏"行为。而在我国,长期占主导地位的思想是将保护社会利益放在第一位,弥漫着惩罚与报应色彩,对未成年人的保护不是太多,而是相反。由于长期受"严打"的影响,未成年人犯罪刑事政策也被打上了深深的惩罚烙印,强调社会利益,从而造成对未成年人权益的侵犯。尽管早已确立"教育为主、惩罚为辅"的八字原则和"教育、感化、挽救"的六字方针,但实践中很多司法人员并未认真领会其含义,加上对未成年人及其犯罪的特殊性认识不够深入,故而在对待未成年人犯罪问题上,往往重视"惩罚"的运用,强调对社会利益的保护,而轻视"教育"的运用,忽略对未成年人利益的保护。未成年人犯罪及其治理不是单纯的法律问题,而是复杂的社会问题,与一个社会的价值观念和公共政策取向密切相关。保护社会与保护少年之间并非一种机械统一的关系,它并不排斥特定条件下的侧重;但是我们应当深刻地认识到,事实上,就少年司法制度从普通司法制度中独立出来的初衷来看,在一定程度上它是强调对少年的保护的。② 少年责任观念只是改变了少年保护观念一统天下的局面,目前少年司法制度是以少年保护为主导、以少年责任为补充来建构的。未成年人利益与社会利益的权衡决定了一个社会对未成年人权利的尊重程度。如果两种利益平等,就必然存在对未成年人利益的忽视和侵占。因为未成年人无法监督制定并执行法律的成人社会。所以,唯一的答案就是未成年人利益高于社会利益。当未成年人的行为损害了社会利益,社会就应当为此作出牺牲,去承担这一危害行为所造成的损失。③ 因

---

① 赵国玲、王海涛:《少年司法主导理念的困境、出路和中国的选择》,载《中州学刊》2006年第6期。
② 姚建龙:《少年司法制度基本原则论》,载《青年探索》2003年第1期。
③ 皮艺军:《儿童权利的文化解释》,载《山东社会科学》2005年第8期。

此，我国的未成年人犯罪刑事政策不能盲目照搬少年责任理念，而应根据自己的具体情况，强化对未成年人的特别保护，弱化保护社会的色彩。目前，对未成年人"教育为主、惩罚为辅"的平衡点不是或不完全是社会利益与未成年人利益兼顾，而应当是儿童利益最大化前提下的社会利益与未成年人利益兼顾。换言之，当社会利益与未成年人利益发生冲突时，毫无疑问应选择后者。"保护未成年人利益应优于保护社会利益，对未成年犯罪人应重在教育、感化、挽救，而非惩罚。"[1]

有同志问，实践中未成年人犯罪侵害的对象往往也是未成年人，此时应当先保护谁呢？我们认为，犯罪嫌疑人与被害人均是未成年人时，根据《未成年人保护法》规定的平等保护原则，对二者的保护不存在先后，应当一视同仁，体现同等保护的精神。需要指出的是，目前存在"打击了未成年犯罪人就是或者才是保护未成年被害人"的观念，将保护涉罪未成年人与保护未成年被害人对立起来。其实，保护未成年被害人有许多细致工作要做，如身体救治、心理辅导、经济救助等，并非打击未成年犯罪人这么简单。因此，人民检察院办理未成年人刑事案件，既要注重保护涉罪未成年人的合法权益，也要注重维护社会利益，采取有力措施化解矛盾，修复被破坏的社会关系，使被害人得到平等的保护，将犯罪造成的负面影响降到最低。尤其要注重对未成年被害人的保护和救助，积极修复因被害可能对其导致的心理创伤，充分维护他们的合法权益。同时，要转变打击未成年犯罪人即是保护未成年被害人的观念，对二者同等保护，防止顾此失彼。比如曾经有检察机关在反映一位女检察官先进事迹的材料中，讲到这样一个案例：14岁的小亮因琐事与16岁的小星及其伙伴发生争执被扎伤后背，导致高位截瘫。案发后6个月，小亮父母因无法支付继续治疗和康复费用，只能请假在家自行护理胸部以下无知觉、大小便失禁的小亮。为此他们给检察机关写信反映情况，表达他们"不能接受扎伤小亮的行为人至今没有处理结果，不能接受与小星共同犯罪的其他人没有受到法律的追究，更不能接受终身残疾的小亮至今没有得到任何经济赔偿"，并恳请检察机关为伤者主持公道。女检察官立即与公安机关取得联系，询问办案进程，得知重伤鉴定已经做出，案件即将移送起诉，但仅有小星被列为犯罪嫌疑人。当天，她还及时到小亮家中看望并安抚他们的情绪。看到的场景让她的内心又一次不平静起来，本不大的房间里存满了大包小包的成人尿垫，一米七多、曾经阳光俊秀的男孩子双下肢已经开始萎缩，终日带着尿袋，光着下身躺在床上，

---

[1] 康均心：《我国少年司法制度的现实困境与改革出路》，载《中国青年研究》2008年第3期。

眼泪和忧愁夺取了一家人曾经的欢笑和幸福。为此，女检察官及时研究制定案件审查思路：一是全面审查案件事实证据，迅速对小星提起公诉，同时对涉嫌共同犯罪的小韩进行追诉，最终二人分别被判处有期徒刑 6 年 6 个月和有期徒刑 3 年，共计赔偿被害人经济损失 5 万余元；二是积极与控申处配合，及时为被害人申请了 1 万元的司法救助专项基金；三是与孩子父母沟通协调，鼓励小亮积极配合治疗，重树生活的信心。小亮父母看到女检察官及时有效的工作，接到送到他们手中的救助金，听到她和小亮的贴心交谈后，眼眶湿润了，近 200 个日日夜夜的无助和煎熬，在这一刻得到了最好的抚慰。小亮的母亲用力握住女检察官的手，连声说"孩子的案子你办，我们放心了"。在上述办案过程描述中，我们看到了追诉漏罪漏犯、赔偿被害人损失、对被害人司法救助等，做得很好，但美中不足的是没有看到如何落实法律要求的办理未成年人犯罪案件的"教育、感化、挽救"，没有看到怎么"教育为主、惩罚为辅"，怎么双向保护的。这样的情况并非个例，而是较为普遍，很值得我们改进。

六、帮教原则是否仅具宣示意义

不少同志认为原则在转化成具体规则之前仅具宣示意义，无法落实于具体办案之中。理由是直接把原则拿来用，可能会由于原则本身内涵的模糊性而造成混乱。比如儿童利益最大化是个原则，应该通过立法和司法解释细化为规则，才具有可操作性和权威性。否则，一个原则各自表述，都说自己是在贯彻儿童利益最大化，但是做法可能截然相反。例如上海曾判决的一起非法代孕所生子女的监护权纠纷案件，一审法院认为判归有血缘关系的祖父母是落实儿童利益最大化，二审法院认为判归有实际抚养关系的母亲才是儿童利益最大化。正因上述认识的普遍存在，一定程度上导致主导未成年人刑事案件办理的依然还是普通程序而非特别程序，因为目前特别程序中很多都还只是原则性规定，如"教育、感化、挽救"的方针和"教育为主、惩罚为辅"原则，目前仅是原则性、授权性规定，没有具体规则。进而，"认罪换权利"、"以罚代教"甚至"罚主教辅"的现象不能彻底杜绝，① 以及特别程序中"特别"的整体区别性内涵被替换为"个别优越"含义，② 也就在所难免了。因此，我们认为有必要对"原则到底是仅具有宣示意义还是要求落实于具体办案"这一重要问题予以澄清。

---

① 刘磊：《未成年人刑事诉讼程序的新思维与再修改——解读刑事诉讼法（再修改草案）中的未成年人犯罪案件诉程序》，载《青少年犯罪问题》2012 年第 1 期。

② 庄乾龙：《未成年人犯罪特别程序之定位》，载《青少年犯罪问题》2014 年第 3 期。

对于原则仅具宣示意义的观点,我们不能认同。

首先,"原则"在汉语、英语以及拉丁语中一般含有"根本规则"之意。在法学上,"原则"一词有两种用法,其一为价值宣示意义上的用法,其二为克服法律局限性工具意义上的用法。① 法律原则的根本属性有两个来源,一是其内容的根本性,二是其效力的贯彻始终性。就其内容的根本性来说,它是规则的规则,是进行法律推理的权威性出发点。至于"效力的贯彻始终性",是就基本原则与具体原则的区分来说的。② 原则是规则的灵魂,是规则的根本出发点,它为规则规定了适用的目的和方向以及应考虑的相关因素,指导规则的运作。而规则就是原则的具体化、形式化和外在化,其适用就是为了实现法律所裁定的价值目标。由于法律原则"直接决定了法律制度的基本性质、基本内容和基本价值倾向,故而法律原则为规则框定了伸展的范围,规定了发展的方向,这样,原则就可以防止规则运行中出现的不公正现象。

其次,因"原则内涵的模糊"、易造成认识上的分歧就得出原则不能适用于具体司法行为的结论不妥。难道规则在适用时就不存在认识不一致的情况吗?显然不是,很多时候,公、检、法以及律师等就是对具体规则认识上存在分歧,所以需要辩论、争议,看谁的认识更有道理、更能获得法律共同体的认可。

最后,法律原则在必要时作为裁判的依据,已经成为司法界的共识。大量的法律漏洞以及类似于哈特所言的"空缺结构"③ 犹为显见,增加了在司法实践中适用法律原则的重要性和必要性。④ 吉林大学林菲菲于 2014 年在其题为《中国法律原则的司法适用问题研究》的法学理论博士学位论文中,根据最高人民法院公报中公布的案件指出,法律原则在司法适用的案件性质包括民商事类、行政类,也包括刑事类。在司法实践中,法律原则的适用大凡有四种情形:一是原则与规则一致情形下,原则作为规则的基础和指引;二是规则缺位

---

① 徐国栋:《民法基本原则解释——成文法局限性之克服》,中国政法大学出版社 1992 年版,第 11—12 页。

② 周成泓:《规则、原则、程序——对法律原则的一个诠释》,载《贵州大学学报》(社会科学版)2006 年第 5 期。

③ "空缺结构"也可译为"开放结构",有两种解释,其一是语义上的,自然语言必然带有空缺结构,即语言文字具有核心地带与边缘地带,为此,使用自然语言的法律必然也具有这种空缺结构;其二是评价意义上的,人类预见未来的能力有局限性,对目的认知也相对模糊,人类社会又有确定性(certainty)与适当性(appropriateness)这两种相互冲突的需要,由此产生法的"空缺结构"。

④ 林来梵、张卓明:《论法律原则的司法适用——从规范性法学方法论角度的一个分析》,载《中国法学》2006 年第 2 期。

的情形下，适用原则以作漏洞补充；三是原则与规则相冲突的情形下，适用原则创制规则的例外；四是原则之间相互冲突情形下的特别复杂的适用。①

另外，由于特别程序还没有完全独立，且《刑事诉讼法》有关特别程序的11条规定中不少是原则性规定，如教育、感化、挽救原则、严格限制适用逮捕措施原则等，这便"增加了在司法实践中适用法律原则的重要性和必要性"。特别程序能在多大空间内发展适用，不仅取决于特别程序制度围建之完善程度，还将考验着权力者的司法智慧。②

因此，我们认为特别程序规定的每一项原则都应当在具体办案中予以体现，并且应当在总结司法实践基础上，尽快将目前特别程序仅作原则性规定的原则、制度、要求等，进一步细化为更具可操作性的规则。

七、如何具体规范帮教工作

我国历来强调未成年人司法程序中的教育，但是一直没有阐明如何进行教育，以什么样的方式教育；相关法律和司法解释中对帮教未成年人工作仅有一些原则性、授权性规定，缺乏行为范式和统一规范，导致实践中大家对很多问题存在困惑；加之我国未成年人司法尚处于初级阶段，司法人员多是从刑事司法体系转调过来，需要进行角色转换，他们难免会将成人刑事司法中的一些理解和做法带到未成年人司法中，对未成年人教育方法运用欠妥。因此，我们认为，目前急需在深入研究相关理论的基础上，结合司法实践经验，制定"帮教指引"，在规范帮教工作的同时，进一步突出帮教工作的主导地位，为帮教工作指明方向。

（一）一个悲剧引发的思考

未成年人司法实践中发生过女法官被她帮教过的未成年犯杀害的案件，非常值得我们警醒。③ 很多同志因此认为"帮教罪犯是一个社会问题，非个人力

---

① 林来梵、张卓明：《论法律原则的司法适用——从规范性法学方法论角度的一个分析》，载《中国法学》2006年第2期。
② 庄乾龙：《未成年人犯罪特别程序之定位》，载《青少年犯罪问题》2014年第3期。
③ 案例情况：某地16岁的赵某因犯抢劫罪被一名女法官以抢劫罪判处有期徒刑12年，在服刑过程中该法官多次与其通信，进行帮教，赵某进而因为表现较好而被减刑。10年后赵某提前刑满释放，但出狱不到1年，又因犯盗窃罪被判徒刑。第二次出狱刚4个月的赵某，携刀窜至女法官家中要钱遭拒绝，立即对女法官实施捆绑，强行索要。女法官大声对其进行斥责和警告，赵某害怕罪行暴露，拔出随身携带的尖刀，朝女法官的左颈部、左胸部等处连刺十余刀，将年仅38岁的女法官杀害。

量所能及"。结合司法实践中反映出的许多问题和现象，我们觉得迫切需要反思和探讨以下问题：

第一，司法人员在教育、感化、挽救中到底应当如何定位，严父还是慈母？比如法官妈妈、检察官姐姐这样的提法是否合适？关键是我们真能做到"妈妈""姐姐"吗？会不会给孩子造成误导？毕竟未成年人的认知还不够成熟，如果不能区别清楚"妈妈"与"法官妈妈""姐姐"与"检察官姐姐"的区别，是否会给其不切实际的期待？期待落空会不会感觉被欺骗？一位基层检察官讲她曾经帮教过的一个孩子已经到外地上大学了，但每次回来都要去看她，显得对她特别依恋，使得她有点"心虚"，因为觉得自己无法承受。还有一位维权律师讲曾有他帮助过的未成年人非要认他为父，还不止一个。

第二，未检工作要求教育、感化，需要"情"融于法，但这个"情"如何把握分寸和尺度？司法机关的帮教作为执法活动，是否应当体现法律的严肃性和权威性？是否应当从其是"国家监护人"的身份出发，通过训（告）诫式教育，让涉罪未成年人体会法律的尊严和权威，以及触犯法律应当承担的责任，并接受适当的惩罚如对被不起诉的未成年人训诫或者责令具结悔过、赔礼道歉等？那么是只能用上述方式，还是也可以用"感化"方式，如"妈妈""姐姐"式的帮教？感化由谁来做更合适？调动、指导其亲人进行亲情感化是否效果会更好？在上面提到的案例中，有同事介绍说，在办理一些少年犯案件时，女法官总是眼里噙着泪花，但从不流下来。事后同事曾经问她"你为什么不哭？"她回答说："我想流泪是因为他们的不幸，我不让眼泪流下来是因为我要维护法官的尊严"。这样的纠结怎么解决？

第三，在帮教工作中司法机关一定要主导吗？对于教育的问题，司法机关专业吗？目前大多帮教是简单、枯燥的说教方式，能起到多大作用？心理矫治、行为矫治等都是专业性极强的工作，让社会专业力量来承担是否效果会更好？司法机关的帮教如何与社会化的帮教活动相协调？挽救则更是一项系统工程，怎样动员、整合社会力量共同完成？

第四，正如前文提到的姚建龙老师讲的"逗鼠困局"，即你再"含情脉脉"，最后仍要动用刑罚；以及像女法官的遭遇，花了大量心血帮教的孩子因缺乏后续措施、社会联动，仍无法回归社会，这是否会让"被感化"之人感觉被戏弄、被欺骗？另外，客观上讲，女法官对赵某的帮教无疑是失败了，对此应当怎么看？难道帮教一定都会成功吗？对此，答案是不言自明的。帮教工作是一项社会系统工程，涉及方方面面，影响和制约因素很多，能否取得成功，是综合因素的结果。那么应当如何防范风险？如何避免女法官的悲剧重演？

我们认为当务之急是要对帮教活动进行规制，进一步明确帮教的目标、原则、重点环节，规范帮教的措施、方式、流程等，并提供一定的行为范式，从而转变目前帮教的随意性较大，完全依赖承办人员的责任意识和主观能动性来帮教等问题，为检察机关开展帮教活动提供指导，保证帮教的合法性、针对性和有效性，并实现帮教挽救工作的全面覆盖。比如，对于我们宣传的帮教案例，当人家质疑我们"是否对每个涉罪的孩子都能这样进行耐心细致的帮教"时，我们不再无言以对。我们认为，司法机关的帮教实际上是一种执法行为，未成年人刑事案件强调区别对待、个别化处理，但这并不意味着可以个别优越，可以一部分"帮教"一部分"打击"；更不意味着司法人员可以随意处置，想挽救就挽救，想放弃就放弃。执法随意性大必然容易出问题。

（二）从几个维度厘清帮教的内涵和外延

我们认为，《北京规则》确立了少年司法的最低限度标准，供各国在少年司法上加以参照；《儿童权利公约》对儿童权利保护，包括对触法儿童的待遇等都有规定；还有《联合国预防少年犯罪准则》（利雅得准则）、《联合国保护被剥夺自由少年规则》也从不同侧面对如何正确应对未成年人违法犯罪问题提供相应指导，因此我们都可以加以参照，结合司法实践经验，制定"帮教指引"。目前已经有一些地方在进行这方面的探索。如上海长宁区人民检察院已经进行"关于涉罪未成年人司法专业化教育"的课题研究，从涉罪未成年人司法专业化教育的内涵、方法和载体，如何针对不同犯罪类型和性格特点的未成年人进行帮教以及如何评估帮教效果等各方面进行了探讨。北京市检察院一分院已制定了《北京市人民检察院第一分院涉案未成年人帮教工作办法（试行）》，对帮教的原则、内容、方式以及参与主体等进行了规范。还有很多地方贡献了不少帮教成功的"亮点"案例，都可以供我们参考。在此，我们重点就以下几个问题进行探讨，以期能够抛砖引玉。

1. 帮教的目标：回复正常生活

我们认为首先应当明确帮教的目标，因为这决定着我们向哪个方向努力，决定着我们选取的路径和需要采取的方法。《中国地理》杂志上曾有一篇介绍欧洲莱茵河治理的文章，让人深受启发。① 可见明确清晰的目标非常重要。

---

① 莱茵河成功治理案例：莱茵河流经瑞士、德国、法国、荷兰等多个欧洲国家，曾一度因水污染，被称为欧洲"敞开的下水道""浪漫的臭水沟""欧洲公共厕所"。经过50年的综合治理，她开始波光鄰鄰，水质清澈，水上天鹅缓缓游动！虽说莱茵河治理成功要归功于管理、技术等多种因素，但明确的目标"让大马哈鱼回到莱茵河"也应是因素之一。

那么，怎么确定帮教的目标呢？我们在专题一中曾论述过特别程序的设计原理是基于预防犯罪和帮助未成年人摆脱致罪因素而设，因此，我们认为可以将对失足未成年人帮教的目标确定为回归社会、不再犯罪；对未成年被害人的帮教目标则确定为恢复正常生活，健康成长。上述目标的确定都有利于预防和减少未成年人犯罪。未成年被害人能够恢复正常生活，有利于防止"恶逆变"，即从被损害、被剥削之人变为损害、伤害社会之人。但关键是怎么判断目标是否达成了呢？不再犯是指终生没再犯吗？那得需要多长时间才能检验出效果？因此，很多地方介绍帮教经验时往往把检察机关作出不起诉或者附条件不起诉的未成年人上了大学有意无意地"认定"为帮教成功了。我们认为上大学、参加工作、有了一技之长、可以自食其力等，当然有利于不再犯，但并不等于一定不再犯。其实，国际上通行的标准是回归社会后3年没再犯就可认定为不再犯。失足未成年人回归社会、不再犯，其实质也是恢复了正常生活，从这个意义讲，其实无论是涉罪未成年人还是未成年被害人，都可以将帮教目标确定为"恢复正常生活"。所谓"恢复正常生活"，是指在未成年时期无论是犯罪还是受到侵害，都属于遇到挫折、陷入困境，而我们通过帮教，使他们回归正常生活轨道，重新健康成长，就是"恢复正常生活"。对于未成年人来说，"正常生活"最起码需要具备以下要素：一是要能生活，这实际上就是我国《未成年人保护法》规定的要保证未成年人的生存权。实践中，有些孩子如没有监护人照管的流浪儿童群体，犯罪是为了生存，本质上并非反社会行为，对这类孩子是把他送到监狱合适还是送到福利院合适？显而易见，对这类孩子实际上是要解决他们的生存问题。《儿童权利公约》序言指出，世界各国都有生活在极端困难情况下的儿童，对这些儿童要给予特别的照顾，包括吃、穿、用等，至少满足其最低生存需求。二是尽可能让未成年人在家庭环境里成长，因为正如《儿童权利公约》序言指出的，家庭是儿童成长和幸福的自然环境。但是如果其家庭有问题，如父母吸毒等，无法保证未成年人健康成长，或者其没有家庭，就需要采取措施帮助、指导家庭或者采取政府收养或者寄养等方式，保证未成年人有一个健康成长的环境，实现《未成年人保护法》规定的未成年人受保护权。三是要保证《未成年人保护法》规定的未成年人发展权的实现。未成年人处于受教育阶段，其"正常生活"应当包括正常就学，或者参加技能培训，16岁以上的未成年人也可以就业。这就要最大限度地保证涉案未成年人不中断正常学业、能继续接受教育，或者不中断工作、继续就业或进行工作技能培训等。学校教育对未成年人的人生发展极为重要，而丧失这一机会将使其难以掌握在社会立足的必要知识和技能，从而阻碍其将来顺利回归社会。因此，我们要尽可能地帮助其不中断学校教育；必须进未成年犯管教所的,也要保证他们在未成年犯管教所继续接受教育。

在美国,很多少年拘留所(专门关押未成年人的地方,审前、审后被羁押的未成年人都有,但分不同区域)是通过与当地教育局或学区联合,由其派出部分老师到拘留所任教。北弗吉尼亚州少年拘留所就是由当地公立学校派一名校长和几名老师提供教育服务,课程与公立学校完全一致;根据需要,还会聘请专家讲授金融、房地产等课程。由于被拘留者年龄跨度大,可能每个年级的人都有,为此一般是在上大课的基础上,教师再根据个人的水平进行分别指导。北弗吉尼亚州少管所引以为傲的是他们有最佳的艺术老师,他们认为教孩子们艺术地表达意愿,注重开发孩子的艺术潜力非常重要。我们觉得上述做法非常值得我们借鉴。① 我们认为能够满足上述三点,基本上就算过上了"正常生活"。而归纳上述内容,我们认为,其实帮教就是以未成年人权益保障为主要内容和目标;对于失足未成年人来说,通过帮助其实现法律规定的合法权益,使其过上"正常生活"后,3年之内没有再犯罪的,应当评定为实现了帮教目标。

《儿童权利公约》规定少年司法的目的是应当"促进其尊严和价值感并增强其对他人的人权和基本自由的尊重"(序言)。"应考虑到其年龄和促进其重返社会并在社会中发挥积极作用的愿望。"《北京规则》规定的少年司法的目的是"应尽力创造条件确保少年能在社会上过有意义的生活,并在其一生中最易沾染不良行为的时期使其成长和受教育的过程尽可能不受犯罪和不法行为的影响"(第1.2条),"应强调少年的幸福,并应确保对少年犯做出的任何反应均应与犯罪和违法行为情况相称"(第5.1条)。那么,上述目的与我们前述的帮教目标是什么关系呢?我们认为,一般而言,目标是比较明确、具体、有量化的指标,而目的是比较抽象的,是终极性的宗旨或方针,是实现目标的真正动机。因此,目标要围绕目的而设立,并且从起点出发之后,还要时时提醒自己,不断去关注自己的目的,以防在实现目标的过程中迷失了真正的目的。《儿童权利公约》《北京规则》规定的少年司法目的就体现了一种终极性的价值追求,是创设者内心确信并追求的对少年司法制度绝对超越的指向:肯定尊严和自由——人权保障;强调少年福祉——理性选择;促进全面发展——个体和社会的发展。② 我们认为,将未成年人权益保障作为帮教的主要内容和

---

① 彭东、张寒玉:《美国加拿大少年立法、司法现状及启示》,载《人民检察》2013年第15期。

② 王雪梅:《论少年司法的特殊理念和价值取向》,载《青少年犯罪问题》2006年第5期。

目标与上述价值追求相契合；但这还不够，还需要强调在实现目标的过程中，在方式、手段上不能背离少年司法目的和终极性的价值追求。

2. 关于帮教的基本原则

（1）全覆盖原则。《检察机关加强未成年人司法保护八项措施》将检察机关的司法保护对象，从以前的刑事检察工作中的涉罪未成年人，进一步扩大范围到未成年被害人以及检察机关办理所有案件过程中涉及的未成年人，强调对未成年人司法保护对象范围的全覆盖。因此，帮教工作也应当面对案件中所有需要帮助、教育的未成年人。人民检察院应当确保每一个未成年人得到保护和自我保护的权利，使涉案的每一个孩子得到帮助。具体包括：未成年人犯罪嫌疑人；因未达刑事责任年龄不起诉的未成年人；因年龄证据存疑而不起诉的未成年犯罪嫌疑人；未成年被害人；因目睹案件造成心灵创伤的未成年证人；行为虽不构成犯罪但存在《预防未成年人犯罪法》中的不良行为的未成年人；案件中需要帮助的其他未成年人。

（2）平等对待原则。目前，由于本地未成年人通常都具有比外地未成年人监护管理条件更好、和解可能性更大等优势，因此也更容易被从刑事司法程序中分流出去。也就是说，基本相似的罪行，本地未成年人远比外地未成年人更可能被宽缓处理。这实际上不符合《儿童权利公约》和我国《未成年人保护法》规定的平等保护原则。因此，对在本地区无监护条件的涉罪未成年人以及案件中因未达刑事责任年龄不起诉、年龄证据存疑而不起诉的涉罪未成年人，应当通过建立观护帮教基地、异地帮教协助、临时监护人等制度机制，积极为其提供帮教条件，不应因帮教条件欠缺而区别对待，从而实现平等对待本地和外地未成年人，平等对待在校学生和非在校学生，平等对待留守、离异家庭和家庭监护完备的未成年人，落实平等保护原则。

（3）尊重人格原则。帮教工作必须以尊重未成年人的人格尊严为前提，否则就有可能成为对未成年人权益的侵害。这要求我们把未成年人，无论是犯罪的未成年人还是未成年被害人，都看作与我们平等的"人"，并努力促进其尊严和价值感。心理学认为，自我价值感是自尊的基础。当一个人认为自己是有价值的，他就会喜欢自己、尊重自己，从而对自己的行为负责，于是产生努力上进的想法和动力。而当一个人缺乏自我价值感，他会认为自己的生命无意义，会厌倦生活，会瞧不起自己，容易发生破罐子破摔、不负责任的行为。这样的人也往往会漠视他人的基本权利，从而产生侵犯他人权利的伤害行为。因此，《儿童权利公约》规定少年司法的目的是"促进其尊严和价值感并增强其对他人的人权和基本自由的尊重"。有地方检察机关拍摄了"少年犯在看守所的一天"，作为预防未成年人犯罪题材给学生看，其中内容却处处反映着歧视、居高临下、以罪犯对待，看不到尊重、平等、文明，我们认为非常不妥。另外，我们认为讲实话是一种尊重，对未成年人讲一些连自己都不信、都做不到的冠冕堂皇的"大道理"，也是一种不尊重。一颗尊重的心源于这样的理念：每个人都有存在的价值，没有任何一个人有资格否认另一个人；虽然我们有时很难不用自己的价值观去判断别人，但是一颗尊重的心，可以避免我们犯错太多。

（4）个别化原则。帮教工作要真正发挥作用，必须考虑未成年人的个体需求和发展的差异性。因此，帮教工作应当根据未成年人的个体生理特征、心理特征、成长环境、涉案情形等情况，因人因案而异，采取不同的帮教方式满足其恢复"正常生活"的需求。

（5）贯穿全程原则。由于对未成年人的帮教是一个循序渐进、层层深入的过程，只有把帮教与办案结合起来，才能增强帮教的效果，达到帮教的目的。因此，帮教工作应当贯穿于办案的全过程，要寓帮助于办案，寓教育于办案，帮教的内容和侧重点则可以根据未成年人的需求和诉讼阶段的不同而各有特色。

（6）衔接和配合原则。司法机关在帮教工作中相互协调是更好地维护未成年人合法权益、预防和减少未成年人违法犯罪的客观需要。因此，检察机关应当加强与公安机关、人民法院以及司法行政机关的联系，注意工作各环节的衔接和配合，形成帮助教育未成年人的合力。

（7）司法主导、家庭和社会辅助原则。司法机关基于办案对未成年人的帮教工作当然应当由司法机关主导，但是，由于司法保护仅是未成年人保护的最后一个环节，或者更确切地说是前面各环节的保护包括家庭保护、学校保护、政府保护、社会保护出现问题，才让其"漏"到了这最后一个环节，司法机关的帮教工作是为了使未成年人重新回到前面"安全"的保护网中，恢复正常生活，因此需要家庭、学校、政府、社会的辅助。

（三）帮教的方式方法、重点环节和步骤流程

有地方检察机关拍摄了一部宣传未检工作的微电影，主要内容反映检察机关在附条件不起诉监督考察期间耐心帮教失足未成年人。其中，有一个情节是女检察官发现被帮教的未成年人参加团体活动时心神不宁，便去进行家访。促膝谈心过程中发现其手臂有伤，正当询问时，其父亲醉醺醺地出现在现场，嘴里骂骂咧咧，并扬手要打孩子，这时女检察官将孩子搂在胸前，并斥责他的父亲。如果现实中真如此，我们认为女检察官的帮教行为是值得商榷的。一是将一个正处于青春期的小伙子搂在胸前不仅是不合适的举动，而且这种"保护"行为与《儿童权利公约》第40条第1款要求的"缔约国确认被指称、指控或

认为触犯刑法的儿童有权得到符合以下情况方式的待遇，促进其尊严和价值感……"以及在"序言"中指出的"考虑到应充分培养儿童可在社会上独立生活"相去甚远。二是当着孩子的面怒斥其父亲也不是明智的行为，教育要为孩子的成长服务，教育需要情感，但更需要理智。三是根据《高检规定》要求，作出附条件不起诉之前必须进行社会调查，不仅对未成年人的家庭情况应当了如指掌，还应当指导家长配合检察机关考察帮教，这非常重要，但前述情节表明女检察官对帮教对象的家庭知之甚少，整个微电影也没有反映进行过社会调查。可见对帮教的方式方法、步骤流程等进行一定的规范确有必要。当然，正如《北京规则》第6.1条指出的，"鉴于少年的各种不同特殊需要，而且可采取的措施也多种多样，应允许在诉讼的各个阶段和少年司法的各级——包括调查、检控、审判和后续处置安排，有适当的处理权限"，在帮教的方式方法上更应当允许司法人员根据情况灵活应对，不能搞"一刀切"。因此，我们认为"帮教指引"可以在总结实践经验的基础上提供一些可供司法人员选择的行动方案、行为范式、应对策略等，同时指出应当注意的问题及细节等，从而有助于指导帮教工作的顺利开展。

1. 帮教的方式方法

所谓帮教，顾名思义，就是帮助和教育。因此，帮教的方式可以分为两大类：一是为未成年人提供帮助，二是为未成年人提供指导。从帮教目标"恢复正常生活"、不再犯罪以及防止"恶逆变"出发，结合司法实践，我们认为应当以保护未成年人合法权益包括生存权、受保护权、发展权（受教育权）和参与权为核心，根据各个未成年人的不同需求，单独或者综合采取以下方式为未成年人提供帮助：

一是法律帮助。根据法律规定，对于没有委托辩护人的未成年犯罪嫌疑人、被告人或者因经济困难没有委托诉讼代理人的未成年被害人及其近亲属，司法机关应当及时通知法律援助机构指派律师提供专业法律服务，这有利于保护未成年人受保护权，提升其参与能力和自我保护能力。

二是医疗帮助。对于有医疗救助需求的涉案未成年人，应当协调有关部门为其提供医疗救助。

三是生活帮助。对于生活困难的涉罪未成年人或者未成年被害人，应当协调有关部门为其提供生活帮助。如协调相关部门为其提供必要的经济支持，维持其基本的生活、学习需求等，保证其生存权。

四是就学帮助。根据法律规定，对于义务教育阶段辍学的涉案未成年人，应当协调有关部门，帮助其回归正常的教育体系，保障涉案未成年人不中断正常的就学，维护其接受义务教育的权利。对必须羁押的涉罪未成年人，也应当监督相关部门保证其在押期间能继续接受教育。如北京人民检察院第一分院出台的《涉案未成年人帮教工作办法》规定："案件办理过程中应当保障非在押涉案未成年人继续就学、就业的权利，对严重侵犯涉案未成年人就学、就业权益的情况应当要求主管部门纠正。"

五是就业帮助。对于16周岁以上的涉案未成年人，有就业、创业需求的，应当协调有关部门为其提供劳动技能培训、就业指导和就业机会，帮助其培养一技之长，从而使其能够自食其力，顺利回归社会。

我们认为，可以单独或者综合采取以下方式为未成年人提供教育指导：

一是释法说理，使其知法律、明是非、思因果、懂利害。这里的法律不仅仅指法律规定的条文，还指法律的精神，重在提高其法治意识，提高其明辨是非的能力，使他们懂得维护自己的合法权利，同时也尊重别人的合法权利。是非虽然多元，是非观不可能完全一致，但是非不能虚无；既然是同类，是非观必定有"最大公约数"，这就是我们讲的核心价值观，比如生命、尊严、自由、平等，比如真、善、美，让未成年人懂得法律就是要使每个人的利益得到最好的保障，帮助其树立正确的人生观、世界观、价值观，培养其社会责任感。帮助未成年人反思因果关系，懂得利害。我们说世间事物普遍联系，其中最重要的是因果关系，没有无因之果。但"果"往往比较明显，而"因"比较复杂和隐蔽，有远近、有多寡、有主次，这需要我们耐心地给未成年人讲清楚。再如虽然趋利避害几乎是人的本能，但明显的、短近的利害易看懂，长远的呢，就未必懂了。比如有的犯了罪的未成年人面对检察官无丝毫悔意，"反正我是未成年人，你们不能把我怎么样，过个一年半载我就出去了"。对这样的孩子，我们就要从法律、是非、因果、利害的角度给他讲道理，引导其分辨、思考行为的代价，看到更长远、更根本的利害，促其改过自新，健康成长。释法说理也包括结合案件，帮助涉罪未成年人和未成年被害人学会识别危险，提高对犯罪的自我防范意识和应对危急情况的自救自护能力等。总之，要根据个案情况，提供预防未成年人犯罪和受侵害所需的必要知识和技能。对于女性未成年人还应当关注针对女性的服务内容，如根据女性的身心特点，进行相关女性生理知识教育等。

二是训诫教育。《刑法》第37条规定："对于犯罪情节轻微不需要判处刑罚的，可以免予刑事处罚，但是可以根据案件的不同情况，予以训诫或者责令具结悔过、赔礼道歉、赔偿损失，或者由主管部门予以行政处罚或者行政处分。"《高检规则》第409条规定："人民检察院决定不起诉的案件，可以根据案件的不同情况，对被不起诉人予以训诫或者责令具结悔过、赔礼道歉、赔偿损失。"训诫实际上就是一种以口头方式进行批评教育，告诫、教导。最高人民法院 1964 年 1 月 18 日在《关于训诫问题的批复》中指出："人民法院对于情节轻微的犯罪分子，认为不需要判处刑罚，而应予以训诫的，应当用口头的方式进行训诫。在口头训诫时，应当根据案件的具体情况，一方面严肃地指出被告人的违法犯罪行为，分析其危害性，并责令他努力改正，今后不再重犯；另一方面也要讲明被告人的犯罪行为尚属轻微，可不给予刑事处分。"实践表明，训诫作为一种非刑罚的处理方法，适用于情节轻微不需要判刑的犯罪人，可以产生感化、教育效应，进而预防和减少犯罪。例如，2016 年 10 月 19 日广西钦州市未成年人警务大队联合文峰派出所对涉案未成年人开展了训诫工作。具体案情如下：10 月 18 日 9 时许，钦州市某校学生李某（男，15 岁）、李某某（男，13 岁）因口角发生肢体冲突，在此过程中，李某用小刀将李某某左大臂捅伤，后李某某被送往医院治疗。接警后，文峰派出所及时出警处置并找到双方当事人询问了解事发经过，未成年人警务大队前往协办。10 月 19 日文峰派出所所长及未成年人警务大队教导员在文峰派出所组织双方当事人李某和李某某进行训诫教育，双方的家长配合开展训诫工作，使训诫工作顺利完成。民警首先对双方的问题进行深入分析，让李某和李某某明白了自己犯了什么错误、为什么会犯错误、怎样改正错误；其次对双方的家长提出了三点要求：一是要与孩子多沟通，了解孩子学习、生活上的问题；二是要多点时间陪伴孩子，让孩子感受到家庭的温暖；三是配合警方的电话、家庭回访工作，共同帮助孩子改正错误，健康成长。其间，民警让李某和李某某积极地与家长沟通，诚恳地承认错误。经教育，李某和李某某表示认识到自身的错误，今后会努力读书，奋发图强。随后，李某和李某某以及双方家长互相道歉，握手言和。民警对案件的及时处置及对当事人的训诫教育得到了家长、学校的一致认可，我们对他们也由衷赞赏。我们认为，检察机关在办理案件过程中，也可以视案件情况，联合相关部门和人员对涉罪未成年人予以训诫，深入剖析其涉罪的原因和犯罪的社会危害性，告知其在社会化过程中应处理好的关系，促使其吸取教训，认真悔改，并可以要求法定代理人或其他监护人加强监管。训诫的具体程序各地可以灵活掌握，参加的人员可以包括但不限于侦查人员、辩护人、被害人以及其法定代理人、诉讼代理人、教师等。

三是心理疏导、心理矫正。以矫治和消除不良心理为重点，及时疏导、修正不良心理状态及可能引发的心理问题。结合未成年人心智发育尚未成熟、思想不稳定，对外界事物重新认识的可能性较大、可塑性较强的特点，帮助涉罪未成年人走向新生，帮助未成年被害人较全面地看待自己，学习认识和接纳自己、合理看待他人的评价，走出阴影，缓解焦虑、抑郁等不良情绪。经涉案未成年人及其法定代理人同意，可以聘请心理咨询师、心理专家参与教育和矫正。通过心理辅导的方式对被帮教的未成年人进行心理健康教育、心理疏导和心理测评，纠正心理认知偏差和心理问题，消除犯罪心理。例如在办理一起未成年人涉嫌强奸案件中，检察机关针对该案件的特殊背景情况，结合社会调查，重点关注未成年人的心理问题，通过心理干预抚平未成年人心理创伤，帮助他们走出心理阴影。李某（17岁）在明知小花（化名）只有13岁的情况下，仍多次与小花发生性关系，致使小花怀孕。北京市H区人民检察院在办理李某涉嫌强奸罪期间，严格依照法律规定的权限、程序讯问和开展社会调查、法律援助。该案社会调查显示，李某与小花系男女朋友关系，性的懵懂及强烈的好奇心造成犯罪的后果。李某孝顺父母、工作表现积极良好，亦无其他劣迹和不良嗜好，但法律意识淡薄。对此，检察官请专业的心理咨询师分别对李某、小花进行心理干预。在心理咨询过程中，李某及小花渐渐地能摆脱自责情绪，其父母也有所触动，均表示愿意尽自己最大的努力弥补孩子们的创伤，让孩子们健康成长。

四是行为矫正。是指根据具体情况，对于具有吸毒、酗酒等严重行为偏差的被帮教未成年人进行行为矫正，戒除或缓解其不良行为倾向。对于涉嫌性犯罪的未成年人，可以根据其青春期个体生理心理发育特征，通过榜样塑造、规划人生、明确目标等方式，引导其转移注意力，向积极方面宣泄青春期的身心矛盾。通过引导、转移的方式消除其行为偏差。

五是团体活动和公益劳动。人民检察院可以组织涉罪未成年人参加团体活动和公益劳动。通过团体活动和公益活动，培养涉罪未成年人的社会责任感，促使其认同社会主流价值，重新融入社会。

六是促成和解。努力创造条件引导涉罪未成年人向被害人赔礼道歉、赔偿损失等，争取获得被害人谅解，化解社会矛盾。

七是亲情感化。《高检规定》第24条规定："移送审查起诉的案件具备以下条件之一，且其法定代理人、近亲属等与本案无牵连的，经公安机关同意，检察人员可以安排在押的未成年犯罪嫌疑人与其法定代理人、近亲属等进行会见、通话：（一）案件事实已基本查清，主要证据确实、充分，安排会见、通话不会影响诉讼活动正常进行；（二）未成年犯罪嫌疑人有认罪、悔罪表现，或者虽尚未认罪、悔罪，但通过会见、通话有可能促使其转化，或者通过会见、通话有利于社会、家庭稳定；（三）未成年犯罪嫌疑人的法定代理人、近亲属对其犯罪原因、社会危害性以及后果有一定的认识，并能配合司法机关进行教育。"建立亲情会见制度的目的，一是缓解未成年人对亲人的思念，二是通过亲情的感召力促使未成年人明理知错，以情为手段促使失足未成年人回心转意，回归家庭社会。因此，对于符合条件的案件，应当适时安排亲属会见在押的未成年人，既有利于未成年人的身心健康，又有利于对未成年人的教育、感化。

八是家庭指导。《儿童权利公约》序言指出，家庭应获得必要的保护和协助，以充分负起它在社会上的责任。英国教育学家尼尔说，"问题少年是问题父母的产物"。"问题家庭"主要包括残缺家庭和不良家庭两类。在残缺家庭中，父母往往对孩子缺乏必要的关爱，甚至可能存在歧视、虐待、体罚等情况，给孩子的心灵造成了严重的创伤。在不良家庭中，往往存在对未成年人过分溺爱，一味娇惯放纵，孩子欺负同伴、弱小时，父母还偏袒孩子横行霸道、说一不二的不良行为；或者采取简单粗暴的教育方式，或者是父母本身素质不高，给孩子做出不良的示范。家庭监护教育有问题往往是孩子走上犯罪道路或者受到侵害的重要原因。从接触案件的实际情况来看，很多未成年人犯罪背后都有家长"养而不教、教而不当"的问题，或者打骂体罚、简单粗暴，或者溺爱、放任。家庭对孩子健康成长的重要意义是不言而喻的，家长的言传身教和潜移默化的影响不可忽视，父母能否认识到自身在履行教育、监护职责上的误区，进而转变错误的教育方式，直接关系到子女能否重新回归人生正路。《未成年人保护法》第12条规定，"父母或者其他监护人应当学习家庭教育知识，正确履行监护职责，抚养教育未成年人。有关国家机关和社会组织应当为未成年人的父母或者其他监护人提供家庭教育指导"。因此，检察机关根据需要，可以通过指导家庭教育、修复亲子关系或者给家庭提供必要的财务支持和帮助等，使涉罪未成年人能在有幸福、亲爱和谅解气氛的家庭环境中成长。北京市人民检察院第一分院制定的《涉案未成年人帮教工作办法》中建立的"家长谈话制度"就非常值得肯定，即"建立涉案未成年人家长谈话制度，对于谈话中发现家庭监护缺失、教育方式不当或亲子关系存在异常的应进行家庭教育方式综合测评，必要时邀请专业人员参与对涉案未成年人家长的谈话，形成对未成年人帮教的联动机制"。近年来，北京市海淀区公、检、法、司联合中国预防青少年犯罪研究会、海淀区教育委员会共同达成《共同开展家庭教育指导工作的意见》，在海淀区全面展开"亲职教育"培训，取得了显著的成效，社会反响非常好。需要指出的是，对家庭帮助指导的方式也要因"家"而异，对家庭完整的，可以督促父母学习家庭教育知识，正确履行监护职责；对家庭残缺的，可以重点关注涉案未成年人的心理状态以及监护关爱缺失、教育方式不当、亲子关系异常等情况，可以及时开展亲职教育、亲子沟通教育以及家庭关系疏导等工作。必要时，可邀请专业人员开展家庭教育指导以及对未成年人及其法定代理人、近亲属进行双向心理干预等，引导监护人依法履行职责。

前述内容是根据司法实践列举了常见的帮教措施、方法，实际办案中要因人而异，要针对未成年人的需求选择最适合该未成年人的帮教方式方法，而且往往需要采取多种方法来满足其综合需求。如通过法制教育、心理矫治、亲情感化等，矫正不良心理和行为习惯，帮助其树立人生目标，促进其尊严和价值感的获得，增强其对他人的人权和基本自由的尊重，并引导其过上有意义的生活。据我们了解，很多国家在少年司法中都是针对未成年人需求，采取综合措施来帮助教育未成年人。如加拿大青少年刑事司法事务厅通过与政府其他部门或社会组织如教育、心理、戒毒等服务部门联合，提供"一站式"的服务，与未成年犯及其家庭、警察、学校、政府特殊资助项目等多方进行联系，监督涉罪未成年人上学、在校表现、参加心理辅导、戒毒治疗等，协助未成年犯找回自我、建立个性。① 而且帮教工作是一个动态的过程，需要根据未成年人的心理、行为等的变化相应予以调控，因此，需要我们精心组织、策划，以形成最大的帮教合力。

从帮教模式上看，实践中一般是联合家庭、学校、社区等，通过建立帮教小组或者帮教基地等方式进行。如会同被帮教对象的家庭、学校、所在地的未成年人保护组织、居住地的村（居）民委员会相关负责人员以及合适成年人、律师、社工、心理辅导员等组成考察帮教小组，实现优势互补。当然，帮教小组成员要根据个案情况的不同以及当地资源等来选取。如对在校学生，一般是联合其家长和教育部门、学校等共同开展帮教工作。如张某某故意伤害案。2013年7月，刚刚接到某高校录取通知书的张某某因感情纠纷而纠集张某、王某、郝某某等三名同学将被害人张某国殴打致伤。经鉴定，张某国的损伤情况构成轻微伤。天津市B区人民检察院在对张某某涉嫌聚众斗殴罪审查起诉期间，积极促成张某某等4人与被害人达成刑事和解协议，并当场履行完毕，取得了被害人的谅解。鉴于张某某系学生，初犯、偶犯，与被害人达成和解，B区人民检察院依法对张某某作出附条件不起诉决定，依法对张某、王某、郝某某二人作出相对不起诉决定。在考察期间，B区人民检察院走访张某某所在大学，与其班主任进行面谈，并达成帮教协议：张某某在班主任办公室做事，由班主任对其进行考察帮教。最终，张某某考验期满，根据其综合表现，对张某某作出相对不起诉决定。对于非在校的未成年人则与当地的司法行政部门或者村（居）委会、未成年人保护组织、社会公益组织等联合开展帮教工作。如对于已就业的涉罪未成年人，依托工作单位的管理职能，通过培训提高其文化知识和职业技能水平，以工作帮助其建立热爱劳动的品质，用管理制度规范

---

① 彭东、张寒玉：《美国加拿大少年立法、司法现状及启示》，载《人民检察》2013年第15期。

其行为习惯。对于社会闲散的涉罪未成年人，根据其行为散漫、亲情和社会关系冷漠、缺乏自我定位和人生追求的特征，依托社区、村（居）民委员会等基层组织的服务职能，鼓励其多参与社区、村委的服务和活动，学会沟通技巧，体验情感，找准自我定位和人生价值。为了解决在本地区无固定住所、无收入来源、无有效监护条件的外来未成年人帮教难题，实现对本地未成年人和外地未成年人平等保护原则，有些地方检察院选取社会责任感强、具备帮教条件的企事业单位或劳动技能培训机构设立帮教基地，为外来未成年人提供基本生活保障，并开展帮教工作。如江苏省江阴市人民检察院与公安、法院、司法局等单位联合，选取优秀民营企业东发管护厂、新财盛商城等建立未成年人管护教育基地。随着工作的推进和宣传力度的加大，越来越多的社会力量参与到帮教队伍：一是学校教育资源持续加入。如江阴市商业学校（山观）、职业高中（青山）、澄西船厂技校、红光村"城市菜园"（澄江街道）等，免费为涉罪未成年人提供学习烹饪、美发、机床、油漆、电焊、蔬菜种植等技能的短期培训机会，人社局下属的劳动技能培训中心为基地涉罪未成年人的考试、发证提供最大方便。二是社会保障系统加入。江阴市人民医院为基地开通了就医绿色通道，在突发情况下对入驻人员实行先救治后付费的人道原则；平安保险江阴分公司自愿对基地适用最优惠的承保条款，即基地为入驻人员购买保险金额为5万元的人身意外险后，一旦有人离开基地，保险公司同意将原有保单的被保险人更改为后来的入驻人员，不再另外收费。三是志愿者团体积极参与。该院一批退居二线的干警和参加检察工作不久的年轻干警，自发地组成基地帮教志愿小组，不定期在休息日到基地与涉罪未成年人谈心、指导阅读、讲解法律等；五老人员、大学生、社区专业社工、学校老师、社会其他志愿者团体等，目前也都积极参与到帮教当中。帮教内容也不断丰富：一是不断增加技能培训项目。目前可以为管护对象提供烹饪、美发、机床、油漆、电焊、蔬菜大棚栽培技术、技术学习与考证等多种学习培训项目。二是与企业协调设立专门劳动岗位。为解决部分涉罪未成年人因家庭贫困无法缴纳罚金、退赔的问题，由基地所在企业拿出数个工作岗位，用于给这些涉罪未成年人在判决后打工挣取劳动报酬，偿还基地垫付的罚金和向被害人赔偿。三是加强情感教育力度。基地引入了一次谈心、一次会见、一本好书、一篇体会、一篇总结的"五个一"情感帮教模式，鼓励入驻人员通过基地提供的免费电话定期与家庭进行联系，并积极安排落实其亲友前来基地探望，以疏解其候审期间的焦躁情绪。四是关注心理健康问题。基地与江阴市司法局社区矫正中心建立了心理疏导服务的联动机制，每一位进入基地的对象都会在第一时间得到专业心理咨询师的心理矫治。有多名入驻人员经过心理咨询师矫治，与家人消除了隔阂，回归了正途。

五是尝试军营体验帮教。每年基地工作领导小组组织基地的涉罪未成年人，举办一次到两次的大型集体培训，通过军训、心理疏导、思想道德教育课等活动，帮助涉罪未成年人克服心理障碍，规范日常言行举止，增强自信心和团队意识。六是与社区矫正无缝衔接。基地聘请司法局下属的社区矫正工作人员作为编外法制辅导员，不定期到基地讲解社区矫正的法律法规和具体要求，将社区矫正的一些工作提前到了候审阶段。并为每一位入驻人员建立专门档案，与其原单位、原所在社区进行沟通，衔接社区矫正工作，帮助他们解决实际困难。七是解决判后工作难题。为防止涉罪未成年人因生活工作难题而再次走上犯罪道路，江阴市院与众多民营企业沟通后，为需要帮助的涉罪未成年人解决工作困难，鼓励他们安心工作，回归正途。福建省福州市仓山区人民检察院联合仓山区司法局、教育局、关工委与团区委在仓山区下渡街道下渡社区设立了观护中心，为开展帮教提供社区平台；四川省泸州市古蔺县人民检察院在该县职业高中成立了"未成年人关护帮教基地"，并会同县职业教育局、民政局、就业局签订相关协议，从学习技能、岗前培训、生活救助等方面，促进涉案未成年人成功回归社会，缓解社会矛盾；福建省晋江市人民检察院结合本地民营企业众多、企业家热心公益的实际，探索性提出构建外来未成年人犯罪帮教预防体系的工作思路，积极付诸实践，联合民营企业创建了非羁押诉讼帮教基地，取得明显成效。

上海、北京、广州、深圳等地引入专业司法社工协助开展帮教工作的探索，值得大力推广。其实，预防与控制青少年的违法行为是司法社会工作的关键领域，很多国家和地区的少年司法都为社工专业的介入提供了广阔空间。如澳门特别行政区政府通过立法授权社工专业人员在少年司法领域中承担重要的角色。在少年司法程序中，澳门司法社工有权出席调查证据的联合会议和法庭听证，提出质询，对判决发表意见，参加复和会议。澳门司法社工还享有制作社会报告和判前社会报告的职权，并担负执行多项教育监管措施的职责。2014年《社工建设意见》在"三、青少年事务社会工作专业人才的主要服务领域"中明确规定了"协助公安、法院、检察院等单位开展取保候审观护帮教、附条件不起诉监督考察、合适成年人参与未成年人刑事诉讼、社会调查等工作，帮助掌握未成年犯罪嫌疑人的基本情况，减少涉罪未成年人再犯罪"的内容。目前很多地方都组建了社工队伍，很多高校也设立了社工专业。较之司法机关及政府部门工作人员，司法社工以其专业性、稳定性见长。在未成年人司法保护工作中引入专业社会力量，由政府购买服务，必要且可行。

2. 帮教的重点环节

帮教工作应当贯穿办案全程，但同时也要抓住重点环节，从而起到纲举目

张的效果。我们认为检察机关的帮教主要有以下重点环节:

一是权利告知环节。司法机关可以充分利用这一环节,向帮教对象传授相关法律知识,对其进行权利义务教育,提高其法治意识;并可以在此环节初步了解其各方面的情况,为有针对性地讯问(询问)提供依据。实践中一般将面对面的权利告知与讯问(询问)环节合二为一。我们认为如有必要,如为了增强帮教效果,也可以分为两个阶段。第一个阶段就是权利义务告知,确保其明白自己的诉讼权利义务以及其他权利义务,并对他人的权利义务树立尊重的理念。第二个阶段进行讯问(询问),了解案件事实以及犯罪原因等情况。

二是帮助申请法律援助环节。对于涉罪未成年人没有委托辩护人的,应当立即帮助申请法律援助。为未成年人提供专业的法律帮助是帮教的重要内容。

三是讯问(询问)环节,包括审查逮捕时和审查起诉时的讯问(询问)。讯问(询问)环节是司法机关与未成年人面对面接触、交流的重要环节,司法机关可以充分利用这一环节,观察了解未成年人身体、心理、生活等各方面的情况,增强对其的感性认识,挖掘涉罪未成年人走上犯罪道路的原因和回归社会的需求,了解未成年被害人恢复正常生活所需帮助等,为有针对性地开展帮教工作打下坚实的基础。讯问过程中也要注意把握教育感化的契机,适时向其讲解相关法律,帮其明辨是非,与其探讨因果、利害关系等,促使其认罪悔罪,增强法治意识。

四是审查逮捕、审查起诉环节。人民检察院受理公安机关提请批准逮捕和移送审查起诉的未成年人刑事案件,应当全面审查法律文书、案卷证据材料和社会调查报告等案件材料,重点查清未成年犯罪嫌疑人是否达到刑事责任年龄、是否构成犯罪、犯罪行为的性质及情节、犯罪起因、精神及身体状况、认罪悔罪态度、监护及帮教条件等情况,并注意甄别未成年人身心方面的情况,及时予以教育和帮助。如发现未成年犯罪嫌疑人身体存在严重疾患的,应当及时提供必要的帮助;发现未成年人心理存在问题的,可以根据需要,督促公安机关或者自行委托专业人员对其进行心理测评和疏导。发现未成年犯罪嫌疑人可能存在精神疾患或者智力发育严重迟滞的,应当及时通知公安机关依法进行鉴定。办理未成年人刑事案件应当注意甄别未成年犯罪嫌疑人是否存在精神疾患或者智力发育严重迟滞,并及时进行鉴定和提供必要的帮助。虽然心理年龄未引入我国刑事司法中,但是在办理未成年人案件时如果发现未成年犯罪嫌疑人的智力发展水平明显与生理年龄不一致的,应当引起注意并及时联系相关测试单位予以测评。因为智力发育迟滞会影响未成年人的理解和判断能力,在处遇上应当予以考虑。① 之所以说审查逮捕环节是检察机关帮教的重要环节，是因为一是此环节基本上是检察机关第一次接触未成年人，而良好的开端等于成功了一半。二是作出捕或者不捕决定，对未成年人未来的帮教工作至关重要。应当捕没捕或者不应当捕而捕了，都可能对帮教工作造成负面影响。之所以说审查起诉环节是检察机关帮教的重要环节，是因为一是此环节时间较为充裕，检察机关可以在充分了解未成年人的基础上为其提供所需的帮助教育，如积极促进涉罪未成年人与被害人达成和解等。二是作出诉或者不诉或者附条件不起诉决定，对未成年人顺利回归社会影响重大，决策正确会使帮教效果事半功倍。

五是捕后羁押必要性审查阶段。根据《刑事诉讼法》第93条规定的"犯罪嫌疑人、被告人被逮捕后，人民检察院仍应当对羁押的必要性进行审查。对不需要继续羁押的，应当建议予以释放或者变更强制措施"，检察机关在对未成年人批准逮捕后，包括已经提起公诉的，都应当主动依职权或者依在押未成年人及其法定代理人、近亲属或辩护人申请，对在押未成年人的羁押必要性进行跟踪审查。发现无继续羁押必要的，应当及时变更或者建议有关办案机关对其予以变更强制措施或者释放，并说明依据和理由。由于此项工作中，检察机关可以通过开展心理测试，评估其悔罪心理、人身危险性和重犯可能性，了解其在押期间的表现，调查核实其身体健康状况，听取办案人员、监管人员、在押未成年人及其法定代理人、辩护人、被害人及其法定代理人、诉讼代理人以及其他有关人员的意见，了解双方当事人有否和解意愿，促成和解等，因此也是帮教的重要环节。

六是不捕不诉宣布、教育环节。《高检规定》第28条第1款规定："不起诉决定书应当向被不起诉的未成年人及其法定代理人宣布，并阐明不起诉的理由和法律依据。"第50条规定："对人民检察院依照刑事诉讼法第一百七十三条第二款规定作出的不起诉决定和经附条件不起诉考验期满不起诉的，在向被不起诉的未成年人及其法定代理人宣布不起诉决定书时，应当充分阐明不起诉的理由和法律依据，并结合社会调查，围绕犯罪行为对被害人、对本人及家庭、对社会等造成的危害，导致犯罪行为发生的原因及应当吸取的教训等，对被不起诉的未成年人开展必要的教育。如果侦查人员、合适成年人、辩护人、社工等参加有利于教育被不起诉未成年人的，经被不起诉的未成年人及其法定代理人同意，可以邀请他们参加，但要严格控制参与人范围。对于犯罪事实清

---

① 张寒玉、李振林、王英：《德国刑事责任年龄认定标准对我国的借鉴》，2016年11月26日第二届中德刑法与犯罪学研讨会发言材料。

楚，但因未达刑事责任年龄不起诉、年龄证据存疑而不起诉的未成年犯罪嫌疑人，参照上述规定举行不起诉宣布教育仪式。"仪式化的不起诉宣布、教育程序的主要目的是补上庭审教育这一课，从而有利于促使未成年犯罪嫌疑人认识到自身行为的严重性，避免"不教而宽"。

七是附条件不起诉监督考察环节。这是法律专门为检察机关提供的帮教环节，其重要性不言而喻（对此将在后面关于附条件不起诉制度中详细论述）。

八是出庭环节。《六部门意见》在"对未成年犯罪嫌疑人、被告人的教育、矫治"部分规定："人民检察院派员出庭依法指控犯罪时，要适时对未成年被告人进行教育。""在审理未成年人刑事案件过程中，人民法院在法庭调查和辩论终结后，应当根据案件的具体情况组织到庭的诉讼参与人对未成年被告人进行教育。"《高检规定》第60条规定："公诉人在依法指控犯罪的同时，要剖析未成年被告人犯罪的原因、社会危害性，适时进行法制教育，促使其深刻反省，吸取教训。"《高法解释》第485条规定："法庭辩论结束后，法庭可以根据案件情况，对未成年被告人进行教育；判决未成年被告人有罪的，宣判后，应当对未成年被告人进行教育。对未成年被告人进行教育，可以邀请诉讼参与人、刑事诉讼法第二百七十条第一款规定的其他成年亲属、代表以及社会调查员、心理咨询师等参加。适用简易程序审理的案件，对未成年被告人进行法庭教育，适用前两款的规定。"因此，出庭环节是检察机关配合法院对未成年人进行帮教的重要环节，应当充分利用这一环节，配合法院"寓教于审"。为此，应当做好以下工作：

第一，认真做好庭前准备工作。《高检规定》第56条要求："对提起公诉的未成年人刑事案件，应当认真做好下列出席法庭的准备工作：（一）掌握未成年被告人的心理状态，并对其进行接受审判的教育，必要时，可以再次讯问被告人；（二）与未成年被告人的法定代理人、合适成年人、辩护人交换意见，共同做好教育、感化工作；（三）进一步熟悉案情，深入研究本案的有关法律政策问题，根据案件性质，结合社会调查情况，拟定讯问提纲、询问被害人、证人、鉴定人提纲、举证提纲、答辩提纲、公诉意见书和针对未成年被告人进行法制教育的书面材料。"法庭教育词一般应当包括以下内容：（1）刑事违法性，即未成年人的行为已经触犯刑法，具有应受刑罚处罚的必要性，促使其正确对待判决，树立规则意识；（2）社会危害性，包括对被害人、对未成年被告人本人及家庭、对社会等造成的伤害，促使其深刻反思；（3）犯罪原因及应当吸取的教训；（4）未成年被告人自身的闪光点和积极的社会支持系统，对今后工作、学习、生活提出有针对性的要求，增强其回归社会的信心；（5）对监护人的教养方式等提出建议；（6）其他有针对性的教育、感化、挽救内容。

第二,做好庭前沟通。提起公诉的未成年人刑事案件,应在开庭前与未成年被告人的法定代理人、合适成年人、辩护人等交换意见,共同做好教育、感化工作。在充分听取未成年被告人及其法定代理人意见的情况下,可以与审判人员沟通是否有选择地通知未成年人所在学校、单位、居住地基层组织或者未成年人保护组织代表、社区矫正部门人员等到场。实践中,为了提高庭审效果,部分法院少年法庭在征求未成年被告人意愿的前提下,将诉讼参与人的范围作了扩大。除了法律规定的审理未成年人案件必须有辩护人之外,法院还有选择地邀请未成年被告人的班主任老师、学校领导或其单位领导到庭参加诉讼。扩大诉讼参与人范围的做法,有以下几点好处:一是有利于消除未成年被告人的紧张情绪,缓和庭审气氛。因为毕竟是他们熟悉的、教育他们多年的老师或领导,他们到庭对被告人来讲是一个精神安慰和依靠。二是有利于学校或单位全面了解被告人的犯罪情况,协助审判人员剖析其犯罪的原因。三是加强了庭审教育的力量,可以从各个角度对被告人进行教育、感化。四是有利于被告人有罪判决后的教育改造。一方面,学校、单位了解情况后,可以与法院沟通,采取措施,共同为其创造一个学习、工作的教育改造环境;另一方面,也可以打消被告人对自己被处刑后,特别是处以缓刑、管制或免除处罚后,由于害怕受到歧视,而不敢或无颜回到学校、单位的顾虑,从而有利于其今后的改造。同时引导家长、学校和单位领导检讨自己平时对被告人的教育失误之处,主动承担责任,并表示对被告人关心、爱护和帮助其改过自新的决心,这是十分重要的一点。因为很多未成年人犯罪后,往往十分后悔,同时又非常害怕失去家庭的温暖,将来受到父母或同学、同事的歧视。因此当他们知道大家还仍然爱着他们,还相信他们时,对他们来讲是莫大的鼓舞。要帮助未成年被告人澄清模糊认识,做到真正地认罪服法,对于其表现出来的错误认识如"怕丢人""今后不好管理,不好教"等做一些说服教育工作。在此基础上,对处刑后未成年被告人的具体生活、学习或工作问题,与家长或学校、单位进行思想沟通,并提出有益的建议,争取为未成年被告人今后的生活、学习、工作环境打下一个好的基础。当然,邀请未成年被告人的老师、学校领导或单位领导到庭参加诉讼,要尊重未成年被告人的意愿,注重实际效果,有选择地邀请他们参与庭审①。依据《刑事诉讼法》第270条的明确规定,"对于未成年人刑事案件,在讯问和审判的时候,应当通知未成年犯罪嫌疑人、被告人的法定代理

---

① 郭连申、裴维奇、郭炜:《圆桌审判 少年刑事审判方式改革的探索与思考》,载《人民司法》1998年第11期。

人到场。无法通知、法定代理人不能到场或者法定代理人是共犯的，也可以通知未成年犯罪嫌疑人、被告人的其他成年亲属，所在学校、单位、居住地基层组织或者未成年人保护组织的代表到场，并将有关情况记录在案。到场的法定代理人可以代为行使未成年犯罪嫌疑人、被告人的诉讼权利"。同时，第274条也规定"审判的时候被告人不满十八周岁的案件，不公开审理。但是，经未成年被告人及其法定代理人同意，未成年被告人所在学校和未成年人保护组织可以派代表到场"。这就从立法上确定了对于未成年人刑事诉讼应当遵循不公开原则，照顾未成年被告人的意愿。除了法律明确规定允许的范围以及未成年被告人同意的情况下，如果过分自由地扩大诉讼参与人的范围，如平日里并不熟悉的人出现在庭审现场，易造成未成年被告人恐慌、不安和羞愧的情绪，不利于保护未成年被告人在庭审中的合法权益。另一方面，过分扩大诉讼参与人的范围，会导致更多人知晓未成年被告人的罪行，广而传之，不利于未成年被告人在结束刑罚之后重新回归社会，将被永远的贴上"标记"。

第三，充分利用庭前会议程序。人民法院通知人民检察院派员参加庭前会议的，由出席法庭的未检检察官参加，必要时可以配备书记员担任记录。人民检察院可以根据案件具体情况，建议人民法院通知未成年被告人参加庭前会议。刑事案件审理中未成年被告人本身处于绝对的弱势，因此，只能加大而不能削减未成年被告人的合法权益，因此，庭前会议未成年被告人也应当参加，否则即便是根据证据和事实公正开展，也容易被认为是不公平、不公正的"密谋"。

第四，出庭中要时刻注意贯彻"教育、感化、挽救"方针和坚持"教育为主、惩罚为辅"原则。根据《高检规定》第57条、第58条以及《高法解释》第482条规定，出庭检察官应当根据未成年被告人的智力发育程度和心理状态，使用适合未成年人的语言表达方式。发言时应当语调温和，所提问题要简要、明确，并注意用语文明、准确，通俗易懂。出庭检察官在讯问、询问、辩论等庭审活动中，既要配合法院严格执行庭审程序，体现法律的严肃性，树立法律权威，又要注意未成年人的身心特点，遇到未成年被告人及其法定代理人、辩护人等辩护意见不正确时，以正面说理为主，做到有理、有节，避免给未成年被告人造成不良影响。必要时，可以建议审判长休庭，针对法定代理人、辩护人的错误行为，在庭下予以纠正，并引导他们从未成年人长远利益的角度考虑问题，帮助未成年人树立法治观念和正确的价值观。遇到辩护人提出检察机关事先不掌握的证据，或者未成年被告人的法定代理人提出与检察机关提供的证据相矛盾的材料或者说法，出庭检察官应当建议审判长休庭，申请延期审理，由检察机关就相关证据进行补正，并指出辩护人等的不当之处。遇到与被害人、诉讼代理人意见不一致的，应当认真听取被害人、诉讼代理人的意见,并阐明自己的意见和理由,但不要与被害人及其诉讼代理人展开辩论。对于未成年被告人情绪严重不稳定,不宜继续接受审判的,出庭检察官应当建议法庭休庭。休庭后及时安抚未成年被告人的情绪,在法定代理人或合适成年人、辩护人的协助下消除上述情形后继续开庭审理。必要时,由具有心理咨询师资质的检察人员或聘请专门的心理咨询师进行心理干预和疏导。因为检察机关与未成年人的法定代理人、辩护人等,目标是一致的,共同关注未成年人的权利保护,共同帮助教育未成年人。而在"教育、感化、挽救"问题上,其实由家长、辩护人等来做,效果会更好。这就需要与未成年人的家长、辩护人等最大限度地达成共识,密切协作,而非相互对抗、分谁胜谁负。"教育"是双向的,在少年司法中需要未成年人的参与、合作,这是唯一的办法,检察机关、警察、法官以及未成年人的家长、辩护人等都只是引导者,主动权全部在未成年人手中,因此,怎样的"教育、感化、挽救"(包括适当的惩罚、惩戒)能让未成年人心服、认同,从而达到教育的效果,需要检察机关、警察、法官以及未成年人的家长、辩护人等共同努力。因此,检察官出席未成年人刑事案件的法庭,在讯问、质证、辩论的方式、方法、出庭语言等方面均与公诉人出席成人法庭有很大区别。

  第五,配合法庭做好法庭教育。出庭检察官在整个庭审过程中,应当在依法指控犯罪的同时,将有关法律规定、社会危害后果、未成年被告人的犯罪原因、其应当吸取的教训等充分表述出来,尤其对未成年被告人在庭审中暴露出的模糊和错误认识,要及时、耐心地予以澄清。根据具体情况,出庭检察官可以提请法庭安排社会调查员、帮教人员、心理疏导人员等发言,对未成年被告人进行帮助教育,从而做到寓教于审。在法院作出有罪判决后,出庭检察官应当配合法院对未成年人进行教育。在此阶段,可以依据庭审中所查明的犯罪事实,对未成年被告人进行认罪服法或悔过教育,使未成年被告人明白自己犯了什么罪、违了什么法、对社会造成了什么危害后果、应受到何种处罚。重点是指明今后的出路,让未成年被告人明白受到刑罚处罚后该怎样做、怎样去面对今后的生活,使未成年被告人感到司法机关不仅仅是对其进行审判,而且还对其进行教育和挽救,并确立改过自新的信心和决心,从而做到惩教结合。

  对于指控的事实存在,但因情节显著轻微等不作犯罪认定,又确有违法行为的,根据具体情况可以对违法未成年人进行教育。对于那些宣告无罪或不负刑事责任的未成年被告人的法庭教育也不容忽视。因为他们身处犯罪的边缘,大部分已有不法行为,只不过未触及刑律的高压线而幸免,或是法律从人道主义出发,原谅他们"年幼无知"。对这一群体尤应重点关注,促使他们幡然醒悟、迷途知返,以防再次误入歧途最终陷入犯罪的深渊不可自拔。总之,法庭教育是一个动态的过程，在法庭审理这个特定的时间段里充盈着检察官、辩护人、法官甚或是人民陪审员、家长、老师等多方主体而形成的强大教育合力。我们要充分利用好这个重要载体对未成年被告人进行教育引导，做到寓教于审。因此，出席法庭也是检察机关帮教的重要环节。天津市检察机关在出庭前通过发放"须知"和"诉讼解读卡"，说明所涉嫌犯罪的相关法律规定、法定量刑情节和未成年人诉讼权利等，然后借助庭审程序，从"法、理、情"多个角度对涉罪未成年人进行教育引导，值得肯定。

3. 帮教的步骤、流程

由于帮教工作需要家庭、社会辅助，这必然涉及在司法机关主导下帮教工作的协调配合问题，也就需要进行流程管理，以理顺和优化帮教组织架构，清晰各参与主体的目标任务、权力责任，建立快速高效的反应机制和协调配合机制，消除合作壁垒，减少无效、重复甚至相互冲突的行动，从而提高帮教效果、降低成本。为此，应当建立以突出未成年人权益保护为导向，以落实未成年人各项合法权利为核心，面向未成年人及其家庭、面向各参与主体、面向过程的流程管理体系，使帮教工作有章可循，从而提升帮教效果。总结司法实践经验，我们认为对每一个未成年人的帮教工作都应当开立教育卷宗，或称帮教档案，并进行项目化运作。这主要是考虑帮教工作虽然与办案紧密相连，但可以相对分开，且有些案件办理与帮教可能由不同地方承担，如异地关护、帮教工作，因此应当专门开立关护、帮教卷宗，以使这项工作如办案一样规范，从而有利于明晰权利、义务、责任，有效提升帮教效果。我们还初步勾画出了帮教的步骤和流程，具体如下，供大家参考。

一是了解基本情况，通过审查案件材料、讯问、询问、社会调查等方式，了解未成年人的犯罪事实、情节，其成长环境、个性特点等。

二是进行问题诊断分析，力求找出犯罪的真正原因，评估再犯风险，分析回归社会的有利、不利因素等，确定帮教的难点、重点和主要障碍，并根据帮教难度的大小初步确定需要采取的措施和帮教模式，如帮教小组、帮教基地或者社工参与等。此环节可以聘请相关方面的专家，如心理学、教育学、社会学、犯罪学等方面的专家参与论证、评估。例如，2015年办理南京虐童案时，检察机关就邀请法学、医学、社会学、心理学等方面专家对相关问题进行论证，并综合该案案情、犯罪嫌疑人悔罪表现以及专家意见，对犯罪嫌疑人依法作出不批准逮捕决定。虽然对检察机关的不捕决定当时争议很大，但检察机关的上述工作方法值得帮教工作借鉴。

三是制定帮教方案。帮教方案一般应当载明涉罪未成年人的基本情况、性格特点、成长经历、犯罪类型、犯罪原因等，提出具体的帮教目标、帮教措施、进度安排等，报决策层审批通过。

四是组织实施。可以根据帮教方案组建帮教小组进行项目化运作，由帮教小组对帮教工作进行分工并确定具体的实施计划，包括任务清单、帮教阶段划分、进度安排、各项工作如何在各参与主体之间流转、帮教质量如何控制等。帮教小组成员一般应当吸纳前期参与社会调查、问题评估的主体，根据个案情况选择参与单位和人员。委托相关单位、社会力量等开展帮教工作的，检察机关应当与帮教单位或人员、签订帮教协议，明确各方职责。一般而言，帮教单位或人员为教育方，应当履行下列帮教职责：（1）根据帮教方案制定帮教计划，包括具体步骤、流程等，并根据帮教情况、帮教效果适时调整帮教计划和内容，以增强帮教的有效性、可行性；（2）落实帮教计划，对帮教对象进行督促、检查；（3）制定某项具体活动（如团体活动、公益劳动等）开展的方案，包括开展的目的、职责、活动步骤、方法、时机、运行环境要求、关键控制点等；（4）做好帮教记录，客观记载开展帮教活动情况及涉案未成年人的表现等；（5）每一阶段帮教工作完成后，应制作综合的《帮教报告》，附帮教记录，报送人民检察院，作为帮教表现评定以及下一阶段帮教工作和案件办理的参考依据。检察机关为帮教监督方，负责综合组织、协调工作，包括组织研讨方案、计划的充分性、有效性和适宜性，组织相关评估工作，根据评估情况及各主体反馈建议对方案执行进行必要的培训、辅导或优化调整工作，对重点活动进行支持等。根据案件具体情况，检察机关也可以与帮教单位或人员、帮教对象及其法定代理人或监护人签订三方帮教协议，鼓励、督促未成年人及其法定代理人或监护人积极、主动参与帮教工作。未成年人的法定代理人或监护人为配合方，一般应当履行下列帮教职责：（1）履行监护职责，承担扶养、管教义务；（2）督促未被羁押的涉罪未成年人配合人民检察院及帮教小组、帮教基地做好监督帮教工作；（3）对于宣告禁止行为的涉罪未成年人，人民检察院可以与法定代理人或监护人签订禁止行为的执行协议书，严格按照要求加强监督和管理；（4）对于不服从管教的涉罪未成年人，法定代理人或监护人应当及时向人民检察院报告。

在此需要进一步探讨的问题是委托专业人员帮助教育的，检察机关是否可以"大撒把"？某区检察院建立了委托社工帮教的长效机制，将帮助教育工作委托专业力量进行，但是对于检察官的职责没有明确要求，不同的检察官对自己的角色定位出现不同的理解。有的检察官"大撒把"，只等办案期限快到时验收帮教成果，据此作出处理决定；有的检察官愿意通过询问等形式和未成年人多交流，做一些法律教育和情绪疏导工作；有的检察官愿意通过与社工沟通交流的方式，参与到帮教工作中，也为社工提供必要的支持，提升社工帮教的效果；有的检察官在未成年人家属来电来访时开展一些家庭教育工作等等。由上可见，检察官处于相对比较被动的状态，多做一些工作也只能依托讯问或者接待等现有司法体系内的工作方法。对此，我们赞同杨新娥检察官的意见，未检检察官应持的理念和原则，要求检察官不能只做帮教的组织者、监督者的角色，还必须是帮教的一方，并且是不可或缺的重要一方。未检检察官的职责包括司法性职责和保护性职责，二者并重，不可偏废。司法性职责是基础，确保依法办案，保护性职责是主体，确保实现未成年人司法的目标。① 正如宋英辉教授等5位最高检专家咨询委员给曹建明检察长的信中指出的那样，办理未成年人案件的检察官不能只负责审查证据、认定事实和适用法律，同时还必须在了解未成年人成长经历、犯罪原因、教育监护条件等信息的前提下对其进行帮教，这是办案活动的重要组成部分。即使有司法辅助人员协助，也不能将检察官从这些工作中完全剥离开，而是必须参与甚至决定帮教方案的制订、监督方案的实施、对实施效果进行评估、及时调整方案等。

五是帮教效果评估。在办案的重要节点，如决定批捕或者不批捕、起诉或者附条件不起诉、不起诉前，应当会同帮教小组成员，适当邀请相关专家，组织帮教表现评估工作，在帮教报告的基础上，共同对被帮教人员在帮教期间的表现情况进行综合评价，形成人民检察院的帮教评估意见，作为其后司法处遇和进一步帮教的参考依据。

六是随案移送。人民检察院提起公诉的案件，应当将相关帮教材料随案移送人民法院，作为法院处理案件的参考。

七是跟进帮教。对于被判处刑罚的帮教对象，检察机关可以协调社区矫正部门或者未成年犯管教所，由原帮教人员配合他们继续开展帮教工作，如协助制定重返社会计划等。

八是帮教总结暨终局性评估。每一帮教个案（或称帮教项目）在未成年人（包括不满25周岁的"年轻的成年人"）回归社会之后，应当定期回访，跟踪三年后制作帮教总结暨终局性评估报告，载明被帮教对象是否再犯罪、是否恢复身心健康等，并总结其中的经验教训。（关于"年轻的成年人"问题在后面专题三的"四（三）"中详细阐述）。

九是帮教监督。人民检察院对公安机关、人民法院以及社区矫正部门、未成年犯管教所等开展帮教工作的情况依法履行法律监督职责。

十是建立帮教档案（帮教卷宗）。所有帮教活动应当记录在案，并按照一

---

① 杨新娥：《未检检察官的角色定位》，载《探索与梦想——未成年人检察30周年纪念文集》，中国检察出版社2016年版。

人一档的要求建立帮教档案。帮教工作的每一程序均应形成书面材料，归入帮教档案。帮教档案包括被帮教未成年人的基本情况、帮教方案、帮教记录、帮教报告、评估意见、帮教总结报告等。

未成年人犯罪案件的诉讼程序是动态的，在终局性评估没有作出之前，案件就仍然存在，并根据特定需求来决定专家何时予以介入；有了帮教总结暨终局性评估报告，一个帮教个案（或称帮教项目）才最终结束。对未成年人开展帮教是为了使其深刻认识到自身的错误和对他人和社会造成的伤害，并杜绝再次犯罪，但由于未成年人犯罪的动机、原因各不相同，未成年人身心特点、生活环境等千差万别，因此帮教形式、帮教措施等不能千篇一律，需要根据具体情况"对症下药"，才能确保帮教效果。如天津市红桥区人民检察院在审查一起多名未成年人共同抢劫案件时，通过"倾听式"讯问发现几名未成年人参与抢劫的原因并不相同，有的是因为家庭经济条件一般而自己却盲目攀比，有的是因为逆反心理不愿向父母要钱而"自谋生路"，有的则是受影视剧不良情节影响寻求刺激。该院通过深入分析各个未成年人的犯罪原因，并在此基础上针对不同的人分别建立"帮教档案"，采取不同的帮教形式，如开展法制教育、心理辅导、公益劳动、革命传统教育等侧重有别的帮教活动，收到了较好的帮教效果。

（四）帮教工作中应当注意的问题

1. 注意谁帮教最合适

对未成年人的感化教育，交由家长亲属来做不言而喻是最合适的，所以《高检规定》建立了亲情感化制度；《高法解释》也有类似规定。如《高法解释》第492条规定："人民法院认为必要时，可以督促被收监服刑的未成年罪犯的父母或者其他监护人及时探视。"第494条规定："人民法院可以适时走访被判处管制、宣告缓刑、免除刑事处罚、裁定假释、决定暂予监外执行等的未成年罪犯及其家庭，了解未成年罪犯的管理和教育情况，引导未成年罪犯的家庭承担管教责任，为未成年罪犯改过自新创造良好环境。"我们认为，除了家长亲属，由老师、心理专家、社工甚至律师等进行感化教育，都处于比司法机关更有利的位置。母爱就其本质来说是无条件的爱，父爱则是有条件、有原则的爱，代表法律、秩序、纪律等。人的成长既需要母爱，一种生活上的安全感，也需要父爱，教育、指导孩子通向人类社会之路。[①] 而司法机关的帮教角色更偏重于"严父"而非"慈母"，是规矩，是赏罚。因此，我们并不赞同将

---

① 弗罗姆：《父母与孩子之间的爱》，载学优网，http://www.gkstk.com/D。

未检检察官比喻成"妈妈""姐姐",一是避免给未成年人造成误会,二是面对易感的孩子,理性平和很重要,必须把握好情感的尺度和分寸;而且主张情感感化教育工作尽可能交由家庭、社会来做,司法机关的关爱应当体现在关注其未来幸福、长远利益,这需要司法人员能够高瞻远瞩、客观理性,就如医生泪水涟涟帮不了病人一样,冷静询问、调查才能求解。很多地方上报的先进事迹材料都描写了孩子和家长如何感激检察官,"谢谢您检察官妈妈!""如果没有您们,我的前程恐怕就全毁了!""孩子的案子你办,我们放心了"等等,而我们的检察官也欣然接受并引以为荣。对此,我们不能苟同。因为作为司法人员,我们追求的应当是让公民对法律放心,而不是对某个办案人放心;对于当事人的感激我们认为也应当明确拒绝,一方感激你,也许另一方会恨你,而且有时"爱恨就在一瞬间"。我们的工作是按照法律的规定、按照法律的授权办事,不用感激,当然也不能怪罪,这是我们在帮教工作中首先应当注意的问题,即注意我们是司法人员这一角色定位,不要试图代替家长、老师、律师等,因为这样容易造成角色的重复、冲突、缺位,只有上述这些角色分工合作、相互衔接,才最有利于帮教工作取得成功。因此,应当尽可能地将帮教工作交由家长、老师、社工、律师等来做,比我们自己抛头露面、冲在一线更贴切、更专业,效果也会更好,我们则应当更多的是在幕后进行指导、督促、协调。教育学上强调"老师应当永远走在学生后面",所以,我们认为帮教工作应当首先突出孩子,在孩子的后面是家长、老师、社工、律师等,而检察官则在上述直接帮教者的后面,做幕后指导、协调、配合工作;虽然是在后面,却不仅不等于"大撒把",还要是"领导者"。领导者不是制订计划,而是确定方向;领导者不是组织与配备人员,而是让组织人员协调一致;领导者不是解决问题与控制,而是激励组织人员。① 对这个问题,实在有非常大的探索空间,今后,我们会结合实践来进一步探索。

2. 注意帮教工作的针对性、规律性

我们说成人司法关注的是行为,是事实、证据、法律等法律因素,讲究定罪、量刑的准确性,即精准惩罚;而少年司法关注的是人,要以人为中心,教育挽救。帮教是做人的工作,而人性是复杂的,孩子有时有成人的心情,我们却未必懂;生存困境、家庭关系复杂、背景复杂、同伴关系、思想怪异、行为不端等,儿童的天真和人类的复杂,成人心情与童稚形体构成对比,这些都是

---

① 约翰·科特(John P. Kotter):《哈佛经典:领导者应该做什么?》,载《哈佛商业评论》2004年第1期,首次发表于英文版《哈佛商业评论》1990年5月6日。管理资源网,http://www.earm.cn/田成杰2010年10月12日整理。

我们不得不面对的。即帮教工作要面对形形色色的人。但同时，既然都是人，是未成年人，又会有"一定之规"可循。上海市长宁区人民检察院"关于涉罪未成年人司法专业化教育"的课题研究，就尝试根据未成年人犯罪动机来分析诊断未成年人可能存在的问题，并总结了针对不同犯罪类型和性格特点的未成年人如何进行司法专业化教育。如他们根据实践经验，总结出未成年人犯罪动机大致可分为以下三种：一是享乐型犯罪，即以享乐为最终目的，直接或间接地为了释放个人欲望所进行的犯罪，包括"行为本身的好玩"、性满足以及间接地钱财用于享乐的犯罪。此类犯罪者既非被人控制，对于自身行为内容与结果（即损害性）也有一定程度上的了解，但是仍旧为了自己的欲望而作出犯罪行为。二是生存型犯罪，即犯罪者迫于生存压力（而非生活压力）而进行的犯罪，例如组织未成年人犯罪中由未成年人完成的犯罪行为，以及城市闲散未成年人为了维持自身生存而进行的犯罪行为。一般而言即是为了钱财而进行的犯罪。此类犯罪相较于享乐型犯罪，未成年犯罪者对于自身行为的认识较少，难以认知自己行为的社会意义。三是社交型犯罪，是指未成年人由于错误的道德认知及社交情感而产生的以维持或改变社交关系为目的的犯罪行为，如为了友谊、朋友或是复仇等而进行的犯罪。此类犯罪人对于自身行为的社会意义认知最浅，甚至往往认为自己的行为是符合道德价值观与社会主流意识形态的。他们认为，传统意义上的未成年人犯罪一般是由于未成年人未能获得相应的生存资源，无论是个人行动或是团伙行动，无论是被迫或是自愿，更多的是出于生存生活需要从而进行犯罪，但是随着社会的不断发展、生活水平的不断提高、社会福利事业的发展，更多的未成年犯罪人之犯罪目的并非为了获取生存生活资料。据他们统计，快乐犯已经成为未成年人犯罪动机的第二大动机，很多未成年人进行犯罪行为，并非是因为难以生存，而是为了获得相应的心理快感（释放心理压力），无论是暴力上的优越感还是违反"规定"的情绪发泄，本质上都是未成年人心理不成熟的表现。因此在帮教工作中需要具体考察其犯罪动机，区分不同的犯罪目的，决定帮教的方式方法，包括辅之以刑罚的具体方式和"刑罚量"。长宁区人民检察院还总结实践经验，针对以下不同情况，分别提出了具体的帮教方法，值得借鉴：

（1）根据未成年人不同的犯罪类型进行帮教：一是针对暴力型。常见暴力型犯罪的产生原因大多是由于未成年人个体的情绪调控能力较差，由此引起忍耐力较差，不能有效地转移矛盾焦点，犯罪时常常有强烈的情绪体验，外加青春期未成年人的盲动性或者模仿性，便导致了暴力型犯罪的发生。因此，对此类涉罪未成年人需要加强情绪控制和转移的引导教育。二是针对财产型。涉嫌财产犯罪的未成年人，往往对物质具有强烈的占有欲和挥霍享受欲，但又厌恶通过自己的劳动获取财富，往往在一次铤而走险的犯罪初体验成功后，会越陷越深、无法自拔。对此类涉罪未成年人，应当加强基本价值观教育，通过对比体验犯罪后的担忧和劳动后收获的喜悦，明确今后的人生方向。三是针对性侵型。青春期未成年人个体生理方面的迅速发展，往往使其心理产生自我欣赏和自我骚动的冲突、自我需要和自我压抑的冲突以及情感和理智的冲突。因此，对此类未成年人，要充分利用其善于接受新鲜事物、求知欲强、对事物的好奇和探究心理重等特点，通过榜样塑造、规划人生、明确目标等方式，引导其转移注意力，向积极方面宣泄青春期的身心矛盾。四是针对综合型。要首先甄别综合型犯罪中体现出的各类特点，选取其中一个容易突破的行为缺陷入手，引导其自己发掘缺陷带来的困扰，激发求助动机，进而各个击破。

（2）根据未成年人不同的性格特点进行帮教：一是冲动型。这类未成年人情绪不稳，易激惹，行为冲动且不计后果，但事后有后悔感。因此要充分利用其能后悔的心理，运用认知疗法和厌恶疗法，引导其锻炼忍耐、遇事三思而后行。二是冷漠型。这类未成年人一副自我禁锢的样子，凡事与我无关，漠不关心，与人交往缺乏热情、活力，显得漫不经心、敷衍了事。因此要引导其积极参与各种活动，扩大交际面，并体验各种活动的乐趣，培养积极情绪。三是随意型。这类未成年人缺乏组织纪律性，行为控制意识偏离社会规范要求，缺乏一定的罪责感，甚至屡教不改。因此，要引导其体会到自己的行为与社会的不适应，反复启发其思考行为对社会、对他人的危害性和对自己人格健全的不利影响，建立改正愿望，同时要鼓励其学习基本的生活技能、社会规范，升华人生追求，增强其社会化进程。四是执拗型。这类未成年人只承认自己的意见和论据，即使实践证明行为错误，仍一意孤行，其实质是不能实事求是地正确对待和处理行动中的困难，是自尊心过强的表现。因此，要引导其对自己有客观的评价，善于约束自己，并做到谦虚谨慎。

（3）根据未成年人不同的就读、就业情况进行帮教：一是针对在校的涉罪未成年人。这类未成年人往往在经历过学业的挫折或者朋辈交往的不如意后，产生抵触心理。但因其仍处在学习科学文化知识、人格还未完全养成的阶段，因此，此类未成年人具有较大的教育、矫正可能性。对这类未成年人，要依托学校的教育职能，加强思想文化、科学知识以及法律知识教育，帮助其提高文化水平和法律素养，建立遵纪守法的意识。同时，鼓励其多参与学校活动，从与同伴的交往中获得自信和归属感，树立正确的人生观、世界观、价值观。二是针对工作的涉罪未成年人。此类未成年人文化素养一般不高，在未完全掌握专业技能的情况下便进入社会，寻找立足之地。有自我处事原则，但缺乏一定社会经验。对此类未成年人，要依托工作单位的管理职能，通过培训提高其文化知识和职业技能水平，以工作帮助其建立热爱劳动的品质，用管理制度规范其行为习惯,使其升华人生追求,早日实现自我价值。三是针对社会闲散的涉罪未成年人。这类未成年人大多行为习惯散漫,我行我素,控制力较弱,缺少组织纪律性,对亲情和社会关系冷漠,缺乏自我定位和人生追求。对此类未成年人,要依托社区的服务职能,鼓励其多参与社区服务和活动,多与父母、长辈沟通,体会人间真情并谦虚听取他人建议,认识自己的不足,从而找准自我定位和人生价值,有计划地实现目标追求。

(4)根据未成年人不同的家庭情况进行帮教。在坚持以检察机关为主导的前提下,对家庭完整的未成年人,督促父母既要在生活上关心和帮助,也要在精神上给予安慰和支持,指出孩子不足的同时要给予充分的鼓励和肯定,不过分溺爱,也不过分严厉,通过民主、温情的家庭环境给孩子提供一个良好的成长机会。对家庭残缺的未成年人,教育时需注意处理此类涉罪未成年人往往性格内向、孤僻、敏感、消极,对感情不信任,行事易走极端等问题。此外,还有一类比较特殊的涉罪未成年人,即流动未成年人,特指父母监护不力、不予监护而使未成年子女流浪于社会的情况。对此类未成年人,民政等部门应履行应尽职责,落实注册、登记工作,进行矫正、教育的同时处理好安置和关护问题。同时还要充分运用社会的力量,通过社会福利机构以及各界爱心人士的支持,给予其关怀和帮助,温暖其冰冷内心,使其对自己、对他人、对社会、对生活重燃信心和希望。

3. 注意未成年人的参与

帮教工作必须强调未成年人的参与,这是落实《未成年人保护法》规定的未成年人参与权的必然要求,也是实现帮教目标的重要保证。不能把未成年人作为被动的、需要"关爱"的弱者,而要把他们作为有无限潜力、有无限可能的未来世界的建设者、创造者。鲁迅先生曾说过:"看十来岁的孩子,便可以逆料二十年后中国的情形。""孩子小的时候不把他当人,长大以后,也就成不了人"。"立人"是先生改造国民性的主张,先生要立的是具有独立人格的人,大写的人。这就要求我们把孩子看为与我们平等的"人",大写的人。惩罚是单向的,主要是把事实证据搞准,正确适用法律即可;而教育是双向的,包括教和学,只教不学,教育仍然没有任何效果。因此,在少年司法中需要未成年人的参与,需要他与你合作,这是唯一的办法,你只是引导者,主动权全部在他手中,可见教育比单纯的惩罚复杂得多。有过教育孩子经历的同志可能都会了解,有时未成年人表达的观点可能非常偏离主题或在我们看来很荒诞,但这时也应当予以认真对待,如果我们仍然尽可能接受他所说的,然后对内容进一步扩展,给他另外的信息,就可能让他觉得你没有为难他,他反而可能不只从保护自己出发,而更倾向于宽容地对待你的合理解答。在任何时候，我们都应当保持一颗尊重的心。所谓敬畏生命，就是要有这样的意识：也许是我对问题没有理解好，也许是我不懂！因为任何人的认识都可能有局限性，绝不能自以为是，一颗尊重的心能够保证我们少犯错误。

◉ **核心观点**

未检办案从来就不是简单的就案办案。我们在强调帮教理念时，更应该讨论用什么样的方式进行帮教。进一步突出帮教工作的主导地位，明确界定"惩罚"的作用点和作用方向，根据涉案未成年人回归社会的需要及时提供帮助和教育，是"教育、感化、挽救"原则的应有之义。帮教的定位和方法得当与否，直接影响着帮教效果。帮教的针对性即"有的放矢"和未成年人参与是最核心的内容。

专题三 刑事诉讼程序中未成年人诉讼权利保障：权利如何细微关怀？

随着社会的进步和人权观念逐渐深入人心，刑事诉讼中的人权保障问题日渐得到重视。2004年我国《宪法修正案》正式写入了"国家尊重和保障人权"这一内容，从根本法上赋予尊重和保障公民的人权以法律依据，标志着保障人权成为我国追求的基本价值和根本目标；随后，2012年修改的《刑事诉讼法》也将"尊重和保障人权"列入总则之中，并增加了不得强迫任何人证实自己有罪、非法证据排除等规定，尤其是专门针对未成年人刑事案件诉讼程序增加一章，规定了一系列特殊保护程序、制度和要求，说明我国在刑事诉讼中的人权保障方面取得了长足的进步。

由于未成年人处于特殊的生理、心理发育阶段，其进入刑事程序后应当受到特殊保护，以最大限度地避免对其尚不成熟的心灵造成创伤，已成为世界各国普遍遵守的国际原则，这不仅直接关系到刑事诉讼的效果，还关系到涉案未成年人以后的发展。我国《刑事诉讼法》第266条第2款规定："人民法院、人民检察院和公安机关办理未成年人刑事案件，应当保障未成年人行使其诉讼权利，保障未成年人得到法律帮助"，并在此基础上规定了一系列具体的保障措施，体现了对未成年人权利的细微关怀。诉讼权利的保障与实体法的关注不仅存在差异，而且具有不可替代的价值，从实体公正的角度，应当体现未成年人犯罪与成年人犯罪不同的应受谴责性，他们所拥有的权利内容也有所差别，如刑法规定对未成年人犯罪从轻、减轻处罚，不适用死刑等；从程序公正的角度，未成年人不仅应当获得普通刑事犯罪嫌疑人、被告人所享有的诉讼程序保障，而且由于他们不具备完全的行为能力，有理由赋予他们特别保障。[①] 如《刑事诉讼法》规定的强制辩护、法定代理人（合适成年人）到场等制度都是考虑到未成年人身心特殊性而设立的保障其诉讼权利的制度。为落实好《刑事诉讼法》对未成年人诉讼权利的特殊保护，《高检规定》第2条进一步明

[①] 王雪梅：《少年诉讼权利的保护与完善》，载《青少年事务与政策研究报告》，天津社会科学院出版社2003年版，第191页。

确:"人民检察院办理未成年人刑事案件,实行教育、感化、挽救的方针,坚持教育为主、惩罚为辅和特殊保护的原则。在严格遵守法律规定的前提下,按照最有利于未成年人和适合未成年人身心特点的方式进行,充分保障未成年人合法权益。"这实际上是为最大限度地保障未成年人的诉讼权利指明了方向:在不违反法律的前提下,采取"最有利于未成年人和适合未成年人身心特点的方式",这不仅是司法公正的需要,也是帮助犯罪的未成年人正确认识自身的罪责,实现对未成年人教育和挽救的需要。根据目前相关法律的规定,在我国,未成年犯罪嫌疑人、被告人除享有适用于成年人的普适性权利,如申请回避权、辩护权、最后陈述权、申诉控告权、用本民族语言进行诉讼的权利等,还享有若干特殊权利,如强制辩护、合适成年人到场、隐私保护等。

一、强制辩护

由于未成年人年龄、智力发育程度的限制,通常很难对法律和诉讼行为有正确、全面的理解,也难以充分行使其诉讼权利,而辩护人的参与可以及时为其提供需要的法律帮助,有效保护其合法权益。因此,《儿童权利公约》第37条(d)项规定:"所有被剥夺自由的儿童均有权迅速获得法律及其他适当援助,并有权向法院或其他独立公正的主管当局就其被剥夺自由一事之合法性提出异议,并有权迅速就任何此类行动得到裁定。"《北京规则》第15.1条规定:"在整个诉讼程序中,少年应有权由1名法律顾问代表,或在提供义务法律援助的国家申请这种法律援助。"上述条款明确了未成年人获得法律帮助的权利,可见,未成年律师辩护权是司法人权,属于基本人权。从法律层面而言,刑事诉讼是强大的国家公权力对孤立个人开展追诉、定罪和量刑活动的过程,关涉个人的人身自由、财产和生命。即便强调侦控机关、审判机关承担"客观性义务",也无法确保充分维护犯罪嫌疑人、被告人权利,因为"即使所有参与人都善意行事,法律上对检察院和法院的客观性要求也不能在每个个案中避免发生此类情况,即出现错误,有利情况被忽视,或案件以预断方式向错误的方向发展"。① 而相较于成年人,未成年犯罪嫌疑人、被告人在诉讼程序中所处的劣势更加明显,若是没有律师从旁协助辩护,很难保证其最终可以获得一个相对理想的裁判结果。② 公正是法律制度的首要价值,法律援助使贫

---

① [德] 科劳斯·缇德曼:《德国刑事诉讼法导论》,载《德国刑事诉讼法典》,宗玉琨译注,知识产权出版社2013年版,第60页。
② 严军兴、侯坤:《我国辩护律师制度的问题与完善——以〈刑事诉讼法〉再修订为背景的研究》,中国方正出版社2007年版,第291页。

弱者在司法活动中得以平等地运用法律武器捍卫自身的利益，对参讼者施以法律援助在一定程度上可以切实保证司法公正。① 而对于未成年犯罪嫌疑人、被告人来讲，法律援助更是防止其合法权利受到侵害的最基本的制度性安排。从制度层面而言，未成年人刑事法律援助制度是未成年人司法制度不可或缺的一部分。当今世界，未成年犯罪嫌疑人、被告人应当获得律师帮助是基本共识，这已在多个国际公约中予以确认。一方面它有效保证了未成年人合法权益的实现，另一方面可以合理制约公权力的行使。因此，未成年人法律援助的确立及实施已成为审视一国司法制度完善与否、人权保障状况或优或劣的一项关键指标。② 我国新修订的《刑事诉讼法》第267条规定："未成年犯罪嫌疑人、被告人没有委托辩护人的，人民法院、人民检察院、公安机关应当通知法律援助机构指派律师为其提供辩护。"这与原来规定相比，把对未成年人提供法律援助的时间提前至侦查阶段，把指定辩护主体扩大至公检法三机关，同时明确"没有委托辩护人"是未成年犯罪嫌疑人、被告人获得法律援助的唯一条件。换言之，只要未成年犯罪嫌疑人、被告人没有委托辩护人的，公检法机关就必须通知法律援助机构指派律师为其提供辩护，可以说是进一步强化了对未成年人律师协助权的保障。上述规定被界定为强制性指定辩护，也有学者认为其属于强制辩护，并主张在未成年人刑事案件中应当适用强制辩护。所谓强制辩护，也称必要辩护，是大陆法系的一项重要的刑事司法制度，它是指在刑事诉讼程序中，国家有义务为某些特定案件中的犯罪嫌疑人、被告人指定辩护律师，否则在无辩护律师参与下的该诉讼活动将得到法律上的否定性评价。③ 在我国台湾地区，有判例指出，"刑事强制辩护制度，乃为保护被告利益，维护审判之公平而设"，④ 对实现犯罪嫌疑人、被告人诉讼权利大有裨益。但是，这项重要制度在实际执行中却大打折扣。2014年，王胜俊副委员长在第十二届全国人大常委会第十次会议上所作的《全国人大常委会执法检查组关于检查〈中华人民共和国未成年人保护法〉实施情况的报告》，就不客气地指出，"强制辩护存在走形式、走过场现象"。为此，我们认为应当深入剖析存在的问题和原因，并下大力气扭转上述局面。

---

① 刘青峰：《司法判决效力研究》，法律出版社2006年版，第53页。
② 魏虹：《论未成年人刑事法律援助制度的理论基础》，载《行政与法》2011年第1期。
③ 吴羽：《论强制辩护——以台湾地区为中心及对大陆相关立法之借鉴》，载《西部法学评论》2011年第5期。
④ 林钰雄：《刑事诉讼法》，新学林出版股份有限公司2009年版，第32页。

(一) 侦查阶段的法律援助问题

根据《刑事诉讼法》的规定，侦查机关应当通知法律援助机构为没有委托辩护人的未成年犯罪嫌疑人指派律师，然而在司法实践中，有些地方的公安机关在侦查阶段为未成年犯罪嫌疑人指派律师的情况少之又少，使得犯罪嫌疑人在其权利保护最为薄弱的阶段获得法律援助的权利难以落实。① 司法实践中，未成年人自行委托律师的比例并不高，这主要是因为大多数涉嫌犯罪的未成年人为贫困者，他们并无条件自行聘请律师。北京市大兴区人民检察院张学文同志曾于2012年3月至10月期间，对包括北京、上海、天津和重庆四大直辖市在内的20余个城市进行了较大规模的问卷调查。调查发现总体上未成年犯罪嫌疑人聘请律师的人数低于没有聘请的人数，命案中聘请律师的比例略高于没有聘请的，但仍接近于1：1。由此反映出，在未成年人刑事案件中，未成年犯罪嫌疑人主动聘请律师的比例并不是很高。② 上述两个因素必然导致司法实践中，大量的未成年犯罪嫌疑人在侦查阶段没有获得律师帮助。正因如此，检察机关内部自执行修改后的《刑事诉讼法》开始直至目前仍在争论"审查逮捕阶段没有律师怎么办"的问题。

《高检规则》第485条在《刑事诉讼法》规定的基础上，对检察环节保障未成年犯罪嫌疑人获得法律援助予以进一步的细化，规定"人民检察院受理案件后，应当向未成年犯罪嫌疑人及其法定代理人了解其委托辩护人的情况，并告知其有权委托辩护人。未成年犯罪嫌疑人没有委托辩护人的，人民检察院应当书面通知法律援助机构指派律师为其提供辩护"。但在2013年修订《高检规定》时，很多地方提出希望将落实强制辩护义务限定在审查起诉期间，理由是检察机关审查逮捕期限只有7天，如果公安机关没有落实强制辩护制度，检察机关往往来不及通知法律援助机构指派法律援助律师。由于上述意见与《刑事诉讼法》规定的精神不符，不利于对未成年犯罪嫌疑人的特殊保护，而且《刑事诉讼法》第269条规定"人民检察院审查批准逮捕和人民法院决定逮捕，应当讯问未成年犯罪嫌疑人、被告人，听取辩护律师的意见"，也就是说，强制辩护制度不落实，检察机关在审查逮捕阶段无法履行"听取辩护律师意见"的法定程序，因此上述意见没有被接受。也就是说，《高检规定》仍然要求检察机关在审查逮捕阶段必须落实强制辩护制度。当然，这一要求在

---

① 马丽亚：《原理与路径：未成年人刑事法律援助制度分析》，载《青少年犯罪问题》2016年第1期。

② 张学文：《刑事羁押未成年人之基本权利保障——新刑事诉讼法实施背景下的实证考察》，载《预防青少年犯罪研究》2013年第6期。

实践中落实得很不好，2014年某省对未检案件进行质量评查时发现，很多案件在审查逮捕时并没有落实强制辩护制度。

为了解决上述问题，我们在制定《未检工作指引》时设计了一条："【法律援助】人民检察院受理审查逮捕未成年人刑事案件后，应当首先了解未成年犯罪嫌疑人是否有辩护人，没有辩护人的要第一时间通知法律援助机构指派律师，同时依法履行监督职责，通知公安机关予以纠正。"该条在征求意见时，不少地方提出将"第一时间通知"修改为"没有委托辩护人的，自发现该情形之日起3日内通知……"理由是"第一时间"不是法言法语，应当与"两高两部"《法律援助规定》表述相一致。也有一些省份提出，由于《法律援助规定》要求法律援助机构在接到通知后3天内指派律师，但律师接到指派后参与案件有时间差，因此很可能在审查逮捕的7天内律师不能到位。而且按照现行诉讼机制，诉讼阶段不同，责任也就不同，发现涉罪未成年人没有获得辩护的诉讼阶段不同，处理方法也有差异。如果批捕阶段发现，由于所处的是侦查阶段，通知法律援助机构的主体应当是公安机关，而不是检察机关。检察机关通知法律援助机构指派律师于法无据，法律援助机构也无法执行。因此建议将该条修改为"没有辩护人的要第一时间通知公安机关落实法律援助"。当时看到各地提出的上述意见真是很生气：明明知道根据《法律援助规定》，法律援助机构是收到通知"之日起3日内，确定承办律师"，如果检察机关发现"没有委托辩护人的，自发现该情形之日起3日内通知"，则已经几天了？还来得及吗？虽说追求法言法语没有错，但难道形式不是为内容服务的吗？离开了内容，形式又有何意义？我们到底想不想保证未成年人在逮捕阶段一定要有律师？逮捕阶段没有律师怎么听取意见？经过激烈争论，后来领导拍板修改为"【法律援助】人民检察院受理审查逮捕未成年人刑事案件后，应当首先了解未成年犯罪嫌疑人是否有辩护人，没有辩护人的，应当通知公安机关纠正，并可以在二十四小时内通知法律援助机构指派律师"。

现在反思这个问题，明明根源在公安机关，这个"坑"不填，让检察机关"绕着走"，不仅难度大，而且极易跟着掉进"坑"，也就是侵害了未成年人的诉讼权利。未成年人作为特殊群体，应受到社会的爱护和救助；作为未成年人刑事案件诉讼程序的重要组成部分，未成年人刑事法律援助应当贯彻于诉讼程序始终。因此，我们认为，还是应当从根本上解决这个问题，即监督公安机关从案件一开始就落实强制辩护制度。《公安规定》第309条规定，"未成年犯罪嫌疑人没有委托辩护人的，公安机关应当通知法律援助机构指派律师为其提供辩护"。《法律援助规定》第16条规定，"人民检察院审查批准逮捕时，认为犯罪嫌疑人具有应当通知辩护的情形，公安机关未通知法律援助机构指派律师的,应当通知公安机关予以纠正,公安机关应当将纠正情况通知人民检察院"。《高检决定》第 14 条规定:"建立健全法律援助制度和听取律师意见制度。审查逮捕或审查起诉时发现未成年犯罪嫌疑人未委托辩护人的,应当依法通知法律援助机构指派律师为其提供法律援助,并认真听取律师关于无罪、罪轻或者无批捕、起诉必要的意见。要监督公安机关、人民法院保障未成年人得到法律帮助。"因此,实践中,检察机关应当充分履行法律监督职责,督促公安机关在侦查环节落实强制辩护制度。很多地方的检察机关通过与公安机关、人民法院、司法行政机关等联合会签文件的形式,使强制辩护制度在侦查阶段得以落实,并建立起侦查、起诉、审判阶段法律援助相互衔接机制,值得充分借鉴肯定。

当然,长远来看,还是要大力推动少年警务专业化建设。公安机关侦查阶段是未成年犯罪嫌疑人接触司法系统、直面司法机关的最初阶段,司法机关能否严格执法,给未成年人树立一个良好的法治形象,直接关系到教育挽救的效果。《北京规则》第 10.3 条规定"应设法安排执法机构与少年犯的接触,以便在充分考虑到案件发生情况的条件下,尊重少年的法律地位,促进少年的福利,避免对其造成伤害"。并在说明中提醒我们:"规则 10.3 涉及警察和其他执法人员在处理少年罪行时的某些基本程序问题和行为。大家公认,'避免伤害'的措辞比较灵活,它包括可能互相影响的许多特点(例如恶语相伤、身体暴行或环境影响等)。触犯少年司法程序本身对少年就可能是'有害的';因此,'避免伤害'应首先广义地解释为尽可能不伤害到少年,以及尽可能不造成其他任何或无辜的伤害。这在与执法机构的初步接触中特别重要,因为这可能深刻地影响到少年对国家和社会的态度。而且,任何进一步的干预是否成功,在很大程序上取决于这种初步接触。在这种情况下,同情和宽厚坚定的态度极为重要。"上述要求显然需要专业的人员才能保证。对此,《北京规则》专门规定了"警察内部的专业化",其第 12.1 条规定:"为了圆满地履行其职责,经常或专门同少年打交道的警官或主要从事防止少年犯罪的警官应接受专门指导和训练。在大城市里,应为此目的设立特种警察小组。"并在说明中指出:"规则 12 提请人们注意,必须对从事少年司法的所有执法人员提供专门训练。由于警察是与少年司法制度发生接触的第一步,因此,他们的行为必须有充分认识而且恰当,这一点极为重要。都市化与犯罪的关系十分复杂,少年犯罪行为的增加是与大城市的发展特别是无计划的迅速发展存在着联系的。因此,特种警察小组不仅对实施本文件中所载的具体原则(如规则 1.6)是不可缺少的,而且,从广义上说,对改善少年犯罪的预防和控制及少年犯罪的处理也是不可缺少的。"

(二) 讯问环节律师到场问题

律师辩护权是犯罪嫌疑人、被告人所有诉讼权利的核心，也是实现其他诉讼权利的基础。律师及早介入有利于防止司法机关公权力的滥用，进而更好地维护受援人人权。[①] 基于保护未成年人权益及维护司法正义，应当将所有程序阶段的未成年人刑事案件均纳入强制辩护的适用范围，这其中自然应当包括审查逮捕环节，也应当包括刑事拘留、讯问等环节；而且，律师提供法律帮助不能仅是形式上的，其辩护活动更应是实质有效的，否则，享有的仅是形式上的辩护权，这与未获得律师帮助并无本质区别。因此，如何保证律师充分、有效地参与到刑事诉讼程序，从而真正保护未成年人的合法权益，就是我们应当进一步研究的。其中，一些地方探索的讯问未成年人律师到场制度，就非常值得关注。

如2011—2012年，河南省公检法司联合下发《关于加强刑事法律援助工作（试点）的意见》《关于加强刑事法律援助工作（试点）的实施办法》，确立了律师在特定条件下到场的制度。试点地区在公安机关、检察机关无法通知或法定代理人不能到场等情况下，由法律援助机构通知律师参与未成年人讯问到场工作。2013年，全省128个驻看守所法律援助值班律师办公室陆续建成后，试点所确立的未成年人讯问律师到场工作实现常态化，范围扩大至全省。2015年，公安机关、检察机关在看守所对未成年犯罪嫌疑人进行讯问时，全省法律援助机构共安排值班律师到场2166人次。法律援助律师到场履行的职责主要包括：（1）向未成年犯罪嫌疑人介绍身份，表明基本立场在于维护其合法权益；（2）询问其涉案情况，告知如实供述的含义是如实阐述自己有罪或无罪的事实；（3）介绍简易程序、速裁程序等程序适用的前提条件及自首、立功、有罪供述等对量刑有利的因素，同时强调要相信司法公正，无罪情况下不可因恐惧更重刑罚而作有罪供述；（4）监督办案机关程序合法性，防止刑讯逼供等不法行为；（5）证明办案机关讯问时有律师在场。为了保证该项制度的顺利运作，建立了以下工作机制：（1）实行律师名册制。法律援助机构选拔职业操守好、业务能力强的律师，建立驻看守所法律援助值班律师名册，供司法机关根据工作需要及时联系。（2）提供便捷化服务。公安、检察人员在正常工作时间通知看守所值班律师办公室派律师到场参与，其余时间从值班律师名册中随机选择律师，电话通知其参与讯问到场工作。如来不及发送

---

① 潘湘南：《新刑事诉讼法对刑事法律援助的影响与对策》，载《法学杂志》2013年第3期。

《到场通知书》，可在到场结束后向律师发放。（3）要求认真履职。要求律师及时到场，全程参与讯问工作，全面履行工作职能，并在讯问笔录上签字。（4）明确律师到场补贴标准。规定律师到场的最低补贴标准为100元/件，法律援助机构根据讯问时间、时长及距离远近等因素，设置差异化值班律师到场补贴标准，着力提升值班律师积极性与到场工作质量。各地财政部门将值班律师到场补贴列入法律援助经费预算。律师向法律援助机构提供办案机关出具的《到场通知书》《讯问到场结束函》等内容，领取到场补贴。律师到场制度在探索过程中，曾纠正过多起"错案"，如A市一位参与讯问到场的值班律师阅读笔录时，发现公安人员记录的强奸案情细节并非犯罪嫌疑人供述的未遂情节，而是既遂情节。经律师提出意见后侦查人员修改了笔录，律师和犯罪嫌疑人才在笔录上签字。又如X市Y区一位参与讯问到场工作的律师提出14—16周岁的未成年人实施普通盗窃行为不构成犯罪，公安机关释放了该名未成年人。①

结合河南省试行讯问未成年人律师到场制度的上述情况，我们对该项制度初步形成如下意见：

一是讯问未成年人律师到场制度与讯问未成年人合适成年人到场制度不同。虽然当时河南省律师到场的探索初衷是为了解决在法定代理人无法通知或法定代理人不能到场是等情况下的一种替代措施，但其职责的界定与合适成年人有较大的不同。合适成年人到场是基于选择未成年人所信赖、熟悉的成年亲属、教师等人员，旨在消除其心理紧张，对其进行有效安抚，缓解压力，履行监督、沟通、抚慰、教育等职责，维护涉罪未成年人合法权益，因此合适成年人并不必然熟悉法律。而律师是受过专业训练的法律执业人员，在刑事诉讼中履行辩护职能，能够甄别罪与非罪、提请中止不当讯问方式、提起变更强制措施等。由于对抗型的专业思维和职业定位使律师真正能够发挥的是辩护权作用，不同于合适成年人所能起到的安抚作用，故二者是不同的制度。

二是讯问未成年人律师到场制度有利于律师辩护和听取律师意见制度走向实质化。目前，虽然现行《刑事诉讼法》没有明确律师在讯问未成年犯罪嫌疑人时可以到场，但是明确规定在未成年人犯罪案件中，司法机关行使逮捕权应当讯问涉罪未成年人，并听取其代理律师的意见。可见，立法已经开始重视律师介入未成年人犯罪案件的重要性。之所以要听取辩护律师的意见，是因为律师作为受过专业训练的人员，更了解与未成年人案件相关的事实中哪些情形

---

① 史雪梅、马贞贞：《未成年人讯问法律援助律师到场权的实践与思考》，载《中国司法》2016年第7期。

对采取非羁押措施更有意义。但是目前,审查逮捕阶段听取律师制度落实得并不好,如2014年上海市闵行区人民检察院未检科在一次统计时发现,在审查起诉阶段律师来院阅卷率达到100%,而在审查批准逮捕阶段,律师未及时提出法律意见的超过90%,且提出的法律意见质量参差不齐,①其中重要原因之一,恐怕是律师没有充分、有效地参与到刑事诉讼当中。讯问时律师在场制度一定程度上有利于解决上述问题,使律师辩护和听取律师意见制度走向实质化,真正实现强制辩护和听取辩护律师意见制度的效果。三是讯问时律师在场制度具有非常重要的程序价值和实体价值,且符合立法精神。研究表明,未成年人在审讯中更容易受到讯问策略和讯问压力的影响,表现出更多的易受暗示性倾向。由于未成年人心智尚不成熟,在诉讼过程中,需要在律师的帮助下才能充分行使其诉讼权利。讯问时律师在场制度使专业法律人士对讯问工作合法性进行见证、监督,并可以了解到有关信息,有利于提出有针对性的意见,从而可以保障未成年人合法权益。修改后的《刑事诉讼法》规定,未成年人刑事诉讼各阶段均可获得通知辩护法律援助,另外明文规定了犯罪嫌疑人在公安机关第一次讯问或采取强制措施之日起,有权委托律师进行辩护,因而律师介入讯问有法律依据,到场权属于广义的辩护权,行使到场权完全符合立法本意。

(三) 法律援助质量的保证问题

法律援助的服务质量是刑事法律援助的生命,仅仅有法律援助服务并不意味着受援助人得到了真正的法律帮助。② 目前,承担法律援助义务的往往是缺少辩护经验的律师,很多律师事务所会优先选派新人律师去进行法律援助辩护从而熟悉办案流程;③ 加上法律援助没有多少报酬,致使多数进行法律援助的律师缺乏积极性、主动性。在许多案件中可以看到辩护律师敷衍了事,如不会见受援助的未成年人、不了解未成年人状况、辩护意见模糊不具有针对性等。如2014年以来,江苏省泗洪县人民检察院共受理审查起诉未成年人案件27件29人,先后通知该县法律援助中心指派律师29人为未成年人提供法律援助,办案检察官发现,有些律师开展援助时不会见、不阅卷、不出庭或会见、阅卷不认真、不及时,庭上辩护泛泛而谈,不具有实效性、针对性。被指派的29

---

① 文韬:《上海闵行检察院建立未成年人法律援助律师工作考核制度》,载 http://www.jcrb.com/procuratorate/jckx/201408/t20140813_1422586.html,2015年9月1日访问。
② 张中:《弱势群体的法律援助》,中国人民公安大学出版社2008年版,第141页。
③ 罗莹:《未成年刑事被告人司法权益保护实证研究》,载《青少年犯罪问题》2010年第4期。

名律师中，有16人没有会见未成年犯罪嫌疑人，9人没有阅卷，3人没有开展任何援助活动。① 上述情况无疑会使未成年人强制辩护制度对于未成年人刑事诉讼权利的保障流于形式，起不到应有的作用。因此，迫切需要尽快提升未成年人法律援助的服务质量。针对当前法律援助质量存在的问题，我们认为检察机关可以主要从以下几个方面着手：

1. 发挥诉讼监督作用。针对在司法实践中，有些承担法律援助义务的律师积极性不高，办案中走形式、应付，不能切实保障涉罪未成年人合法权利的问题，检察机关作为法律监督机关，应当充分发挥诉讼监督的职能作用，通过提出检察建议、纠正违法等形式，依法督促相关责任单位、人员依法落实《刑事诉讼法》规定的各项诉讼制度。对于法律援助的落实情况，不能仅从其启动及运行的过程来衡量，更要从这一制度实行的效果上来观察和考量。为此，《法律援助规定》第15条第2款规定："对于应当通知辩护的案件，犯罪嫌疑人、被告人拒绝法律援助机构指派的律师为其辩护的，公安机关、人民检察院、人民法院应当查明拒绝的原因，有正当理由的，应当准许，同时告知犯罪嫌疑人、被告人需另行委托辩护人。犯罪嫌疑人、被告人未另行委托辩护人的，公安机关、人民检察院、人民法院应当及时通知法律援助机构另行指派律师为其提供辩护。"即对于法律援助机构指派的律师，未成年犯罪嫌疑人及其法定代理人具有提出异议权。这是一项辩护权受到侵害情形下的救济途径，有利于解决法律援助流于形式的问题。因此，未成年犯罪嫌疑人或者其法定代理人反映法律援助律师工作不认真、搪塞应付、不会见、不阅卷等情形的，检察机关应当告知未成年犯罪嫌疑人及其法定代理人有提出异议的权利，以此项权利的行使为抓手，促进法律援助律师辩护工作质量的提高。

2. 推动建立未成年人法律援助案件办案人员的全程化机制。根据《刑事诉讼法》的规定，对没有委托辩护人的未成年人在侦查、审查起诉和审判阶段分别由公安机关、检察机关和法院通知法律援助机构为其指派律师，也就意味着未成年犯罪嫌疑人、被告人会在诉讼程序中接触到三个不同的法律援助办案人员，这不利于法律援助办案人员对案情的把握，而且不利于落实相关责任。因此，应当将未成年人法律援助的办案模式调整为全程化帮助，即从侦查阶段开始至执行阶段均由同一个办案人员负责。一方面，有利于诉讼程序的流畅和效率，无须重复阅卷和会见，办案人员掌握该案件的完整情况和动态，提供高质量的法律援助；另一方面，有利于取得涉案未成年人的信任，在法律援

---

① 解宝虎、王晓刚：《法律援助未成年人律师为何不积极》，载《检察日报》2014年7月9日。

助过程中对涉案未成年人进行教育和感化；案件质量一旦出了问题，也容易找到责任人，因而有利于有效制约"走形式"，从而提升援助质量。

3. 推动建立专门的未成年人法律援助队伍。未成年人法律援助工作的本质在于专业化服务，专业化运作是解决未成年人法律援助工作问题的现实需要。未成年人法律援助办案人员的专业素质和办案经验直接影响着未成年人法律援助的质量。他们不但要做到熟练运用各类规范性文件里涉及未成年群体司法权益保护的详细条文，还必须知晓相关的青少年心理常识、青少年教育学等专业知识，更要富有高度的社会责任感，才能确保他们能够从尊重青少年身心成长的角度出发，有效维护未成年人的正当权益。实际生活中因为缺少专门从事未成年人法律援助案件的律师，而恣意地指定律师办理未成年人案件，最终致使一些案件的审理未能达到预期效果。① 正因如此，《高检决定》第14条规定："建立健全法律援助制度和听取律师意见制度……有条件的地方，可以推动司法行政机关建立专业化的未成年人法律援助律师队伍……"对此，可以借鉴很多国家实行的未成年人法律援助合同制度和公设辩护人制度。未成年人法律援助合同制度是国家（或其授权机构）与律师、律师事务所、律师协会及非营利性组织等个人或者机构，以竞争性投标或者协商的订立方式，签订为未成年犯罪嫌疑人、被告人提供辩护服务的合同，按照合同约定，合同律师具体实施辩护服务，国家以公共财政支付报酬。本质上，未成年人法律援助合同制度是国家购买律师法律服务在未成年人法律援助中的具体表现，它将合同式治理模式运用于国家对未成年人法律援助的管理工作，以提高法律服务质量和公共财政使用效率。法律援助合同制度是以政府购买公共服务为依据，合同律师的法律服务与其报酬具有市场交易属性，即他们的法律服务能获得充分的对价，使其经济利益得到最大限度的保障，这必然激发一部分律师长期从事未成年人法律援助事业的热忱，出现更多未成年人案件的辩护专家。中共中央十八届三中全会提出的"推广政府购买服务"，即通过合同方式向社会购买，因此，探索推动未成年人法律援助合同制度目前已具备基本条件。公设辩护人制度又称为专职律师制度，是指以领取固定薪水、具有国家公务人员身份的专职律师或公设辩护人为未成年犯罪嫌疑人、被告人提供辩护服务的法律援助实施机制。专职律师制度最大特征是由受雇于国家的专职律师或公设辩护人承担辩护职责。在未成年人法律援助事业中建立专职律师或公设辩护人队伍，旨在充分发挥专职律师或公设辩护人的专职性与专业性；同时，基于公职身份的职业

---

① 参见刘顺珍、潘军、刘凌：《浅议未成年人法律援助工作的专业化》，载《广西师范学院学报》2013年第7期。

保障，专职律师或公设辩护人能够安心地长期从事未成年人法律援助工作①。实践中，我国未成年人法律援助缺少专门从事未成年人法律援助的既懂教育学、心理学，又懂法律的职业化律师队伍，影响了法律援助的效果。因此，建立未成年人法律援助的合同制度和专职律师制度，意味着将在社会和国家层面上建立专业化的未成年人法律援助律师队伍，这无疑有助于提升未成年人法律援助事业的整体水平，推动未成年人辩护的专业化发展，从而最终维护未成年犯罪嫌疑人、被告人的权利。

总之，要使所有程序阶段的未成年人刑事案件适用强制辩护，就必须建立一套富有成效的未成年人刑事法律援助体系。《刑事诉讼法》规定的法律援助工作涉及侦查、起诉、审判等各个执法环节，以及公安、法院、司法行政机关等各个部门，检察机关作为法律监督机关，有责任保证法律统一贯彻落实。因而要与公安、法院、司法行政机关等进一步加强联系，做好经常性的沟通协商和信息通报，及时处理工作中遇到的问题，并积极推动未成年人法律援助体系构建。

二、合适成年人（法定代理人）到场

在未成年人刑事司法程序中，法定代理人参与制度是针对触法未成年人身心不成熟的特点，为避免其合法权益受到侵害而设计的一项重要制度，是由未成年人最大利益原则派生出来的一项权利，是未成年人受照顾权的表现形式之一。《北京规则》第 7.1 条就明确将"要求父亲或母亲或监护人在场的权利"视为未成年人不可或缺的程序权利。但是，在有些情况下，涉罪未成年人的法定代理人（即其父母或监护人），因各种原因无法或不宜参与，比如法定代理人属于共犯或者不能及时参与、不愿参与等，便导致该制度无法落实，不利于对涉罪未成年人的特别保护。经过各国的长期实践，通过引入一个范畴更广的"合适成年人"（appropriate adult）来代替"法定代理人"，在未成年人刑事司法领域取得了突破性进展。澳大利亚的《1914 年犯罪法案》首先突破了"法定代理人"的界限，规定警察在讯问涉罪未成年人时，要有一个"讯问朋友"在场。其后在日本和我国台湾地区的相关法律中也出现了类似的术语——"辅佐人"，一般指法定代理人或律师，并且其参与要得到家庭法院的允许。"合适成年人"一词最早出现在由 Confait 案促成的 1984 年英国《警察与刑事证据法》中。1972 年英国一名叫 Maxwell Confait 的男子被谋杀，三个十多岁

---

① 参见刘顺珍、潘军、刘凌：《浅议未成年人法律援助工作的专业化》，载《广西师范学院学报》2013 年第 7 期。

的男孩在招供证据的基础上被判犯有谋杀罪,其中一个男孩智力迟钝,上诉法院后来宣布判决无效。一位法官在1977年对此案进行了调查,发现这三名少年的权利受到侵犯:警察在没有任何独立成年人在场的情况下对他们进行了审讯,没有告诉他们有与律师或朋友联系的权利,从而导致了虚假供述。法官建议应当有一个委员会来考虑警方权力和嫌疑人权利之间的平衡问题,最后在1984年《警察与刑事证据法》及执行守则C(《警察拘留、对待及询问当事人执行守则》)中规定,"凡不满17岁或患有精神错乱或缺陷的未成年人,在其进入警局后,需由一个适当成年人来给予帮助,此人独立于司法人员,将参与警察的第一次讯问,为受讯问的未成年人提供意见并监督讯问公正、妥当进行。"① 也就是说,对未成年犯罪嫌疑人进行讯问时,必须有合适的成年人(如法定代理人、其他专门人员)在场进行协助并提供建议,否则该口供被视为无效证据,即合适成年人参与规则为强制性规则。此后,英国对该规则不断具体化,详细规定了制定该规则的目的、合适成年人的范围及其职责、合适成年人参与的程序及法律效果等,形成了较为完善的合适成年人参与制度。当前,合适成年人参与制度作为专门保护未成年人权益的重大举措,在很多国家得到了不同程度的体现。鉴于涉罪未成年人在侦查讯问阶段最需要帮助,在这一阶段他们的权益受到侵害的潜在风险也最大,大多数国家都特别注重该阶段合适成年人的参与,甚至直接称为适当成年人讯问时在场制度。

  合适成年人(法定代理人)到场制度的发展在我国也经历了一个过程。1996年《刑事诉讼法》第14条第2款规定:"对于不满十八岁的未成年人犯罪的案件,在讯问和审判时,可以通知犯罪嫌疑人、被告人的法定代理人到场。"2006年制定发布的《高检规定》第10条第4款规定:"讯问未成年犯罪嫌疑人,应当通知法定代理人到场,告知法定代理人依法享有的诉讼权利和应当履行的义务。"即对《刑事诉讼法》"可以"到场的要求,更进了一步,要求"应当"到场。但由于此规定将到场的合适成年人范围仍仅限于法定代理人,则当未成年人没有法定代理人或者难以查找到其法定代理人以及法定代理人不到场的情况下,没有替代性措施,因而各地纷纷提出意见。如浙江省温州市人民检察院在2007年上报材料反映,瑞安市院办理的未成年人犯罪案件中,80%以上的未成年犯罪嫌疑人是外来人员,大量未成年犯罪嫌疑人的法定代理人不在本市,无法通知其法定代理人到场,致使多起案件因法定代理人未到场,辩护人在法庭上质疑未成年人讯问笔录的合法性。当时为了解决这一问题,很多地方探索建立法定代理人无法到场的替代机制。如上海市长宁区、宝

---

① 刘桃荣:《英国青少年犯罪预防的经验》,载《青少年犯罪问题》2006年第5期。

山区人民检察院积极探索在未成年人的法定代理人无法及时到场时,由检察机关聘请受过专业培训的教师、社工、志愿者等合适成年人作为其临时监护人到场,安抚未成年人,并监督讯问是否合法进行。上海市长宁区人民检察院从2004年引入"合适成年人"制度,到2007年建立了包括教师、团干部、青少年事务社工以及筛选出的志愿者等人兼职的"合适成年人"队伍。合适成年人的功能主要是为了保证未成年犯罪嫌疑人得到公正对待,以及发挥缓解压力、同步制约、协助沟通的功能。2010年上海市高级人民法院与上海市人民检察院、公安局、司法局联合下发了《关于合适成年人参与刑事诉讼的规定》,统一上海少年司法实践中的合适成年人参与刑事诉讼制度。而早在2002年云南昆明市盘龙区和英国救助儿童委员会就合作建立了以"合适成年人参与制度"为主线、"司法分流"为重点的未成年人保护体系,形成了"合适成年人"专职为主、兼职为辅、志愿者参加的模式。云南盘龙模式的"合适成年人"制度主要是借鉴英国的"合适成年人"制度,与上海模式有所不同:一是合适成年人参与的条件不同。上海模式将合适成年人作为法定代理人的补充,即公、检、法讯问或审判时,在涉罪未成年人法定代理人无法或不宜到场时,才由合适成年人到场维护未成年人的合法权益;而云南盘龙模式则是基于国家亲权的理念,将合适成年人作为一种独立的制度,即不论是否有法定代理人到场,合适成年人均可参与诉讼,甚至合适成年人在没有接到通知的情况下,仍可以主动参与到司法程序中。二是合适成年人制度适用的对象不同。上海模式不仅适用于未成年人,还适用于残障人员、外来及少数民族人员及可能被判处10年以上有期徒刑的人员;而云南盘龙模式只适用于触法未成年人。三是合适成年人参与的诉讼阶段不同。上海模式将合适成年人参与制度适用于侦查、检察与审判阶段;而云南盘龙模式的合适成年人制度,不仅适用于侦查、检察与审判阶段,还适用于矫正阶段,其具体职能如下:首先,出席旁听警方的讯问活动,见证警方的执法,维护触法未成年人的合法权益。其次,参加司法分流活动,在维权基础上,对未成年人违法犯罪原因等社会背景情况进行调查,向司法机关提交社会背景调查报告,为违法未成年人争取非诉讼和非监禁处置,且为从轻减轻处罚创造条件。最后,配合协调有关部门对非监禁处置的违法未成年人开展社区、家庭、学校的监管、帮教工作。可以说是集陪伴、调查、帮助、矫治于一身。总结各地探索的经验,《六部门意见》第二部分"进一步加强对涉案未成年人合法权益的保护"之"(一)对未成年犯罪嫌疑人、被告人、罪犯合法权益的保护"之第5条规定,"在未成年犯罪嫌疑人、被告人被讯问或者开庭审理时,应当通知其法定代理人到场……法定代理人无法或不宜到场的,可以经未成年犯罪嫌疑人、被告人同意或按其意愿通知其他关系密切的亲属朋友、社会工作者、教师、律师等合适成年人到场"。这是我国法律文件中第一次出现"合适成年人"的概念,并将合适成年人制度定位为法定代理人缺失时的补充性、替代性制度,以及未成年犯罪嫌疑人、被告人可以自愿排除的制度,也就是说,这项制度不具有强制性和独立性。修改后的《刑事诉讼法》第270条规定:"对于未成年人刑事案件,在讯问和审判时,应当通知未成年犯罪嫌疑人、被告人的法定代理人到场。无法通知、法定代理人不能到场或者法定代理人是共犯的,也可以通知未成年犯罪嫌疑人、被告人的其他成年近亲属,所在学校、单位、居住地基层组织或者未成年人保护组织的代表到场,并将有关情况记录在案。到场的法定代理人可以代为行使未成年犯罪嫌疑人、被告人的诉讼权利。到场的法定代理人或者其他人员认为办案人员在讯问、审判中侵犯未成年人合法权益的,可以提出意见。讯问笔录、法庭笔录应当交给到场的法定代理人或者其他人员阅读或者向他宣读……审判未成年人刑事案件,未成年被告人最后陈述后,其法定代理人可以进行补充陈述。"从而明确确立了中国特色的合适成年人参与制度。与原《刑事诉讼法》规定相比,修改后的《刑事诉讼法》在以下几个方面有所进步:一是明确了在讯问未成年犯罪嫌疑人时,"应当"通知其法定代理人或其他相关人员到场,改变了原《刑事诉讼法》"可以"的表述,强化了其强制效果;二是扩大了到场人员的范围,除法定代理人外,还包括犯罪嫌疑人、被告人的其他成年近亲属,所在学校、单位、居住地的基层组织或者未成年人保护组织的代表,为法定代理人以外的合适成年人讯问时在场提供了法律依据;三是明确规定了到场人员的部分权利,包括对办案人员在讯问中侵犯未成年人合法权益可以提出意见,讯问笔录应当交给到场人员阅读或者向他宣读,以及法定代理人可以代为行使犯罪嫌疑人、被告人的诉讼权利。虽然《刑事诉讼法》没有用"合适成年人"这个词,但从条文表述来看,明显是建立在各地探索"合适成年人"制度基础上,为法定代理人以外的人员到场提供了明确的法律依据。从《刑事诉讼法》的上述规定看,合适成年人制度定位为法定代理人缺失时的补充性、替代性制度,但并不是未成年犯罪嫌疑人、被告人可以自愿排除的制度,只要法定代理人不能到场,就必须有合适成年人到场。由于《刑事诉讼法》的规定较为原则,司法实践中还需要对以下问题予以明确。

(一) 合适成年人到场的功能

合适成年人到场制度是未成年人身心不成熟性在客观上的要求,也是国家刑事司法制度对未成年人予以特殊保护的一种体现。首先,面对威严强大的国家司法机关,未成年人很容易出现孤独、绝望等消极情绪,产生紧张、焦虑、恐惧或者抵触、戒备、破罐子破摔等极端心理,这就需要合适的辅助人员及时进行情绪疏导和心理调适，否则会对其身心造成不应有的伤害，给其以后的改造和正常成长留下难以愈合的创伤。正如《北京规则》第15条的解释性说明所特别强调的："规则15.2中所述的父母或监护人参加的权利则应被视为是对少年一般的心理和感情上的援助，在整个程序过程中都是如此。"其次，未成年人在认知、理解、判断、表达等能力方面一般都要低于成年人，而刑事诉讼又是未成年人不熟悉的复杂程序，身处其中，面临不同的司法人员，经历多个讯问或对答环节，其间充满着大量的法律术语，这就需要有专门的辅助人协助未成年人与司法人员进行沟通，帮助其完整、正确地自我表达。最后，如果司法人员利用未成年人的不成熟，侵害其应有的待遇和权利，未成年人自身力量很难与之抗衡，这就需要有合适的成年人参与予以更严密的监督，及时指出、制止司法人员的违法不当行为，查阅现场记录并在其完整、无误时签字。另外，合适成年人可以适时对涉罪未成年人进行有针对性的教育引导。对未成年人以教育为主已成为公认的未成年人刑事司法基本原则，对未成年人进行教育的最终目标是让他们从内心认识到自己的错误、悔过自新、配合司法人员的工作，回归社会。而合适成年人是涉罪未成年人的亲人、老师、朋友或者专门辅助、保护他们的人，要么很了解他们的具体情况，要么具备专业的心理学、教育学等知识，具有教育上的优势，因此，未成年人容易接受合适成年人的说教，合适成年人参与制度的构建与法庭教育的成效息息相关。[①]

综上所述，合适成年人到场制度主要有以下几个功能：一是维护未成年人基本权利，对未成年人进行心理疏导与帮助；二是通过搭建有效的沟通平台、在场发挥监督作用和见证整个讯问过程，促进刑事诉讼的顺利进行；三是通过讯问时在场改善办案机关的讯问方式；四是发挥教育、引导作用。简单地讲，合适成年人的功能主要有：抚慰、沟通、见证、监督、教育。

（二）合适成年人到场的法律效力

法律效力对一项法律制度的落实具有至关重要的作用。当前我国法学界已经对合适成年人参与警方讯问的法律效力基本上达成了一致，即没有法定代理人或者合适成年人到场的口供为非法证据应予排除。我们同意上述意见，当然，目前也有不同意见。

比如，有意见认为《刑事诉讼法》规定的是法定代理人不能到场时，"也可以"合适成年人到场，既然是"也可以"，则也可以没有合适成年人到场。

[①] 史华松、周宏：《未成年人刑事案件法庭教育之界定》，载《北京青年政治学院学报》2011年第2期。

我们认为，《刑事诉讼法》规定的"也可以"是指也可以有替代方式，但不是说可以没有成年人在场。在讯问未成年犯罪嫌疑人时，必须有一名合适成年人在场，不得让未成年独自面对侦讯，以实现对未成年人的特殊保护。

还有意见认为，根据修改后《刑事诉讼法》第54条规定，"采用刑讯逼供等非法方法收集的犯罪嫌疑人、被告人供述和采用暴力、威胁等非法方法收集的证人证言、被害人陈述，应当予以排除"。而对何为"刑讯逼供等非法方法"，《高检规则》和《高法解释》均作了相应规定，《高检规则》第65条规定："刑讯逼供是指使用肉刑或者变相使用肉刑，使犯罪嫌疑人在肉体或者精神上遭受剧烈疼痛或者痛苦以逼取供述的行为。其他非法方法是指违法程度和对犯罪嫌疑人的强迫程度与刑讯逼供或者暴力、威胁相当而迫使其违背意愿供述的方法。"《高法解释》第95条规定："使用肉刑或者变相肉刑，或者采用其他使被告人在肉体上或者精神上遭受剧烈疼痛或者痛苦的方法，迫使被告人违背意愿供述的，应当认定为刑事诉讼法第五十四条规定的'刑讯逼供等非法方法'。"因此，根据《刑事诉讼法》规定和"两高"的上述司法解释，对于法定代理人或者合适成年人不在场情况下提取的未成年犯罪嫌疑人、被告人的有罪供述，不属于法定应当予以排除的非法证据，但可以作为瑕疵证据。我们认为，《刑事诉讼法》明确规定法定代理人或其他合适成年人在讯问时必须到场，讯问笔录应当交给到场的法定代理人或其他合适成年人阅读或者向他宣读，则如果讯问时法定代理人或其他合适成年人没有到场，便属于重大的程序违法，取得的口供不具有证据效力。

理由主要有以下几点：一是法定代理人或合适成年人参与制度是对未成年人诉讼权利的细微关怀，是未成年人不可剥夺的应有权利和利益，无视这项权利就是对未成年人最大利益原则的违背，就是对未成年人权利的践踏。二是法定代理人或合适成年人参与制度是构建未成年人刑事诉讼正当程序的必然要求。程序公正性的实质是排除恣意因素，程序中的功能自治性是限制恣意的基本制度原理。① 未成年人由于不成熟性和依赖性，其无法实现功能自治，法定代理人或合适成年人参与是为了辅助其实现功能自治，因此这种参与是正当程序的基础性部分，不可或缺。同时，未成年人刑事诉讼程序中的隐私保护是一把"双刃剑"，即它虽然可以保护未成年人的一些权益，也存在因缺失社会公众监督而遭受司法人员损害其权益的潜在风险。而法定代理人或合适成年人参与其中，无疑在程序上能起到化解这种风险的作用，有利于保证司法公正。三是《刑事诉讼法》和"两高"关于非法证据排除和"刑讯逼供等非法方法"

---

① 季卫东：《程序比较论》，载《比较法研究》1993年第1期。

的规定是以成年人为标准的,不应当然地适用于未成年人。总之,法定代理人或合适成年人参与制度对于未成年人刑事司法程序的正当性极其重要,缺少该制度的程序难言正当。为了在实践中真正发挥其独特效用,避免沦为可有可无的摆设,必须将法定代理人或合适成年人的参与作为程序进行的必要条件,体现在法律效力上,就是必须规定没有法定代理人或合适成年人参与的程序为违法程序,必须承担程序违法的法律后果,包括取得的口供作为非法证据予以排除,同时,相关司法人员也要承担相应的法律责任。

（三）合适成年人的选择

合适成年人作为涉罪未成年人诉讼权利的重要维护者和严肃而又充满复杂法律关系的刑事诉讼参与人,在选择上应当十分慎重。对此,我们认为具体可以从以下几点把握:

1. 注意法定代理人及其他合适成年人到场的位阶问题

根据《刑事诉讼法》的规定,广义的合适成年人包括法定代理人,狭义的合适成年人主体身份包括以下几种:一是法定代理人以外的其他成年亲属;二是未成年人所在学校、单位、村居、社区等基层社会组织的代表;三是共青团、妇联、关工委等未成年人保护组织的代表。《刑事诉讼法》规定的通知合适成年人到场是有位阶顺序的,法定代理人到场具有优先性,通知其他成年人到场具有递补性,是对法定代理人不能到场的救济措施。这样设计主要是考虑到从情理上讲,父母对于自己子女应该是最关心、最为他们着想的人,他们最了解子女,他们的出现最能给未成年人以心理上的抚慰,也最有利于对未成年人进行帮教和挽救等,而且国际上有关儿童权利保护的公约也强调了对于涉及未成年人的刑事案件,父母具有到场权。因此,他们是到场的首选人员,只有法定代理人不能或者不宜到场时,才能通知其他合适成年人到场,即其他合适成年人应当是充当例外及补充责任。北京李××等轮奸案中公安机关讯问一个未成年犯罪嫌疑人时没有通知其法定代理人(在外地),直接通知其亲属到场,曾被律师质疑。

2. 注意保证未成年人享有充分的选择权

合适成年人到场制度是未成年人的一项权利,因此应当以尊重未成年人隐私和个人意愿为前提,尽可能满足其提出的要求。

3. 到场的合适成年人不仅要满足最基本的条件,还必须"合适"

实践中所在学校、单位或者居住地的村民委员会、居民委员会等人员往往没有担任合适成年人的意愿,且往往缺乏必要的法律知识和心理常识,无法起到保护涉罪未成年人合法权益的作用。为确保这项制度能够有效运行,《高检决定》第15条要求加强与有关单位的协调,选聘一些热心未成年人工作,掌握一定未成年人心理或者法律知识，具有奉献精神和责任感的人士担任合适成年人，并开展相关培训，健全运行管理机制，逐步建立起一支稳定的合适成年人队伍。目前，很多地方公、检、法机关联合共青团、关工委等单位，根据本地实际情况，因地制宜地组建合适成年人队伍，建立合适成年人资源库，制定合适成年人到场实施细则，对合适成年人的权利义务、工作程序以及监督与保障等进行了明确规定，并定期对合适成年人进行培训，引导合适成年人有效地参与到刑事诉讼的各个阶段，依法履行对涉罪未成年人的保护职责。如四川省成都市公、检、法机关与未成年人保护委员会联合会签文件组建合适成年人队伍。合适成年人由其所在区（市）、县的未保委商请本辖区的公、检、法机关审查，上报市未保委征求市公、检、法机关意见后，并经公示无异议后制作合适成年人名册。规定讯问或审判涉罪未成年人，在其法定代理人无法或不宜到场时，由办案机关通知未保委选派合适成年人到场，并要求除特殊情况外，侦查、批捕、起诉、审判阶段应当通知同一名合适成年人到场，讯问、审理女性涉罪未成年人时，优先安排女性合适成年人到场。又如黑龙江省双鸭山市集贤县人民检察院联合县法院、公安局、司法局、妇联、关工委、社区办、团县委八个部门，会签了《合适成年人参与讯问（询问）未成年人工作办法（试行）》，制定了《合适成年人到场通知书》，从团县委、妇联、教育局、司法局等部门推荐的人员中选出36名经验丰富、素质较高、富有爱心、具有大专以上学历的人员担任合适成年人，建立了"合适成年人资源库"，并实现了公、检、法三机关资源共享。有很多地方问，法律援助律师可否担任合适成年人。我们认为可以。第一，《六部门意见》中曾将律师列入合适成年人的选择范围，规定"法定代理人无法或不宜到场的，可以经未成年犯罪嫌疑人、被告人同意或按其意愿通知其他关系密切的亲属朋友、社会工作者、教师、律师等合适成年人到场"。第二，在目前大多数地方还没有建立一支稳定的合适成年人队伍的情况下，由法律援助律师担任合适成年人也不失为一种可行的办法，合适成年人的基本职责是在场维权，包括沟通、抚慰未成年人、见证讯问活动并对其合法性、正当性进行即时监督，对违法或不当讯问及时提出纠正意见等。律师具有专业知识，更熟悉诉讼程序及目的，能够更好地理解合适成年人的作用，并履行职责。第三，有些国家也没有合适成年人制度，但几乎都要求律师在场。另外，有意见认为律师可以作为合适成年人，但案件的承办律师则不能作为本案的合适成年人。① 我们同意这一观点。律师是拥有专业知识的人才，能够从专业角度为未成年犯罪嫌疑人提供帮助，担任适当成年人有足够的能力和优势。但在我国法律框架下，承担辩护职责的律师不宜担任合适成年人，因为在刑事诉讼程序中，二者参与时所扮演的角色和所处的法律地位、所承担的法律义务等方面均存在很大的不同。

4. 注意在诉讼各环节尽可能由同一名合适成年人到场，以保证监督、维权的连续性和稳定性

因为合适成年人与未成年人之间的关系从陌生到熟悉需要时间的累积和不断地接触。合适成年人的频繁更换不利于双方信任关系的建立与保持，每次更换合适成年人后都需要互相之间的重新熟悉和重新建立信任关系，这无疑会影响到合适成年人作用的发挥。因此，公、检、法机关应当相互沟通协调，在各诉讼阶段做好衔接。如规定前一次讯问笔录中应记录到场合适成年人的姓名与联系方式，后一次讯问应首先联系该合适成年人到场，只有在原合适成年人的确无法再次到场的情况下才能更换；公安机关移送检察机关的材料中也应说明公安机关侦查阶段到场合适成年人的姓名与联系方式，以便检察机关联系原合适成年人，从而做到由同一名合适成年人负责一名涉罪未成年人在公、检、法整个刑事诉讼过程中的工作。

出于上述考虑，我们在《未检工作指引》中设计了以下几条规定："【人员选择】选择合适成年人应当重点考虑未成年人的意愿和实际需要，优先选择未成年人的近亲属。近亲属之外的合适成年人一般由熟悉未成年人身心特点，掌握一定未成年人心理、教育或者法律知识，具有较强社会责任感，并经过必要培训的社工、共青团干部、教师、居住地基层组织的代表、律师及其他热心未成年人保护工作的人员担任。所在地政府相关部门或者未成年人保护委员会等相关组织组建了青少年社工或者合适成年人队伍的，应当从社工或者确定的合适成年人名册中选择确定。人民检察院应当加强与有关单位的沟通协调，制作合适成年人名册，健全运行管理机制，并开展相关培训，建立起一支稳定的合适成年人队伍。""【选任限制】人民检察院应当对到场合适成年人的情况进行审查。有下列情形之一的，不得担任合适成年人：（一）刑罚尚未执行完毕或者处于缓刑、假释考验期间的；（二）依法被剥夺、限制人身自由的；（三）无行为能力或者限制行为能力的；（四）已接受案件当事人委托的诉讼代理人、辩护人、案件的证人、鉴定人员、翻译人员以及公安机关、检察

---

① 徐美君：《未成年人刑事诉讼特别程序研究——基于实证和比较的分析》，法律出版社2007年版，第179页。

机关、法院、司法行政机关的工作人员；（五）与案件处理结果有利害关系的；（六）其他不适宜担任合适成年人的情形。""【同一原则】人民检察院对同一名未成年人进行多次讯问、询问的，一般应当保证由同一合适成年人到场。合适成年人参与其他诉讼活动的，参照上述规定。""【人员变更】未成年人要求更换合适成年人且有正当理由的，应当予以准许。未成年人虽然没有提出更换合适成年人，但表露出对合适成年人抗拒、不满等情形，导致诉讼活动不能正常进行的，检察人员可以在征询未成年人的意见后，及时更换合适成年人。更换合适成年人原则上以两次为限，但合适成年人不能正确行使权利、履行义务，不能依法保障未成年人合法权益的除外。"

（四）合适成年人的权利义务及履职保障

合适成年人制度作为一项专门保护未成年人的特别程序，目前在我国还属于正在发展和普及中的新生制度。因此，在明确合适成年人权利义务的基础上，建立履职保障体系非常重要。为此，我们在制定《未检工作指引》时进行了一定的探索，设计了以下条款："【权利义务】到场的合适成年人享有下列权利：（一）向办案机关了解未成年人的成长经历、家庭环境、个性特点、社会活动以及其他与案件有关的情况；（二）讯问或者询问前，可以在办案人员陪同下会见未成年人，了解其健康状况、是否告知权利义务、合法权益是否被侵害等情况；（三）向未成年人解释有关法律规定，并告知其行为可能导致的法律后果；（四）对未成年人进行法制宣传，有针对性地进行提醒教育；（五）发现办案机关存在诱供、逼供或其他侵害未成年人合法权益的情形，可以当场提出意见，也可以在笔录上载明自己的意见，并向办案机关主管部门反映情况；（六）阅读讯问、询问笔录或者要求向其宣读讯问、询问笔录；（七）法律法规规定的其他权利。到场的合适成年人应当履行下列义务：（一）接到参与刑事诉讼通知后持有效证件及时到场；（二）向未成年人表明自己的身份和承担的职责；（三）在场发挥监督作用和见证整个讯问、询问过程，维护未成年人基本权利；（四）抚慰未成年人，帮助其消除恐惧心理和抵触情绪；（五）帮助未成年人正确理解讯问或者询问程序，但不得以诱导、暗示等方式妨碍其独立思考回答问题，不得非法干涉办案机关正当的诉讼活动；（六）保守案件秘密，不得泄露案情或者未成年人的个人信息；（七）发现本人与案件存在利害关系或者其他不宜担任合适成年人的情况后，应当及时告知办案机关或者所在地未成年人保护组织；（八）法律法规规定的其他义务。到场的法定代理人除了具有上述规定的权利义务外，还可以代为行使未成年犯罪嫌疑人、被告人的诉讼权利。""【支持保障】由社会组织的代表担任合适成年人的，其在人民检察院审查批准逮捕、审查起诉阶段因履行到场职责而支出的交通、住宿、就餐等费用，人民检察院应当给予补助。对上述合适成年人因履职所需要的其他必要条件，人民检察院应当予以保障。"

三、分别办理

为了预防出现交叉感染的现象，力争为未成年人营造一个良好的羁押以及服刑环境，在办理未成年人案件的整个刑事诉讼过程中，相关司法机关应在讯问场所、讯问时间以及监禁地点等方面将未成年人与成年人相区分。《北京规则》第26.3条明确规定了应将未成年罪犯与成年罪犯分开关押的原则。具体来说，分别办理包含以下三点要求：（1）应将未成年犯罪嫌疑人与成年犯罪嫌疑人分别羁押；（2）在未成年人与成年人共同犯罪的案件中，对未成年人应与成年人分开起诉，分别予以审理，一般情况下也应当分开侦查，建立办理未成年人案件的专门机构以及配备专业的工作人员；（3）庭审之后，如果对未成年被告人处以监禁的刑罚，需与成年服刑人员分开关押。分别办理的确立是为了预防未成年人在刑事诉讼过程中受到成年罪犯的交叉感染。由于未成年人缺乏一定的辨别是非能力，身心尚未成熟，周边环境很容易对他们造成不良影响，与成年服刑人员分开关押有利于为未成年服刑人员营造一个相对良好的改造环境，这也有益于他们认识自身错误，接受教育矫正，以重新回归社会。《联合国保护被剥夺自由少年规则》第29条也体现了分开关押原则，即"在各种拘留机构内，少年应与成人隔离"。我国《刑事诉讼法》第269条第2款规定："对被拘留、逮捕和执行刑罚的未成年人与成年人应当分别关押、分别管理、分别教育。"

在我国目前的司法实践中，公安机关在侦查阶段，对单独的未成年人犯罪案件的确是分开进行讯问和羁押的，但对于未成年人与成年人共同实施犯罪的案件往往出于侦查方便而一并进行办理，因此在我国，公安机关在侦查阶段并没有完全践行分别办理原则，这不利于对未成年人正当权益的保护。在司法实践中，羁押机构往往受制于场地紧张以及经费不足等客观原因，普遍存在未成年犯罪嫌疑人与成年犯罪嫌疑人混合羁押的现象，这很容易导致交叉感染，不仅无法切实保障其人身权利，而且也会影响对其进行教育和改造的效果。从我们掌握的情况看，未成年人被定罪判刑后是进入专门的未成年犯管教所，与成年犯不在同一个建筑物中，因此一般能做到"分别关押、分别管理、分别教育"；但是审前羁押在看守所时，不少地方还做不到与成年人完全分开。检察机关应当充分履行法律监督职责，督促公安机关在诉讼程序的一开始就将未成年人与成年人共同犯罪案件分开办理，并保证对未成年人"分别关押、分别管理、分别教育"。

四、隐私保护

刑事司法范畴内界定的身份信息属于隐私权的内容，应当予以保护，[①] 国际法也采用这一立场，如《北京规则》第 8 条规定了"保护隐私"，其第 8.1 条规定："应在各个阶段尊重少年犯享有隐私的权利，以避免由于不适当的宣传或加以点名而对其造成伤害。"第 8.2 条规定："原则上不应公布可能会导致使人认出某一少年犯的资料。"第 21.1 条又规定："对少年罪犯的档案应严格保密，不得让第三方利用。应仅限于与处理手头上的案件直接有关的人员或其他经正式授权的人员才可以接触这些档案。"第 21.2 条规定："少年罪犯的档案不得在其后的成人诉讼案中加以引用。"并在说明中指出："本条规则在于在关系档案或案卷的相互冲突利益之间取得平衡，即加强控制的警察、检察机关和其他当局的利益同少年罪犯的利益（并参看第 8 条）。'其他经正式授权的人员'一般包括除其他人员外，还有研究人员。"《儿童权利公约》第 16 条规定："儿童的隐私家庭、住宅或通信不受任意或非法干涉，其荣誉和名誉不受非法攻击。儿童有权享受法律保护，以免受这类干涉或攻击。"并在第 40 条中要求未成年人在遭遇刑法上的指控时，其隐私权应在诉讼过程中的每一个阶段都得到最大限度的尊重和保护。我国《未成年人保护法》第 58 条也规定："对未成年人犯罪案件，新闻报道、影视节目、公开出版物、网络等不得披露该未成年人的姓名、住所、照片、图像以及可能推断出该未成年人的资料。"我国《刑事诉讼法》及相关司法解释也规定了对未成年人犯罪案件不公开审理制度。之所以强调对未成年人隐私权的保护，主要是因为未成年人处于身心发育尚不完全的年龄阶段，思想尚不稳定，心理承受能力比成年人弱，情绪容易受外界影响，公开其信息可能会造成其精神上的巨大压力，不利于其接受教育矫治，甚至产生逆反心理和滋生报复社会的思想；另外，也是为了避免将其一生都贴上"罪犯"的标签，从而避免社会污名化，为其脱离犯罪轨道创造条件。"当少年被对其有意义的他人或重要的人，如教师、警察、邻居、父母或朋友等贴上负面之标签，并描述为偏差行为或犯罪之后，他就逐渐成为偏差行为或犯罪者……基于此，少年犯或虞犯行为之产生，肇始于少年周遭家人、师长、朋友之负面标签与烙印。"[②] 关闭未成年人刑事程序，可以避免未成年被告人被公众贴上犯罪标签，从而通过正常的社会化过程，脱离犯罪轨

[①] 张亚茹：《未成年人刑事司法身份信息保密制度研究》，西南政法大学 2013 年硕士学士论文。

[②] 李芩思：《少年事件处理法》，台湾保成文化出版社 2008 年版，第 8 页。

道,成功地成长为成年人。标签理论萌芽于20世纪20年代,开始形成于60年代,到70年代达到高峰,由美国犯罪学家弗兰克·坦南鲍姆提出。根据标签理论,未成年犯罪人会根据标签评定者对其的罪犯定义而不断修正自身行为,使其行为越来越符合标签评定者对其所作出的定义,从而再次走上违法犯罪的道路。这就是自我否定、自我设限效应。与此同时,社会中的其他人也会对未成年犯罪人过去的行为进行重新评估,以符合标签评定者对未成年犯罪人所做出的定义,这就是首因效应。未成年犯罪人自身和社会对其的这种评价使得其在回归社会时遭遇种种的挫折,难以真正融入社会。通常情况下,未成年人因犯罪服刑后,面临着重返社会的问题,很多人在重新进入社会时还很年轻。为了抑制或者避免标签效应给其带来的不利影响,使其真正回归并能够融入到社会中,需要对其身份信息进行保密,使其在社会其他人的眼中也是清白之人,一方面容易使其被社会所接受,另一方面未成年犯罪人其自身也不会受标签的影响而再次走上犯罪的道路。因此,可以说保障未成年人的隐私权,防止标签效应的发生,其实既是一种在公众视野中的"除魔"过程,也是未成年人自身内心的"除魔"过程。① 但是,近年来未成年人刑事案件接二连三地被媒体报道并迅速传播,成为家喻户晓的新闻。这一现象暴露出我们的制度还存在一定的漏洞,司法机关在处理案件过程中对未成年人的隐私保护仍不够完善,因此,我们认为有必要深刻反思和检讨,并尽快予以弥补。

(一)禁止公开的未成年人信息的界定

1995年公安部颁行的《公安机关办理未成年人违法犯罪案件的规定》中规定:"办理未成年人违法犯罪案件,应当保护未成年人的名誉,不得公开披露涉案未成年人的姓名、住所和影像。"根据该规定,不能披露的信息仅仅是未成年人的姓名、住所和影像,这与《未成年人保护法》和"两高"的相关规定相比,明显不足。该规定出台时间距今已有20多年,没能包括如今社会条件下对保护未成年人信息的要求,但其并未失效,因此,实践中如果公安机关及其工作人员仍然沿用这一规定,必然会导致对未成年人信息保护的不足。例如,在某未成年人案件当中,不公开其真实姓名,但公开了其名人父母,则虽然没有违反《公安机关办理未成年人违法犯罪案件的规定》,但显然已侵犯了未成年人的隐私,因为这样已经足以对其真实身份进行准确定位了。因此,我们认为《公安机关办理未成年人违法犯罪案件的规定》应当进行修改完善,

---

① 宋远升:《隐私权视角下的涉罪未成年人刑事司法保护》,载《少年司法》2009年第6期。

对于禁止公开的未成年人信息的界定，应当能够涵盖所有可能对其真实身份进行准确定位的信息。

（二）不当公开未成年人信息的问责机制

目前虽然根据相关规定，司法机关对未成年人相关的个人信息具有保密义务，但是对司法机关及其工作人员违法公开未成年人信息的法律责任并未作出规定。《未成年人保护法》第60条规定："违反本法规定，侵害未成年人的合法权益，其他法律、法规已规定行政处罚的，从其规定；造成人身财产损失或者其他损害的，依法承担民事责任；构成犯罪的，依法追究刑事责任。"但《预防未成年人犯罪法》在做出禁止司法机关公开未成年人信息规定的同时，就违反这一规定时应当承担的法律责任却只字未提。就目前司法机关颁布的各类规定和司法解释等文件来看，情况也不容乐观。比如，1999年《公安部关于在全国公安机关普遍实行警务公开制度的通知》提出各级公安机关要加强对警务公开的监督检查，要求各级公安机关的有关部门定期对警务公开的情况进行监督检查，对违反警务公开有关规定的行为，情节严重的，要依照有关规定"严肃处理"。但此后公安部出台的一系列文件对此都没有做出相应的规定。公安部在2013年制定实施的《公安机关执法公开规定》也只是规定在出现公开不应当公开的信息时，上一级公安部门责令其改正；如果情节严重，该公安机关的主管领导以及直接责任人都应受到相关规定的处理，仍未明确对违法公开未成年人信息的行为应当如何进行追究。最高人民检察院《关于进一步深化人民检察院"检务公开"的意见》中提出了要健全"检务公开"的监督、检查机制，建立责任追究制度，但将关注点放在了对"检察人员严重违反检务公开规定，不履行告知义务而影响诉格参与人行使权利行为予以追究"上，对违法公开未成年人信息的法律责任还是没有予以关注。而《高检规则》、《人民检察院案件信息公开工作规定（试行）》和《高检规定》以及法院颁布的司法解释等，同样对这一问题没有规定。由此，我们可以看出对司法机关公开未成年人信息的问责机制尚不健全，这一制度缺陷，使得对未成年人隐私的保护无法达到立法所追求的目标。近年来，侵犯未成年人隐私权的行为发生时，没有相应的机关对这些侵权行为进行法律提醒以及制止，这在很大程度上纵容了这些行为，使得侵权行为屡屡发生。因此，行使国家司法权力的各个司法机关应当以更审慎的态度公开案件的相关信息，努力从源头上控制本机关的违法行为。同时应当完善不当公开未成年人信息行为的问责机制，对违法公开相应信息的具体责任人以及负责人进行追责，处以相应的惩罚措施，从而提升保护未成年人法律的权威性与震慑力，促使司法机关的工作人员在公开信息工作中更加谨慎、认真。

（三）未成年人隐私保护的时间节点

目前法律对未成年人隐私保护的时间节点存在双重标准。《刑法修正案（八）》关于免除未成年人前科报告义务的规定是"犯罪的时候不满十八周岁被判处五年有期徒刑以下刑罚的人，免除前款规定的报告义务"。修改后《刑事诉讼法》规定的犯罪记录封存制度也是"犯罪的时候不满十八周岁，被判处五年有期徒刑以下刑罚的，应当对相关犯罪记录予以封存。犯罪记录被封存的，不得向任何单位和个人提供，但司法机关为办案需要或者有关单位根据法律法规规定进行查询的除外。依法进行查询的单位，应当对被封存的犯罪记录的情况予以保密"。但是，《刑事诉讼法》第274条规定的未成年人刑事案件审判不公开的时点却是"审判时"，而非"犯罪时"，即"审判的时候被告人不满18周岁的案件，不公开审理"，这明显与未成年人前科报告义务免除和犯罪记录封存的规定相矛盾。按照"审判时"未满18周岁为标准进行判断时，难免会出现对未成年人隐私保护不周的漏洞，使得保护未成年人个人信息制度设计的目标难以达成。因此我们认为，对未成年人隐私权的保护应当统一采用"实施犯罪时"不满18周岁为判断是否应当公开审理的标准。当然，对于"实施犯罪时"不满18周岁但审判时已满18周岁的案件，也不是一律不公开审理，还应当设置一定的年龄上限，以免过分扩大不公开审理的范围。这一年龄上限可以设置为25周岁，主要理由如下：在理论研究与司法实务当中还存在一个与未成年犯罪概念相近似的术语，即"青少年犯罪"。而在《国内法与国际法原则下的未成年人刑事责任决议》中，提出了"年轻的成年人"这一概念，即18周岁至25周岁这一年龄段的人。这主要是借鉴一些国家对年龄阶段划分的经验，即往往特别将18—25岁当作未成年向成年的过渡。决议特别对此做出了规定："人的青年状态可以延续到年轻的成年时期（25周岁），因此，立法也可将适用于未成年人的某种类似方式适用于年轻的成年人。"决议又在刑事责任的划分部分重申："针对18周岁以上的人所实施的犯罪，对未成年人适用的特殊条款可扩大适用于25周岁下的人"，"针对有关个人的需要，可将教育措施或者对个人有矫正作用的替代性制裁措施所适用主体的年龄延长至25周岁"。也就是说，18周岁至25周岁的青年虽然在法律上已经是成年人，但由于他们在身心发展方面，尤其是心理发展上的不成熟，还是与成年人有着很大的差距，因此，关于未成年人的某些制度也可以扩大适用范围，适用于这一阶段的青年。如果我们在不公开审理制度中采用"犯罪时"未满18周岁，且审判时未满25周岁的标准，则既可以避免未成年人隐私保护上的漏洞，又能使得不公开审理制度的适用限定在一定的范围之内。

(四) 未成年人案件应否公开宣判

目前《刑事诉讼法》仅规定了未成年人刑事案件审理不公开,未就判决宣告方式作出特殊规定。因此,很多同志认为,根据《刑事诉讼法》第196条规定的"宣告判决,一律公开进行",对未成年人刑事判决宣告方式只能适用成年人规定之模式,即公开宣判。我们不同意这种观点。

由于未成年人刑事案件宣判公开明显与前科封存制度、《未成年人保护法》中未成年人信息保护制度存在矛盾,为解决此问题,《高法解释》第487条规定:"对未成年人刑事案件宣告判决应当公开进行,但不得采取召开大会等形式。对依法应当封存犯罪记录的案件,宣判时,不得组织人员旁听;有旁听人员的,应当告知其不得传播案件信息。"从司法实践看,有同志曾电话调查了浙江省、河南省和重庆市等地区的中级人民法院和基层人民法院少年法庭的判决宣告情况,得到的信息均为未成年人刑事案件审理和判决宣告均不公开。① 据我们掌握的情况,一些少年法庭选择性地遵守法律规定,即一般情况下不公开宣判,但如果未成年人刑事案件在全省乃至全国影响较大,迫于舆论和媒体的压力,则会公开宣判。对于成年人刑事案件,公开审判是原则。"当政府全力对付一个人时,公众注意是对专断和不正义的一个有效制约。"② 然而,对于未成年人刑事案件,不公开审判是原则。"少年刑事案件之审判,与一般刑事案件之审判,在实体上、程序上均有所不同,特别是少年刑事案件之审判,不注重如何处罚,而注重如何保护,故其审判不采公开主义,以免因审判公开,致影响少年之名誉、自尊以及隐密之私权。"③ 作为一项原则,未成年人刑事案件不公开审判为各国立法所确认。

我们认为,未成年人刑事案件公开宣判不符合未成年人特别隐私保护和少年司法之矫正宗旨。《刑事诉讼法》第196条规定的"宣告判决,一律公开进行",其与未成年人案件不公开审理的要求、《刑事诉讼法》第275条规定的犯罪记录封存制度以及《未成年人保护法》规定的隐私保护制度,是一般规定与特殊规定的关系,应当按照特殊要求优于一般要求的原则来执行。2009年最高人民法院《关于司法公开的六项规定》中,要求对涉及未成年人犯罪的裁判文书不可以在互联网上进行发布;2014年1月1日起施行的《关于人

---

① 梅文娟:《论未成年人刑事判决之有限公开》,载《现代法学》2014年第5期。
② [美] 迈克尔·D. 贝勒斯:《程序正义——向个人的分配》,邓海平译,高等教育出版社2005年版,第51页。
③ 刘作揖:《少年事件处理法》(修订七版),台湾三民书局2010年版,第226—227页。

民法院在互联网公布裁判文书的规定》中又重申了这一原则,该规定在 2016 年修订时,仍然保留了这一原则。对此,我们非常赞同。我们认为,案件影响性大或特别严重的,对社会安全的侵害固然更甚,为了保护社会安全,对这种犯罪应该追究相应的责任,但追究责任并不等于放弃保护和矫正未成年人。公开少年司法程序在本质上是惩罚性的,从某种角度上讲,表达了对犯罪人的谴责,但根据标签理论,该谴责方式会破坏少年隐私,阻碍其正常发展,从长远来看,非但达不到保护社会之期望,而且可能会制造更多的犯罪,从而更加破坏社会安全和秩序。因此,我们认为无论是轻微的还是严重的少年犯罪人,其隐私都应当得到保护,均应当给予矫正和回归社会的机会。

(五) 如何平衡未成年人隐私权与公众知情权

我们认为,不公开的基本价值是保护未成年人隐私,公开不包括未成年人个人信息的犯罪事实本身不会构成对未成年人隐私权的侵害危险,不会导致未成年人被贴上犯罪少年标签,从而污名化,亦不会损害未成年人今后的社会发展,因此,过滤了未成年人个人信息之后的案情和判决结果可以公开,以满足公众知情权和对司法监督的需要。

五、快速办理

未成年人身心尚未成熟,刑事诉讼的巨大压力无论是对未成年被害人还是未成年犯罪嫌疑人都会产生副面影响,因此应当尽可能地迅速办理、缩短诉讼时限,从而减轻其过久等待的痛苦,把刑事诉讼对未成年人今后健康成长造成的负面影响降到最低限度。《北京规则》第 20.1 条规定:"每一案件从一开始就应迅速处理,不应有任何不必要的拖延。"虽然目前《刑事诉讼法》没有这方面的规定,但 2010 年《六部门意见》"进一步加强对涉案未成年人合法权益的保护"部分之"(一) 对未成年犯罪嫌疑人、被告人、罪犯合法权益的保护"之第 3 条规定:"办理未成年人刑事案件,应当在依照法定程序办案和保证办理案件质量的前提下,尽量迅速办理,减少刑事诉讼对未成年人的不利影响。"《高检规定》第 4 条也规定:"人民检察院办理未成年人刑事案件,应当在依照法定程序和保证办案质量的前提下,快速办理,减少刑事诉讼对未成年人的不利影响。"当然,上述关于快速办理的规定,还仅是原则性、倡导性的要求,并未在办案时限上较成年人有更为苛刻的要求。也就是说,根据现行法律和规定,办理未成年人刑事案件在办案时限上与成年人刑事案件还没有任何区别。

美国司法管理协会(ITA)和美国律师协会(ABA)合作的成果——ITA/ABA 方案公布的时间标准被认为是指导少年司法制度的准则,其时间标准为:

（1）从警察移送到作出羁押决定：2 小时。（2）从羁押到申请司法审查：24 小时。（3）从警察移送到裁决，如少年被羁押：15 天；如未被羁押：30 天。（4）从裁决到最终处理，如少年被羁押：15 天；如未被羁押：30 天。1980 年，美国青少年司法和犯罪预防咨询委员会建议的标准为：（1）从警察移送到作出受理决定报告，如少年被羁押：24 小时；如未被羁押：30 天。（2）从羁押到听审：24 小时。（3）从作出受理决定报告到公诉人提起诉讼，如少年被羁押：2 天；如未被羁押：5 天。（4）从提起诉讼到最初的传讯：5 天。（5）从提起诉讼到裁决，如少年被羁押：15 天；如未被羁押：30 天。（6）从裁决到最终处理：15 天。相比较而言，上述两项标准后者的拘束力更强些，但对各州只是起到参考的作用。英国《1999 年刑事起诉规则》（少年法院审判时限）规定：（1）审判必须在第一次庭审后 99 天内开始（总体时限）；（2）如果被告人在 18 岁以下，第一次庭审必须在逮捕的 36 天内进行；（3）判决必须在定罪后 29 天内进行（判决时限）。

  我国在司法实践中，一些地方的司法机关探索快速办理未成年人案件工作机制。如 2004 年上海市闸北区人民法院与指定管辖区域的黄浦区人民检察院、公安局联合创建"绿色通道"机制，签订《关于审理未成年人刑事案件开设"绿色通道"的意见》，对案情简单，事实清楚，证据确实充分，适用法律无争议，犯罪嫌疑人、被告人认罪，可能被判处 3 年以下有期徒刑、拘役、管制或单处罚金的轻微未成年人刑事案件，在侦查、审查起诉、审判等各阶段，在遵循法定程序和期限，确保办案质量的前提下，快捷办案。具体期限规定如下：（1）公安机关立案后提请检察院审查批捕：5 天；（2）检察院作出是否批捕决定：5 天；（3）公安机关侦查后移送检察院审查起诉：30 天；（4）检察院作出是否提起公诉决定：15 天；（5）人民法院适用简易程序审判：10 天；（6）适用普通程序简化审理：15 天。同时规定，对具有下列情形之一的案件，不适用快速审理机制：比较复杂的共同犯罪案件；犯罪嫌疑人、被告人系盲、聋、哑的；犯罪嫌疑人、被告人、辩护人作无罪辩护的；附带民事诉讼案件；其他不宜适用的情形。2007 年 1 月，最高人民检察院侦查监督厅制定《关于依法快速办理轻微刑事案件的意见》，吸收了上海建立"绿色通道"的经验，适用快速办理机制的轻微刑事案件的范围与上海相同，并强调未成年人或在校学生涉嫌犯罪的案件应当依法快速办理。未成年人刑事案件快速办理机制提高了审判效率，从公安机关立案到法院宣判整个流程一般不超过 120 天，比法律规定的诉讼期间 6 个月相应缩短了 1/3 的时间，有效防止了未成年人轻微刑事案件羁押期间可能超过刑罚期间情况的发生，以诉讼的高效促进了刑罚的公正，依法维护了未成年人的合法权益。

有同志认为，快速办理不利于教育、感化、挽救方针落实。我们认为，快速办理与教育、感化、挽救的方针并不矛盾。未成年人案件快速办理的目的，并不是追求提高司法效率，而是为了避免冗长的诉讼程序对未成年人造成负面影响，从而有利于对未成年人的保护。此为其一。其二，快速办理不等于超越法定程序，而是应当在遵循法定程序和保证办案质量的前提下，简化工作流程，缩短办案期限；对于未成年人案件特有的内容如寓教于审等不能简化，否则达不到对未成年人进行教育、感化、挽救的目的。因此，快速办理与保护涉案未成年人的合法诉权精神相一致，在加快办案速度的同时，必须确保未成年被告人的合法诉讼权利，如保障未成年人的辩护权、法律援助权、法定代理人在场权、不公开审理权等各项权利；遵循法定诉讼程序，凸显适合未成年人的特殊办理方式，最大限度地减少刑事诉讼对未成年人的不利影响，从而有利于未成年人尽快回归社会，恢复正常生活。

六、专业化办理

根据《刑事诉讼法》第266条第2款的规定，未成年人案件应当由熟悉未成年人身心特点的审判人员、检察人员、侦查人员承办，这一原则与联合国少年司法准则是一致的。《北京规则》第1.6条规定："应逐步地建立和协调少年司法机关，以便提高和保持这些机关工作人员的能力，包括他们的方法、着手办法和态度。"第2.3条规定："应努力在每个国家司法管辖权范围内制订一套专门适用于少年犯的法律、规则和规定，并建立受权实施少年司法的机构和机关，其目的是：（a）满足少年犯的不同需要，同时保护他们的基本权利；（b）满足社会的需要；（c）彻底和公平地执行上述规则。"第6.1条至第6.3条规定："鉴于少年的各种不同特殊需要，而且可采取的措施也多种多样，应允许在诉讼的各个阶段和少年司法的各级——包括调查、检控、审判和后续处置安排，有适当的处理权限。""但是，应尽量确保所有各阶段和各级在行使任何这种处理权时充分承担责任。""行使处理权的人应具有特别资历或经过特别训练，能够根据自己的职责和权限明智地行使这种处理权。"并在第22条"需要专业化和培训"中有两条规定，即第22.1条规定："应利用专业教育、在职培训、进修课程以及其他各种适宜的授课方式，使所有处理少年案件的人员具备并保持必要的专业能力。"第22.2条规定："少年司法工作人员的组成应反映出触犯少年司法制度的少年的多样成分，应努力确保少年司法机构中有合理的妇女和少数民族工作人员。"并在说明中指出："处理案件的主管当局人员背景可能非常不同（在大不列颠及北爱尔兰联合王国及受习惯法系影响区域的地方法官；采用罗马法的国家及受这些国家影响的地区的经过正式训练的法官；其他一些地方推选的或任命的非专业审判员或陪审人员、社区委员会的成员等）。对于所有这些人员都要求具有最低限度的法律、社会学、心理学、犯罪学和行为科学的知识，这是同组织专业化和主管当局的独立性同等重要的。对于社会工作者和缓刑监督人员来说，要求把职业专门化作为承担处理少年罪犯任务的前提条件可能是行不通的。因此，受过在职专业教育应为最低条件。专业资格是确保公正有效地执行少年司法的一个重要因素。因此，有必要改进人员的聘用、晋升和专业培训工作，并为其提供必要的手段，以便他们能有效地履行其职能。"在世界各国，少年案件处理机构多是专门的、独立的，如美国设有专门的少年法院，德国是少年署和少年法院双轨平行，日本以少年法庭为主要处理机构，瑞典则以儿童福利局为主导、少年法院为辅助。在法国，关于未成年人刑事案件的审理，无论是审理机构还是办案人员抑或是审理法官都是专门负责未成年人案件的，并具备未成年人案件审理方面的专业素质。①"各国少年犯审理机构都根据青少年的身心特征和犯罪特点，采取与普通审理机构相区别的审理原则、程序和方法。"② 由于少年司法专门机构的设立，有利于使少年司法专业化、常规化、精细化，使未成年人犯罪案件在专业人员的处理下，实现更好的帮教效果。因此，我国在近30年也一直在探索设立专门机构，实现少年司法的"专科门诊"化。如《高检规定》第8条规定："省级、地市级人民检察院和未成年人刑事案件较多的基层人民检察院，应当设立独立的未成年人刑事检察机构。地市级人民检察院也可以根据当地实际，指定一个基层人民检察院设立独立机构，统一办理辖区范围内的未成年人刑事案件；条件暂不具备的，应当成立专门办案组或者指定专人办理。对于专门办案组或者专人，应当保证其集中精力办理未成年人刑事案件，研究未成年人犯罪规律，落实对涉案未成年人的帮教措施等工作。各级人民检察院应当选任经过专门培训，熟悉未成年人身心特点，具有犯罪学、社会学、心理学、教育学等方面知识的检察人员承办未成年人刑事案件，并加强对办案人员的培训和指导。"为实现未成年人检察工作专业化，目前还有很多工作要做，包括专门机构的设立、专业标准的统一、专业人员的培训等，对此，我们将在第二部分进行详细论证。

---

① 董颖：《未成年人刑事案件中社会调查制度的运用》，载《法学论坛》2014年第4期。
② 卢琦：《中外少年司法制度研究》，中国检察出版社2008年版，第210页。

七、犯罪记录封存

我国《刑法》第 100 条规定了前科报告制度,即"依法受过刑事处罚的人,在入伍、就业的时候,应当如实向有关单位报告自己曾受过刑事处罚,不得隐瞒"。《刑法修正案(八)》免除了未成年人前科报告义务,在《刑法》第 100 条中增加一款作为第 2 款:"犯罪的时候不满十八周岁被判处五年有期徒刑以下刑罚的人,免除前款规定的报告义务。"为进一步有效落实教育、感化、挽救原则,为犯罪未成年人顺利回归社会创造条件,配合《刑法修正案(八)》,修改后《刑事诉讼法》在特别程序中增设了犯罪记录封存制度,即第 275 条规定的"犯罪的时候不满十八周岁,被判处五年有期徒刑以下刑罚的,应当对相关犯罪记录予以封存。犯罪记录被封存的,不得向任何单位和个人提供,但司法机关为办案需要或者有关单位根据国家规定进行查询的除外。依法进行查询的单位,应当对被封存的犯罪记录的情况予以保密"。但是,2014 年,王胜俊副委员长在第十二届全国人大常委会第十次会议上所作的《全国人大常委会执法检查组关于检查〈中华人民共和国未成年人保护法〉实施情况的报告》指出:"贯彻落实《刑事诉讼法》对未成年人诉讼程序的规定不够,未成年人轻罪犯罪记录封存执行不严……"犯罪记录封存制度在执行中遇到很多问题,而且其中一些问题还存在不小的争议,这些问题不解决都可能最终导致"封不严"的问题。因此,我们尝试在探讨争议问题的基础上,提出"一揽子"的解决方案,以期系统解决"封不严"的问题。

(一)封存面要宽

1. 免除刑事处罚的记录封存。免除刑事处罚本身不是我国《刑法》规定的刑罚,但客观又属于应予封存的情形。免除刑事处罚是对已经构成犯罪的人免予处罚的特殊情形,在我国主要适用于危害不大的从犯、预备犯、防卫过当、紧急避险过当以及犯罪中止等情形。如未成年人行为虽构成犯罪,但依法被免除刑事处罚,客观上也会形成犯罪记录,根据轻罪犯罪记录封存的精神,应一并予以封存。

2. 共同犯罪封存。对于未分案处理的未成年人与成年人共同犯罪案件中有未成年人涉罪记录需要封存的,应当将全案卷宗等材料予以封存。分案处理的,在封存未成年人材料的同时,应当在未封存的成年人卷宗封皮标注"含犯罪记录封存信息",并对相关信息采取必要保密措施。对不符合犯罪记录封存条件的其他未成年人、成年人犯罪记录,应当依照相关规定录入全国违法犯罪人员信息系统。

3. 不起诉记录封存。《刑事诉讼法》没有对人民检察院作出不起诉决定是否需要对相关记录予以封存的问题予以规定,但《六部门意见》规定,"非有法定事由,不得公开未成年人的行政处罚记录和被刑事立案、采取刑事强制措施、不起诉或因轻微犯罪被判处刑罚的记录"。根据《刑事诉讼法》建立犯罪记录封存制度的立法精神,按照有利于当事人的原则,出于保护未成年人的目的,对《六部门意见》的规定应当执行。即对于不起诉包括绝对不起诉、相对不起诉、存疑不起诉和附条件不起诉的相关记录也应予以封存。为此,《刑诉规则》第507条规定:"人民检察院对未成年犯罪嫌疑人作出不起诉决定后,应当对相关记录予以封存。"

4. 其他封存。具体包括:依照《刑法》第17条第4款的规定不予刑事处罚的案件;依照《刑法》第18条的规定不负刑事责任的案件;依照《刑事诉讼法》第15条的规定终止审理或者宣告无罪。上述情况通常都较被判处5年有期徒刑刑罚的被告人社会危害性低,故也应当列入封存范围。

5. 使用规定。其他民事、行政与刑事案件中,因办案需要使用了被封存的未成年人犯罪记录信息的,应当在相关卷宗中标明"含犯罪记录封存信息",并对相关信息采取必要保密措施。司法实践中民事、刑事与行政案件之间有关联、交叉,被封存的未成年人犯罪记录可能作为查明的事实、证据材料等在其他案件中使用。出于犯罪记录封存的目的与实施周密性的考虑,应对相关卷宗进行特殊处理。

6. 18周岁前后实施数个行为的封存。对于在年满18周岁前后实施数个行为,构成一罪或者数罪,被判处5年有期徒刑以下刑罚的以及免除刑事处罚的未成年人的犯罪记录,是否应予封存的问题存在较大争议。一种意见认为出于保护未成年人利益的需要,应当一并封存。另一种意见认为未成年人18周岁前后均犯罪的,不应予以封存。理由如下:一是从犯罪记录封存的目的来看,是希望未成年犯能够改过自新、回归社会,封存其犯罪记录以促其顺利回归社会,如果18周岁前后均犯罪的,其后罪不符合封存条件,单纯封存前罪通常对其回归社会难有实质帮助意义。二是当行为人连续实施数个行为构成一罪的,如盗窃、诈骗或者抢劫等,犯罪数额需累计计算,定罪量刑是综合衡量数个行为后作出的,其18周岁之前的行为没有作单独评价,无法对其单独封存。三是行为人18周岁前后行为构成数罪的,单独封存18周岁前的犯罪记录实践中难以操作。因为数罪是一并审理、一并判决,量刑是根据数罪并罚的规定作出,同一份判决书中对部分犯罪记录进行封存,不具有可操作性。四是18周岁前后分别实施犯罪行为的,表明其人身危险性较一般的初犯、偶犯要大,对其在前科封存方面作出相对严格的要求,有利于更好地保护社会利益,体现刑法惩罚犯罪、保护人民的目的。① 目前上海、江苏都规定不予封存。第三种意见认为，18周岁前后的行为分别构成犯罪的，应当对前行为封存，对后行为不封存；如果18周岁以后的行为不能单独构罪，则一并封存；对于部分封存的案件，由检察机关在作出封存决定时，明确封存的范围。

我们同意第一种意见，即全部封存。主要理由有二：一是第二种意见直接违反了《刑事诉讼法》的明确规定；二是考虑到少年司法未检扩大保护范围至"年轻成年人"的趋势。对此，我们将在专题十三关于未检受案范围中详细论证。

(二) 封存措施要到位

1. 主动启动犯罪记录封存程序。《刑事诉讼法》对犯罪记录封存程序的具体启动问题没有规定，即一个刑事案件要经过人民法院审判，才能最终确定是否被判处5年有期徒刑以下刑罚，但在此之前，案件已经公安机关侦查和人民检察院审查起诉，这两个机关也都保留了完整的未成年人的犯罪记录，因此，公安机关、人民检察院和人民法院均应当对自己掌握的未成年人的犯罪记录予以封存。这就涉及对于人民法院作出判决后，有关机关是依职权主动、自行封存，还是依人民法院专门的封存决定进行封存。根据《高检规则》第503条规定，"犯罪的时候不满十八周岁，被判处五年有期徒刑以下刑罚的，人民检察院应当在收到人民法院生效判决后，对犯罪记录予以封存"。即人民检察院收到人民法院的生效判决后，只要符合有关条件，即自行启动犯罪记录封存程序，这有利于及时封存。

2. 封存措施要严密。结合实践经验，我们在《未检工作指引》中规定封存措施如下："【具体操作】人民检察院应当将拟封存的有关未成年人个人信息、犯罪或涉嫌犯罪的全部案卷、材料，均装订成册，加盖'封存'字样印章后，交由档案部门统一加密保存，执行严格的保管制度，不予公开，并应在相关电子信息系统中加设封存模块，实行专门的管理及查询制度。未经法定查询程序，不得对封存的犯罪记录电子信息进行查询。有条件的地方可以建立专门的未成年人犯罪档案库或者管理区，封存相关档案。"

3. 一审、二审都要封存。即对于二审案件，上级人民检察院封存犯罪记录时，应当通知下级人民检察院对相关犯罪记录予以封存。

4. 告知未成年人本人。即对于犯罪记录封存的未成年人，人民检察院应当告知其在入学、入伍、就业时，免除报告自己曾受过刑事处罚的义务，以免

---

① 参见张军等：《新刑事诉讼法及司法解释适用解答》，人民法院出版社2013年版，第414页。

其自行泄露。

5. 封存监督。未成年人及其法定代理人向人民检察院提出或者人民检察院发现应当封存未成年人犯罪记录而未依法封存的，或者相关单位违法出具未成年人有犯罪记录的证明的，人民检察院应当依法履行法律监督职责，提出纠正意见，督促相关部门依法落实未成年人犯罪记录封存制度。

（三）查询面要窄、程序要严格

1. 不起诉不允许查。实践中有未成年人因曾经被不起诉而不能当兵，因此，应当明确被封存的行政处罚和被刑事立案、采取刑事强制措施、不起诉等记录不允许"有关单位"查询，因为这些记录严格来讲并不是犯罪记录，不应当适用犯罪记录查询的规定。我们特意在《未检工作指引》中设计一条，规定"司法机关以外的其他单位查询人民检察机关作出不起诉决定的，不许可查询"。司法机关为办案需要可查询，否则犯罪记录的存在便失去了价值与意义，但是司法机关查询犯罪记录的目的应该仅限于教育，不能加重对未成年人的惩罚。这一点我们还将在后面详细论证。

2. 查询封存记录要提出书面申请。司法机关或者有关单位需要查询犯罪记录的，应当向封存犯罪记录的人民检察院提出书面申请，列明查询理由、依据和目的。

3. 查询情况记录在案。检察机关审批后，依法不许可查询的，应当向查询单位出具不许可查询决定书，并说明理由；许可查询的，查询后，档案管理部门应当登记相关查询情况，并按照档案管理规定将有关申请、审批材料一同存入卷宗归档保存。

4. 签署保密承诺书。对于许可查询被封存的未成年人犯罪记录的，人民检察院应当告知查询犯罪记录的单位及相关人员严格按照查询目的和使用范围使用有关信息，严格遵守保密义务，并要求其签署保密承诺书。不按规定使用所查询的犯罪记录或违反规定泄露相关信息，情节严重或者造成严重后果的，应当依法追究相关人员的责任。

（四）出具"无犯罪记录证明"

从《刑事诉讼法》《高检规则》《高检规定》以及《公安规定》看，都仅规定"不得向其他任何单位和个人提供封存的犯罪记录"，"不得提供未成年人有犯罪记录的证明"，但是，司法实践中遇到的大量问题是被封存犯罪记录的未成年人本人包括其法定代理人申请公安机关为其出具无犯罪记录证明文件，当然也有少数的申请检察院、法院出具，那么可否出具呢？上述规定显然无法解决这类问题。对此一直存在分歧意见。一种意见认为应当直接明确：

"被封存犯罪记录的未成年人本人或有关单位申请为其出具无犯罪记录证明文件的，相关单位应当出具无犯罪记录的证明"，以保障这些未成年人获得公平的、有尊严的对待。第二种意见认为应当出具："由于被查询阶段涉及18岁以下，不能提供是否犯罪的证明"，并附说明"中华人民共和国对所有申请主体出具上述统一格式、内容的证明"。理由是：第一，犯罪记录封存并不等于消灭，出具无犯罪记录的证明相当于出假证，有损权威性；第二，为避免"此地无银三百两"问题，可以对所有申请主体一视同仁，统一出具上述证明，亦可以避免申请人在国外求学、求职时遭受不平等待遇，又没有出假证。否则，如果当事人拿着无犯罪记录的证明在根据法律规定不能就职的单位成功就职，则出具单位恐怕要承担出假证明的责任。

我们认为，解决上述问题的思路或者说是态度，关键是应当如何对待封存犯罪记录后的未成年人，是把他们当作清白之人，还是有污点的人。我们认为，应当作为清白的、无犯罪记录的人对待，否则封存就失去了意义。因此，我们认为应当给当事人出具无犯罪记录的证明。第一，出具"由于被查询阶段涉及18岁以下，不能提供是否犯罪的证明"相当于并没有提供人家所要求的"无犯罪记录的证明"，因此并不能解决实践中出国、求职等要求"出具无犯罪记录的证明"的问题。而且对所有申请主体统一出具上述证明，对于真正清白无辜的孩子更是不公平。比如，人家清白无辜的孩子要出国，就需要无犯罪记录的证明，出具"由于被查询阶段涉及18岁以下，不能提供是否犯罪的证明"这样含糊不清的证明，可能导致这些清白无辜的孩子无法实现愿望。第二，我们认为根据法律规定犯罪记录封存制度的精神，出具"无犯罪记录的证明"并不属于出假证，如果当事人拿着无犯罪记录的证明在根据法律规定不能就职的单位成功就职，该负责任的应当是招录单位，因为根据《刑事诉讼法》的规定，"有关单位根据国家规定"可以进行查询，"有关单位"该查没查，没尽到应尽职责，发生问题理当由其负责，除非"有关单位根据国家规定"要求提供时，"出具单位"仍出具"无犯罪记录的证明"，这恐怕就要承担出假证明的责任。第三，犯罪记录封存最重要的意义在于"去标签""除魔化"。犯罪记录的存在给未成年人贴上了犯罪的标签，使其在升学、就业和生活等方面面临困难与歧视，严重阻碍其回归社会，可能导致其逐渐丧失生活信心，自甘堕落，甚至被迫转化为反社会者。一般情况下，封存了，看不到，当然就会平等对待，有利于其内心的"除魔"；但是当其需要司法机关出具无犯罪记录证明时，如果司法机关不给出，则必然会阻碍其内心的"除魔"过程。为解决上述问题，我们在《未检工作指引》中设计一条，"【出具无犯罪记录的证明】被封存犯罪记录的未成年人本人或者其法定代理人、有关单位等申请为其出具无犯罪记录证明的,人民检察院应当出具无犯罪记录的证明。如需要协调公安机关、人民法院为其出具无犯罪记录证明的,人民检察院应当积极予以协调帮助"。对此,很多地方提出建议删除前半段检察院出具无犯罪记录证明的部分,因为司法实践和大众认知中,无犯罪记录证明由公安机关出具,目前似乎无法律规定授权检察院出具无犯罪记录证明,且如果检察院出具无犯罪记录证明的话,一是不具有公安机关的权威性,二是可能造成"此地无银三百两"的负面效应。因此应当明确公安机关为出具主体。实践中,一般情况下也都是需要申请人户籍所在地的公安机关出具无犯罪记录证明。我们认为上述意见有一定的道理,将其修改为"【出具无犯罪记录的证明】被封存犯罪记录的未成年人本人或者其法定代理人、有关单位等申请检察机关为其出具无犯罪记录证明的,人民检察院应当协调、督促公安机关为其出具;未成年人本人或者其法定代理人、有关单位坚持由检察机关为其出具的,可以在讲明利害后为其出具"。但上述修改没有获得认可,发布稿仍是原来的设计。对此,我们将继续关注。另外,各地集中反映未成年人的犯罪记录散见于公安机关户籍档案中,对此,应当协调、督促公安机关户籍管理部门予以改正,不得将有关法律文书归入户籍档案。

(五)严格限制解封

《刑事诉讼法》没有规定对已封存犯罪记录的解封问题,但是,如果未成年人在其犯罪记录被封存后,发现漏罪,且漏罪与封存记录之罪数罪并罚后被决定执行5年有期徒刑以上刑罚的,表明原封存决定不符合法律规定的条件,需要解除封存。为此,《高检规则》第506条规定,"被封存犯罪记录的未成年人,如果发现漏罪,且漏罪与封存记录之罪数罪并罚后被决定执行五年有期徒刑以上刑罚的,应当对其犯罪记录解除封存"。同样的道理,经审判监督程序被改判5年有期徒刑以上刑罚的,也表明原封存决定不符合法律规定的条件,亦需要解除封存。另外,《高检规定》增加了一种解封情况,其第65条规定:"对被封存犯罪记录的未成年人,符合下列条件之一的,应当对其犯罪记录解除封存:(一)实施新的犯罪,且新罪与封存记录之罪数罪并罚后被决定执行5年有期徒刑以上刑罚的;(二)发现漏罪,且漏罪与封存记录之罪数罪并罚后被决定执行五年有期徒刑以上刑罚的。"这样规定主要是为了解决实践中未成年人在刑罚执行完毕前实施新的犯罪,且新罪与封存之罪数罪并罚后被决定执行五年有期徒刑以上刑罚时,检察机关是否允许查询犯罪记录的问题。从目前相关法律规定看,解封只有上述三种情形。

目前,对被封存犯罪记录的未成年人再犯新罪应当如何处理存在一定分歧,有以下几种意见:一种意见认为,《刑事诉讼法》及《高法解释》只规定了犯罪记录封存,没有规定解封,犯罪记录解封没有法律依据,所以只要前罪符合封存条件的,就不应当解封。另一种意见认为,被封存犯罪记录的未成年人,在刑罚执行完毕前又犯新罪,数罪并罚后决定执行 5 年有期徒刑以上刑罚的才属于应当解除犯罪记录封存的。若原判刑罚已经执行完毕,再犯新罪的,则应单独评价,不必解封原犯罪记录。第三种意见认为,我国法律规定的是犯罪记录封存,而不是消灭,因而当然存在不符合封存条件解封的问题。应当从犯罪记录封存制度设计的初衷来考虑是否需要解封,而不能仅看字面意思。犯罪记录封存是为了让失足未成年人顺利回归社会,防止因被贴上罪犯标签而不能融入社会。犯罪记录被封存后又犯新罪的,一方面说明其主观恶性较大(故意犯罪的),另一方面,成年后再犯新罪已经不能再对其新罪的犯罪记录进行封存,其前罪的犯罪记录再封存对其本人回归社会也无太大意义;在对新罪判决时,量刑势必会考虑前罪的因素,若前罪仍在封存中,新罪的判决无法对前罪进行表述,若审判人员考虑了前罪的影响而文书中不能体现,则可能会给人罪刑不相适应的感觉。第四种意见认为,再犯的新罪是故意犯罪的才应当解除前罪的封存,新罪不是故意犯罪的,证明其主观恶性不大,不应一律解除前罪的封存。第五种意见认为,是否解除前罪封存,不仅要考虑其主观恶性,还要考虑是否符合犯罪记录封存制度之目的,因此,对犯罪记录封存的未成年人,其成年后再犯新罪的,可以不区分是否故意,一律解除前罪的封存。但再犯新罪时仍是未成年人且被判处 5 年有期徒刑以下刑罚的,则不应解除前罪之封存。

我们认为,根据《刑事诉讼法》的规定,未成年人犯罪记录一旦封存,不得向任何单位和个人提供,但司法机关为办案需要或者有关单位根据国家规定进行查询的除外。从封存的时间效力上看,除了发现不符合封存条件而解除封存的外,应当是终身有效的,不能理解为未成年人成年以后或若干年后可以解除封存。因此,结合司法解释的规定,目前除了前述三种情况,即(1)发现漏罪,且漏罪与封存记录之罪数罪并罚后被决定执行五年有期徒刑以上刑罚的;(2)经审判监督程序被改判五年有期徒刑以上刑罚的;(3)在刑罚执行完毕前又犯新罪,数罪并罚后决定执行 5 年有期徒刑以上刑罚的,其他一律不应当解除封存。从保护未成年人合法权利的角度,应当严格限制解除封存。为此,我们在《未检工作指引》中专门设计一条,即"【封存效力】未成年人犯罪记录封存后,没有法定事由、未经法定程序不得解封。除司法机关为办案需要或者有关单位根据国家规定进行查询的以外,人民检察院不得向任何单位和个人提供封存的犯罪记录,并不得提供未成年人有犯罪记录的证明"。这也是为了解决实践中普遍存在的未成年人犯罪记录封存后减半能否"用"的困惑。即根据"两高"出台的《关于办理盗窃刑事案件适用法律若干问题的解释》,

行为人曾因盗窃受过刑事处罚或者在一年内受过行政处罚的，再次实施盗窃的，"数额较大"的标准按照正常标准的50%确定。那么，对于实践中行为人在未满18周岁前因盗窃犯罪被判处5年有期徒刑以下刑罚，刑罚执行完毕后再次实施盗窃的，能否以减半数额作为定罪的标准？对此争论很大。第一种观点认为，根据法律规定，未成年人在量刑上可以从宽处罚，但在定罪上与成年人没有区分。司法解释并未将未成年人排除在外，应当依法适用。第二种观点认为，减半认定与《刑法》特殊保护未成年人的精神相背离。《刑事诉讼法》规定，未成年犯罪记录被封存的，不得向任何单位和个人提供，除非司法机关为办案需要进行查询的除外。如果以减半标准对行为人定罪处罚，人民法院势必要在后罪的审判过程中调查前罪相关事实，并在判决中明确前罪判刑情况，事实上解封了行为人的犯罪记录。法律对于未成年人给予了特殊保护，未成年人的刑事司法标准与成年人应当有所区别。《刑法》第65条规定，未成年人犯罪的不适用累犯规定。而以上述标准对行为人定罪处罚，本不需要作为法定从重处罚情节考虑的未成年期间的犯罪情况，反而在定罪时予以考虑，事实上加重了对未成年人的处罚，降低了处罚标准，与相关保护未成年人的法律精神相违背。于2013年12月23日发布、2014年1月1日实施的《最高人民法院关于常见犯罪的量刑指导意见》（法发〔2013〕14号）在"常见量刑情节的适用"部分第12条规定："对于有前科的，综合考虑前科的性质、时间间隔长短、次数、处罚轻重等情况，可以增加基准刑的10%以下。前科犯罪为过失犯罪和未成年人犯罪的除外。"这也体现了上述精神。我们同意第二种意见。对于已经封存的犯罪记录，司法机关为办案需要查询的，可以作为破案线索研究，但是不在有关法律文书中引用；① 参考前后犯罪记录从而有针对性地提出教育、感化、挽救措施，帮助违法犯罪未成年人顺利回归社会是可以的，而出于刑罚目的查询被追诉者未成年阶段的犯罪档案是不可取的，查询结果不应当成为法定量刑情节也不应成为酌定量刑情节。② 因此，《未检工作指引》中明确了犯罪记录封存的法律效力，严格限制解封，规定"没有法定事由、未经法定程序不得解封"，有利于解决上述问题。

我们认为，通过上述五个方面的措施，有利于解决实践中"封"不严的问题。

---

① 王尚新：《关于刑事诉讼法修改有关情况的介绍》，载《预防青少年犯罪研究》2012年第5期。

② 高一飞、高建：《犯罪记录封存的制度安排与实施机制》，载《南通大学学报》（社会科学版）第2012年第5期。

● **核心观点**

未成年人是社会的未来，同时又是身心尚未成熟、脆弱的需要受保护的群体，对未成年人的权利，对未成年人的生存、保护和发展，国家和社会都要予以高度重视，无论在什么情况下，国家和社会都应该把未成年人放在最优先考虑的地位，予以优先保护；并根据未成年人身心发展特点给予特殊保护和照顾。在刑事诉讼中也一样，应当强调：第一，公正地对待未成年人，第二，对其权利细微保护。其实未成年人的特殊性决定了只有做到第二点，才能真正实现第一点，使未成年人获得与成年人实质平等的权利保护。

专题四 社会调查："可以"调查也可以不调查？

社会调查制度是《北京规则》确立的一项基础性少年司法制度，是未成年人刑事诉讼程序贯彻全面调查原则的具体体现，即调查案件事实以及案件事实以外的背景性资料。《北京规则》第16.1条规定："所有案件除涉及轻微违法行为的案件，在主管当局作出判决前的最后处理之前，应对少年生活的背景和环境或犯罪的环境进行适当的调查，以便主管当局对案件作出明智的判决。"并在说明中指出："在大多数少年法律诉讼案中，必须借助社会调查报告（社会报告或判决前调查报告）。应使主管当局了解少年的社会和家庭背景、学历、教育经历等有关事实。为此，有些司法制度利用法院或委员会附设的专门社会机构和人员来达到这一目的。其他人员包括执行缓刑的人员，也可起到这一作用。因此，本规则要求提供足够的社会服务，以便提出合乎要求的社会调查报告。"《北京规则》同时规定了"相称原则"，其第5.1条规定："少年司法制度应强调少年的幸福，并应确保对少年犯做出的任何反应均应与罪犯和违法行为情况相称。"并在说明中指出："不仅应当根据违法行为的严重程度而且也应根据本人的情况来对少年犯做出反应。罪犯个人的情况（如社会地位、家庭情况、罪行造成的危害或影响个人情况的其他因素）应对做出相称的反应产生影响（如考虑到罪犯为赔偿受害人而做出的努力，或注意到愿意重新做人过有益生活的表示。"可见，在《北京规则》中，社会调查是落实"相称原则"的一个具体制度措施。

社会调查制度之所以被称为少年司法制度的基础性制度，是因为少年司法制度是建立在少年身心的特殊性和犯罪原因、背景的特殊性基础之上的，少年刑事司法中对这些特殊性的掌握，主要不是靠犯罪事实调查，而是靠社会调查。要掌握每个少年的弱点、亮点或者感化点，这些皆依赖于社会调查报告。社会调查报告可以帮助了解未成年人心理和生理特征、再社会化过程中遇到的问题以及其他相关情况，"以便主管当局对案件作出明智的判决"。判断力是一种在收集信息的基础上进行决策的能力，信息对于判断的支持作用不容忽视，没有相当的信息收集，很难作出明智的决断。社会调查为个性化的刑罚措施和帮教措施打下坚实的基础，从而有利于司法机关"对症下药"，帮助未成年人再社会化，成长为健全的负责任的社会成员。因此，对少年刑事案件实施个案性质的社会调查，是各国少年司法制度中普遍规定的一种做法，被作为未成年人刑事案件处理的必经程序。"许多国家的法律甚至明文规定，少年案件非经社会调查，并提出调查报告，不得宣告刑罚。"[1] 我国很多地方的检察院、法院很早就在未成年人刑事案件办理中借鉴和吸收国外的经验和做法，开展了社会调查工作的探索，并相继在"两高"相关司法解释中有所体现。2001年最高人民法院《关于审理未成年人刑事案件的若干规定》第21条规定："开庭审理前，控辩双方可以分别就未成年被告人的性格特点、家庭情况、社会交往、成长经历以及实施被指控的犯罪前后的表现等情况进行调查，并制作书面材料提交合议庭。必要时，人民法院也可以委托有关社会团体组织就上述情况进行调查或自行进行调查。"2002年《高检规定》第15条第3款规定："审查起诉未成年犯罪嫌疑人……可以结合社会调查，通过学校、家庭等有关组织和人员，了解未成年犯罪嫌疑人的成长经历、家庭环境、个性特点、社会活动等情况，为办案提供参考。"2010年《六部门意见》在"进一步加强公安机关、人民检察院、人民法院、司法行政机关的协调与配合"部分之"（一）对未成年犯罪嫌疑人、被告人的社会调查"用6条专门对社会调查制度的有关问题包括社会调查的主体、内容、程序等进行了规定。新修订的《刑事诉讼法》第268条规定："公安机关、人民检察院、人民法院办理未成年人刑事案件，根据情况可以对未成年犯罪嫌疑人、被告人的成长经历、犯罪原因、监护教育等情况进行调查。"这标志着司法实践探索的社会调查制度被立法所接受。但是，由于《刑事诉讼法》规定得较为原则，该项制度在随后的执行中遇到了很多问题。2014年，王胜俊副委员长在第十二届全国人大常委会第十次会议上所作的《全国人大常委会执法检查组关于检查〈中华人民共和国未成年人保护法〉实施情况的报告》曾指出，社会调查"存在走形式、走过场现象"。那么，如何解决这样的问题呢，下面，我们想就此展开较为深入的探讨。

一、对"可以"进行社会调查的理解

由于《刑事诉讼法》第268条规定的是"可以"而非"应当"进行社会调查，因而对于社会调查是否是必经程序，在实践中存在争议。有意见认为既然是"可以"开展社会调查，则当然也可以不开展。我们认为，着重于了解

---

[1] 姚建龙：《长大成人：少年司法制度的建构》，中国人民公安大学出版社2003年版，第224页。

犯罪原因和背景的社会调查，既关系到寓教育于案件办理的全过程，而且很大程度上还将影响司法机关对未成年人犯罪案件的实体处理，因此社会调查是未成年人刑事案件诉讼程序中的一项重要制度，虽然《刑事诉讼法》规定社会调查"可以"开展而非"应当"开展，但绝不应当理解为"可以开展也可以不开展"，否则容易造成执法上的随意。2014年，某省在评查未检案件时发现，一半以上的未成年人刑事案件没有做社会调查。中国有个词叫"鉴往知来"，如果我们不了解涉罪未成年人以往的情形，如何探究其犯罪的原因和解读其犯罪行为意味着什么，又怎么推知其以后会怎样，如其再犯可能性之大小呢？因此，我们认为，《刑事诉讼法》规定的"可以"开展社会调查，主要是一种授权性质的规定，即公安、检察、法院根据情况、需要，可以开展社会调查，而且，既然法律建立了这项制度，应当理解为"一般应当"开展，有需要就要开展。

为有助于对"可以"进行社会调查的正确理解，解决实践中"随意不进行社会调查"的问题，我们在制定《未检工作指引》时设计了一条："【应当调查】对于未成年人刑事案件，一般应当进行社会调查，但未成年人犯罪情节轻微，且在调查案件事的过程中已经掌握未成年犯罪嫌疑人的成长经历，犯罪原因、监护教育等情况的，可以不进行专门的社会调查。"对上述规定，一些地方提出了反对意见。一种意见认为社会调查是帮教未成年人的基础工作，即使是利用办案讯问、取证等环节做社会调查，也可以出具专门的社会调查报告，视为社会调查工作已经开展。而如果规定一定情况下可以不进行专门社会调查，则容易导致实际工作中不重视社会调查的情况，即这样的规定容易被滥用。另一种意见则建议将此规定修改为"除非情节轻微，或者在调查案件事实的过程中已经掌握……"理由是即使非情节轻微的案件，如果在调查案件事实的过程中已经掌握未成年犯罪嫌疑人的成长经历、犯罪原因、监护教育等情况的，也属于已经进行了社会调查。也就是说，不必进行专门的社会调查的案件不应局限于犯罪情节轻微的。

对前一种意见我们基本赞成，我们的意见与其并无本质的不同。这样规定实际上是为了限制随意不调查的问题，要求对未成年人刑事案件都"应当"进行社会调查，仅将"情节轻微，且在调查案件事实的过程中已经掌握未成年犯罪嫌疑人的成长经历、犯罪原因、监护教育等情况的"作为例外情况。换言之，情节重的一律调查，情节轻的也要调查，除非法律规定的社会调查需要掌握的情况在调查案件事实的过程中已经掌握了，才可以不再进行专门的调查。这样规定主要是出于以下几点考虑：

一是立法规定的很明确，就是"可以"而非"应当"，为了解决执法上"可以调查也可以不调查"的随意性，就规定"应当"调查，直接与法律规定冲突。而且实践中有些犯罪情节轻微的案件，比如表兄弟感情很好，一起玩耍时一个过失重伤了另一个而涉嫌犯罪的，如果在调查案件事实时已随案掌握了社会调查要了解的内容，出于节约司法资源的考虑，可以不再进行专门的社会调查。2013 年考察美国少年司法制度时，曾向华盛顿高级法院未成年人法庭（DC Superior Court Juvenile Court）的潘法官询问过，他们是否对所有未成年人涉嫌犯罪的案件都要进行社会调查，她的回答就是"情节轻微的案件，如果在调查案件时已经掌握相关情况了，就不再进行专门社会调查了"。

二是对情节严重的要求一律进行社会调查符合"少捕慎诉少监禁"的原则。因为对犯罪情节重的未成年人可能要动用最严厉的强制措施和刑罚，出于对未成年人的特殊保护原则，理当更慎重，因此即使在调查案件事实的过程中已经掌握其成长经历、犯罪原因、监护教育等情况，仍应当进行专门的社会调查。对此，一位少年法庭的法官在某次研讨会上关于社会调查落实问题的一句话很好地诠释了上述观点，她说："如果检察机关提起公诉的案件却没有进行社会调查，则我有理由认为其提出的量刑建议是不慎重的。"

需要指出的是，对于附条件不起诉的案件，由于其不属于情节轻微的案件，应当进行社会调查。《高检规定》第 32 条亦规定"适用附条件不起诉的审查意见，应当由办案人员在审查起诉期限届满十五日前提出，并根据案件的具体情况拟定考验期限和考察方案，连同案件审查报告、社会调查报告等，经部门负责人审核，报检察长或者检察委员会决定"。

至于有意见认为这样规定"容易被滥用"的问题，我们认为对未检干警还是要有起码的信任。目前，未检工作中存在很多问题，包括"随意不进行社会调查"的问题，主要还是因为未检工作从整体上还处于起步阶段，未检专门机构、专业人员缺乏，"专人不专"，办理未成年人案件的干警同时要办理成人案件，导致许多应该开展的未检工作难以有效开展，以及未检人员专业素质不足等问题。如果我们不能相信作为为保护未成年人而独立存在的未检部门和人员其办案时会考虑未成年人的福祉而尽心尽力，那我们还能相信谁呢？少年司法是"弹性"司法，正如 2012 年最高人民检察院原副检察长朱孝清在全国检察机关未成年人刑事检察工作会议上的讲话所指出的，"从某种意义上说，未成年人刑事检察工作主要的不是办案，而是结合办案做涉罪未成年人的教育、感化、挽救工作"，大量的案外帮教工作是"软"任务，需要未检干警的使命感和责任心，而这是无法用"硬"性规定来控制的。相反，我们认为"授权"模式，即通过赋予权力来期待少年司法人员保护帮助未成年人，而不是"控制"模式，即强迫他们帮教，更有利于增强其使命感和责任心，因为心理学上有一定律：人们更倾向于按照他人的期待行事。

总之，我们认为我们设计的上述"未检工作指引"条文是符合立法规定精神的，一定程度的"限制"随意性也是适当的，有利于"未检工作指引"规定的社会调查制度的落实。

二、社会调查流于形式问题的解决

实践中存在社会调查流于形式，社会调查报告泛泛而谈、欠缺针对性的问题较为突出。如大多数社会调查报告只是简单叙述涉罪未成年人的学习、交友情况，将犯罪成因归纳为交友不慎或受社会不良风气影响；把抢劫、盗窃的动机一概归结为被生活所迫，甚至仅凭班主任或个别同学的评价，就得出其性格特点、平时表现好坏的论断。还有些地方采用一个简单的"社会调查表"的形式草草了事，信息零散、片面，缺乏必要的综合分析与评估，根本没有把被调查对象真正的失足原因挑明，没有找到感化点，亦不能准确反映其人身危险性和矫治难度大小，没能把从轻、减轻的理由阐明，对办案和帮教均没有什么参考价值。社会调查是一项细致、复杂，同时专业性很强、极具难度的工作，要想取得真正的效果，至少要解决好以下几个问题：

（一）进一步明确社会调查何时启动、由谁来做

根据《六部门意见》的规定，社会调查由公安机关在侦查阶段启动，由未成年犯罪嫌疑人、被告人户籍所在地或居住地的司法行政机关社区矫正工作部门负责开展。即公安机关在办理未成年人刑事案件时，应当及时通知司法行政机关社区矫正工作部门开展社会调查，然后，随着刑事诉讼程序的进程，社会调查报告依次由司法行政机关移送公安机关，由公安机关在提请审查批捕或移送审查起诉时随案移送人民检察院；再由人民检察院在提起公诉时移送人民法院，最后由人民法院在判决生效后再移送回执行机关。但是，由于修改后《刑事诉讼法》规定的是公安、检察院、法院都可以进行社会调查，没有要求必须由公安机关进行，因此实践中对社会调查应当由谁负责开展、在何时启动等存在分歧意见。目前而言，司法机关基本上已经认识到社会调查的重要意义，但是由于工作量和办案成本的原因，相互推诿现象时有发生，这样最终不仅浪费了司法资源、降低了司法效率，也使得未成年人的合法权益得不到切实有效的保障。因此，进一步明确社会调查到底何时启动、由谁来做非常必要。

1. 社会调查程序在何时启动并完成非常关键，所带来的法律效果大不相同

《北京规则》规定的社会调查应该在"审判之前"进行，但这只是对社会调查完成的时间底线作出的规定，并不代表是最佳的调查时间。未成年人社会调查在有些国家也称为开庭前或判决前调查制度，这也不是将调查启动时间规

定在审判前的依据，因为这些国家都是实行少年法院或家庭法院体制，即以法院为中心，法院可以直接受理未成年人罪错案件并进行社会调查，并且英国和美国的社会调查包括庭前调查和判刑前调查两种形式。[①]《六部门意见》规定："公安机关在办理未成年人刑事案件时，应当收集有关犯罪嫌疑人办案期间表现或者具有逮捕必要性的证据，并及时通知司法行政机关社区矫正工作部门开展社会调查；在收到社会调查机关作出的社会调查报告后，应当认真审查，综合案情，作出是否提请批捕、移送起诉的决定。公安机关提请人民检察院审查批捕或移送审查起诉的未成年人刑事案件，应当将犯罪嫌疑人办案期间表现等材料和经公安机关审查的社会调查报告等随案移送人民检察院。"《高检规定》第13条规定："人民检察院办理未成年犯罪嫌疑人审查逮捕案件，应当根据未成年犯罪嫌疑人涉嫌犯罪的事实、主观恶性、有无监护与社会帮教条件等，综合衡量其社会危险性，严格限制适用逮捕措施，可捕可不捕的不捕。"第15条规定："审查逮捕未成年犯罪嫌疑人，应当审查公安机关依法提供的证据和社会调查报告等材料。"可见，社会调查报告可能影响到对未成年人是否逮捕等程序的进一步进行，这对涉罪未成年人的权利影响是非常大的。如果说在审判阶段启动社会调查程序，那社会调查报告就只能为法院的定罪量刑服务，无法成为检察机关审查批准逮捕的参考依据。而且，如果未成年犯罪嫌疑人被羁押，在审判阶段进行社会调查可能会增加羁押的时间，反而会对未成年人造成更大的伤害，违背了社会调查制度设立的初衷。因此，社会调查程序在审判阶段启动是明显不合适的。那么，该在何时启动呢？公安部门的意见是倾向于确定由检察机关负责开展社会调查，而不是由公安机关负责。主要理由是当前公安机关没有专门机构，而且对于未成年人犯罪是否追究刑事责任，公安机关也说了不算，诉与不诉的权力在检察机关。我们认为，由于未成年犯罪嫌疑人、被告人的成长经历、犯罪原因、监护教育等情况，对于是否对涉罪未成年人采取羁押措施，还是可以对未成年人适用取保候审等，有着重要的参考价值，而社会调查报告可以使检察机关更为全面地了解未成年人的情况，以便综合作出评价，因此，社会调查报告毫无疑问应当作为检察机关审查逮捕时的重要参考。但这是否就意味着社会调查应当在检察机关审查逮捕时启动呢？显而易见，此时才启动就太晚了。审查逮捕环节处于侦查阶段，此时公安机关应当提供其提请逮捕的必要性参考和依据材料。为了充分发挥社会调查的功能，在公安机关立案后的侦查阶段就启动社会调查程序是合理的，符合未成年人刑事案

---

① 温小洁：《我国未成年人刑事案件诉讼程序研究》，中国人民公安大学出版社2005年版，第82页。

件快速办理原则;若等到了逮捕环节再启动,则势必造成不必要的拖延。《公安规定》第 311 条也规定:"公安机关办理未成年人刑事案件,根据情况可以对未成年犯罪嫌疑人的成长经历、犯罪原因、监护教育等情况进行调查并制作调查报告。作出调查报告的,在提请批准逮捕、移送审查起诉时,应当结合案情综合考虑,并将调查报告与案卷材料一并移送人民检察院。"如果在立案后就进行社会调查,可以为公安机关是否提请逮捕、移送起诉,检察机关是否批捕、是否起诉提供重要的参考依据,从而减少审前羁押和起到分流案件的作用,有利于最大限度地保护未成年人合法权益。徐美君教授在对限制启动未成年人刑事诉讼程序的国外立法例考察中指出,"为保护未成年人免受刑事诉讼的干扰,世界上很多国家采取限制刑事诉讼程序的方法"。① 在此需要指出的是,由公安机关启动并非一定由公安机关自行开展社会调查,公安机关可以委托有关组织和机构进行调查。因此,没有专门机构也不是不启动社会调查的充分理由。而且《刑事诉讼法》第 266 条明确要求"人民法院、人民检察院和公安机关办理未成年人刑事案件,应当保障未成年人行使其诉讼权利,保障未成年人得到法律帮助,并由熟悉未成年人身心特点的审判人员、检察人员、侦查人员承办"。因此,公安机关应当尽快建立一支少年警务专业队伍,以保证切实贯彻法律规定。

社会调查报告对于整个未成年人刑事案件来说是十分重要的,所以检察机关应当积极与公安机关沟通、协调,努力实现公安机关在立案后的侦查阶段就开展社会调查;并加强法律监督,对于公安机关没有提供证明未成年犯罪嫌疑人的成长经历、犯罪原因、监护教育等情况的材料或者提供不充分的,人民检察院可以要求公安机关提供或者补充提供。目前很多地方采取与公安机关联合会签文件的方式解决了这个问题,值得充分肯定。另外,根据《六部门意见》的规定,对犯罪嫌疑人不讲真实姓名、住址,身份不明的,无法进行社会调查的,应当要求公安机关出具书面情况说明。无法进行详细调查的原因消失后,人民检察院应当督促公安机关开展调查。

由于社会调查是一项繁杂、细致的工作,需要花费较长的时间,虽然与其他阶段相比,侦查阶段时间最充裕,但之后的阶段根据需要不断地补充调查也往往是必要的。如《高检规定》第 9 条第 3 款规定:"人民检察院应当对公安机关移送的社会调查报告进行审查,必要时可以进行补充调查。"《高法解释》第 476 条规定:"对人民检察院移送的关于未成年被告人性格特点、家庭情

---

① 徐美君:《未成年人刑事诉讼特别程序研究——基于实证和比较的分析》,法律出版社 2007 年版,第 93 页。

况、社会交往、成长经历、犯罪原因、犯罪前后的表现、监护教育等情况的调查报告，以及辩护人提交的反映未成年被告人上述情况的书面材料，法庭应当接受。必要时，人民法院可以委托未成年被告人居住地的县级司法行政机关、共青团组织以及其他社会团体组织对未成年被告人的上述情况进行调查，或者自行调查。"

2. 社会调查由谁来做，是社会调查取得实效的另一个关键问题

社会调查由谁来做，直接关系到调查报告的质量，影响着社会调查制度的推行和实施。社会调查试行阶段，法院、检察院、被告人的辩护人、司法行政人员及相关的社会团体组织等都曾经是社会调查的主体。如2003年上海市高级法院规定，法院对可能判处缓刑的被告人，应征求所在街道、县镇社区矫正机构的意见，街道、乡镇社区矫正机构应会同社工，到公安派出所、居委会、学校、家庭等进行社会调查。2007年，辽宁省沈阳市中级人民法院少年审判庭挂牌成立时，专门组建了社会调查员队伍，向聘任的50名社会调查员颁发聘书，由聘任的社会调查员进行社会调查，并将该制度引入沈阳市两级法院刑事和民事案件审判当中。2009年，重庆沙坪坝区人民检察院推行审查逮捕程序正当化改革，试点中，社会调查所涉及调查事项由律师来进行。主要做法是：在侦查阶段即由公安机关联系法律援助中心为未成年犯罪嫌疑人指定律师，由律师在侦查阶段、提请批捕阶段进行社会调查。如果对律师调查不认可，由公安机关取反证。2010年《六部门意见》规定，由"司法行政机关矫正工作部门人员"来进行社会调查，同时规定，"司法行政机关社区矫正工作部门可联合相关部门开展社会调查，或委托共青团组织以及其他社会组织协助调查"。关于未成年人社会调查的主体，学术界的观点不一，从公安机关、检察院和法院到社区矫正机构和未成年人保护委员会，再到其他社会团体，都分别有主张的。[①]

社会调查是在收集资料、分析资料的基础上分析涉罪未成年人犯罪行为的社会危害性、导致其犯罪的风险因素及其再犯的可能性等。要想保障评估结果的客观性和准确性，对调查人员素质、能力的要求非常高，因而由具有相关专业如社会学、心理学、犯罪学、教育学等背景、接受过专业方法训练、具有广阔社会视角的人员来开展，才能真正取得实效。而且社会调查关系到涉罪未成年人的切身利益与未来，因此要特别强调社会调查的直接承担者的专业素质和能力。现行《刑事诉讼法》规定公安机关、人民检察院、人民法院办理未成年人刑事案件可以进行社会调查，是一个相对灵活的弹性规定，社会调查主体

---

① 盛长富：《未成年人刑事司法国际准则研究》，大连海事大学2012年博士学位论文，第30页。

根据实际情况可以由公安人员、检察官、法官担任。《刑事诉讼法》及相关司法解释也要求对具体从事未成年人司法工作的人员必须进行相关专业的培训,因而,由从事未成年人司法工作的人员承担社会调查职责也应当能够保证专业性要求。另外,《高检规则》《高法解释》还特别规定可以委托有关组织和机构进行社会调查,更有助于解决社会调查的专业性问题。目前,北京、上海等一些地方由司法社工进行社会调查,取得了较好的效果。如北京市很多司法机关,如海淀区人民检察院、门头沟区法院、市检二分院、第二中级法院、市检一分院、铁检分院等相继与首都师范大学司法社会工作研究与服务中心合作,朝阳区、丰台区、西城区人民检察院分别与北京政法职业学院成立的心声社会工作事务所、北京市青少年法律援助与研究中心、仁助社会工作者事务所合作。司法社工以其科学、严谨、专业的方法开展社会调查,积极参与后续帮教工作,普遍得到了业界好评和当事人的肯定。北京市检二分院、朝阳区人民检察院等还联合法院建立了社会调查员出庭宣读社会调查报告、参与法庭教育工作的机制。社会调查员作为受委托进行社会调查的主体,具有独立的诉讼地位。这种通过政府购买服务,让司法社工介入社会调查、参与帮教的模式,有利于建立社会专业力量辅助司法的长效机制,并可以缓解当前司法机关案多人少的突出矛盾,值得大力提倡。

(二) 进一步明确社会调查报告的性质和功能

社会调查报告是调查人员经过对涉罪未成年人进行社会调查后做出的书面报告。目前,对社会调查报告的法律属性是否是证据,存在"肯定论"与"否定论"的激烈争论。持"肯定论"的学者认为,社会调查报告属于证据。[①] 持"否定论"的学者认为,社会调查报告属于重要的参考意见,不具有

---

① 参见盛长富、郝银钟:《论我国未成年人刑事司法社会调查制度》,载《社会科学家》2012年第2期;罗芳芳、常林:《"未成年人社会调查报告"的证据法分析》,载《法学杂志》2011年第5期;等等。不过,持"肯定论"者的具体观点又各不相同。例如,有人认为社会调查报告属于证人证言,参见王蔚:《未成年人刑事案件中社会调查报告的证据属性》,载《青少年犯罪问题》2010年第1期。有人认为社会调查报告属于"品格证据",参见张静、景孝杰:《未成年人社会调查报告的定位与审查》,载《华东政法大学学报》2011年第5期;吴燕、吴翎翎:《未成年人品格证据若干问题初探》,载《青少年犯罪问题》2008年第5期;等。也有人认为社会调查报告属于量刑证据,参见汪贻飞:《论社会调查报告对我国量刑程序改革的借鉴》,载《当代法学》2010年第1期。还有人认为社会调查报告属于专家证据,参见罗芳芳、常林:《"未成年人社会调查报告"的证据法分析》,载《法学杂志》2011年第5期。更有人认为社会调查报告属于鉴定意见,参见陈立毅:《我国未成年人刑事案件社会调查制度研究》,载《中国刑事法杂志》2012年第6期。

证据属性。① 如北京师范大学教授吴宗宪认为，由于调查手段，特别是针对心理测试的技术尚不成熟，调查报告只能作为法官、检察官参考的材料之一，不宜作为证据。但是，西南政法大学教授、重庆沙坪坝区人民检察院副检察长李昌林则认为："在实质上，在批捕阶段，社会调查报告是批捕必要性的证据，在起诉阶段是起诉必要性的证据，在判决阶段是量刑证据。在执行阶段，是社区矫正的证据。"北京大学法学院教授陈瑞华也认为"社会调查报告应属于书面形式的证言证人，它是量刑阶段的重要证据。证明犯罪事实的是定罪证据，证明量刑情节的应是量刑证据，从另外一个角度看，证明案件事实的材料可称为证据，证明程序的材料也可称为证据"。

我们认为，应当将社会调查报告主要视为除定罪外刑事处遇的证据。由于社会调查的重点不是案情，它"不是直接反映案件本身的犯罪事实"，②并不能证明案件中犯罪构成要件事实，只能证明品格、可塑性、人身危害性、家庭和社区是否具备良好矫正的条件、是否有需要采取特别保护措施情节等，因此它不能作为定罪的证据。它应该作为公安机关是否移送案件、检察机关是否起诉、审判机关量刑的证据。当然，如果行为虽然符合犯罪构成要件，但从量刑角度考虑可以不动用刑罚时，则它对出罪也是有影响的，即我们认为不能因它定罪，却可因它出罪。具体理由如下：

首先从比较法的角度看，社会调查报告在外国程序法中的功能一般都呈现多元化：（1）作为案件分流的标准。例如，美国多数州的法律均规定，少年法院在接到对未成年人的控告后，由专职缓刑官启动社会调查程序，对未成年人的生活背景展开调查。这种调查的目的在于寻找对未成年人案件作非正式处理的依据。（2）作为保释的根据。在英国，社会调查报告被区分为庭前社会调查与判刑前社会调查。其中，庭前社会调查的目的是评估未成年犯脱逃的风险，法官根据该风险评估材料和其他相关材料来判断应否准予保释未成年犯。（3）作为提起公诉的标准。（4）作为保护处分的根据。（5）作为量刑的根据。一般而言，规定了社会调查报告制度的国家，其立法均明确规定社会调查报告是对未成年人量刑的根据。

其次，虽然2013年实施的《高检规则》第486条第1款规定："人民检

---

① 参见李兰英、程莹：《新刑事诉讼法关于未成年人刑事案件社会调查规定之评析》，载《青少年犯罪问题》2012年第6期；徐建主编：《青少年法学新视野》，中国人民公安大学出版社2005年版，第754页。

② 参见郝银钟：《中国青少年法律与司法保护制度研究》，群众出版社2005年版，第210页。

察院根据情况可以对未成年犯罪嫌疑人的成长经历、犯罪原因、监护教育等情况进行调查,并制作社会调查报告,作为办案和教育的参考。"即将社会调查报告定位为"办案和教育的参考";《高法解释》第484条规定:"对未成年被告人情况的调查报告,以及辩护人提交的有关未成年被告人情况的书面材料,法庭应当审查并听取控辩双方意见。上述报告和材料可以作为法庭教育和量刑的参考。"即将社会调查报告定位为"法庭教育和量刑的参考",这也是很多学者认为社会调查报告仅具有办案参考属性而不具有证据属性的法律根据之所在。但是,《高检规则》第144条第5项规定,"犯罪嫌疑人系已满十四周岁未满十八周岁的未成年人或者在校学生,本人有悔罪表现,其家庭、学校或者所在社区、居民委员会、村民委员会具备监护、帮教条件的",可以成为人民检察院作出不批准逮捕或者不予逮捕决定的依据。《高检规定》第13条规定:"人民检察院办理未成年犯罪嫌疑人审查逮捕案件,应当根据未成年犯罪嫌疑人涉嫌犯罪的事实、主观恶性、有无监护与社会帮教条件等,综合衡量其社会危险性,严格限制运用逮捕措施,可捕可不捕的不捕。"由此可见,社会调查报告实际上已经成为人民检察院是否批准逮捕或决定逮捕的重要依据。《高法解释》要求法庭应当审查未成年被告人社会调查报告和材料,并听取控辩双方的意见,即社会调查的材料应该在法庭上出示,并经过质证才能作为证据使用。从司法实践看,社会调查报告影响对未成年被告人量刑的案例也不在少数。《六部门意见》更是明确规定:"公安机关、人民检察院、人民法院、司法行政机关在办理未成年人刑事案件和执行刑罚时,应当综合考虑案件事实和社会调查报告的内容。"因此,我们认为,《高检规则》第486条第1款、《高法解释》第484条关于"参考"的规定,只是从宏观方面界定了社会调查报告的办案参考属性,至于在微观方面,社会调查报告在未成年人犯罪刑事诉讼程序中扮演着极为重要的角色,它既是我国检察机关是否批准逮捕、是否起诉的重要依据,也是我国审判机关裁决从轻处罚的根据,同时还是我国执行机关对未成年人开展有针对性的矫正工作的依据。具体来说,社会调查主要具有以下功能:一是作为实施针对性帮教的依据,即在收集资料的过程中找出帮教的内容和线索,以指导帮教工作,提高帮教的针对性和感染力;二是在收集资料的基础上,对被调查对象的社会危害性、人身危险性进行综合评估,作为适用逮捕等强制措施及逮捕必要性审查中的重要依据;三是量刑、非刑罚处罚等实体处理的重要依据,而涉及实体处理的社会调查材料,从诉讼意义上界定当然具有证据属性。因此,不仅社会调查程序本身要依法进行,而且社会调查结果在案件办理中的运用也要合法。2010年10月1日起实施的最高人民法院、最高人民检察院、公安部、国家安全部、司法部《关于规范量刑程序若干问题的意见（试行）》第 11 条规定："人民法院、人民检察院、侦查机关或者辩护人委托有关方面制作涉及未成年人的社会调查报告的，调查报告应当在法庭上宣读，并接受质证。"综上，我们认为社会调查报告具有作出程序处理的证据功能，应定性为证据。

最后，从证据的概念分析，《刑事诉讼法》第 48 条规定："可以用于证明案件事实的材料，都是证据。"这里将证据的概念限定于"证明案件事实的材料"，可见判断一份材料是否是证据的关键，在于其能否证明案件事实。而每一个案件都是由定罪和量刑两部分组成的，因此案件事实不仅包括定罪事实，还应当包括量刑事实。《刑事诉讼法》第 53 条第 2 款在解释证据确实、充分的含义时，确认案件事实由定罪事实与量刑事实构成，且每一事实都应有相应证据予以证明。定罪事实是指已经发生且与犯罪构成要件紧密相关的事实。与定罪事实相关的证据主要是通过回溯的方式来寻找。量刑事实则由两部分构成，一是犯罪事实造成的社会危害性，二是罪犯的人身危险性。证明行为存在社会危害性的证据在一定程度上与定罪事实重合，而证明罪犯人身危险性的部分事实并没有发生，却需要借助现有的证据来判断罪犯人身危险性的程度如何。换言之，量刑程序考虑较多的是罪犯的未来，是一种"以犯罪人为导向"，该方面的证据应以揭示罪犯人格特点和发展趋向为中心，这必然涉及罪犯的成长经历、家庭环境及教育背景等内容，仅凭定罪证据尚不足以准确评估罪犯的人身危险性。部分同志认为我国是法定证据主义国家，《刑事诉讼法》第 48 条列举的八大证据种类中没有包含社会调查报告，因而不能将其作为证据使用。[①] 我们认为，这是混淆了证据种类与证据概念。由于社会调查报告与量刑事实紧密相关，属于能够证明案件事实的材料，因此其符合证据的含义。由于我国的量刑程序在相当长时间内没有得到重视，与量刑相关的证据规则设计也长期处于空白状态。因此，传统的证据学理论主要是围绕着与定罪有关问题研究和发展起来的；虽然近年来量刑程序的研究逐渐得到了学者的重视和关注，量刑程序的地位也得到了法律的明确规定，但是量刑程序的改革还没有在证据制度上得到进一步的体现，当前立法所确定的证据规则依然主要是从定罪证据的角度予以设计和考量的。随着量刑程序的发展，与量刑程序息息相关的量刑证据规则将会日益完善，证据概念势必将从单一的定罪证据观延伸至定罪、量刑证据观。[②] 就证种类而言，社会调查报告在表现形式上并不符合单

[①] 汪贻飞：《论社会调查报告对我国量刑程序改革的借鉴》，载《现代法学》2010 年第 1 期。

[②] 孙锐：《论量刑程序中的证据规则》，吉林大学 2010 年硕士学位论文。

一的证据种类,而是多种证据形式的综合。这与电子证据的发展过程极为相似。2012年《刑事诉讼法》修订以前,电子证据的独立地位没有获得法律的认可,但是这并没有影响其在司法实践中被作为证据来使用,直至修订后的《刑事诉讼法》将其确立为独立的证据种类。客观地讲,我国《刑事诉讼法》对证据种类采用列举式的规定虽然具有明确、可操作性强的优点,但是也具有不能随着社会的发展而及时吸纳新出现的证据形式的缺点。具体从是否将社会调查报告作为证据的纷争分析,其实也并不是完全的针锋相对,他们主要是在实然和应然两个层面各自展开的。否定者主要是从现行法律框架和社会调查制度还很不健全的角度,认为在实践中只能将其视为参考资料,其实他们中的大多数并不反对在理论上将其视为证据。总之,在现有法律框架下,社会调查报告要么是以证据的综合表现形式出现,要么是在证据概念下实际上发挥着证明的作用,无论其以何种形式存在,我们都无法否认其证据属性。而且,只有将调查报告上升到证据的地位,才能使其在司法中不至于流于形式上的参考,成为裁量刑事处遇实质上的依据,从而达到维护未成年人权益的根本目的。因此我们认为,当前为了充分发挥社会调查报告在量刑程序中的作用,应当明确其证据属性,并作为量刑证据的一种纳入到量刑证据的范畴之中。

(三)进一步规范社会调查的内容、程序等

社会调查要用来为处理案件服务,则其启动、运作等必须程序化和规范化;社会调查材料应该视作证据,则其必须依法取得,并经法定程序确认。这些要求不是人主观意志的反应,而是少年司法科学化、规范化的必然要求。关于社会调查的具体运作,主要包括:社会调查如何启动、何时启动;社会调查报告如何具体制作、移送、归档;社会调查报告如何依法审查、确认以及在法庭上展示和质证;社会调查内容如何在法律文书中具体反映等。在此,我们就以下几个关键问题进行探讨:

1. 社会调查的内容。《刑事诉讼法》将社会调查的内容简明扼要概括为"成长经历、犯罪原因、监护教育等情况"。《高法解释》第476条规定:"对人民检察院移送的关于未成年被告人性格特点、家庭情况、社会交往、成长经历、犯罪原因、犯罪前后的表现、监护教育等情况的调查报告,以及辩护人提交的反映未成年被告人上述情况的书面材料,法庭应当接受。"在上述规定基础上,《未检工作指引》对调查内容进行了进一步的细化:"【调查内容】社会调查主要包括以下内容:(一)个人基本情况,包括未成年人的年龄、性格特点、健康状况、成长经历(成长中的重大事件)、生活习惯、兴趣爱好、教育程度、学习成绩、一贯表现、不良行为史、经济来源等;(二)社会生活状况,包括未成年人的家庭基本情况(家庭成员、家庭教育情况和管理方式、未成年人在家庭中的地位和遭遇、家庭成员之间的感情和关系、监护人职业、家庭经济状况、家庭成员有无重大疾病或遗传病史等)、社区环境（所在社区治安状况、邻里关系、在社区的表现、交往对象及范围等)、社会交往情况（朋辈交往、在校或者就业表现、就业时间、职业类别、工资待遇、与老师、同学或者同事的关系等）；（三）与涉嫌犯罪相关的情况，包括犯罪目的、动机、手段、与被害人的关系等；犯罪后的表现，包括案发后、羁押或取保候审期间的表现、悔罪态度、赔偿被害人损失等；社会各方意见，包括被害方的态度、所在社区基层组织及辖区派出所的意见等，以及是否具备有效监护条件、社会帮教措施；（四）认为应当调查的其他内容。"从上述内容可看出，社会调查涉及的面比较广，涵盖了个人因素、自然因素和社会因素。具体包括：纵向维度的成长历程，主要包括简要经历、不良行为史、性格及优缺点的形成演化等；横向维度的社会环境因素，包括家庭关系即未成年人与家庭成员之间的关系，社会关系即未成年人与其社区或单位其他成员之间的人际交往关系。通过对未成年人社会关系的调查，可以了解到其与社会其他成员之间是否处于紧张状态，结合社会成员对未成年人的评价，将能有效反映未成年人是否能及时为社会所接纳，融入到社会正常生活中去。需要指出的是，社会调查关注的是未然之罪，即涉罪未成年人人身危险性，因此不能仅停留于相关信息的收集，否则难以为司法处理提供真正有价值的评估结论。未成年人司法关注的是未成年人回归健康成长的需要，已然犯罪行为背后的原因对于帮助其回归健康之路更为重要。因此调查的实质在于收集相关资料认定未成年人的人身危险性和主观恶性，从而评判其人格特点，对其再犯的可能性进行预测；调查的内容也就应当围绕能够有效反映其人格的因素进行，而其人格是由未成年人的性格、心理特征、家庭与社会环境等各方面的因素共同决定的倾向。因此调查的内容也应当包括个别化的综合分析评估，其核心内容是未成年人犯罪的原因、再犯的风险因素（包括个人风险因素、社会风险因素和历史性风险因素），有的地方称回归社会有利、不利条件，以及可能的矫治措施。因此，有时需要由心理专家对涉罪未成年人进行心理测评，评估其社会人格健康状况，并提出相应的心理疏导和矫治的对策建议，对未成年人的教育、保护以及处遇措施的采取具有重要参考价值。为此，《高检规定》第12条第3款明确规定："人民检察院根据需要，可以对未成年犯罪嫌疑人、未成年被害人进行心理疏导。必要时，经未成年犯罪嫌疑人及其法定代理人同意，可以对未成年犯罪嫌疑人进行心理测评。"《未检工作指引》在此基础上，进一步明确在社会调查过程中可以根据需要进行心理测评，即"【心理测评】社会调查过程中，根据需要，经未成年犯罪嫌疑人及其法定代理人同意，可以进行心理测评"。总之，社会调查是通过对具体内容的调查分析，揭示未成年人犯罪的普遍原因和个别现象的区别，从而为犯罪预防提出对策，实现刑罚的个别化。

2. 委托调查程序的具体运作。前文谈过《高检规则》《高法解释》都规定了委托调查制度，这项制度对缓解当前司法机关案多人少的突出矛盾、解决社会调查的专业性等问题非常重要。为此，《未检工作指引》用多个条款对委托调查的具体程序和要求等进行了规范，如"【委托调查】人民检察院开展社会调查可以委托有关组织或者机构进行。当地有青少年事务社会工作等专业机构的，应当主动与其联系，以政府购买服务等方式，将社会调查交由其承担。委托调查的，应当向受委托的组织或者机构发出委托社会调查函，载明调查对象的基本信息、案由、基本案情、调查事项、调查时限等，并要求其在社会调查完成后，将社会调查报告、原始材料包括调查笔录、调查问卷、社会调查表、有关单位和个人出具的证明材料、书面材料、心理评估报告、录音录像资料等，一并移送委托的人民检察院"。又如"【保密及回避原则】人民检察院委托进行社会调查的，应当明确告知受委托组织或机构就每一个未成年人指派两名社会调查员进行社会调查；不得指派被调查人的近亲属或者与本案有利害关系的人员进行调查；社会调查时，社会调查员应当出示委托社会调查函、介绍信和工作证，不得泄露未成年犯罪嫌疑人的犯罪信息、个人隐私等情况，并对社会调查的真实性负法律责任"。再如"【了解情况】经人民检察院许可，社会调查员可以查阅部分诉讼文书并向未检检察官了解案件基本情况。社会调查员进行社会调查，应当会见被调查的未成年犯罪嫌疑人，当面听取其陈述。未成年犯罪嫌疑人未被羁押的，可以到未成年犯罪嫌疑人、被告人的住所或其他适当场所进行会见。未成年犯罪嫌疑人被羁押的，经公安机关审查同意，可以到羁押场所进行会见。会见未在押的未成年犯罪嫌疑人，应征得其法定代理人的同意"。需要指出的是，对于受委托直接承担社会调查工作的社会调查员在法律上如何定位，目前法律和司法解释还没有明确。上述《未检工作指引》中的相关规定，已经涉及社会调查员的权利、义务问题，有利于下一步对社会调查员诉讼地位的界定。对社会调查员诉讼地位如何界定，直接关系到社会调查员权利义务的配置，最终关系到社会调查报告质量的好坏。虽然就我国目前的诉讼体制看，很难为社会调查员在诉讼中找到具体明确的地位，从整个案件的处理过程来看，社会调查员参与未成年人案件的社会调查，而社会调查报告对未成年人的转向处分以及处理结果具有重要作用，因此，社会调查员承担了一定的诉讼职能，可以作为未成年人案件的诉讼参与人。这是讨论该问题时北京师范大学何挺教授的意见。社会调查员参与诉讼的目的是帮助司法人员了解那些可能会影响到犯罪嫌疑人犯罪的因素，调查的内容是通过案件事实不能获悉的有关犯罪人的其他情况；他并不偏袒任何一方，他的出现没有打破控辩双方的平衡。因此，我们认为社会调查员不属于控辩任何一方，也不依附于法院，应当在法律上赋予其独立的诉讼地位。其独立性主要包括两个方面的内容：一是社会调查员对属于法定的调查事项享有独立的调查权，形成独立的调查报告，不受其他机关干预；二是社会调查员对社会调查报告负责。只有这样，才能保证社会调查的科学性和调查报告质量，调查分析结果才容易被诉讼各方接受和认可。

3. 社会调查报告的审查核实。社会调查报告是调查人员对涉案未成年人情况的主观认识，也是调查人员对众多意见进行收集、归纳、汇总而形成的表述。如前文所述，社会调查报告在整个未成年人刑事案件中都具有十分重要的作用，为确保社会调查报告的客观公正性，公安机关、检察院、法院应当对社会调查报告进行审查核实。一方面要进行程序方面的审查，包括审查社会调查主体，不符合法定调查主体资格的人提供的调查报告当然不具有可采性；审查社会调查的手段，调查手段是否合法直接影响调查报告的客观性及可信性，采用暴力、胁迫等非法手段获取的调查报告应当予以排除；审查社会调查报告的内容，调查报告要求调查员站在客观中立的角度，以科学理性的语言撰写，不能带有个人情感因素和褒贬色彩，否则可能对司法人员的判断产生影响，进而影响案件的裁判质量。另一方面要进行实体方面的审查，主要是针对社会调查报告的真实性进行审查。可以通过报告自身内容的合理性、逻辑性以及与未成年人的供述、辩解进行比对，结合案件涉及的证人证言、书证和物证等进行判定，如果对社会调查报告真实性存在疑问，可以通过重点走访、现场核实等方式审查核实。① 换言之，与专门的社会调查机构和调查员相适应，公安机关、检察院、法院等为了适应对社会调查的程序和内容提出认同或反对意见的需要，实际上有时也要求进行社会调查。为此，《未检工作指引》设计了以下两条规定："【审查认定】人民检察院收到公安机关或者受委托调查组织或者机构移送的社会调查报告及相关材料后，应当认真审查材料是否齐全、内容是否真实，听取未成年犯罪嫌疑人及其法定代理人或者其他到场人员、辩护人的意见，并记录在案。""【重新调查】对公安机关或者受委托调查组织或者机构出具的社会调查报告，经审查有下列情形之一的，人民检察院可以重新进行社会调查：（一）调查材料有虚假成份的；（二）社会调查结论与其他证据有矛盾

---

① 程权、孟传香：《应由社区矫正机构担任未成年人社会调查主体》，载检察日报网，http：\ Avw \ v.360doc.com/coment/13/0814/17/1993767_307132770.shtml，浏览日期：2015年7月20日。

的;(三)调查人员系案件当事人的近亲属或与案件有利害关系应当回避没有回避的;(四)人民检察院认为需要重新调查的其他情形。"

4. 社会调查报告的制作及运用。为避免社会调查报告内容的零散、片面,《未检工作指引》设计了一条内容,专门对社会调查报告的制作进行规范,即"【制作报告】社会调查结束后,应当制作社会调查报告,由调查人员签名,并加盖单位印章。社会调查报告的主要内容包括:(一)调查主体、方式及简要经过;(二)调查内容;(三)综合评价,包括对未成年犯罪嫌疑人的身心健康、认知、解决问题能力、可信度、自主性、与他人相处的能力以及社会危险性、再犯可能性等情况的综合分析;(四)意见建议,包括对未成年犯罪嫌疑人的处罚和教育建议等。社会调查人员意见不一致的,应当在报告中写明。调查笔录或者其他能够印证社会调查报告内容的书面材料,应当附在社会调查报告之后。"

社会调查报告如何运用,其内容如何在法律文书如检察机关的不批准逮捕决定书、不起诉决定书、法院的判决书、裁定书中具体反映,也是非常重要的,一定程度上会影响社会调查的务实性。成人司法关注的是行为,是事实、证据、法律等法律因素,讲究定罪、量刑的准确性,即精准打击;而少年司法关注的主要不是行为,而是行为背后的人,因此,少年司法文书包括审查报告等都应当把"人"突显出来,把社会调查的相关内容,如未成年人成长经历、犯罪原因、监护教育等体现出来。为此,检察机关应当制定未检自己的文书样本,包括法律文书和工作文书,以适合未检工作的实际需要。《未检工作指引》对社会调查报告的运用设计了两条,一定程度上体现了上述精神:一是"【基本要求】人民检察院办理未成年人刑事案件,应当对公安机关或者辩护人提供的社会调查报告及相关材料进行认真审查,并作为审查逮捕、审查起诉、提出量刑建议以及帮教等工作的重要参考"。二是"【文书表述】承办人应当在案件审查报告中对开展社会调查的情况进行详细说明,并在决定理由部分写明对社会调查报告提出的处罚建议的采纳情况及理由。人民检察院在制作附条件不起诉决定书、不起诉决定书、起诉书等法律文书时,应当叙述通过社会调查或者随案调查查明的未成年犯罪嫌疑人、被不起诉人、被告人的成长经历、犯罪原因、监护教育等内容"。

另外,我们认为,社会调查的务实性应当通过规范化的程序来落实,通过制度来加以保障。在这方面,重庆市涪陵区人民检察院经过实践探索创设的"两卷制"的做法值得借鉴。该院与公安机关达成共识,由公安机关在收集案件材料形成普通刑事卷(也称侦查卷)的同时,收集社会调查材料并另行成卷,在移送案件时移送上述两卷。其中,侦查卷是原有模式,新增的社会调查卷一般包括以下几个方面的材料：一是反映少年犯罪嫌疑人或被告人家庭环境及成长情况的材料，如法定代理人、亲属和少年本人的相关陈述以及户籍档案材料等；二是反映少年犯罪嫌疑人或被告人学校表现情况的材料，如教师、同学的相关陈述，该少年的学校档案；三是反映少年犯罪嫌疑人或被告人社区表现情况的材料，如邻居、伙伴的相关陈述；四是反映少年犯罪嫌疑人或被告人个性心理状况和违法犯罪原因的材料，如心理评测报告、相关人员的分析评估。由于上述材料非常丰富，其相关法律文书的数量可以与侦查卷的法律文书数量相匹敌，因此完全可以独立成卷，以彰显未成年人刑事司法的特殊性。社会调查卷移送检察机关后，承办人对收集的社会调查材料进行审查，认为材料比较全面充分的，根据材料制作社会调查报告，认为材料不充分、不全面的，承办人将自行进行补充调查，并制作社会调查报告，提起公诉的案件，社会调查报告随案移送人民法院。两卷分立机制实际上是从源头对办理未成年人刑事案件提出了两方面的规范要求：一是要查清普通侦查卷所要求的主要反映未成年犯罪嫌疑人行为社会危害性的在案事实与证据；二是还应当重视社会调查工作的开展，查清社会调查卷所要求的主要反映未成年犯罪嫌疑人人身危险性和矫治可能性的人格事实与证据，以更好地实现法律规定的社会调查报告制度的目标。

● **核心观点**

社会调查决不能搞成一种摆设，而务实的最大要求是社会调查报告要有针对性，要揭示调查对象的个性。也就是说，要把调查对象真正的失足原因挑明，要把调查对象的感化点找出，要把调查对象适用从轻、减轻的理由阐明。这是一项极具难度的工作，也是一项系统工程，离不开一定条件的保证，以及有关方面的协调配合；还必须通过规范的程序来落实，通过制度来加以保障。关键点包括：调查人员专业、操作程序规范、社会调查报告的内容在法律文书中反映等。

专题五　特别程序下讯问未成年人：是否容许"阴谋诡计"？

就讯问而言，我国现行法律和司法解释除了讯问时法定代理人或者合适成年人到场等有限的几条规定外，没有针对讯问未成年犯罪嫌疑人的策略手段等进行专门规制，导致司法实践中对讯问未成年人是否容许"适度的"欺骗等重大问题存在争议，不利于特别程序原则、理念在讯问未成年人程序中的贯彻。

一、特别程序下讯问未成年人的目标任务

我们认为无论做什么工作，明确目标任务很重要，因为它决定着我们选择什么样的路径和采取什么样的方法手段等。前面论证过，基于未成年人犯罪原因、治理理念与刑罚策略都有别于成年人而设立的特别程序，与普通程序的立论根基完全不同，这决定了两者之间并非是相互依赖的关系，而是相互独立且具有内在品性的个体。普通程序是基于程序正义而设，为保证刑事实体法（《刑法》）的正确实施，追求精准打击；特别程序则是基于预防犯罪和帮助未成年人摆脱致罪因素而设，它不以实现惩罚正义为唯一、首要目的，而是以最大限度地保护未成年人、预防再犯、帮助未成年人为己任。这就决定了特别程序下讯问未成年人，与普通程序下讯问成年人，在目标任务上一定会有所不同。然而令人遗憾的是，对于"讯问未成年人的目标任务是什么，与讯问成年人的目标任务有何不同"这样的问题，有不少同志认为提出该问题没有多大意义，讯问未成年人与讯问成年人在目标任务上没有什么不同。如有观点认为，"二者的讯问目的没有不同，之所以为'讯问'，其目的只有一个，就是查明真相，还原法律事实，并尽可能地接近客观真实。这个'真相'包括起因、动机、目的、行为、手段、结果等等方面。讯问的目的并不因为对象的不同而有所不同"。还有观点认为，"对犯罪事实的调查仍是核心"，"查清案件事实与确保涉罪未成年人顺利回归社会二者之间并不存在矛盾。正确的认识应当是，在查清案件事实的基础上，对未成年人采取有利于其回归社会的司法处遇。事实不清、不能正确定罪量刑，就不可能对其进行针对性的挽救帮教。何

种罪行、有多大责任，与帮教挽救息息相关。前者是后者的前提基础，后者是前者的目的归宿"。① 对上述意见我们不敢苟同。我们认为，办理未成年人犯罪案件的目标在于教育、感化、挽救，使未成年人顺利健康回归社会，则所有实体、程序的构筑都要为此目标服务，讯问程序当然也不例外。因此，讯问未成年人的目标任务与讯问成年人存在根本性的差异，对此在认识上亟须予以澄清。

我们认为，讯问成年人的任务主要在于发现事实、寻求事实真相以及收集相关证据，从而为精准打击的目标服务，实现对犯罪人的公正惩罚；而讯问未成年人则属于少年司法中一个环节，其目的和任务服从于少年司法的目的和任务，因此，除了发现事实，更为重要的还要探寻未成年人走上犯罪道路的主客观原因以及回归社会的不利因素和有利条件等，从而为教育帮助未成年人、使其重新回归社会的目标服务。正如在世界少年司法大会上专家们倡导的，"在少年司法眼中，首先而且最重要的是儿童，不是罪犯，少年司法的责任是要帮助儿童得到全面发展"；办理未成年人犯罪案件关注的是"人"，而非"行为"，应着眼于未成年人的社会回归，而非纠结于犯罪本身。从这个前提出发，"查明犯罪事实"只是讯问未成年人任务的一个部分而已，不仅不是全部，而且也很难说是核心。既然讯问未成年人的根本目的不是对他们追逐惩罚，而是阻止其成为"罪犯"、帮助他们重新回归社会，则发现犯罪原因及其回归社会的需求才是讯问未成年人的核心任务，因为"原因""需求"能否发现才是真正找到解决问题的办法、使"教育、感化、挽救"取得实效之道，才直接关系着未成年人回归社会的成败。当然，由于查明犯罪事实与查清犯罪原因、发现回归社会的需求密切相关，因此查明犯罪事实当然也非常重要，但"查清案件事实与确保涉罪未成年人顺利回归社会二者之间"仍然是手段与目的的关系，还上升不到"前者是后者的前提基础"这样的高度，这与成人司法"查清案件事实"是"准确定罪量刑"的"前提基础"不同，这是当前在讯问未成年人目标任务问题上亟待树立的观念，以防止过分夸大"查清案件事实"在办理未成年人案件中的作用，避免不择手段地获取未成年人口供。

对于上述问题，上海市法学会未成年人法研究会会长、华东政法大学教授姚建龙教授认为："讯问未成年人肯定要跟讯问成年人有重大差异，讯问未成年人至少要增加犯罪原因的发现和回归社会处遇需求的发现这两个功能。"联合国救助儿童会未成年人司法项目经理姜敏女士也认为，"讯问未成年人与成

---

① 相关讯问未成年人问题在"全国未检检察官""少年一家"等微信群中进行过激烈的争论。

年人目的是有区别的,除了共性的部分,对未成年人,通过讯问了解犯罪之外类似社会调查的信息,从而服务于找到更适合的处置办法,也即实现少年司法的根本目的,帮助其更好矫正问题回归社会。当然,直接从讯问中获得所有这些信息是不现实的,也不科学,社会调查也起到不可替代的作用。但办案人员讯问时有这个理念,带着这个特殊的目的尽可能了解是不可或缺的。无论对进入司法程序的下一段,还是被分流后是否需要相关干预服务等后续方案,这些信息都是有用的"。

二、特别程序下讯问未成年人的策略手段

讯问的策略手段是指在讯问犯罪嫌疑人的过程中,为达到讯问目的而采取的具体措施、方法等。与成年人相比,未成年人由于生理、心智尚未完全成熟,社会经验匮乏,缺乏自我保护能力,对法律和诉讼行为难有正确、全面的理解,心理承受能力弱,易受伤害,使其在面对刑事程序时具有天然的"脆弱性",因此,普遍认为在讯问未成年人的手段方法上应当给予其"特殊关照"。

但是,究竟应该以什么标准作为对未成年人的"特殊关照",却存在不同认识。下面两种观点具有一定的代表性:一是"实践中,大家普遍认为只要不实施身体上的伤害或精神上的恐吓,其余带有离间、瓦解性质的攻心术是无伤大雅的,也是必要的。至少我们接触的侦查人员是这样的观点,我们自己也是这样认为的,执法办案必要的谋略有时也是需要的。还是得区别不同情况,例如对初犯和对 N 进宫的,用不用谋略就不一样"。二是"世界各国刑事诉讼中对侦查策略中的'骗',都不绝对禁止。如果常规讯问无法获得实情,则未成年人的案情就此迷糊,未成年人恐怕会对司法机关不屑一顾,便无法为后续的工作打好事实基础。人是有两面性的,未成年人同样如此,尤其是有劣行的未成年人更是如此,他们在法律面前会装成可怜兮兮、悔恨万分的样子,蒙骗办案人员的同情,而一旦给了他们机会,他们会变本加厉的"。当然,也有少数同志认为,对于未成年人的讯问策略应该采取更加严格的限制。除了不得采用暴力、威胁的审讯策略外,还应当禁止对未成年人进行欺骗性、诱导性、反复性和长时间的讯问,因为他们所具有的迎合权威人物以及高度关注短期利益的性格,使得其对于欺骗性、许诺性以及诱导性、反复性、长期性的讯问具有高度的暗示感受性,其面对上述审讯策略极容易做出虚假供述。

我们认为,在未成年人讯问的手段方法上是否要区别于成年人而给予其"特殊关照",答案似乎不言而喻:作为孩子,他比成年人更敏感、更脆弱,更难以承受外界的压力。但是,"特殊关照"的目的是什么?从上面三种观点

看,虽然对讯问未成年人的策略手段在观点上有一定的差异,且第三种观点与第一、二种观点差别还是非常大的,但三者有一点却是相通的,一言以蔽之,就是无论同意还是反对使用一定程度的"威胁、引诱、欺骗"策略,都主要是基于查清案件事实的需要而非未成年人保护的需要。如果对未成年人"特殊关照"的目的仅是保证其供述的真实性、合法性,则其实一定程度"威胁、引诱、欺骗"的策略手段同样可以适用于未成年人的讯问,因为刑事审讯不可避免地带有欺骗的成分①,"世界各国的立法和司法实践表明,'威胁、引诱、欺骗'的讯问策略有其存在的必要性,只是在运用时需注意'度'的把握"。② 也就是说,如果仅从"保证供述的真实性、合法性"这一功利角度出发,则讯问未成年人的策略手段与讯问成年人不会有质的差异,充其量在"度"的把握上更严格一些而已。但是,如果"特殊关照"不仅仅是为了保证其供述的真实性、合法性,更是为了保护进入刑事司法程序的未成年人,则一切损害其身心健康的讯问手段都应当予以摒弃,因为手段是为目的服务的,如果手段不能达成目的甚至与目的背道而驰,则当然不应使用。讯问的策略手段是讯问环节最为关键的部分,在讯问过程中,讯问人员是否利用各种手段对未成年人施加暗示和压力,是否存在心理强制以及讯问人员对这些手段的合法性判断等,不仅对供述的真实性、合法性有重大影响,而且对未成年人的身心健康、权益保护至关重要。尤其在当前司法实践中对相关问题存在较大争议的情况下,更有必要进行深入的探讨。

(一)为何应当"特殊关照"

未成年人与成年人的差别首先是生理差别。国家根据医学和心理学对脑成熟程度的界定,用法律来划界。人的生物性为先,对这种存在的规范界定在后,法律从制定到实施都不能违背这一铁律。这种差别决定了成人与未成年人二者在生理心理特征、行为选择以及法律处遇上的其他所有差别。③ 大量的神经科学和行为学的研究成果表明,人的大脑发育一直到25周岁左右才停止,最后一块发育的区域是前额叶,这个部分有作出判断,阻止人们作出轻率和冲

---

① 龙宗智:《威胁、引诱、欺骗的审讯是否合法》,载《法学》2000年第3期。
② 戴铁浩:《禁止"威胁、引诱、欺骗"与讯问策略》,载《净月学刊》2015年第2期。
③ 皮艺军:《中国少年司法理念与实践的对接》,载《青少年犯罪问题》2010年第6期。

动决定的作用。① 《发展心理学》关于青少年期大脑的发育中指出：参与高级认知活动的前额叶神经回路至少到20岁还能进行重构，而且大脑的容积在青少年中晚期还在持续增长。所以，虽然青少年时期大脑的剧烈变化程度比不上生命早期，但是只有当青少年的大脑经历重组和精细调整后，他们所表现的认知方面的进步才成为可能。② 而前额叶具有决策和执行功能，具体包括自我调控和抑制冲动，能进行复杂的计划和决策，能从过去的经验和一般的问题解决中得到启发，为未来做计划，能遇见事情的后果，以及具有能让个体承担责任的其他功能等。③ 未成年人与成年人的生理差别，决定了其心理的脆弱性和选择无力性，④ 从而也决定了他们在面对讯问时的劣势地位：

1. 冲动性。冲动是一种变得焦躁和寻求即刻满足的倾向，未成年人的冲动性主要表现在情绪容易激动，做事只顾眼前得失，不计后果，自控能力差等。与成年人相比，青少年不能深刻认识和理解他们行为的长期后果（时间感的缺失），对风险的估计不足和不准确，做事总是基于现在的定位，只考虑行为的即时后果，不去考虑几天后的后果，更不用说考虑几年后的后果。他们主要关注当时的压力和得失，有时甚至为了减轻压力和发泄情绪做出错误决定。⑤ 青少年这种时间感的缺失也使得他们缺乏对时间的判断，只注重如何尽快摆脱眼前的困境，不考虑将来的后果如何以及在法律决策时不容易理解和接受别人的观点，哪怕是来自他们自己的法律律师的意见。例如，一个16岁被控暴力谋杀的未成年人，在所有证据和证言都非常清楚表明他的犯罪事实时，他依然选择法庭质证而不是辩诉交易以缩短自己的刑期。因为对于他来说，认罪后辩诉交易的17年刑期和法庭质证的32年刑期没有太大区别，只是觉得17年比自己的年龄还长，无法接受，因此不选择认罪，放弃辩诉交易。而同样的情况，一个32岁的成年人就会因为对时间感的感知和对未来的决策与未

---

① 姚建龙：《未成年死刑犯的废除与美国少年司法的走势》，载《青少年犯罪问题》2007年第7期。

② [美]戴维·谢弗：《发展心理学——儿童与青少年》，邹泓等译，中国轻工业出版社2009年版，第191页。

③ Ruben C. Gur, Declaration of Ruben C. PhD, Patterson V. Texas. Petion for Writ of Certiorari to US Super Court, J. Gary Hart, Counsel.

④ 庄乾龙：《未成年人犯罪特别程序之定位》，载《青少年犯罪问题》2014年第3期。

⑤ Kathryn A. U. rbefg, Ruth A. Rosen. Age difference in Adolescent Decision – Making: Pregancy Resolution. Journal of Adolescent Research, 1987, Vol. 2, No. 4, p. 453.

成年人不同会选择辩诉交易，从而达到自己的利益最大化。[①] 另外，未成年人的情绪发展也和冲动性相关。处于儿童到成人的过渡期的未成年人会有更多的体验恐惧、焦虑、愤怒、罪恶感、悲伤、挫折和孤独、抑郁等负面情绪，他们的情绪中枢（大脑的边缘脑部分）要到25岁左右才能完全成熟。因而当未成年人面对高压性讯问情境时会经历比成年人更多的情绪困扰，容易感受到害怕、恐惧、焦虑等负面情绪，会更加关注其内心的感受和紧张，减少对讯问任务本身的关注，不能全面客观地考虑现实的困境和对自己最有利的解决问题的方式，容易做出不符合自身利益的决策行为。

2. 对风险评估存在缺陷。风险评估分为三个阶段，对风险的觉察、对风险现实可能性的判断和对风险的主观感受。由于社会经验过少，未成年人面对讯问的风险觉察受到阻碍。即使是曾经因为轻微违法行为被警察讯问过，他也会觉得警察的讯问类似父母的说教，不会意识到自己的回答意味着风险。尤其是当他们再次因为严重犯罪嫌疑被讯问时，依然会根据经验觉得回答完问题后就可以回家。对风险现实可能性的判断上，未成年人存在偏差：以为坏的事情不会发生在自己身上，只会发生在其他人身上，这和未成年人感觉和感受更多的"以自我为中心"联系在一起的。在决策过程中，他们通常容易看到决策的有利一面而忽略不利的另一面，在犯罪学的情景中，这种心理被称为"侥幸心理"。而在这种心理下，很多涉罪未成年人会选择顺着讯问人员的提问回答，以便于早点结束讯问后回家。另外，未成年人对于风险的主观感受与他们的两个心理需求特征有高度相关性，一是渴望得到他人的认可和尊重，尤其是同伴和同龄人的尊重和认可；二是渴望自由和独立，让世界见证其力量和勇气。在这两个需求的影响下，他们对待讯问也会和成年人有很大的不同的感受：第一，他们对拘禁和必须面对讯问明显不适应，会为了即时摆脱眼前的困境而选择供述，而不去理会自己供述的真实性和后面的长远的后果和影响；第二，他们会过分看重同伴的观点，有时候会为了炫耀做虚假供述或者为了"义气"而死扛到底；第三，在对待权威人物和成人世界的态度上，未成年人更多地表现出矛盾的特点。一方面，当他们的行为模式和思想观念不被社会所认可时，他们会具有很强的叛逆性和敌对性，这种叛逆性也是未成年人对社会现实和成人世界不满的体现；但另一方面，与成年人相比，未成年人对"权利"和"规则"的认知，以及对成人和权威的理解存在偏差，他们通常会把规则看成一个权威人物的命令（成熟到一定程度才会慢慢把法律看作是一个

---

① Appelbaum, P. S., & Thmos Grisso. Assessing pateent's capacites to consent to treatment. New England Journal of Medicine, 1988, 319, pp. 1635 – 1638.

社会契约，其目的是维护社会共同的利益），相信绝对的权力，因此在面对讯问情境下，未成年人容易表现出对权威的服从，即使在自身受到损害的情况下也很少质疑损害的正当性，同时也缺乏批判性的思维方式来应对。未成年人的上述特点要求讯问人员不应当对案件事实持有偏见，如果讯问人员偏执地坚信某一看法，就很可能使未成年人因其顺从性而作出与讯问人观念相一致的内容。

总之，讯问本身带来的压力会导致人格尚未健全、情绪发育及脑神经发育不完善的未成年人做出冲动决策。与成人相比，未成年人在面对侦讯时天然的"脆弱性"，决定了必须设置一系列特殊的保护、协助机制，需要与成人全然不同的理念和规则来规范，从而弥补未成年人自我保护能力的不足，防止其受到不当司法行为的侵害。如果用对待成人的标准对待未成年人，用讯问成人的策略手段来讯问未成年人，则不仅可能影响其供述的真实性、准确性以及由此产生的证据的合法性，而且，应当被认为是一种居高临下、以强凌弱的粗暴。① 例如，美国联邦最高法院在 1948 年的 Haley v. Ohio 一案②和 14 年后的 Gallegos v. Colorado 一案③一再强调了"年龄"在认定供述是否自愿时的特殊意义，认为在未成年人刑事审讯中，要注意未成年人需要比成年人更多的宪法保护，在警察讯问未成年犯罪嫌疑人时，理应给予比成年人更多的关照。即"当仅仅是一个孩子（被法律轻易摆布的人）在我们面前，在审查记录时必须要给予特别的关照"，"在他不能与完全拥有认识和理解其供述后果的成年人相比，他在未能获得关于其权利的意见（从确保他权利的那些人那里）以及对其处境应采取的措施提供更慎重判断的帮助的情况下，是无从知道供述的后果的……成年人的意见会使他与讯问人相对时，少些不平等的地位（less unequal footing）"。"一个 14 岁的男孩是不能够知道，更不要说主张他所拥有的这些宪法权利的，如果允许这样的指控继续存在，实质上将把他当作没有这些宪

---

① 皮艺军：《中国少年司法理念与实践的对接》，载《青少年犯罪问题》2010 年第 6 期。

② 一个 15 岁的黑人男孩在午夜时刻因为抢劫杀人而被捕，在并未告知其有权聘请律师的情况下，被警察连续审问，并在第二天供认犯罪。警察在告诉他的权利后，他签署了书面的供述。联邦最高法院认为这些供述违反自愿原则。

③ 一个 14 岁的男孩在被警察逮捕后就供述了，并被单独监禁了 5 天，在这期间既没有讯问又没有被允许见律师、亲属和朋友，那时他签署了一份正式的供述。对此供述，联邦最高法院认为违反宪法权利。

法权利看待"。①

（二）威胁等对抗性讯问策略是否适用

侦查讯问策略有对抗性讯问策略和非对抗性策略两大范式。对抗性讯问策略是指讯问人员通过采取富含攻击性的讯问方法与手段，在侦查讯问中制造一种紧张、对抗的讯问氛围，迫使犯罪嫌疑人内心产生恐惧，并因最终受不了恐惧而向讯问人员供述的讯问策略；非对抗性讯问策略，是指讯问人员在讯问中并不刻意制造出攻击性的讯问氛围，而是在向犯罪嫌疑人坚定地提出指控后，再通过向犯罪嫌疑人表示同情与理解而赢得犯罪嫌疑人的信任，让犯罪嫌疑人产生供述是符合自己利益的想法并自愿向讯问人员供述的讯问策略。② 虽然在合法前提下制造出让犯罪嫌疑人无法承受的恐惧具有太多的困难，但由于制造出紧张、恐惧的讯问氛围是一件比较简单的事，因此很多人爱好这种讯问技巧，如采取"红脸白脸法"的讯问方法，使犯罪嫌疑人在恐惧"红脸"警察的同时向"白脸"警察作出认罪的供述。③ 直接攻击性讯问手段显而易见对犯罪嫌疑人身心具有损害，适用于未成年人显属"以强凌弱"。当然，一般来说对未成年人的"恐吓"强度不会太大，但即便如此，从讯问未成年人的目标任务来看，也是不适合的。

由于讯问未成年人的任务与讯问成年人有根本性差异，其重心在于发现犯罪原因及其回归社会的需求（前面已经探讨，在此不再赘述），这就要求在讯问未成年人时，不仅要查明犯罪事实，更要深入了解未成年犯罪嫌疑人的身心状况、性格特点、生活习惯、生活环境、社会交往、兴趣爱好、行为特征、认知思维模式、教育程度、监护教育等相关情况，并尽可能多地获取其违法、犯罪、不良行为、是否曾经被侵害以及回归社会的、有利条件、不利因素等信息。上述情况、信息的掌握，需要在讯问人员与未成年人之间建立一种信任友善关系，通过开诚布公的讯问策略从讯问对象口中获取有价值的信息。显然对抗性的讯问策略很难做到这些。一是采用对抗性的讯问策略，实际上是将未成年人置于讯问人员的对立面，无论先前讯问人员与未成年人之间存在的信任处于何种层次，都会被动摇、破坏。在未成年人缺乏对讯问人员基本信任的情况下，怎能期望其坦露心声？更为重要的是，在对抗性策略主导下的讯问人员直

---

① 董开星：《讯问过程中的未成年人权利保护——美国的经验和教训》，载《青少年犯罪问题》2014年第3期。

② Michael H. Graham. Federal Rules of Evidence in aNueshell, 1996 West Group. 转引自姜南：《管窥非对抗性讯问策略方法》，载《江西警察学院学报》2012年第1期。

③ 姜南：《管窥非对抗性讯问策略方法》，载《江西警察学院学报》2012年第1期。

接控诉经常会限制犯罪嫌疑人供述的内容,从而影响到讯问人员获得更多的未成年人个人、家庭、交往情况等乃至更多的违法犯罪、不良行为等信息。二是心理学研究表明,人处于紧张、恐惧状态时,大脑控制兴奋与抑制的神经系统失调,使大脑原有信息的输出产生障碍,思维和记忆都受到影响,对未成年人来说,这种情况会更加突出。实践中,未成年人的供述极易出现两个极端:一是由于害怕或高度紧张而对犯罪事实不敢供述或供述不清;二是由于胆怯而唯唯诺诺、"破罐子破摔"或者"顺竿爬",别人说什么就承认什么,造成供述不实。尤其是使未成年人不敢或没有机会讲明自己的犯罪原因,坦白自己内心深处的东西,从而失去了挖掘犯罪根源的最佳时机。而非对抗性策略并不需要特别关注那些侦查的目标(指犯罪事实),讯问人员作为区别于作案人、被害人的第三方立场,可以理性化解读或解释犯罪嫌疑人在当时选择犯罪的决策可能是错误或不道德的,并鼓励、引导犯罪嫌疑人在讯问中进行理性决策而不是像在对抗性讯问情境中那样经过情感决策(忍受不了恐惧)后再供述。非对抗性策略允许犯罪嫌疑人在供述前将讯问人员当作可信任的法律顾问,一种能够让犯罪嫌疑人摆脱当前困境的媒介,从而更容易供述其罪行。而且,由于非对抗性策略并不直接指控,其结果往往是犯罪嫌疑人可能会供述出那些讯问人员还不知道的但他已经涉嫌的其他犯罪案件。这种策略使讯问人员可以从犯罪嫌疑人口中获得更多的犯罪情报信息,并提供了更多分析、评估犯罪嫌疑人拒绝供述心理的机会,可以对犯罪嫌疑人反应性行为模式进行评估与分析。因此,绝大多数在对抗性讯问策略下能够获得的犯罪嫌疑人供述,同样能够在非对抗性讯问策略下获得,而且讯问工作的效率更高。① 可见,非对抗性策略更适合于讯问未成年人。需要强调的是,适用于讯问成年人的非对抗性策略由于本质上是为了查明犯罪事实、收集证据以实现"报应"惩罚,因此,其并非真正意义上的"开诚布公",只是更多地通过表示对讯问对象的理解与同情,以使得讯问对象接受讯问人员的建议而供述而已。② 而讯问未成年人的根本目的既然是为了教育挽救未成年人,不是为了"报应"惩罚,则适用于讯问成年人的非对抗性策略的一些做法,如"不要给嫌疑人留下否认有罪的空间""使用一组选择性问题或诱导性问题(选择性问题或诱导性问题更容易被犯罪嫌疑人所接受、并进而开口供述)"等技巧,③ 实际上也不适用于讯问未成年

---

① 姜南:《管窥非对抗性讯问策略方法》,载《江西警察学院学报》2012 年第 1 期。
② 张高文、姜南:《浅析森林犯罪案件的讯问思路》,载《森林公安》2011 年第 2 期。
③ 姜南:《管窥非对抗性讯问策略方法》,载《江西警察学院学报》2012 年第 1 期。

人，需加以改造。因为惩罚是单向的，惩罚的合法性在于把事实证据搞准、正确适用法律；而教育是双向的，包括教和学，只教不学，教育仍然没有任何效果。因此在少年司法中需要未成年人的参与，需要他有意愿、能与你合作。这就需要充当教育者的讯问人员能够真正获得未成年人的信任，同时也不应辜负这一信任，否则会严重损害司法的公信力及未成年人对法治的信仰：其实每一个面对未成年人的司法人员都在"言传身教"。因此讯问未成年人的策略应当是真正建立在友善信任基础上的"开诚布公"。对此，还将在接下来的问题中进行更为深入的阐述。

（三）是否应当禁止使用带有欺骗性的策略手段

虽然说刑事审讯不可避免地带有欺骗的成分，① 在司法实务中，普遍存在将一定程度上的"威胁、引诱、欺骗"作为合法讯问方法使用，② 但上述这些观点都是或者至少主要是针对讯问成年人来讲的，我们今天专门来探讨讯问未成年人的策略手段，则"一定程度上的威胁、引诱、欺骗"是否合法、合理呢？其中关于"威胁"的方法不宜使用前文已进行了较为深入的讨论，在此重点谈欺骗性讯问策略是否可以适用于讯问未成年人。

1. 站在未成年人角度看，欺骗性讯问策略是违法的。我国1996年《刑事诉讼法》第43条规定明确规定："严禁刑讯逼供和以威胁、引诱、欺骗以及其他非法的方法收集证据。"由于该条款的规定在司法实践中几乎未得到运用，也未因此排除过该非法取得的证据③等，在2012年《刑事诉讼法》修改的过程中，一审提交的草案中删除了"威胁、引诱和欺骗"表述。但是后来，由于社会各界尤其是理论界反对激烈，如有学者专门撰文阐述禁止"威胁、引诱和欺骗"的表述不能删除，理由是尽管这些规定在司法实践中并未得到运用，但作为指标性规定，对于规范刑事诉讼行为和防止非法取证仍然具有发挥作用的潜在性，④ 因此，在二审提交的草案中又将其恢复。现行《刑事诉讼法》第50条明确规定："严禁刑讯逼供和以威胁、引诱、欺骗以及其他非法的方法收集证据，不得强迫任何人证实自己有罪。"第54条又规定，"采用刑

---

① 张建伟：《"威胁、引诱和欺骗"，为何不能删除？》，载《检察日报》2012年2月6日。

② 戴铁浩：《禁止"威胁、引诱、欺骗"与讯问策略》，载《净月学刊》2015年第2期。

③ 张建伟：《自白任意规则的法律价值》，载《法学研究》2012年第6期。

④ 张建伟：《"威胁、引诱和欺骗"，为何不能删除？》，载《检察日报》2012年2月6日。

讯逼供等非法方法收集的犯罪嫌疑人、被告人供述和采用暴力、威胁等非法方法收集的证人证言、被害人陈述，应当予以排除"，于是当"威胁、引诱、欺骗"的程度与刑讯逼供相当时，所得口供属于非法证据排除的行列，而未达到刑讯逼供程度时，则所得口供不属于非法证据排除对象，这其中，实际上便承认了"威胁、引诱、欺骗"在讯问中具有一定的容许度。但是，未成年人与成年人相比，由于脑成熟程度而导致的巨大差异及社会化程度上的区别（这些差别是一个不容回避的客观事实），使得对未成年人只能做"感性人"的人性假设，而非成人司法理性人的人性假设。① 站在"感性人"的角度看我国的法律规定（涉及未成年人的法律问题应当考虑未成年人的视角，否则属于典型的以成人思维做"孩子游戏"情形，游戏规则由成人制定，游戏主角由未成年人担任，游戏目的实现与否由制定规则之人决定，这只不过是自欺欺人之举罢了②），显然"威胁、引诱、欺骗"的讯问是违法的，很难要求未成年人能够通过"理性判断"来理解和认可"威胁、引诱、欺骗"在讯问中具有一定的容许度。这样，一方面根据《刑事诉讼法》第118条的规定要求未成年人要讲真话、如实供述；另一方面司法人员却在行"欺骗"之道，则如何期待能够培养出未成年人的规则意识和对法律的信守？

2. 在目前尚未划清"威胁、引诱、欺骗"策略的合法底线，甚至对是否可能存在一条泾渭分明的合法与非法界限还抱有怀疑的情况下，③ 将其用于未成年人的讯问显然是轻率、不负责任的，与我国《未成年人保护法》④ 要求的对未成年人特殊、优先保护原则相违背。由于相关法律规定较为模糊，且滥用侦查谋略容易造成违法后果，因此非法的"威胁、引诱、欺骗"已成为司法实践中亟须厘清的问题，无论是官方文本还是学术界都做了许多努力，试图去解释这一标准，但仍然有诸多不明之处。如《刑诉规则》第65条详细规定了讯问中的禁止性条款，"对采用刑讯逼供等非法方法收集的犯罪嫌疑人供述和采用暴力、威胁等非法方法收集的证人证言、被害人陈述，应当依法排除，不

---

① 姚建龙：《未成年死刑犯的废除与美国少年司法的走势》，载《青少年犯罪问题》2007年第7期。

② 庄乾龙：《未成年人犯罪特别程序之定位》，载《青少年犯罪问题》2014年第3期。

③ 李尧：《论运用侦查谋略的合法性底限》，载《山东警察学院学报》2015年第4期。

④ 第3条第1款规定："未成年人享有生存权、发展权、受保护权、参与权等权利，国家根据未成年人身心发展特点给予特殊、优先保护，保障未成年人的合法权益不受侵犯。"

得作为报请逮捕、批准或者决定逮捕、移送审查起诉以及提起公诉的依据。刑讯逼供是指使用肉刑或者变相使用肉刑,使犯罪嫌疑人在肉体或者精神上遭受剧烈疼痛或者痛苦以逼取供述的行为。其他非法方法是指违法程度和对犯罪嫌疑人的强迫程度与刑讯逼供或者暴力、威胁相当而迫使其违背意愿供述的方法。"该规定虽然没有直接提及"威胁、引诱、欺骗",但是显然认为与其他非法的方法在概念上是种属关系,将其置于其他非法的方法中加以规制。于是,当"威胁、引诱、欺骗"的违法程度以及对犯罪嫌疑人的强迫程度与刑讯逼供相当,并且能导致犯罪嫌疑人违背意愿供述的结果时,该"威胁、引诱、欺骗"所得口供属于非法证据排除的行列。但如何认定"威胁、引诱、欺骗"是否达到刑讯逼供程度依然困难重重。根据1999年9月16日最高人民检察院发布施行的《关于人民检察院直接受理立案侦查案件立案标准的规定》,刑讯逼供罪是指司法工作人员对犯罪嫌疑人、被告人使用肉刑或者变相肉刑,逼取口供的行为。涉嫌下列情形之一的,应予立案:手段残忍、影响恶劣的;致人自杀或者精神失常的;造成冤、假、错案的;3次以上或者对3人以上进行刑讯逼供的;授意、指使、强迫他人刑讯逼供的。由于作为犯罪的刑讯逼供在自然事实和法律事实上均与"威胁、引诱、欺骗"存在根本区别,因此就"威胁、引诱、欺骗"的违法程度而言,使用类推或者参照的认定方法,明显脱离司法实践甚至基本的审讯实践,如对"威胁、引诱、欺骗"如何认定手段残忍?[①] 法学界对该问题也早有研究,如龙宗智教授的《威胁、引诱、期骗的审讯是否违法》、毕惜茜教授的《侦查讯问策略运用的法律界限》、蒋开富的博士学位论文《侦查策略正当性原理》[②] 等,但是,有关各界对运用侦查谋略的合法性底线一直没有达成较为明确的共识。2012年《刑事诉讼法》修改过程中对这一问题的争议、反复,也充分反映出对"威胁、引诱、欺骗"讯问策略进行规制的困境。在未划清"威胁、引诱、欺骗"策略的合法底线的情况下,将之用于身心不成熟、易受伤害的未成年人,其风险性显而易见。

3. 讯问谋略的适当性、必要性和比例性原则,决定了讯问未成年人应当禁止使用带有欺骗性的策略手段。

在很多国家刑事司法实践中,判定欺骗等侦查谋略使用的合法性有一条标

[①] 蒋勇、郑海:《侦讯中非法威胁、引诱、欺骗的界定——以正当期待为框架的分析》,载《净月学刊》2014年第4期。

[②] 龙宗智:《威胁、引诱、期骗的审讯是否违法》,载《法学》2000年第3期;毕惜茜:《侦查讯问策略运用的法律界限》,载《中国人民公安大学学报》2004年第3期;蒋开富:《侦查策略正当性原理》,西南政法大学2006年博士学位论文。

准是比例原则,我国亦有学者提出引进比例原则作为认定讯问谋略是否合法的依据。① 比例原则源于行政法,现已成为公法的重要原则之一。比例原则的内涵包括三项子原则,即适当性原则、必要性原则和比例性原则。适当性原则要求手段和目的之间具有关联性;必要性原则要求当同时有数种手段可以达到目的时,应选择对公民权利侵犯最小的手段实施,当存在法有明文规定的措施即可达到目的时,则无须使用侦查谋略;比例性原则要求手段所保护的公共利益与其损害的公民权利应当成比例,一般前者要大于后者。② 用比例性原则来检验,显然欺骗性的讯问策略在未成年人的讯问中不应当被允许使用。

(1)不必要。"欺骗因素在刑事司法(主要是刑事侦查)活动中的法律许容性,从根本上讲是由与犯罪作斗争的行为性质、实际需要以及社会道德体系在一定程度上的灵活性所决定的",③ 是面对错综复杂的罪案和其中不乏狡诈、凶狠和老谋深算的犯罪嫌疑人,而"必须站在较低的道德水平上,不能像遵守道德和法律的公民在处理日常事务时所期待的那样","这些策略和技术建立在以下事实基础上,即绝大多数罪犯不情愿承认罪行,从而必须要从心理学角度促使他们认罪,并且不可避免地要通过使用包括哄骗在内的审讯方法来实现。这种方法被恰当的规定下来"。④ 而讯问未成年人并不存在上述的"事实基础"。多数未成年人单纯、幼稚,往往是出于一时的好奇、玩闹、恶作剧或纯粹的生理性刺激而实施了触犯刑法的行为。未成年人所经历的社会化过程相当有限,他们对犯罪区别于其他违反社会规范行为的特殊社会危害性的认识,整体上是很模糊甚至是无知的。司法实践中,不少未成年人把抢劫同龄伙伴的钱视为"要钱",把强奸视为"要女朋友"、把盗窃视为"拿点东西",把伤害甚至杀人视为一般性的打架等,以及犯罪后不同于成年人犯罪的种种表现,如对所造成的危害表现得无所谓,犯罪后不知道刻意逃避,侦查中容易被识别和被抓获,抓获后罪行很容易被证明,以及被拘留或逮捕后天真地闹着要回家等,凡此种种行为表现,无不反映出未成年人这个年龄阶段所特有的基本认识特征,即是非观念模糊、淡漠甚至颠倒,行为的预见性和适应性差,对行为后果缺乏内省力等。正如一位美国学者 Barry C. Feld 在其著作《少年警察讯问:

---

① 艾明:《论德国刑事诉讼中的禁止欺骗性讯问规则——兼论我国禁止"欺骗取证"规定在侦讯中的适用》,载《证据科学》2014年第4期。

② 张建伟:《"威胁、引诱和欺骗",为何不能删除?》,载《检察日报》2012年2月6日。

③ 龙宗智:《欺骗与刑事司法行为的道德界限》,载《法学研究》2002年第4期。

④ [美]弗雷德·英博:《审讯与供述》,何家弘等译,群众出版社1992年版,第275页。

政策与实践的实证研究》中说的那样,"未成年人在理解力、记忆力、注意力和动机水平上都要逊于成年人,他们几乎没有生活经验或者心理来源来抵抗审问压力,同时,他们对法律权利和结果的不理解也会增加其受警察操纵技术的影响程度。他们更容易遵从权威人物,并按照所猜测的警察的意图来做出供述"。① 因此欺骗性的讯问策略对未成年人实无使用之必要性。

(2) 超出了道德限度。讯问策略的实施不能使社会和法庭"受到良心上的"冲击,或者"使社会震惊","使社会不能接受",② 不得产生过高的道德成本:一是不得违背宗教伦理、职业伦理以及家庭人伦,二是不得损害那些具有社会公信力的基本制度。③《北京规则》第1.2条规定:"会员国应尽力创造条件确保少年能在社会上过有意义的生活,并在其一生中最易沾染不良行为的时期使其成长和受教育的过程尽可能不受犯罪和不法行为的影响。"《儿童权利公约》在序言中指出,"应充分培养儿童可在社会上独立生活,并在《联合国宪章》宣布的理想的精神下,特别是在和平、尊严、宽容、自由、平等和团结的精神下,抚养他们成长"。我国《未成年人保护》第3条规定:"未成年人享有生存权、发展权、受保护权、参与权等权利,国家根据未成年人身心发展特点给予特殊、优先保护,保障未成年人的合法权益不受侵犯。"若将欺骗性讯问手段适用于未成年人,显然违反国家对未成年人特殊、优先保护的基本法律制度,易造成以大欺小的"良心上的"冲击,或者"使社会震惊"。正如四川大学龙宗智教授所言,欺骗性讯问手段的使用必须有使用对象的限制,对未成年犯罪嫌疑人不能使用欺骗性讯问谋略。这是为了保护未成年人,一方面防止其被诱使犯罪,或者被欺骗而承认未实施的罪行(由于不成熟,未成年人容易受到误导);另一方面也是防止国家机关使用欺骗性手段对未成年人形成道德上的不良影响。④

(3) 不适当。《儿童权利公约》第40条第1款规定:"缔约国确认被指称、指控或认为触犯刑法的儿童有权得到符合以下情况方式的待遇,促进其尊严和价值感并增强其对他人的人权和基本自由的尊重。这种待遇应考虑到其年龄和促进其重返社会并在社会中发挥积极作用的愿望。"办理未成年人案件的

---

① Barry C. Feld. Police Interrogation of Juveniles: An emperimental study of policy and of policy and practice, Journal of Criminal Law & Criminolog, 2006, 97, 1. Academic Research Library, pp. 231 – 233.

② [美] 弗雷德·英博:《审讯与供述》,何家弘等译,群众出版社1992年版,第275页。

③ 万毅:《侦查谋略之运用及其底限》,载《政法论坛》2011年第4期。

④ 龙宗智:《欺骗与刑事司法行为的道德界限》,载《法学研究》2002年第4期。

重心在于帮助教育挽救失足未成年人,使其回归社会健康成长,欺骗性讯问手段与上述目的背道而驰,不利于促进未成年人"尊严和价值感并增强其对他人的人权和基本自由的尊重",因此将欺骗性讯问手段适用于讯问未成年人也是不适当的。

(四)"许诺""挑拨离间"的策略是否合适

我们认为,在讯问未成年人时要慎用"许诺"等策略。许诺是指讯问人员承诺犯罪嫌疑人一定利益,以换取犯罪嫌疑人的供述。许诺与引诱有相似之处。讯问中的引诱是指讯问人员给犯罪嫌疑人许诺某种利益,使其供述的行为;也包括采用诱导式发问。即"引诱的方式有两种:一是以利益作为诱饵,即对被讯问人许以某些好处,从而促使其陈述;二是采用诱导式发问,即在提出的问题中已经包含了答案,通过这种方式提问,旨在要求或暗示被讯问人按预设的答案作出回答"。① 许诺与引诱的第一种情况具有相似之处,从本质上讲,许诺与利益式的引诱都是以一定利益换取犯罪嫌疑人的供述,其区别在于利益的适法性,即作为非法讯问方法的引诱向犯罪嫌疑人许以的利益法律是不允许的,或是不可能实现的,带有欺骗的性质;而作为诱导性讯问策略方法的许诺是以法律规定之利益为基础的。许诺的方式包括两种情况:一是犯罪嫌疑人向讯问人员主动提出条件,讯问人员根据政策法律规定作出许诺,称之为被动型许诺;二是讯问人员根据政策法律规定对犯罪嫌疑人进行教育感化,许诺其一定利益,称为主动型许诺。无论是主动型还是被动型许诺,其本质都是讯问人员与犯罪嫌疑人的一种利益交换,若能对许诺控制到位,无疑是对双方都有利的讯问方式。讯问中进行许诺要求遵守司法诚信原则,必须做到:其一,许诺的利益必须是法律所允许的,非法利益不可能实现,本身就是欺骗,并且会严重损害司法机关的公信力;其二,对犯罪嫌疑人许诺的利益必须兑现。司法人员代表国家实施的司法行为若不讲诚信,则司法机关的公信力势必荡然无存。有同志认为,在讯问未成年人过程中,讯问人员应该充分利用未成年犯罪嫌疑人贪图利益的心理,为其设计利益圈套,诱使犯罪嫌疑人为自己的利益而供述犯罪事实。② 对此,我们不敢苟同。一是运用许诺获取犯罪嫌疑人供述存在一定风险,其风险在于,由于并非是犯罪嫌疑人态度的转变,因此,一旦诱因消失、压力刺激消除或暂停,犯罪嫌疑人极有可能翻供;二是虽然有利于获得口供,但是从长远来看,不利于未成年人"形成固定的态度或行为":"相

---

① 刘梅湘:《刑诉法第 43 条之反思》,载《中国刑事法杂志》2006 年第 3 期。
② 胡畔:《未成年团伙犯罪嫌疑人的心理特征和讯问对策》,载《法制博览》2015 年第 2 期(中)。

当大的奖赏或严厉的处罚,能够为行为提供强有力的外部理由。因此,如果你只要求一个人做一件事或者限制他做一件事并且仅此一次,那么最好的方法就是给予相当多的奖励或严厉的处罚。但是,如果你要对方形成固定的态度或行为,那么导致服从的奖赏或处罚越少,最后的态度改变会越大,而且效果越持久。大量的奖赏及严厉的处罚都是强烈的外部理由,因此能够激发顺从行为但阻止了真实态度的改变。"① 因此,对未成年人应当慎用"许诺"策略,尤其不能许诺法律所不允许的。比如下面的真实案例:

未成年人:给我一支烟我会好好配合。

检察官:我们是女同志,不会随身带烟,结束后给你找一支。

未成年人:你们骗人,公安也是这样说的,完事就走了。

……

上述例子是讯问人员被动型许诺,其许诺的"利益"违反了《未成年人保护法》《预防未成年人犯罪法》关于未成年人不能抽烟的规定。

另外,实践中,很多人推崇在讯问团伙犯罪的未成年犯罪嫌疑人时运用"挑拨离间"的讯问策略,认为应当"将在现场勘查、证人证据、被害人询问中获得的案件相关信息归功于犯罪同伙身上,大肆宣扬他们同伙之间'兄弟情谊'的虚假,为推脱自己的罪责而供述出卖兄弟的内容。使犯罪嫌疑人感到孤立无援、被兄弟背叛,丧失对哥们的信任,进而供述犯罪行为"。② 对此,我们认为是与上述同样的道理,即虽然这样有利于获得口供,但长远来看,不利于未成年人正确价值观的形成,而且其中包含欺骗成分的更应当禁止。

最后,以《北京规则》的相关规定作为我们对该节问题的最后注释。《北京规则》第10.3条规定:"应设法安排执法机构与少年犯的接触,以便在充分考虑到案件发生情况的条件下,尊重少年的法律地位,促进少年的福利,避免对其造成伤害。"并在说明中指出,"'避免伤害'的措辞比较灵活,它包括可能互相影响的许多特点(例如恶语相伤、身体暴行或环境影响等)。触犯少年司法程序本身对少年就可能是'有害的';因此,'避免伤害'应首先广义地解释为尽可能不伤害到少年,以及尽可能不造成其他任何或无故的伤害。这在与执法机构的初步接触中特别重要,因为这可能深刻地影响到少年对国家和社会的态度。而且,任何进一步的干预是否成功,在很大程序上取决于这种初

---

① 艾明:《论德国刑事诉讼中的禁止欺骗性讯问规则——兼论我国禁止"欺骗取证"规定在侦讯中的适用》,载《证据科学》2014年第4期。

② 刘启刚:《青少年犯罪嫌疑人的心理特点及讯问策略》,载《武警公安干部学院学报》2010年第3期。

步接触。在这种情况下,同情和宽厚坚定的态度极为重要。"

三、特别程序下讯问未成年人的程序规制

所谓程序规制,是指以程序制约权力。特别程序下特殊的理念、原则和要求决定了应当对讯问未成年人进行专门的程序规制,通过科学设计讯问未成年人的程序、制度,来保证司法人员正确行使讯问未成年人权力,防止未成年人在讯问中权益受到侵害。

(一)对讯问主体的规制

讯问人员本身的素质是决定讯问目的任务能否实现的重要因素。由于讯问工作的对象是有生命、能思考的人,讯问过程中的信息交流是实时的,不是设定的,讯问对象的信息反馈是能动的,而非机械的,这就要求讯问人员及时分析讯问对象的心理状态、案件信息,并迅速做出反应。传统的讯问活动中,讯问人员大多是接受过专业的心理学培训,掌握了犯罪嫌疑人的心理就等于掌握了讯问活动的主动权。讯问未成年人也不例外,办案人员需要熟悉未成年人身心特点,掌握不同年龄段未成年人心理特点、成长规律等,能够在讯问时通过其语言包括语音、语调、语气以及肢体语言等,了解其心理状态、捕捉其心理变化,并适时应对,促使其心理转变。由于少年司法的特殊性,即这一现象不仅仅是一个法律现象,而且是一个社会现象、人文现象。如美国把少年司法研究置于像犯罪学和刑事司法学这样的整合学科的体系之中,也就是明确了少年司法是采用所有相关的社会科学和人文学科的知识来加以解释和指导,参与少年司法活动中的人员应当具有或分别具有青少年学、犯罪学、社会学、越轨社会学、社会心理学、教育学以及法学的相关知识。[①]但从目前情况看,距离上述要求相差较远。有学者曾选取北京某看守所的部分在押未成年犯罪嫌疑人和被告人,逐一进行了专门访谈,从对讯问情况的访谈中发现,大多数未成年人认为侦查人员在讯问中的态度是严肃,甚至是严厉的,讯问方式多是加压、施压,迫使他们供述。因此,他们期望侦查人员能在讯问中态度缓和,讲道理,分析问题和利弊。同时,被访谈的未成年人几乎无一例外地认为侦查人员不了解他们。此种情形下,侦查人员盲目施压讯问,只能导致未成年人的抵触心理,同时也会引发侦查人员的烦躁情绪。这样不仅不利于案件事实的查明,更

---

① 皮艺军:《中国少年司法理念与实践的对接》,载《青少年犯罪问题》2010年第6期。

容易导致侵犯未成年犯罪嫌疑人的合法权益。① 可见，当前对讯问主体进行规制非常必要且迫切。我们认为，当务之急是要对所有从事未成年人司法工作的人员进行相关培训，使讯问未成年人的司法人员具备与未成年人交流沟通的技巧，采用与未成年人年龄相符的逻辑和言语进行提问。其基本要求归纳起来主要是两点：一是"心"，即态度、观念；二是"力"，能力、技巧，即综合、熟练运用青少年学、犯罪学、社会学、越轨社会学、社会心理学、教育学以及法学等相关知识的能力。其中，态度优于技巧，② 因为态度决定着我们以怎样的立场、态度和具体言行对待孩子，决定我们所采取的措施、手段、办法。尤其是，讯问活动是未成年人与公安、检察人员的近距离接触，会对未成年人的行为和心理产生重要影响。

（二）对讯问时间的规制

在审讯实践中，审讯时间对心理强制、审讯策略效用的发挥有着至关重要的影响。因此有必要通过规则约束确保其正当行使，限定每次讯问持续的时间是其中重要的手段之一。单次讯问时间的长短往往涉及嫌疑人休息、睡觉和吃饭等人身权。利奥（Leon）教授通过对具体案例的研究发现：大多数正常审讯持续的时间不会超过 2 个小时，然而在犯罪嫌疑人做出了虚假供述的案件中，34% 的案件讯问时间持续了 6—12 小时；39% 的案件讯问时间持续了 12—24 小时；平均时间为 16.3 小时。③ 英国《警察工作规程》对于讯问时间的规定是要保证犯罪嫌疑人每 24 小时中至少有连续 8 小时的休息时间并不受任何打扰，特殊情况除外；正常进餐时间应中止讯问；讯问每隔 2 小时要安排一次茶点休息时间。我国《刑事诉讼法》第 117 条第 2—3 款规定："传唤、拘传持续的时间不得超过十二小时；案情特别重大、复杂，需要采取拘留、逮捕措施的，传唤、拘传持续的时间不得超过二十四小时。不得以连续传唤、拘传的形式变相拘禁犯罪嫌疑人。传唤、拘传犯罪嫌疑人，应当保证犯罪嫌疑人的饮食和必要的休息时间。"综合考虑未成年人要求减半以及未成年人平时上课时间等，我们认为，讯问 14 岁到 16 岁的未成年人，持续时间不应超过 3 小时，一天（24 小时）内总时间不得超过 6 小时，且考虑到未成年

---

① 张学文：《命案侦审中未成年在押人员权益之保护》，载《江苏警官学院学报》2012 年第 5 期。

② 我们在向首都师范大学席小华老师请教未成年人检察业务竞赛考察内容时，席小华老师给出的观点，我们认为可以作为少年司法人员的素质标准。

③ Steven A. Dri in & Richard Aleo, "The Problem of False Confessions in the post DNA World", 82 North Carolina Law Review, 2004, p.946.

人休息的需要,两次讯问间的间隔不得少于2小时;讯问16岁到18岁的未成年人,持续时间不应超过4小时,24小时内不超过8小时,两次讯问间的间隔不得少于1小时。同时应当要求讯问未成年犯罪嫌疑人的时间以不伤害其身心健康为前提;在讯问过程中,应当根据未成年犯罪嫌疑人的心理状态、情绪变化等实际情况,及时调整讯问的时间和节奏,避免对其身心造成负面影响,保障讯问活动顺利进行;以及讯问时间原则上应该安排在白天,特别紧急情况下除外。

(三) 对讯问地点的规制

我国《刑事诉讼法》第117条第1款规定:"对不需要逮捕、拘留的犯罪嫌疑人,可以传唤到犯罪嫌疑人所在市、县内的指定地点或者到他的住处进行讯问,但是应当出示人民检察院或者公安机关的证明文件。对在现场发现的犯罪嫌疑人,经出示工作证件,可以口头传唤,但应当在讯问笔录中注明。"讯问未被羁押的未成年人尽量选择其熟悉的家里、学校等能使其放松紧张情绪的地方,有利于其身心健康和讯问活动的顺利开展,但需要办案人员到未成年犯罪嫌疑人住所、所在学校或工作单位进行讯问的,应当避免穿着制服、驾驶警车或者采取其他可能暴露未成年犯罪嫌疑人身份、影响其名誉、隐私的方式。英国《警察工作规程》对于讯问地点的规定是,讯问除了只能在警察局和其他授权拘留地进行外,在条件允许的情况下,讯问还应在暖和、阳光充足和通风的讯问室里进行。这样的规定除了凸显对嫌疑人人权的尊重外,也有利于讯问在祥和平静的环境下进行,便于讯问人员平和地发问和嫌疑人冷静地反思和供述。近年来,很多地方的检察院建立了专门的未成年人检察工作室,讯问未被羁押的未成年犯罪嫌疑人可以在检察机关专设的未成年人讯问(询问)室进行。如上海市长宁区人民检察院设立单独的谈话室,通过走访参观其他单位的专业心理咨询室、请教有关专家的意见等方法,根据青少年的心理特点和心理咨询室环境布置的特殊需要,从房间色调的采用、家具用品的摆设、装饰画的选购等均作了精心的布置,努力创设一个平等、轻松、安静、舒适的会谈环境。又如四川省资阳市雁江区人民检察院建立了专门的未成年人讯问(询问)室,采用居家式装修,配以同步录音录像设备,温馨的场景有助于减轻甚至消除未成年人紧张心理和不安情绪,同时还配套建立了心理咨询室、沙盘室、心理测评室、心理宣泄室、音乐放松室等,各功能室均采用暖色调装修和专业隔音处理,并配置音乐放松椅、宣泄器具、沙盘玩具等设备以及心理测量量表等专业软件,根据需要聘请心理学专家对心理问题比较严重的涉案未成年人进行心理疏导,为讯问、帮教方案的制定提供科学建议。2014年最高检《关于进一步加强未成年人刑事检察工作的通知》第3条规定:"进一步完善未成年刑事检察工作制度机制，着力推动专业化体系构建。未成年人刑事检察工作的持续发展有赖于适合未成年人身心特点的制度机制建设。要进一步加强未成年人刑事检察工作制度机制建设：一是进一步细化特殊程序办案规定。要根据办案需要，建立未成年人刑事检察专门办案场所，开辟适合未成年人身心特点的未成年人刑事检察工作室，并规范讯问（询问）未成年人和不起诉训诫、宣布、不公开听证等特殊程序，逐步建立讯问（询问）未成年人的录音、录像制度……"我们认为，羁押场所也同样应当设立适合未成年犯罪嫌疑人身心特点的专门讯问室，供讯问被羁押的未成年犯罪嫌疑人使用，以利于缓解未成年犯罪嫌疑人的紧张情绪，保护未成年人身心健康。

（四）对语言、态度和方式的规制

1. 在讯问语言方面，讯问未成年犯罪嫌疑人的语言要符合未成年人的认知能力，能够被未成年人所充分理解；要严格控制语速，并尽量使用简单的句子，原则上严禁对未成年犯罪嫌疑人采用复合性句子进行讯问；要注意语调温和，用语文明，不得使用带有暴力性、贬损性色彩的语言；讯问涉及法律问题时，务必准确，避免误导。

2. 对未成年人的讯问方式，应尽量符合未成年人的身心特点。传统的程式化的一问一答的取证方式会打扰未成年人的回忆，不断地插话、打岔会让未成年人无法专心，难以保持其陈述内容的连贯性，需要加以改进。

3. 在讯问未成年人的态度上，应当注意尊重未成年人的人格尊严，认真听取、正确对待犯罪嫌疑人、被告人的辩解。在讯问未成年犯罪嫌疑人、被告人的过程中，往往会遇到犯罪嫌疑人、被告人进行无罪或罪轻、减轻等的辩解。对此，讯问人员应当认真听取，不能无根据地反驳、训斥，即使认为是狡辩也应当允许他把话说完，因为否认犯罪、作无罪的辩解是犯罪嫌疑人、被告人应有的防御权利。讯问人员不仅要认真、耐心听取被讯问人的辩解，而且要正确对待。因为实事求是的辩解也是重要的诉讼证据。对于辩解有理有据的，应当认真查对，澄清是非，绝不能将被讯问人的辩解一概视为"狡辩""不老实"。对于确属无理狡辩的，讯问人应根据已收集到的证据和查明的事实予以回应，促使其端正态度，如实供述。

（五）对讯问流程、步骤及内容的规制

规范讯问过程中所必须履行的法定程序、步骤，有利于防止恣意和滥用权力。讯问未成年人的程序从时间的流程看，可以分为讯问前的准备、讯问以及讯问后的程序。

1. 讯问前的准备包括：一是了解相关情况，即应当认真审查案卷材料，必要时可以调取公安机关同步录音录像资料，并与公安侦查人员、管教干警、法定代理人、法律援助律师等进行沟通，了解未成年犯罪嫌疑人的相关情况；也可以通过电话、信函、走访、实地调查等方式开展社会调查，以提高讯问的针对性。二是制定讯问提纲，即应当根据案件具体情况和未成年犯罪嫌疑人身心特点、成长经历、家庭情况等制定详细的讯问提纲或者讯问方案。三是准备告知文书，主要包括：未成年犯罪嫌疑人权利义务告知书；法定代理人或者合适成年人到场通知书；法定代理人或者合适成年人权利义务告知书；传唤证；根据案件具体情况需要准备的其他告知文书，如心理测评告知书等。四是依法通知法定代理人或合适成年人到场，告知其参与诉讼的身份、工作职责、相关权利义务等，介绍简要案情、诉讼流程，并进行必要的释法说理。《高检规定》第17条要求，讯问未成年犯罪嫌疑人应当根据该未成年人的特点和案件情况，制定详细的讯问提纲，采取适宜该未成年人的方式进行。需要注意的是"该未成年人"，即要求具体考虑其年龄、性别等个体情况。因此，讯问前除掌握案件情况和证据材料外，还应当了解其生活、学习环境、成长经历、性格特点、心理状态及社会交往等情况，有针对性地制作讯问提纲。未成年人的生理、心理发育状况，一贯品行情况，是否受到外界不良影响等因素都会影响其供述。因此，在这个环节，讯问人员应初步接触待调查的未成年人及其父母、玩伴、邻居等，了解该未成年人的身心发育状况，分析调查任务的可行性。这样就可以对症下药，选择适当的讯问方法，达到良好的工作效果。例如，事先了解到未成年人善于画画而不善于语言表达，就可以依据相关法律规定，让他们用画笔描述自己的所见所闻，以更加生动形象地获取真实性较高的言词证据。制定讯问计划，要明确讯问的目的和要求，确定讯问的重点、步骤，以保证讯问工作顺利进行。一般而言，讯问提纲应当列举讯问的事项，这些事项要围绕查明犯罪原因而展开，具体写清讯问每一项应当采用的步骤和方法。讯问提纲既包括应当明确的案件事实，也包括需要搞清、排除的矛盾点等。"凡事预则立，不预则废"，只有事先做好充分的讯问准备，利用讯问提纲理清讯问思路，才能在讯问时抓住中心和要害，不为枝节问题所纠缠，使讯问工作循序渐进，步步深入，达到预期的目的。

2. 讯问的具体步骤包括：首先要表明身份，即向未成年犯罪嫌疑人表明身份，告知其讯问人员的姓名、单位、法律职务；合适成年人到场的，办案人员应当向未成年犯罪嫌疑人介绍合适成年人的身份、职业等基本情况以及合适成年人制度的法律意义等，并让合适成年人与未成年犯罪嫌疑人就生活、学习、家庭等非涉案情况进行短暂交流，交谈情况记录在案。然后，应当告知未成年犯罪嫌疑人及其法定代理人或合适成年人依法享有的诉讼权利、相关法律规定以及案件的进展情况。告知时，应当以未成年人可以理解的语言进行详细的解释说明，并由未成年犯罪嫌疑人亲笔书写告知内容的陈述或者让其复述一遍，以确保未成年人真正理解其诉讼权利、义务以及供述可能产生的法律后果。告知的情形应当记录在案。权利告知程序是讯问人员与未成年犯罪嫌疑人建立信任友善关系的较好时机，可以通过向未成年人宣讲国家对未成年人的保护政策、如实回答的义务要求以及相关法律知识等，鼓励未成年人畅所欲言，并尽可能缓解未成年犯罪嫌疑人的紧张情绪，为正式讯问打下良好的基础。正如天津市河北区人民检察院未检科科长元冰凌所言，想让罪错未成年人敞开心扉接受帮教矫治，前提是其接纳检察人员，这是第一步，也是最关键的一步，之后才是教育、感化和挽救。①

讯问内容主要包括：一是核查主体，应当注意：（1）核实未成年犯罪嫌疑人的年龄身份情况，要问明具体出生年月日，公历还是农历，生肖属相，每年何时过生日，就学就业经历，其家庭成员（兄弟姐妹）的年龄情况等；（2）掌握未成年犯罪嫌疑人的健康情况，要问明是否有影响羁押的严重疾病，生理发育是否有缺陷，是否有病史特别是精神病史；（3）核实未成年犯罪嫌疑人的前科情况；（4）了解未成年犯罪嫌疑人的监护状况，要问明其法定代理人的基本情况及联系方式，父母、亲属是否在本地，是否具备监护能力或者有无其他愿意承担监护责任的人选；（5）了解未成年犯罪嫌疑人的生活背景、成长经历等，问明其家庭环境、学校教育、社区环境、社会交往、兴趣爱好、脾气性格等情况。二是核查主观方面，应当注意：（1）详细讯问未成年犯罪嫌疑人的作案动机目的，实施犯罪行为时所持的心理态度等；（2）共同犯罪的，要问明是否有预谋和分工，是否被他人胁迫、引诱或者被教唆；（3）问明中止犯罪的原因及案发后到案的情况，以及是否具有自首、立功表现等；（4）有犯罪前科的，要问明再犯罪的原因，以及犯罪后的主观悔罪认识。三是核查客观方面，应当注意：（1）讯问实施犯罪行为的具体时间、地点，参与人员、侵害对象、手段、结果，以及在共同犯罪中的地位与作用；（2）了解被害人是否有过错以及过错程度；（3）讯问犯罪对象、作案工具的主要特征、与犯罪有关的财物的来源、数量以及去向，核实退赔赃款赃物的情况。讯问过程中应当深入探究未成年人走上犯罪道路的主客观原因以及回归社会的不利因素和有利条件。未成年犯罪嫌疑人请求自行书写供述的，讯问人员应当准许。必要时，讯问人员也可以要求其亲笔书写供述。主要犯罪事实讯问完毕

---

① 王斗斗：《天津河北区检察院阳光未检专业化预防帮教维权并重讯问场所"弃"威严未成年人卸包袱》，载《法制日报》2015年6月1日第5版。

后,讯问人员可以结合案情及未成年犯罪嫌疑人个体情况,开展有针对性的教育。讯问过程中也要注意把握教育感化的契机,适时向其讲解相关法律,帮助其明辨是非,与其探讨因果、利害关系等,促使其认罪悔罪,增强法治意识,增进尊严和价值感以及择善而为、追求品质生活的信心。要注意捕捉未成年犯罪嫌疑人身上的闪光点并予以肯定,未成年犯罪嫌疑人认错悔罪或者表现好时,要及时鼓励。

讯问完毕后,讯问笔录应当交未成年犯罪嫌疑人、到场的法定代理人、合适成年人阅读或者向其宣读。经未成年犯罪嫌疑人、法定代理人、合适成年人核对无误后,分别在讯问笔录上签名并捺指印确认。

3. 讯问的整个过程应当进行同步录音录像,录音录像应当全程不间断地进行,保持完整性,不得选择性地录制,不得剪接、删改。① 检察机关应明确要求讯问未成年人时进行同步录像、录音,一是可以规范讯问行为,保证讯问过程的合法性和真实性;二是有利于固定证据,应对翻供、翻证问题;三是可以有效避免反复讯问给未成年人带来不必要的负面影响。

4. 讯问结束后可以与未成年人的法定代理人进行沟通,剖析犯罪成因,引导亲子教育方式方法,进行亲子关系修复及家庭管教教育等。

● **核心观点**

> 特别程序下发现犯罪原因及其回归社会的需求才是讯问未成年人的核心任务,这决定了应当避免使用威胁等对抗性讯问策略及带有欺骗性的策略手段。应当对讯问未成年人进行专门的程序规制,通过科学设计讯问未成年人的程序、制度,来保证司法人员正确行使讯问未成年人权力,防止未成年人在讯问中权益受到侵害。

---

① 可参考《公安机关讯问犯罪嫌疑人录音录像工作规定》(公通字〔2014〕33号)第6条规定:"具有下列情形之一的案件,应当对讯问过程进行录音录像:(一)犯罪嫌疑人是盲、聋、哑人,未成年人……"

专题六　特别程序下逮捕未成年人的标准："径行逮捕"是否当然适用于未成年人？

《刑事诉讼法》在特别程序第 269 条中规定："对未成年犯罪嫌疑人、被告人应当严格限制适用逮捕措施。"这与联合国《儿童权利公约》《北京规则》的规定是相契合的。[①] 但是对于"严格限制适用逮捕措施"的"严格"标准如何掌握，该条与第 79 条规定的逮捕成年人条件是何关系，尤其是第 79 条第 2 款关于"径行逮捕"的规定是否当然地适用于未成年人等问题，目前争议较大。逮捕是最严厉的刑事诉讼强制措施，对未成年人身心健康影响深远，因此有必要对上述问题予以厘清，以保证法律对未成年人的特殊保护政策落实到位。

一、对逮捕未成年人条件的意见分歧

《刑事诉讼法》第 79 条规定了逮捕条件[②]，理论上将第 79 条第 2 款与第 79 条第 1 款规定的一般逮捕条件相区分，称之为"径行逮捕"[③]，也有学者称

[①] 联合国《儿童权利公约》第 37 条（b）项规定："不得非法或任意剥夺任何儿童的自由。对儿童的逮捕、拘留或监禁应符合法律规定并仅应作为最后手段，期限应为最短的适当时间。"《北京规则》第 13.1 条规定："审前拘留应仅作为万不得已的手段使用，而且时间尽可能短"；第 13.2 条规定："如有可能，应采取其他替代办法，诸如密切监视、加强看管或安置在一个家庭或一个教育机关或环境内。"

[②] 《刑事诉讼法》第 79 条第 1 款规定："对有证据证明有犯罪事实，可能判处徒刑以上刑罚的犯罪嫌疑人、被告人，采取取保候审尚不足以防止发生下列社会危险性的，应当予以逮捕：（一）可能实施新的犯罪的；（二）有危害国家安全、公共安全或者社会秩序的现实危险的；（三）可能毁灭、伪造证据，干扰证人作证或者串供的；（四）可能对被害人、举报人、控告人实施打击报复的；（五）企图自杀或者逃跑的。"第 2 款规定："对有证据证明有犯罪事实，可能判处十年有期徒刑以上刑罚的，或者有证据证明有犯罪事实，可能判处徒刑以上刑罚，曾经故意犯罪或者身份不明的，应当予以逮捕。"

[③] 参见全国人大常委会法制工作委员会刑法室编著：《〈中华人民共和国刑事诉讼法〉释义及实用指南》，中国民主法制出版社 2012 年版，第 196 页。

之为强制逮捕、绝对逮捕。所谓"径行逮捕",就是指犯罪嫌疑人、被告人只要形式上符合《刑事诉讼法》第79条第2款规定的三种特殊情形,则无须实质审查其社会危险性和羁押必要性,一律逮捕。对于上述逮捕条件是否适用于未成年人,特别程序规定的"严格限制适用逮捕措施"限制的是第79条第1款规定的一般逮捕条件还是同时也限制第2款的"径行逮捕",理论和实务界存在较大分歧。

第一种观点认为"严格限制适用逮捕措施"是原则而非具体规则,因而无法直接适用;未成年人与成年人仍然适用同一个逮捕条件。这种观点认为,"严格限制适用逮捕措施"作为原则其更多的是在表达一种理念,是宣示性、政策性规定,目前并无具体可操作的规定。同时《刑事诉讼法》中未成年人特别程序第276条规定:"办理未成年人刑事案件,除本章已有规定的以外,按照本法的其他规定进行。"因此,对未成年人适用逮捕依据的条件仍然是总则第79条的规定。因为直接把原则运用到司法实践,可能会由于原则本身内涵的模糊而造成混乱。比如,儿童利益最大化原则,应该通过立法和司法解释细化为具体操作规则,才具有可操作性和权威性。对于这种观点我们并不赞同,理由我们已在前面专题二中论证过,在此不再赘述。

第二种观点认为,严格限制适用逮捕仅仅适用于第79条第1款。这种观点认为,"严格限制适用逮捕措施"体现的是对批捕裁量权的引导,而非对总则逮捕强制性规定的突破。《刑事诉讼法》总则第79条第1款规定的一般逮捕条件(可能发生的"社会危险性"情形),因有裁量的余地,可以根据"严格限制适用逮捕措施"对未成年人的逮捕标准更为严格地把握;但对于《刑事诉讼法》总则第79条第2款规定的"径行逮捕"则因无任何裁量空间,因此,对未成年人"可能判处十年有期徒刑以上刑罚的,或者有证据证明有犯罪事实,可能判处徒刑以上刑罚,曾经故意犯罪或者身份不明的"与成年人同样要一律逮捕。持这种意见的理由,归纳起来主要有以下四个:

理由一:径行逮捕按照文义解释没有例外可能性。符合"径行逮捕"条件的犯罪嫌疑人按照文义解释必须予以逮捕是没有例外的,体系解释关于普通程序与特别程序关系的阐释应当服从文义解释,因为所有的法律解释都是从文义开始的。

理由二:从刑期折抵角度来说,对于严重犯罪的未成年人,没有必要过度追求不逮捕,对于可能判处10年有期徒刑以上的未成年人刑事案件,直接逮捕对未成年人并不会实际上造成不利影响。因为此类案件最终判无罪和改变定性的比例很小。对于要判处实刑特别是重刑的未成年人来说,径行逮捕并不会严重影响他的实际权益。因为我国《刑法》规定了羁押一天折抵刑期一天,如果前面不予以逮捕，法院判决后也会当庭收押，刑期开始计算。对未成年人不逮捕是为了防止刑事诉讼活动给未成年人带来的不利益，但是可能判处10年有期徒刑以上刑罚，表明对未成年人的最终处理不可能是非刑罚或者非监禁刑罚。这种情形下，对未成年人来讲，不利益的发生只是时间问题，因此对于可能判处10年有期徒刑以上的未成年人而言，径行逮捕之后有折抵刑期，对其实际权益并无损害。

理由三：径行逮捕规定的三种情形都有严重的社会危害性，从保障诉讼顺利进行和严厉打击刑事犯罪的角度而言，对于未成年人和成年人并不需要作出区分，因此径行逮捕理所当然适用于未成年人。持这种观点的同志认为，"对有证据证明有犯罪事实，可能判处十年有期徒刑以上刑罚的"这种情形适用径行逮捕，主要考虑到刑罚轻重与犯罪嫌疑人的社会危险性、妨碍诉讼的可能性存在正向性关系。从刑法规定看，能够判处10年有期徒刑以上刑罚的犯罪都属于严重犯罪，通常其妨碍诉讼的可能性较大。"有证据证明有犯罪事实，可能判处徒刑以上刑罚，曾经故意犯罪的"，这种情形是考虑再犯都具有较强烈的反社会心理和人身危险性，因此需要逮捕。"有证据证明有犯罪事实，可能判处徒刑以上刑罚，身份不明的"，该种情形应当予以径行逮捕，在于大多数情形下，身份不明的犯罪嫌疑人、被告人属于主观上拒绝提供身份信息，这本身表明其有逃避侦查和刑事处罚的心理，并且身份不明还导致不具备采取取保候审等非羁押措施的条件。以上三种情况都具有较大的社会危害性和妨碍诉讼顺利进行的可能，因此无论是未成年人还是成年人，出现这三种情形均应当予以径行逮捕。

我们不同意上述观点，并认为三种理由均不成立。

针对理由一：首先，文义解释是严格按照法律用语的文字来解释其含义，体系解释"是指将需要解释的法律条文与其他法律条文联系起来，按照逻辑规则，从该法律条文与其他法律条文的关系、该法律条文在所属法律文件中的地位、有关法律规范与法律制度的联系等方面入手，系统全面地分析该法律条文的含义和内容，以免孤立地、片面地理解该法律条文的含义"。① 在刑事法学中，通常的观点认为：文义解释确定刑法解释的大致边界，司法上则应适度考虑立法者的意思，对此范围加以调整，就规范意旨给予提示；最终则依靠体系解释、目的解释，在前面已经划定的范围内确定规范意旨的内容。② 也就是说，文义解释并不具有绝对优位性，通过文义解释探究法条用语的含义，是解

---

① 葛洪义：《法律方法讲义》，中国人民大学出版社2009年版，第182页。
② 周光权：《刑法解释方法位阶性的质疑》，载《法学研究》2014年第5期。

释的起点，但其局限性十分明显。文义解释需要体系解释来印证。即对法律条款不能进行断章取义地机械地理解，而是应当将其放入整个法律体系当中全面考量。"法律条文只有当它处于与它有关的所有条文的整体之中才显出其真正的含义，或它所出现的项目会明确该条文的真正含义。有时，把它与其他的条文——同一法令或同一法典的其他条款——比较，其含义就明确了。"而且，"不通观法律整体，仅根据其提示的一部分所作出的判断或解释，是不正当的"。其次，"径行逮捕"和"严格限制适用逮捕"各有其文义解释和体系解释。"径行逮捕"的规定无论从文义解释看还是从其在普通程序中的体系解释看，的确都是"必捕是没有例外的""没有其他可能性"；而"严格限制适用逮捕措施"也有其自身的文义解释和体系解释，那就是在特别程序里对未成年人这一特定群体而言，应当尽量少逮捕，以不捕为原则、以逮捕为例外。不应以"径行逮捕"的文义解释否定"严格限制适用逮捕"的文义解释。三是根据"法定原则在刑法和刑事诉讼法中适用的效果是不同的。在刑事法领域，实体法规范大多不利于犯罪嫌疑人、被告人，应对其严格解释……与此相反，制定程序性法律是为了保证正确司法，所以，这种法律严格上被视为有利于犯罪嫌疑人、被告人的法律，它可以即行得到适用，并且可以对其做扩张解释，这就是刑事诉讼法有利被告扩张解释的原则"。① "严格限制适用逮捕措施"作为对未成年犯罪嫌疑人有利的特别程序原则理所当然应当得以贯彻，即限制第79条第1款和第2款的逮捕措施的适用。

针对理由二：首先，刑期折抵制度并不能说明径行逮捕未成年人的合理性。折抵刑期是刑罚执行制度，是不得已而为之。因为在审判之前已经羁押，从公平和保障权利的角度，只能折抵刑期，其实际上是刑法的人权保障、刑法的人性关怀等的重要体现，是刑法走向现代化的重要标志。但折抵刑期与逮捕的功能不同，二者不应混为一谈。其次，根据现代诉讼制度的基本原则，在法院判决有罪之前，被告人在法律上不是罪犯；逮捕之后的审前羁押与判处实刑虽然大多数情况下一致，但也必须看到在法院定罪判刑之前，也还存在其他可能，比如证据变化，公检法对案件证据和法律适用存在认识差异导致案件有不同处理。因此，无论从理论上讲，还是从实践中看，逮捕并不一定意味着未成年人一定会被判处实刑。最后对未成年的逮捕与成年人有不同的功能。逮捕的首要功能是要保障诉讼的进行。如果能保证诉讼进行，就没有必要逮捕。但对于未成年人的逮捕除了保障诉讼顺利进行，还应该考虑对未成年人的保护。正如《北京规则》高度强调的："少年司法制度应强调少年的幸福，并确保对少

---

① 宋英辉：《刑事诉讼原理导读》，中国检察出版社2008年版，第8页。

年犯作出的任何反应均应与罪犯和违法情况相称。"对于未成年人的逮捕除了保障诉讼顺利进行之外,更多地要体现对于未成年人的保护,也就是未成年人刑事案件中的逮捕承载了不同于成年人刑事案件的功能。对于未成年人审前羁押的目的,域外少年法大都强调其特殊性,这种特殊性主要体现在保护性上。对于保护性目的的强调有利于限制对未成年人审前羁押的适用,同时也有利于改善羁押期间未成年犯罪嫌疑人、被告人的待遇。

针对理由三:径行逮捕所考虑的适用对象为理性的成年人。对于成年人而言,具备了对其行为的认知和判断能力,也具有自我控制能力。在这样的假定下,如果成年人实施了可能判处10年有期徒刑以上刑罚的严重刑事犯罪,或者曾经故意犯罪又再次实施犯罪、故意不说明自己的真实身份、住址的,法律就视为具有较大的社会危害性,可能严重妨碍诉讼顺利进行,因此有必要予以直接逮捕。总体而言,这样的规定对于成年人来说是合适的,但未成年人的身心特殊性决定了径行逮捕适用于未成年人并不合适。首先,未成年人的认知能力和判断能力未臻成熟。大脑神经科学领域"越来越多的实验证据强有力地表明,直到二十岁早期之前大脑的某些功能还未走向成熟,这些功能包括控制冲动、进行判断、为未来做计划、能预见事情的后果以及能让个体承担责任的其他功能等"。① 具体而言,由于认知和控制能力欠缺,判断是非与决策能力的低下,未成年人即使是实施了和成年人同样严重的犯罪,即可能判处10年有期徒刑以上刑罚的严重犯罪,其主观恶性与成年人也不同,因此其社会危害性也与成年人不同,应当区别对待。同样未成年人曾经故意犯罪也与成年人不同。有的未成年人没有谋生能力,其生存权受到威胁,在曾经故意犯罪后又因衣食无着实施了犯罪,则显然主观恶性与成年人不同。可能判处有期徒刑以上刑罚身份不明的情形,未成年人也与成年人有着显著差异。未成年人不讲真实身份有很多可能,比如从小离家确实不记得自己的真实户籍地址和身份,包括姓名,或者有很多孩子式的顾虑如怕被父母责骂或者被亲朋好友耻笑,青春期的未成年人更多地看重朋辈压力和同伴影响等。对于如实供述了犯罪事实但是却没有说清楚真实身份的未成年人,需要认真甄别原因,不能以成年人的标准直接径行逮捕未成年人。其次,关于未成年人犯罪原因是中外犯罪学领域少有的能达成共识的领域,即少年恶劣的家庭环境和社会经济地位、不良的人际交

---

① Rubai C. Gur, Declaration of Rubes C. Gur, PhD, PattersonV. exas. Petion for Writ of Certiorari to US Supreme Court. J. Gary Hart. counsel, 转引自 Patrick Michael McMullen. Undue Influence: The Impact of Psychological Interrogation Tactics on Juvenile Suspects. Dissertation. Northwestern Universtiy, 2006, 12。

往环境、学校的教育制度以及青春期所特有的人格特征决定了他们在面对犯罪行为时,并不能作出理性的决定,因此也不具备完全意义上的意志自由,按照法律的正当性原则,他们并不具备承担法律责任的条件。所以径行逮捕是以成年人为假设对象的制度,并不应直接适用于未成年人。

第三种观点认为,特别程序下严格限制适用逮捕措施意味着对未成年人逮捕的适用必须有别于成年人。这种观点认为,"严格限制适用逮捕措施"是指考虑到逮捕对未成年人身心影响要比成年人大得多,对未成年人就学就业影响极大,一旦逮捕,实际上意味着他回归社会就很困难,因此特别程序要求对未成年人"严格限制适用逮捕措施",意味着不妨碍诉讼的前提下能不逮捕就不逮捕,只有这样才能真正转向对未成年人坚持教育为主,关注未来矫正需要而非过去之行为轻重。我们赞成这种意见。具体理由如下:

第一,特别程序的定位决定了未成年人与成年人应当适用不同的逮捕标准。

由于未成年人身心的脆弱性使得他们在刑事诉讼程序中更容易受到不法侵害,所以现行《刑事诉讼法》专门设立了特别程序。未成年人诉讼程序应该定位于"对未成年人予以特别帮助和保护原则",① 从而采取有别于成年人诉讼程序原则,这已在世界范围内达成共识。未成年人刑事案件诉讼程序立法中主要把握的两个要点是,"第一,在程序设置和具体规范中贯彻教育、感化、挽救的方针,坚持教育为主、惩罚为辅的原则。这一方针和原则不仅是处理未成年人犯罪工作的方针和原则,也是这次设立未成年人刑事案件诉讼程序,在程序设置和具体规范中遵循的方针和原则,也可以说整个程序的设置都体现了对犯罪未成年人的教育、感化和挽救,体现了教育为主、惩罚为辅的精神。第二,程序设置要适合未成年人的特点。未成年人的年龄和生理情况、身体状况都决定了未成年人具有许多与成年人不同的生理和心理特点。在刑事诉讼中这些不同的生理和心理特点主要表现在两个方面:一是他们的心智尚不成熟,认识问题的能力不足,尚不能完全以自身的能力维护合法权利,尚不能独立行使诉讼权利;二是未成年人的可塑性强,一旦他们真诚悔罪,认识错误,可以转变为守法公民,成为对社会有益的人。根据上述特点,在设计未成年人刑事案件诉讼程序时,要特别注重未成年人诉讼权利的保障,注重有利于未成年人悔过自新,回归社会"。②《刑事诉讼法》之所以设立特别程序,就是为了区别未

---

① 王敏远:《论未成年人刑事诉讼程序》,载《中国法学》2011年第6期。
② 王尚新:《关于刑事诉讼法修改有关情况的介绍》,载《预防青少年犯罪研究》2012年第5期。

成年人和成年人两类不同的适用群体，就逮捕条件而言也是一样，如果共用相同的逮捕条件、标准，显然没有考虑二者之间的根本不同，特别是人身危险性、再犯可能性以及人格特殊性等方面的差异，所以未成年人和成年人适用同一逮捕条件显然是不符合特殊程序的定位。《儿童权利公约》确立了"未成年人利益最大化原则"，该原则要求司法机关在执行任何与未成年人有关的行为时应以实现其利益最大化为原则。《北京规则》重申了这一原则，并将其称为"追求最大幸福原则"，该原则同时规定了"相称原则"，即要求司法机关对未成年人作出的惩罚应与其犯罪行为和人身特点相称，并特别强调司法机关应该注意未成年人的家庭情况、影响个人的其他因素，要考虑未成年人对被害人作出赔偿的努力及要改过自新的表示。

第二，按照特别法优于普通法原则，对未成年人严格限制逮捕措施的适用理所应当限制《刑事诉讼法》第79条所有逮捕措施的适用。

径行逮捕与严格限制适用逮捕强制措施不是规则与原则谁优先执行的关系问题，而是普通程序的规则与特别程序的原则的关系问题，应当按特别法优于普通法原则："法律在适用上，特别法优先于普通法，盖因特别法为因特别需要而制定，用以补充普通法之不足，是故特别法与普通法竞合适用时，特别法应优先适用，至于特别法所未规定，始得适用普通法，此为适用法律必须坚守之原则"，[①] "特别法优于一般法"（也称为"特别法优于普通法"），是与"上位法优于下位法""后法优于前法"相并列的法律基本适用规则之一。该规则起源于罗马法的古典时期，由罗马法学家伯比尼安（Papinianus）首先提出，[②] 其拉丁文的表述是 Lex specialis derogat legi generali，通常也简称为"特别法规则"（lex specialis），系指公法权力主体在实施公权力行为中，当一般规定与特别规定不一致时，优先适用特别规定。它不仅见诸法理学说，更是国际法、刑法、民法、行政法等法律适用的一项重要规则。2000年7月1日起实施的《中华人民共和国立法法》第83条规定："同一机关制定的法律、行政法规、地方性法规、自治条例和单行条例、规章，特别规定与一般规定不一致的，适用特别规定……"这是我国法律首次对"特别法优于一般法"规则的明文确认，也是首次对"特别法优于一般法"规则适用条件的设定。2015年本法修订时第92条重申了该条内容。

正因如此，对于"严格限制适用逮捕措施"之"严格"标准如何掌握，

---

① 刘作揖：《少年事件处理法》（修订七版），台湾三民书局2010年版，第41页。

② Tamás Nótári. Summum ius summa iniuria – remarks on a legal maxim of erpretation, Tartalomjegyzék，2005（2）.

是《刑事诉讼法》实施中的一个难题，可以通过司法解释加以细化，以便能得到有效的贯彻。① 特别程序对未成年人严格限制逮捕的原则确立后，只需司法解释来解决未成年人与成年人不同的逮捕标准问题即可，而不是由立法来解决这个问题。对此，最高人民检察院也作了一定的努力。无论是《高检规则》还是《高检规定》作为司法解释无一例外地都对未成年人的"慎捕"做出了规定和细化，《高检规则》第 487 条对此已予以细化，规定："人民检察院办理未成年犯罪嫌疑人审查逮捕案件，应当根据未成年犯罪嫌疑人涉嫌犯罪的事实、主观恶性、有无监护与社会帮教条件等，综合衡量其社会危险性，严格限制适用逮捕措施。"2013 年《人民检察院办理未成年人刑事案件的规定》第 13 条继续予以细化，规定："人民检察院办理未成年犯罪嫌疑人审查逮捕案件，应当根据未成年犯罪嫌疑人涉嫌犯罪的事实、主观恶性、有无监护与社会帮教条件等，综合衡量其社会危险性，严格限制适用逮捕措施，可捕可不捕的不捕。"无论从文义解释还是从体系解释看，根据上述司法解释，对未成年人与成年人在逮捕标准的把握上都是不完全相同的，对未成年人的逮捕一律要"综合衡量其社会危险性，严格限制适用逮捕措施，可捕可不捕的不捕"，也就是说，现有司法解释已经包含这样的宗旨和规定：未成年人与成年人不适用相同的逮捕标准，径行逮捕并不必然适用于未成年人。

第三，基于未成年人的身心特殊性考量，应当严格限制包括径行逮捕在内的所有逮捕措施的适用。

首先，由于未成年人的身心特殊性和社会化远远没有完成，未成年人即使和成年人实施了同样的犯罪行为，但主观恶性也与成年人不同。"人格刑法学理论也指出，未成年犯罪人的人格特点具有不同于成年犯罪人的诸多特殊性。一是假象性。未成年人和成年人最大的区别是心智发育尚未完全，认识能力和控制能力尚不全面，即使实施同样的行为，其主观认识上和成年人相比也往往具有一定的差距。即使实施了客观上严重危害社会的行为，也并不表明其已经形成了真正的犯罪人格，而仅仅是一种'不法人格'的假象。二是被害性。由于未成年人免疫力差，在成长过程中遭遇不正常对待后容易导致其人格异化。从未成年人犯罪产生的原因上看，往往是社会上各种不良因素、制度缺陷、恶劣环境等交互作用的结果。实践中，涉罪未成年人多来源于残缺家庭或者留守、流动、闲散、流浪儿童群体，文化程度普遍偏低（初中、小学文化程度的比率高达 88.67%）。因此，我国未成年人违法犯罪既有其自身原因，

---

① 陈光中：《〈刑事诉讼法〉修改与未成年人刑事案件诉讼程序的创建》，载《预防青少年犯罪研究》2012 年第 5 期。

如以自我为中心、法制观念淡薄与青春期躁动、危险年龄段的胆大妄为、不计后果等相互影响，也有着深刻的社会原因和制度背景，如由于国家义务教育实施不到位、社会贫富分化、父母'生而不养、养而不教、教而不当'以及一系列不公平制度而使未成年人受到伤害。因此，违法犯罪的未成年人往往既是社会的危害者，也是不良环境的受害者。"①

其次，由于我国实行"捕押合一"的模式，羁押成为逮捕的必然后果，逮捕的实施即意味着相对人将在相当长一段时间内被剥夺人身自由。② 羁押对于未成年人带来的负面效应如标签效应、交叉感染、再社会化中断等危害远远大于对诉讼带来的便利，同时对社会整体再犯的控制也未必有利。羁押未成年人，不仅无法达到教育、矫治目的，反而使这些年龄尚小、心理不成熟、人生观还没完全树立的孩子与其他犯罪人之间相互学习、相互模仿、相互影响，使得其犯罪手段更加高明，成为社会安定的一大隐患。域外的犯罪学实证研究和司法实践也证实了这一点。一项由宾夕法尼亚大学马汶·沃尔夫冈教授主持的少年犯罪跟踪调查，考察了9945名出生在费城的少年档案，连续跟踪他们与警方打交道的记录，一直到18周岁。发现其中有6%的少年被捕5次以上，但这6%的少年所犯下的杀人、强奸、伤害、抢劫等重罪占到全部犯罪的51.9%。马汶·沃尔夫冈教授作为克林顿政府的法律顾问，和他的团队穷尽半生所发现的6%定律，证明逮捕和判刑都没能对这些孩子成为累犯产生阻遏作用。事实上，越是严厉的惩罚，越有可能使他们再犯。这又回到了标定理论的分析框架：负面的标定（不加区别地把初犯的孩子投入监狱），有可能促成他们的次级越轨，最终使之成为累犯，而整个社会和公众将要被迫付出更为惨重的代价。③ 对于犯罪未成年人而言，正处于从"自然人"转变为"社会人"的人生关键阶段，逮捕对其负面影响远甚于成年人。有学者总结了未成年人监禁处遇的五大弊端：与亲朋隔离，不人道；监禁带来的痛苦倍于成年人，更容易使其身心健康受到危害，其合法权益也容易受到侵害，会产生"标签效应"，影响其以后的成长；辨别能力低，更容易受到交叉感染；会使其社会化

---

① 张寒玉：《继往开来 锐意进取 努力开创未成年人刑事检察工作新局面》，载《人民检察》2012年第13期。
② 陈光中、卞建林：《我国刑事强制措施的功能回归与制度完善》，载《中国法学》2011年第6期。
③ 皮艺军：《十四期寄语——生物本能与少年越轨》，载《青少年犯罪问题》2013年第2期。

进程中断甚至畸变，对其健康成长造成巨大影响。① 这些弊端的最集中表现便是，监禁容易导致未成年犯罪人向惯犯、累犯转变。犯罪学研究表明，困扰犯罪控制有效实现的成年惯犯、累犯中，大部分均有在未成年时期犯罪的经历。这些人的违法犯罪行为之所以没有随着年龄的增长而"自动愈合"，与他们曾经遭受过监禁有着密切的关联。

再次，"径行逮捕"制度本身存在较大质疑，用在未成年人身上必然更为不合适。径行逮捕制度的规定本身是否妥当，不少学者和司法实务工作者认为尚有探讨的余地。实务界学者和专家对这个问题有很多争鸣和论述②，虽然一般来说，三种"径行逮捕"情形均说明犯罪嫌疑人主观恶性较大，或犯罪恶习较深，或缺乏不予羁押的基本条件，均体现了较大的社会危险性，但其未考虑基于其他理由不宜逮捕的情形，如犯罪嫌疑人存在自首、立功、坦白等，而"径行逮捕""应当"式制度设计必然导致存在上述情形的犯罪嫌疑人在程序裁判上无法获得有利地位。我们认为"径行逮捕"制度本身的问题包括：第一，以"应当"的表述，排除了不适用逮捕的可能性，增加了该部分犯罪的逮捕率。第二，径行逮捕条款在一定程度上表现了惩罚性倾向，即在未决的前提下，对涉嫌重罪者、有前科者和拒不交代真实姓名者实施了较其他犯罪嫌疑人更严苛的惩罚。由于违反了无罪推定和现代法治原则，未决羁押所具有惩罚性被主流观点所否认，超越刑事诉讼强制措施功能本身的惩罚性意味着对刑罚功能的越位。③ 第三，径行逮捕排除了犯罪嫌疑人在刑事诉讼活动获得更为有利地位的可能，与保障人权原则相冲突。具体来看，从"径行逮捕"三种情形的适用上，都存在着与《刑事诉讼法》立法目的、精神及法典协调一贯性相冲突的问题，也未考虑到司法实践的情形，造成诸多不利影响，适用在未成年人身上负面影响必然会更大：一是"径行逮捕"带来对未成年人的高羁押率。目前，司法实务中很多人认为对未成年人逮捕必要性的审查机制暂时以

---

① 姚建龙：《未成年人犯罪非监禁化的理念与实现》，载《政法学刊》2004年第10期。
② 如刘宏武、孟庆：《"径行逮捕"之规范目的与适用》，载《人民检察》2013年第5期；毕亮杰、薛文超：《径行逮捕制度质疑》，载《广西政法管理干部学院学报》2015年第1期；肖瑞祥：《"曾经故意犯罪"径行逮捕的规范与限制》，载《法制博览》2015年第9期（下）；周翔、王升洲：《莫让"有故意犯罪前科者"成为必捕之人》，载《黑龙江省政法管理干部学院学报》2016年第2期。
③ 陈卫东：《刑事审前程序和人权保障》，中国法制出版社2008年版，第197—198页。

《刑事诉讼法》第79条规定的逮捕条件为准。尤其是侦查机关大都认为,对于未成年人曾经故意犯罪的,只要满足证据和刑罚条件,即不问本次犯罪是故意或过失,也不考虑曾经故意犯罪的性质与情节,即予以移送检察机关审查批准逮捕。这在实践中带来了不必要的逮捕羁押结果,造成未成年犯罪嫌疑人的逮捕率一直居高不下。特别是一些大城市流动人口中的未成年人羁押率更高。如果只是一味地机械执行"径行逮捕"规定,在实践中很容易造成尺度过严的弊端,不利于降低逮捕羁押率。二是"径行逮捕"容易造成轻刑案件逮捕的滥用,损害司法公正。作为衡量审查逮捕案件质量的一项重要指标,捕后轻刑率为评价审查逮捕案件质量提供了可量化的基础数据和考评标尺。由于"径行逮捕"忽视了未成年人刑事案件中部分不宜逮捕①的情形,必然导致一部分没有必要羁押的未成年人在羁押中等待审判,一方面导致了未成年人实际最后处遇遭受过长刑期,羁押期限在刑事判决中会被折抵刑期,而法官为了折抵已经羁押的刑期在量刑时可能倾向于"实报实销"的方式,羁押多长时间就判多久,对可以判处管制、适用缓刑、单处附加刑的案件判处有期徒刑,导致未成年人实体权利受损,有违司法公正。此外,逮捕后必然判刑的司法实践也导致未成年人捕后轻刑率上升。以宁波市为例,2013年宁波市检察机关未成年人捕后判轻刑的人数为2144人,捕后轻刑率占到20.9%,其中未成年人有319人,占所有捕后判轻刑案件的比例为14.9%。②再以青岛市市北区人民检察院为例。未成年人捕后判轻刑的人数更多,捕后轻刑率居高不下。2010年至2012年,该院逮捕的未成年人数为82人,其中捕后判轻刑的未成年人数为49人,捕后轻刑率为59.76%,也就是说六成以上逮捕的未成年人被判处轻刑。③而实践中由于径行逮捕被羁押,最后存在轻刑判决,法院也只能羁押多长时间就判多长时间的案例并不鲜见,严重侵犯了未成年人的诉讼权利,导致司法不公正。

最后,司法实践中无论成人案件还是未成年人案件办理已在探索突破"径行逮捕"。理论上在成年人案件中"再犯一般都表明罪犯具有较强烈的反社会心理属性和较大的社会危险性,曾经故意犯罪的情况本身就已经表明了这

---

① 所谓的不宜逮捕,是指不具有实质上的逮捕必要性理由,从案件事实和诉讼程序的客观判断,采取逮捕措施并不适当。参见毕亮杰、薛文超:《径行逮捕制度质疑》,载《广西政法管理干部学院学报》2015年。

② 宁波市人民检察院课题组:《捕后判轻刑案件实证分析——以宁波检察机关为样本》,载《河南司法警官职业学院学报》2015年。

③ 王晓萍:《未成年人捕后判轻刑问题研究》,载《法制与经济》2013年。

种社会危险性的存在"。① 但是不是只要曾经故意犯罪便应当对犯罪嫌疑人批准逮捕？类似问题司法实践中即使在成人逮捕案件办理中也存在探索和争议。如四川省彭州市的一个案例：犯罪嫌疑人陈甲，1997 年因盗窃罪被判处有期徒刑 3 年 6 个月，2000 年刑满释放后一直以开四轮车为生，2011 年被某村聘为物管。2013 年 2 月 16 日，陈甲伙同周某某盗窃了邻居陈乙停放在老屋的两副棺材，经鉴定，被盗棺材价值 4200 元。彭州市检察院经审查，未对其批准逮捕。从形式上来看符合"曾经故意犯罪"的规定，应当逮捕。但是，上述案件的承办单位彭州市人民检察院认为，不能因犯罪嫌疑人曾经故意犯罪就认定他"永远是贼"，应该审慎适用"应当逮捕"，根据涉嫌犯罪的事实，犯罪的性质、情节、悔罪表现和对社会的危害程度予以综合判断。只要犯罪嫌疑人不具有妨碍刑事诉讼活动顺利进行的危害和继续危害社会的现实可能，采取其他强制措施同样可以达到教育、挽救的目的。彭州市人民检察院考虑到陈某双亲都是残疾人，他是家里的主要劳动力，"不予批捕"能让其从心底感受到法律对人权的尊重和保护，更容易让其改过自新。对其作出不予批捕的决定。后彭州市检察院与市公安局联合制定了《关于进一步规范"逮捕必要性"证明材料的规定（试行）》，其中便有"对于虽有故意犯罪前科，但本次属过失犯罪、轻刑犯罪，且犯罪后积极退赃、退赔，取得被害人谅解，确有悔罪表现或有自首、立功等法定从轻或者减轻情节，不予羁押不致发生社会危险性的，可不报请逮捕"的规定。② 同样在实践中，未成年人案件办理中也有地区在探索"突破"径行逮捕的规定。如重庆市江北区人民检察院办理的一例未成年人案件：2013 年 3 月 4 日，吴某在公交车上采取用刀片划破被害人上衣口袋的方式，扒得 220 元人民币，在公交车停靠站时下车逃匿，逃跑过程中被民警抓获。经查，吴某系 1995 年 10 月出生，曾于 2011 年 12 月因实施盗窃被判拘役 4 个月。2013 年 3 月 11 日，公安机关以涉嫌盗窃罪提请检察机关批准逮捕。对本案例侦查机关认为符合"曾经故意犯罪"的规定，应当逮捕。不可否认，单从该条文规定来看，吴某确实曾经故意犯罪，应当逮捕。很多实务工作者认为，未成年人的逮捕条件应该和成年人不同，可以根据特别程序的制度价值取向来做出对未成年人有利的法律适用，以体现特殊优先保护。犯罪嫌疑人吴某 1995 年 10 月出生，于 2013 年 3 月第二次作案时系未满 18 周岁的未成年人，

---

① 郎胜：《中华人民共和国刑事诉讼法释义》（最新修正版），法律出版社 2012 年版，第 191—192 页。

② 参见王东海：《逮捕条件司法适用的难题与对策》，载《江西警察学院学报》2013 年第 5 期。

根据《刑事诉讼法》第 269 条明确规定，对未成年犯罪嫌疑人、被告人应当严格限制适用逮捕措施，检察机关决定不批捕逮捕。① 在此"突破"二字之所以打上引号，是因为我们认为对未成年人可以不适用"径行逮捕"的规定。对于"径行逮捕"在成人司法中的运用问题，我们认为需要立法层面予以解决；但根据特别程序对未成年人严格限制适用逮捕的原则，未成年人司法中摒弃"径行逮捕"的问题可以通过总结司法实践经验，进一步细化逮捕未成年人的标准来解决。那种认为这也需要立法解决的观点是典型的"立法万能主义""司法消极主义"的倾向。

二、比较视野下逮捕未成年人的条件

需要说明的是，在域外逮捕和羁押是不同概念。逮捕指的是抓捕行为，具有暂时性；羁押则是一种剥夺相对人人身自由的状态。其中逮捕等同于我国的拘留，羁押等同于逮捕。与国际通行做法不同，我国刑事诉讼中的逮捕既意味着抓捕的行为，也意味着羁押的状态，逮捕并非羁押的前置程序，其本身产生的后果是羁押。一旦逮捕决定作出，则既应实施抓捕之行为，亦应随之将犯罪嫌疑人予以一段时间的持续羁押。② 因此我们在此统一用审前羁押来做逮捕的同义词。

正如《公民权利和政治权利国际公约》所指出的，"任何因刑事指控而被逮捕或拘禁之人……有权在合理的时间内受审判或被释放。等候审判的人受监禁不应作为一般规则。但可规定释放时应保证在司法程序的任何阶段出席审判，并在必要时报道听候执行判决"。审前羁押的正当性受到国际准则的严格限制，在非羁押状态下等待审判作为一项基本原则被多种国际公约所高度强调。由于未成年人身心特点的特殊性和违法犯罪行为的特殊性，审前羁押的例外性更被国际条约和规则所高度强调。

（一）国际公约和联合国刑事司法准则的相关规定

我国于 1991 年 12 月 29 日加入的《儿童权利公约》第 37 条明确规定了逮捕以及审前羁押对于儿童应该符合法律规定并且作为最后的手段，期限为最短的适当时间；③ 被剥夺自由儿童有权迅速获得法律援助，并向法院或者其他主

---

① 参见王东海：《逮捕条件司法适用的难题与对策》，载《江西警察学院学报》2013 年第 5 期。

② 卞建林：《论我国审前羁押制度的完善》，载《法学家》2012 年第 3 期。

③ 《儿童权利公约》第 37 条（b）项规定："不得非法或任意剥夺任何儿童的自由。对儿童的逮捕、拘留或监禁应符合法律规定并仅应作为最后手段，期限应为最短的适当时间。"

管当局就剥夺自由提出异议并迅速获得裁定。①

1985年我国参与制定的《北京规则》第13条更加明确规定审前拘留对于未成年人而言应该仅仅作为万不得已的手段来适用，而且应该是最可能短的时间，应当采取其他一切可以替代的办法来避免审前拘留的适用。②

1990年《联合国保护被剥夺自由少年规则》（利雅得准则）中系统规定了保护被剥夺自由少年所应遵循的规则，强调：第一，剥夺少年的自由应作为最后的一种处置手段，时间应尽可能短，并只限于特殊情况。制裁的期限应由司法当局确定，同时不排除今后早日释放的可能性。第二，着重强调了被逮捕扣押的少年或待审讯（"未审讯"）的少年应假定是无罪的，并当作无罪者对待。应尽可能避免审讯前拘留的情况，并只限于特殊情况。因此，应作出一切努力，采用其他的替代办法。在不得已采取预防性拘留的情况下，少年法院和调查机构应给予最优先处理，以最快捷方式处理此种案件，以保证尽可能缩短拘留时间。

1990年《联合国非拘禁措施最低限度标准规则》（东京规则）第2.3条规定："为了配合犯法行为的性质和严重程度、罪犯的个性和背景以及保护社会的需要，并避免不必要地使用监禁办法，应在刑事司法制度中规定一套从审前至判决后处置的范围广泛的非拘禁措施"；第2.4条规定："应鼓励制定和密切监督新的非拘禁措施，并对其使用情况进行有系统的评价"；第2.6条规定："应根据尽少干预的原则应用非拘禁措施。"

此外，1994年国际刑法学协会第15届代表大会通过的《关于刑事诉讼法中人权问题的决议》第3条规定："在预审阶段，无罪推定要求在与一切强制措施有关的活动中适用比例性原则。根据这一原则，必须使政府干预刑事被告基本权利的严重程度与限制的代替性措施的目的存在合理的关系。这一点应推动立法者把规定审前羁押的代替性措施置于首位，审前羁押在任何情况下都应视为例外情况。"

2004年9月12日至19日，在中国北京举行的第十七届国际刑法学大会通过的《国内法与国际法原则下的未成年人刑事责任决议》也明确了对未成年

---

① 《儿童权利公约》第37条（d）项规定："所有被剥夺自由的儿童均有权迅速获得法律及其他适当援助，并有权向法院或其他独立公正的主管当局就其被剥夺自由一事之合法性提出异议，并有权迅速就任何此类行动得到裁定。"

② 《联合国少年司法最低限度标准规则》（《北京规则》）第13.1条规定："审前拘留应仅作为万不得已的手段使用，而且时间尽可能短。"第13.2条规定："如有可能，应采取其他替代办法，诸如密切监视、加强看管或安置在一个家庭或一个教育机关或环境内。"

人实行审前羁押是例外。会议讨论认为，对未成年人犯罪要强调教育，一般不采用羁押措施，因此，决议表述为："只有在例外的情况下才能对未成年人实行审前羁押。"但是，教育感化和必要的强制措施又是不矛盾的，所谓"例外"是指必须具有法定的理由，且审前羁押的决定应该由司法机关作出，即应当有严格的程序。另外，提交会议讨论的决议草案中，原表述为"对16岁以下的未成年人不得实行羁押"，会议考虑到各国国情的不同，采纳了中国的建议，大会通过的决议中已将该项内容修改为："对不满16周岁的未成年人应尽可能不实行羁押"。

综合上述国际公约、规则，可以明确以下几点：（1）对未成年人进行审前羁押应严格建立在无罪推定原则基础之上。（2）在非羁押状态等待审判是未成年犯罪嫌疑人、被告人的一项基本权利。（3）如果说审前羁押对于成年人而言是例外而非原则，对于未成年犯罪嫌疑人而言，审前羁押仅应作为"万不得已"的手段使用，是例外中的例外。对于不满16周岁的未成年人予以审前羁押基本不具有正当性。（4）如果不得已对未成年人在审前予以羁押，该案件应最优先得到处理，以尽可能缩短对未成年人的羁押时间。（5）应当尽可能采取审前羁押替代措施。①

（二）域外国家和地区未成年人审前羁押情况借鉴

我国的未成年人审前羁押制度除了应当严格遵循国际条约的相关规定外，也应当借鉴少年司法制度发展比较完善的域外国家和地区的经验和做法。通过比较可以发现，无论英美法系还是大陆法系都基于人权保障的视角，对如何限制未成年人审前羁押均有明确的立场和完备的保障性措施与制度，并且呈现出严格遵守国际规则，以确保未成年人审前羁押真正成为一种"例外"。以下共性可供借鉴：

1. 对未成年人严格限制适用审前羁押措施。为了避免审前羁押的负面影响，许多国家对未成年人审前羁押进行了明确的限制，这种限制主要体现在：一是强调审前羁押的万不得已性。例如，《日本少年法》第43条第3款规定："检察官在少年嫌疑案件中，非在不得已的情况下，不得向法院提出拘留的申请。"德国少年法同样规定对于少年犯应首先采取临时性的管教措施，只有在这些措施无法达到目的时，才可能对其进行逮捕。②法国的未成年人刑事诉讼中，在预审阶段，有一种先行拘押的羁押措施。但是，法律对该措施进行了严

---

① 姚建龙：《未成年人审前羁押制度检讨与改进建议》，载《中国刑事法杂志》2011年第4期。

② 田金婷：《未成年人逮捕措施适用研究》，海南大学2015年硕士学位论文。

格限制。只能在其他措施都不适用必须要采取该措施,并且司法监督措施尚不足够或者未成年人不遵守司法监督义务时,在一定条件下,才能对13周岁到18周岁的未成年人实施先行拘押。如果是已满16周岁的未成年人,只有在出现对未成年人应当判处重罪、当处3年及以上轻罪、故意逃避司法监督义务或不遵守有电子监控的指定住所义务的情况之一时,才能先行拘押。而对于已满13周岁不满16周岁的未成年人需满足应处重罪刑罚或逃避司法监督义务或不遵守有电子监控的指定住所义务的情况之一。① 例如,澳大利亚规定16周岁以下未成年人一律不得予以拘留;16—18周岁少年可被拘留,但需与成年人分开羁押。二是根据罪行性质进行限制,规定犯轻罪不能被审前羁押。如法国规定对不满13周岁的未成年人不得实施监禁。13周岁以上不满16周岁的未成年人,仅在犯重罪被当场抓获的情况下才能被监禁,如犯轻罪则不能适用。三是根据可能判处的刑罚进行限制,以使审前羁押符合"比例性原则",防止出现审前羁押时间与刑罚时间不相匹配的情况。②

2. 对未成年人审前羁押强调保护性的特殊目的。基于国家亲权原则和儿童最大利益原则,域外国家对未成年人审前羁押制度的设计遵循了保护主义。羁押的理由之一便是保护未成年人免受社会伤害,分管分押是保护未成年人免受羁押场所内成年人的伤害。③ 如果说对于成年人的审前羁押是为了确保到庭审判、保持证据的完整性、预防再犯罪,对于未成年人审前羁押的目的则大都强调其特殊性,这种特殊性主要体现在保护性上。例如,美国对于罪错少年的审前拘留制度始创于1899年,而制度创设的原初目的即在于将可能在审前逃逸或再犯的少年实现审前与成年人的分别羁押,体现了保护性目的。全美少年拘留协会(National Juvenile Detention Association,NJDA)对未成年人审前拘留定义如下:未成年人拘留是将被控实施法院所禁止之行为的未成年人于未决诉讼期间予以拘禁,以保护该未成年人及社区的暂时而又安全的羁押措施。全美犯罪与未成年人偏差理事会使用"拘留关爱"(detention care)这一术语。所谓"拘留关爱"系指在等候法院安置或移送其他机构时将少年予以严格羁

---

① 宋佼沙:《法国未成年人刑事司法制度评介》,载《中国刑事法杂志》2011年第11期。我国台湾地区的"少年事件处理法"明确规定:"少年被告非有不得已情形,不得羁押之。"另外是根据年龄进行限制,明确规定一定年龄下的未成年人一律不得羁押。

② 姚建龙:《未成年人审前羁押制度检讨与改进建议》,载《中国刑事法杂志》2011年第4期。

③ 王江淮:《未成年人审前羁押制度比较与借鉴》,载《预防青少年犯罪研究》2014年第6期。

押的临时性关爱措施。①

3. 对未成年人审前非羁押的替代措施多样化。不管是采用福利型少年司法模式的国家还是采用刑事型少年司法模式的国家，都非常强调审前羁押替代性措施的运用。在福利型少年司法模式国家，较多地运用"观察保护"（观护）制度，这是一种由官方主导、管理的对少年进行人身自由限制的一种措施，我国台湾地区的少年观护制度和日本的少年鉴别所最为典型。《日本少年法》第43条第1款规定：检察官对少年嫌疑案件，可以向法官提出以教育家庭裁判所调查官观察保护、解送少年鉴别所（从收容起不超过72小时）替代。在羁押和释放之间，少年法中设置了一种中间措施，即观护措施。少年鉴别所就是实施观护措施的机关，属于法务省管辖。少年鉴别所设立于各家庭法院的所在地，共有50处。少年鉴别所的机能在于能"使少年安心地接受审判、保持本来的心情"。因此，它被要求安排适当的娱乐、运动时间。美国的过夜安置措施和英国的保释旅馆也颇具特色。其次是社区看管制度。比如，美国的社区看管制度、日间报到中心、夜间报到中心等。最后是家庭看管，这种措施的特点是在未成年人的家中实施，并常常需要一些电子监控技术（如电子手镯或电子手铐）加以辅助。如法国的司法监督措施、日本的在宅观护措施、美国的家庭看管措施。

而在刑事型少年司法模式国家，则强调以保释的方式替代监禁，并且将保释视为犯罪嫌疑人的权利。例如，英国的未成年人保释制度非常有特色。英国有一系列针对未成年人的保释支持机构或设备。为了能让未成年人继续接受教育和对他们的身心健康辅以必要的照顾和保护，各地专门建立了针对未成年人的保释支持小组或保释旅馆。从2001年起，对于保释中的未成年人的电子监控得到应用，即在被保释人的腕骨周围安装一个传导物，该传导物向接受者发出信号，由代表法院的机构进行监督。当然，如果被保释人违反保释规定，则有可能面临被捕、羁押的危险。②

4. 重视社会调查与风险评估的运用。几乎所有国家在对未成年人作出裁定、判决前，都会对未成年人的成长环境、经历、性格、学习状况、家庭状况等相关情况作出一份报告，并结合未成年人的涉案情况及到案后的表现，作出风险评估，以供对少年进行一系列的裁定、审判时参考。如英国少年保释制度得以积极发挥作用的一个关键因素就是具有比较健全的风险评估机制。英国的青少年帮助小组和社工积极收集少年犯罪嫌疑人的信息，对其存在的危险因素

---

① 张鸿巍：《少年司法通论》（第二版），人民出版社2011年版，第353页。
② 齐树洁：《英国司法制度》，厦门大学出版社2005年版，第492页。

进行评估，针对不同危险情况制定不同的保释计划并向拘留警官、治安法官提交请求保释。英国的少年保释制度中，对未成年犯罪嫌疑人进行风险评估时有三条主要标准：一是是否会出庭、到庭、准时到达警察机关；二是如果回归社会是否会重新犯罪；三是是否会在整个犯罪调查中对证人有不好的影响。对这三条标准参与评估的人员会作一个综合而平衡的分析。其次是在评估过程中，对于影响风险评估的一些决定性的风险因素要进行充分的考虑和分析，如犯罪的形式、犯罪的周期、犯罪的背景、犯罪的类型、以前的犯罪记录、有否固定居所和生活来源、教育和就业情况、酒精和毒品的使用情况、家庭情况、对其他未成年人的风险以及对公众的风险等。在评估时要使评估各方能尽可能地达成共识。在限定的时间内做完风险评估后就可以确定是否给予保释。美国对未成年人拘留决定的作出通常需要进行风险评估与鉴别。在美国，几乎所有大城市都有针对未成年犯罪嫌疑人的保释风险评估体系并设有配套的服务机构，尽最大可能对逮捕的未成年人采取保释，降低未成年人的审前羁押率。与风险评估相对应的另一个重要概念——需求评估，系指对问题少年的个人与社会技能、健康状况、心理素质、教育水平、酗酒吸烟与否等状况进行测量的评估。[①] 为了帮助法官评估羁押必要性，一些审前羁押改革项目还探索出了各种"风险评估工具"，计算保释未成年人可能对社区造成的危险。例如，美国著名的维拉司法学会（Vera Institute of Justice）的相关调查指出，可以利用通过考察未成年人的不良行为史、是否曾被适用过缓刑、是否顺利度过缓刑期、是否按期出庭等评估工具，进行量化测评并计分，合理地预见未成年犯罪嫌疑人保释后是否有逃避侦查的风险。法官可以根据风险评估工具所确定的未成年人所需要的监管程度，决定将未成年人进行封闭性羁押，还是让其回家由监护人看管，直到举行裁决听证；或是采用其他介于两者之间的限制性措施，例如安置在类家庭或社区管教中心、日间或夜间报告中心或者非完全封闭性的看管中心。[②] 实践中，由于采用了可靠的测评流程和客观的计算方法，风险评估程序通常能够成功地预测犯罪嫌疑人保释后再次犯罪的概率，因而备受实务界推崇。

三、特别程序下逮捕未成年人制度设计

前文提到最高人民检察院通过司法解释对未成年人的"慎捕"已经作出了一定的细化，但正如王敏远教授所言："这些规定对于减少未成年人的逮捕

---

① 张鸿巍：《少年司法通论》（第二版），人民出版社2011年版，第353页。
② 张文娟：《中美少年司法制度探索比较研究》，法律出版社2010年版，第66页。

实际作用十分有限,因为这些条件所导致的只是'可以'依法不予批捕逮捕,而非'应当'依法不予批准逮捕。"① 中国的未成年人司法制度还没有真正建立起来,在涉及未成年人法律适用上,之所以存在分歧和不同意见,根本原因还在于萌发于普通程序下的特别程序未完全独立,既受普通程序原则制约,又受微观成人司法制度影响。因此,确立特别程序独立地位至关重要。② 具体到未成年人逮捕制度设计上,我们认为应当首先将未成年人案件从成年人案件中区别对待,是第一层级的进步;然后将不同危害程度的未成年人进行相应的区别对待,是在此基础上的第二层级的进步。区别对待也是从教育、感化、挽救的目的出发,为其回归社会的需要而采取不同的措施而非报复、惩罚未成年人。在此,我们对特别程序下未成年人逮捕制度设计提出以下意见。

(一)明确对未成年人以不捕为原则、以逮捕为例外

1. 反向设计未成年人逮捕制度。考虑到未成年人有着不同于成年人的生理和心理特征,单靠严厉的刑事惩罚很难从根本上对其进行改造和重塑,传统的报应刑主义的处遇方式在对待未成年人犯罪问题上越来越无法发挥其应有效能。国际社会普遍意识到,未成年人刑事司法的目的不应当是惩罚和报应,而应当是教育和矫治,相对宽容的以教育、感化为目的的保护式处遇更有利于对未成年人的教育和挽救。我国司法机关对未成年人犯罪一直秉承着"教育为主、惩罚为辅"的精神和注重教育、矫正的保护性司法理念。这一精神和理念的实现要求做到:使未成年人处于一个最适于纠正其行为的环境,能继续得到教育,并被给予心理治疗和行为矫正。对涉罪未成年人适用非羁押性强制措施,恰好体现了这一保护性司法理念,可以使涉罪未成年人不会因被羁押而脱离原有的家庭生活和学校学习,处于相对宽松健康的社会大环境中,通过接受来自办案机关和社会组织的各种行为和心理上的矫正和帮教,逐步实现其自我改造、重新回归社会的目的。③ 因此相对于成人逮捕制度,未成年人的逮捕制度应该反向设计:以不逮捕为原则、以逮捕为例外。这一点在最高人民检察院"检察业务核心数据"中已有体现。目前未成年人检察工作考核评价核心数据有两个:一是非羁押措施适用数,指在未成年人刑事案件诉讼过程中,对涉罪未成年人采取非羁押措施的数量,包括不批准逮捕未成年人人数和变更强制措

---

① 王敏远:《论未成年人刑事诉讼程序》,载《中国法学》2011年第6期。
② 庄乾龙:《未成年人犯罪特别程序之定位》,载《青少年犯罪问题》2014年第3期。
③ 张桂霞:《涉罪未成年人非羁押性强制措施风险评估与控制》,载《铁道警察学院学报》2015年第5期。

施人数（即经检察机关建议或决定变更了逮捕的强制措施人数）；二是非刑罚措施适用数，指检察机关对涉罪未成年人依法作出非刑罚化处理的人数，包括作出相对不起诉决定的未成年人人数和作出附条件不起诉决定的未成年人人数。上述两个核心数据均体现了对未成年人不同于成年人的"宽容"政策，均有利于降低对未成年人的逮捕率。

2. 强调对未成年人的逮捕基于保护性目的。对于未成年人的逮捕除了保障诉讼顺利进行之外，更多地要体现对未成年人的保护，也就是未成年人刑事案件中的逮捕需要承载与成年人刑事案件中逮捕不尽相同的功能。这一点台湾地区的收容制度给了我们很好的启示。是否采取逮捕要考虑能否保证诉讼顺利进行，还要考虑尽最大可能保护未成年人的权益。具体而言，就是尽可能让未成年人在正常的学习、工作和生活环境中矫正，从而最大限度地教育、感化、挽救未成年人。

（二）准确把握对未成年人的逮捕标准

经验教训表明，如果只有法律的原则性规定，而无具有实质意义的具体条件的设计，如果只是规定了减少适用逮捕的条件，而未规定必须适用的要求，对未成年人慎用逮捕的目的将很难实现。[①] 为此，应当进一步明确对未成年人逮捕的具体标准。初步考虑可以分三个层次来设计：一是应当不予逮捕，指的是未成年人刑事案件只要形式上符合何种特殊情形，无须实质审查其社会危险性和羁押必要性，一律不捕；二是可以不予逮捕，是指未成年人符合何种情形，经裁量一般倾向于不逮捕；三是可以予以逮捕，是指未成年人符合何种情形，经办案人员裁量有权予以逮捕。

1. 应当不予逮捕

应当不予逮捕主要包括以下情形：一是对于现有证据不足以证明有犯罪事实，或者不足以证明犯罪行为系未成年犯罪嫌疑人所为的，应当作出不批准逮捕决定。二是对犯罪嫌疑人实际年龄难以判断，影响对该犯罪嫌疑人是否应当负刑事责任认定的，应当不批准逮捕。需要补充侦查的，同时通知公安机关。三是依据在案证据不能认定未成年犯罪嫌疑人符合逮捕社会危险性条件的，应当要求公安机关补充相关证据，公安机关没有补充移送的，应当作出不批准逮捕的决定。四是未成年犯罪嫌疑人认罪悔罪且其犯罪情节较轻，可能判处1年有期徒刑以下刑罚的，应当作出不批准逮捕的决定。五是达成刑事和解且对未成年犯罪嫌疑人可能判处3年有期徒刑以下刑罚的，应当作出不批准逮捕的

---

① 王敏远：《论未成年人刑事诉讼程序》，载《中国法学》2011年第6期。

决定。

上述前三项主要是从证据角度考虑，不符合逮捕条件的；后两项则是从社会危险性上考虑，认为具备该两种情形的属于社会危险性不大，无逮捕之必要。根据《刑事诉讼法》的规定，对成人适用逮捕强制措施的前提条件是"可能判处有期徒刑以上刑罚"，考虑到对未成年人应当比照成人从严把握，因此，应当在"可能判处有期徒刑以上刑罚"的基础上再向上推。由于根据《刑事诉讼法》第271条规定，对未成年犯罪嫌疑人认罪悔罪且可能判处1年有期徒刑以下刑罚的，检察机关可以作出附条件不起诉处理；而附条件不起诉决定作出后是在开放的社会环境中对有长期考察必要的未成年人进行帮教考察，因此对符合该情形的，可以认为是社会危险性小、无羁押必要的，应当不批准逮捕。而对未成年犯罪嫌疑人可能判处3年有期徒刑以下刑罚的，根据《刑事诉讼法》第277条规定，可以进行刑事和解；对于达成和解的，检察机关可以作出相对不起诉或者附条件不起诉处理，因此认为此种情况也属于社会危险性小、无羁押必要，应当不予逮捕的。

2. 可以不予逮捕

根据现有法律、司法解释如《高检规则》《高检规定》等的规定，对未成年人裁量不捕的情形应当包括以下几种情况：

一是对于未成年人可能被判处3年有期徒刑以下刑罚，具备有效帮教和监护条件，不逮捕不致再危害社会和妨害诉讼正常进行的，人民检察院可以不批准逮捕。

二是对于罪行较重，可能判处3年有期徒刑以上刑罚，但主观恶性不大，具备有效监护条件或者社会帮教措施，具有下列情形之一，不逮捕不致再危害社会和妨害诉讼正常进行的，人民检察院可以不批准逮捕：（1）初次犯罪的；（2）犯罪后有自首或者立功表现的；（3）犯罪后如实交代罪行，真诚悔罪，积极退赃，尽力减少和赔偿损失，得到被害人谅解的；或者达成刑事和解的；（4）不属于共同犯罪的主犯或者集团犯罪中的首要分子；（5）属于已满十四周岁不满十六周岁的未成年人或者系在校学生的；（6）身体健康状况不适宜羁押的，或者正在怀孕或处于哺乳期的；（7）系生活不能自理人的唯一扶养人的；（8）其他应当不批准逮捕的情形。

三是在司法实践中，尤其要注意以下几种情形的裁量不捕：（1）对于具备自首等从宽情形的未成年犯罪嫌疑人，必须严格限制适用逮捕措施。主动投案并如实供述自己的犯罪事实，足以说明未成年犯罪嫌疑人对自己的犯罪行为的危害性有所认识，自愿承担刑事责任，其社会危害性已经降低。因此，如果具备有效监护条件等、不至于妨碍诉讼的，可以不批准逮捕。（2）对于聚众斗殴、故意伤害等共同犯罪案件，要注意区分不同情形。应当根据社会调查报告和风险评估情况严格审查：首先不能仅仅以是否对被害人进行了赔偿决定是否逮捕。特别是未成年人案件中多发的造成被害人轻伤的，由于被害人漫天要价等原因没有对被害人进行赔偿或者达成和解的案件，被害人一方已经上访或者有上访可能，综合评价后不符合逮捕条件的，可以不予逮捕。其次对于共犯在逃的案件，犯罪事实清楚，证据已经有效固定，即使罪行比较严重，但不是共同犯罪的主犯、主观恶性不深、有悔罪表现、不具有社会危害性、具备有效监护和帮教条件，不逮捕不会对其他在逃的犯罪嫌疑人造成影响的在案未成年犯罪嫌疑人，可以不批准逮捕。对于在校未成年人，更可以不批准逮捕。

3. 可以予以逮捕

裁量可以批准逮捕主要包括以下几种情形：一是证据证明有犯罪事实，可能判处 10 年有期徒刑以上刑罚的。从司法实践来看，对未成年人犯罪在量刑时应当比照成年人从轻、减轻，其幅度可达 50% 左右。如果在考虑从轻情节后还可能判处 10 年有期徒刑以上刑罚，那么说明不考虑未成年从轻的话，罪行本身甚至有可能判处 15 年或者无期。在这种情况下我们认为，根据具体个案中未成年人实施犯罪行为的情节、造成的后果、归案后的表现等客观证据，即有一定的证据证明犯罪嫌疑人可能被判处 10 年有期徒刑以上刑罚，可能存在主观恶性极大，作案手段恶劣，危害后果严重，则原则上可以对其批准逮捕。但是，考虑到《北京规则》的有关规定，"审前拘留应仅作为万不得已的手段使用，而且时间应尽可能短。如有可能，应采取其他替代办法，诸如密切监视、加强看管或安置在一个家庭或一个教育机关或环境内"。如果符合监视居住的法定情形，具有这些情形的，可以采取监视居住，不予逮捕。监视居住是取保候审和逮捕之间必要的缓冲机制，具有二者所不具备的特殊诉讼功效，在强制措施体系中具有重要的地位和作用。作为介于取保候审和逮捕之间的一种缓冲机制，监视居住可以起到对取保候审的补充作用和对逮捕的替代作用，有利于减少逮捕措施的适用，保障犯罪嫌疑人、被告人的权利。①

二是有证据证明有犯罪事实，可能判处徒刑以上刑罚，曾经故意犯罪的，检察机关可以逮捕。但是，司法实务中公安机关移送适用径行逮捕的未成年人最多的就属此类。而大部分未检干警最为诟病的就是这条规定，因为有的未成年人曾经的故意犯罪是因各种原因走上犯罪道路或者这次是事出有因、情节较轻，不分情况一律逮捕，有失公平；这也是考核中捕后判轻缓刑的重大扣分项

---

① 宋英辉、王贞会：《刑事强制措施修改若干问题》，载《暨南学报》（哲学社会科学版）2012 年第 1 期。

目,许多案件到法院后判轻缓刑,检察办案的效果不好。因此,这种情况需要考虑前罪和后罪的性质、后罪是否过失犯罪、前罪后的帮教情况、前后犯罪后的具体表现等各方面情况综合予以裁量。

三是有证据证明有犯罪事实,可能判处徒刑以上刑罚,并且身份不明的,检察机关可以逮捕。但是,正如前文所述,成人犯罪中身份不明的犯罪嫌疑人、被告人属于主观上拒绝提供身份信息,这本身表明其有逃避侦查和刑事处罚的心理,并且身份不明还导致不具备采取取保候审等非羁押措施的条件;而未成年人身份不明情况较为复杂,有的可能确实说不清楚自己的家庭住址和真实姓名,如自幼流浪乞讨的未成年人;有的由于其身心脆弱性特点,极有可能因为担心父母知道其违法犯罪事实而隐瞒身份。对此应当予以区别对待。司法实践中一般认为未成年人身份不明如果无法查实,一般来说采取取保措施难以保证诉讼顺利进行,且其危险性较大。对于这类案件,检察机关通常非常谨慎,一般不会仅仅因为有更好的非羁押替代措施而拒绝公安机关的提请批准逮捕的申请,更不愿意直接作出不批准决定。我们认为,这种情况检察机关可以逮捕,但是如果涉案未成年人对于犯罪事实交代清楚,案件证据已经到位,则可以考虑将未成年人放在帮教基地或者观护基地,给予其非羁押的机会和帮教,从而引导其交代真实身份。

(三) 明确审查逮捕未成年人程序

《刑事诉讼法》规定了审查逮捕未成年犯罪嫌疑人,应当讯问未成年犯罪嫌疑人、听取辩护人意见等程序,但是,根据"严格限制逮捕措施"的原则,还应当增加社会调查、风险评估等程序。正如学者所言:"检察官在作出批捕未成年犯罪嫌疑人决定时,通常需要综合考虑几方面因素:一是该嫌疑人是否具有现实而紧迫的人身危险性,以致会危及本人或他人;二是该嫌疑人是否会逃逸、毁损证据,威胁或恐吓证人;三是是否具备对该嫌疑人进行家庭、学校及社区帮教的现实可能性。与批捕成年犯罪嫌疑人相比,检察官在考量时还会结合初步的社会调查加强对第三点的论证,这实际上涉及儿童福利与少年司法的有序对接。除了未成年犯罪嫌疑人的人身危险性及脱逃等情形外,影响检察官作出批捕决定的因素还不可避免地涉及配套机制的考虑。缺乏儿童福利、社区参与及父母配合的配套机制,对于简单作出不逮捕决定是有些不可想象的,也偏离了实事求是的基本原则。"[①] 社会调查报告作为办案和教育的参考,理应作为是否逮捕未成年人的主要参考依据;同时结合羁押风险评估,可以在一

---

① 张鸿巍:《未成年人审前拘留刍议》,载《比较法研究》2012年第6期。

定程度上减少对未成年人的审前羁押。因此涉案未成年人的社会调查报告和羁押风险评估在逮捕未成年人中具有基础性的地位。

1. 社会调查

人民检察院审查逮捕未成年犯罪嫌疑人,应当根据其涉嫌的犯罪事实、主观恶性、成长经历、犯罪原因以及有无监护或者社会帮教条件等,综合衡量其将来妨碍诉讼或者继续危害社会的可能性大小,尤其应当注重社会调查报告的审查与运用。对于公安机关没有提供社会调查报告的,人民检察院根据案件情况可以要求公安机关提供,也可以自行或者委托有关组织或机构进行调查。必要时可以介入侦查,引导取证。社会调查一般应当包括以下内容:(1)个人基本情况(纵向),包括未成年人的年龄、性格特征、健康状况、成长经历(成长中的重大事件)、生活习惯、兴趣爱好、教育程度、学习成绩、一贯表现、生活来源等;(2)社会生活状况(横向),包括未成年人的家庭基本情况(家庭成员、家庭教育养护情况和管理方式、未成年人在家庭中的地位和遭遇、家庭成员之间的感情和关系、监护人职业、家庭经济状况、家庭成员有无重大疾病或遗传病史等)、社区环境(所在社区治安状况、邻里关系、在社区的表现、交往对象及范围等)、社会交往情况(朋辈交往、在校或者就业表现、就业时间、职业类别、工资待遇、与老师和同学的关系或者与同事的关系等);(3)与涉罪相关的情况,包括犯罪原因(犯罪目的、动机、手段、与被害人的关系等)、犯罪后的表现(当前思想状况、羁押或取保候审期间的表现、悔罪态度、赔偿被害人损失等)、社会各方意见(被害方的态度、所在社区基层组织及辖区派出所的意见等)以及是否具备有效监护条件、社会帮教措施;(4)检察机关认为应当调查的其他内容。检察官具体审查社会调查报告时,还可以考虑由具有心理学、犯罪学、社会学等知识的专家对未成年人的犯罪形态与心理出具分析意见,同时作为参考意见使用。

2. 风险评估

一般来说,不批准逮捕的风险主要有两种:一是犯罪嫌疑人重新犯罪、再次危害社会的风险;二是犯罪嫌疑人妨碍刑事诉讼活动顺利进行的风险。影响风险的因素主要有以下四类:(1)犯罪行为,具体包括犯罪类型、犯罪性质、犯罪行为状态、犯罪形式、犯罪情节、量刑幅度等。(2)行为人基本情况,具体包括年龄、身体状况、文化程度、一贯表现、当前表现、个人品行等。(3)成长环境,具体包括家庭成员、社区环境、学校环境、交友情况等。(4)监管条件,具体包括帮教条件、保证因素、监督因素等。

评估主体可以考虑多元化。对于涉罪未成年人非羁押风险的评估除办案人员以外,司法行政机关、律师和被害人以及社会力量的参与至关重要。办案机关可以吸纳多元化主体参与，借助社会力量开展风险评估。由办案机关负责对涉罪未成年人的法律问题进行评估，如犯罪类型、犯罪情节、社会危害性等；由司法行政机关或者委托社会力量，如律师、学校、居（村）民委员会、心理咨询机构等，进行特定事项的调查评估。①

对于监护帮教评估可以考虑，符合下列条件之一的，可以认定为具有有效监护帮教或社会帮教条件：（1）能够提供有固定住所和稳定收入、具有监护帮教条件的成年亲友作为保证人的；（2）未成年犯罪嫌疑人在本地就读、就业，案发后父亲或母亲表示愿意到本地生活，对犯罪嫌疑人实施有效监护，或者学校、就业单位愿意对其进行观护和帮教的；（3）居民委员会、村民委员会、社会团体、企事业单位等机构和组织愿意提供帮教的；（4）公安司法机关能够为未成年犯罪嫌疑人提供帮教场所或者临时监护人的；（5）其他具有有效监护帮教或社会帮教条件的。

对于具体社会危险性的审查，人民检察院应当从以下方面审查，并结合案件具体情况综合认定未成年犯罪嫌疑人的社会危险性：（1）审查公安机关提供的证明犯罪嫌疑人具有社会危险性的证据，公安机关没有提供或者提供的证据不充分的，人民检察院应当要求公安机关提供或者补充；（2）审查社会调查报告；（3）审查未成年犯罪嫌疑人实施犯罪行为的情节、严重程度、犯罪次数等；（4）审查其他证明未成年犯罪嫌疑人社会危险性的材料。

3. 听证程序

借鉴发达国家的少年司法中的听证制度，对于是否逮捕未成年人存在争议的案件，可以举行听证。在听证过程中，公安机关及被害人等可以就逮捕必要性作出说明；未成年人父母或监护人就该未成年人的品行与其在家表现进行情况说明，并表明是否愿意担保未成年人不批捕后的行为符合相关规定；学校及社区代表就未成年人的品行及在校表现作出客观性说明，以及是否愿意承担一定的监管责任等。对于检察官而言，在听取上述意见或建议后，需要认真考虑这样一些问题：该未成年人是否涉嫌刑事犯罪；之前是否有违法或犯罪记录；若不采取逮捕，其是否可能不出庭受审甚至脱逃；若不予以逮捕，其是否会威胁到证人、被害人及其他人的安全；其父母、监护人、学校或社区是否愿意承担相应监管责任。最后考虑的是若对未成年人逮捕是否符合"儿童利益最大化原则"与"防卫社会"之双重目的。②

---

① 宋英辉、上官春光、王贞会：《我国逮捕程序完善之思考》，载《河南社会科学》2009 年第 11 期。

② 张鸿巍：《未成年人审前拘留刍议》，载《比较法研究》2012 年第 6 期。

（四）建立与未成年人逮捕标准相应的配套制度

从前面对未成年人逮捕标准"严格把握"看，真正执行起来必然会带来大量的不捕案件。虽然这符合"不捕为原则、逮捕为例外"，但如果只是简单地追求不捕，不仅可能在保证诉讼上出问题，而且可能使犯罪的未成年人误以为"没事"，从而不利于对其教育、挽救。因此，必须建立与未成年人逮捕标准相应的配套制度，以保证在"严格限制逮捕措施"的同时，既有利于对未成年人的教育、挽救，又有利于诉讼的顺利进行。

一是建立合适保证人制度。对符合不捕条件的外地涉罪未成年人，如果其既无法提出保证人，也无法交纳保证金，很多地方采取将其放入观护基地（或称帮教基地），并设置合适保证人等制度，以确保非羁押措施的运用。比如，上海探索的合适保证人制度①已经较为成熟，应当予以推广。

二是建立不捕帮教制度。即对于作出不批准逮捕决定的涉罪未成年人，人民检察院应当会同家庭、学校、相关单位、公安机关和社会组织等共同组成帮教小组，制订帮教计划，开展考察教育，具体如下：（1）对于因犯罪情节较轻等无逮捕必要而不批准逮捕的涉罪未成年人，帮助其稳定思想和情绪，促使其认罪悔罪，保障刑事诉讼的顺利进行。（2）对于确有违法行为，且认知和行为偏差已达到一定程度，因证据不足而未被批准逮捕的未成年人，在敦促其配合侦查取证的同时，还应加强教育矫治。（3）对于因未达刑事责任年龄而作出不批准逮捕决定的涉罪未成年人，应当对其开展教育矫治。（4）对于情节显著轻微、危害不大，不认为是犯罪的未成年人，应当帮助其改正错误，防止其违法犯罪。

三是建立捕后继续羁押必要性审查制度。未成年犯罪嫌疑人的社会危险性大小不是一成不变的。逮捕后，随着侦查的进展，原决定或批准逮捕所依据的事实证据条件、刑罚条件、社会危险性条件都可能发生变化，进而影响到羁押的必要性。因此，在未成年刑事案件办理中，应当借鉴大陆法系国家所采用的羁押后的自动审查机制，即羁押犯罪嫌疑人一定时间后，有关官员应主动审查

---

① 根据上海市长宁区人民法院、上海市徐汇区人民检察院、上海市公安局徐汇分局联合出台的《合适保证人工作实施意见》，"合适保证人"是指公安机关、人民检察院、人民法院在刑事诉讼过程中，为无羁押必要，但无法提供保证人且无力出具保证金的涉罪未成年人，指定符合一定条件的人担任其保证人，依法履行保证人职责，从而对其适用取保候审措施制度。

羁押条件是否继续存在，是否有继续羁押的必要。① 现行《刑事诉讼法》第93条对捕后继续羁押必要性审查已有规定，应当在此基础上进一步完善相关具体制度，以保证检察机关能够积极发挥检察监督职能，在诉讼过程中对社会危险性消失或者减小，能够保证诉讼顺利进行、不需要继续羁押的未成年人，在侦查和审判阶段及时建议有权机关变更强制措施，在审查起诉阶段可以直接变更强制措施，从而有利于未成年人及时回归社会，这也是落实对未成年人严格限制适用逮捕措施要求的重要方面。

● 核心观点

　　对未成年人严格限制适用逮捕措施，意味着对未成年人应当建立与成年人不同的逮捕标准，径行逮捕不应当适用于未成年人。同时应当完善审查逮捕未成年人程序，包括社会调查、风险评估、听证程序，以及合适保证人、不捕帮教、捕后继续羁押必要性审查制度。

---

① 宋英辉、上官春光、王贞会：《我国逮捕程序完善之思考》，载《河南社会科学》2009年第11期。

专题七　未成年人刑事案件的和解：检察机关可否主持？

有未检干警在微信群中谈到一个审查批捕的未成年人刑事案件：四名未成年人寻衅滋事将一名未成年人打成轻伤，其中三名未成年人的家长积极赔偿被害人经济损失、赔礼道歉，努力想获得被害人谅解，希望司法机关对孩子从轻处理。对这三名未成年犯罪嫌疑人检察机关没有批捕。但是有一名未成年人的父母，检察机关与他们都联系上了，可是他们谁都不管，撂下的话是"爱咋处理咋处理"。当这名未成年人在看守所听到父母不见他、不管他的时候流泪了。在研究对这名未成年人捕与不捕时，承办人非常纠结：捕，对这名孩子本人不公平；不捕，对其他三名家里积极赔偿的未成年犯罪嫌疑人不公平，再加上这名孩子目前没有好的监护条件，检察机关最终决定逮捕，并请社工做社会调查，想依社会调查情况启动羁押必要性审查，看是否能改变逮捕的强制措施。对这名干警在微信群中发出的"不知我们这样做对不对"的困惑，大家反应不一。

甲："这样做体现了'宽容不纵容。只是如果后期孩子真诚悔过、家长配合，可以改变强制措施'。"

这样的观点让我们困惑：逮捕是强制措施还是刑罚？家长是否配合对采取强制措施起决定性的作用吗？

乙："对这名未成年人不捕，怎么就是对'其他三名家里积极赔偿的未成犯罪嫌疑人不公平'了呢？"

承办人："其他三名未成年人的家长积极赔偿30多万元，赔礼道歉，这名家长不问不管，如果对这名未成年人不捕，那赔偿的意义就不好体现。"

乙："捕与不捕不是看他本人的社会危险性、逮捕必要性吗？"

承办人："我们也知道这个理由很勉强，对这名未成年犯罪嫌疑人本人不公平，因为这毕竟是家长的错。"

乙："家长的错要孩子承担？并且这样做会不会误导那三个孩子：钱能摆平一切？"

丙："也是啊，有可能。"

丁:"同意,个人认为赔偿在共同犯罪中的考量应客观全面。"

戊:"四个孩子都可能被误导:赔钱就可以不坐牢,没赔钱所以坐牢。"

承办人:"没想到误导的问题……"

未成年人由于思想意识、性格特征尚未定型,又处于生理和心理的突变时期,他们知识浅,经验少,识别能力差,感情易冲动,思想易偏激,这就决定了对待未成年人要特别慎重。美国作家安妮·拉莫特曾有一句话非常令人沉思:"灯塔虽然不会绕着小岛自己去寻找需要搭救的小船,但是他们只要伫立在那里发出光亮就足够了。"我们认为,作为少年司法人员,我们有责任去帮助失足的孩子,但是,如果由于各方面因素的制约,我们无法身体力行地去帮助每一个处于困境中的孩子,那么是否至少应当避免给他们造成二次伤害呢?包括给他们造成误导?是否可以希望通过我们的努力,像灯塔一样给他们带去一点点光亮?我们认为,这是办理未成年人刑事案件与办理成人案件非常不同的地方。实践中如果达成和解,经济赔偿到位,犯罪嫌疑人往往可以获得较轻的处罚结果。这种结果对尚未形成正确人生观与价值观的未成年人来说,可能产生的负面效应是认识不到犯罪行为的严重性,以及认为"钱能摆平一切",这是未成年人案件和解中最需要注意的问题。

一、少年司法的恢复模式

修改后《刑事诉讼法》正式将刑事和解制度引入了公诉案件,在第五编"特别程序"中增加了"第二章当事人和解的公诉案件诉讼程序",对和解的适用条件和案件范围、和解协议的制作及和解案件的处理等作出了规定。此举是立法机关对刑事和解司法实践探索的认可。虽然《刑事诉讼法》没有专门就未成年人刑事案件的和解问题作出规定,但和解制度来源于恢复性司法理念,而恢复性司法与少年司法密切相关。

所谓恢复性司法,简单地说,就是在犯罪人与被害方之间建立对话机制,通过犯罪人主动承担责任弥补损失来消弭双方冲突,从深层次化解矛盾,并通过社区等有关方面的参与,修复受损的社会关系。联合国在2000年《关于在刑事事项中采用恢复性司法方案的基本原则》(2000/14号决议)中对恢复性司法定义为:恢复性司法系指一般在调解人帮助下,受害人和罪犯及酌情包括受犯罪影响的任何其他家人或社区成员,共同积极参与解决由犯罪造成的问题的程序。这个定义包含两个因素——恢复性程序和恢复性结果,即通过一个由双方或多方参与的特殊程序达到一个满足参与各方各自的和共同的需求。可见,一个完整的恢复性司法定义应当包含"恢复性程序"和"恢复性后果"这两部分。所谓"恢复性程序"系指在公正第三方帮助下,被害人、犯罪人以及受到犯罪影响的其他人或者社区成员共同积极参与解决由犯罪行为造成的问题的程序，包括调解、和解和协商等方式。"恢复性结果"是指通过道歉、赔偿、社区服务等方式使被害人因犯罪所造成的物质、精神损失得到补偿，同时也使犯罪人通过积极的、负责任的行为重新取得被害人及其家庭和社区成员的原谅，从而重新回归社会。国外恢复性司法是从年轻人中间开始实施的。恢复性司法最早出现在 20 世纪 70 年代后期的加拿大安大略省的基奇纳，起源于两个年轻人实施了一系列的破坏性犯罪，他们打破窗户、刺破轮胎、损坏教堂、商店和汽车，共侵犯了 22 个被害人的财产。虽然他们承认自己的破坏行为，但不想赔偿。后来，在当地缓刑机关和宗教组织的共同努力下，这两名罪犯与 22 名被害人分别进行了会见，通过会见，两人从被害人的陈述中切实了解到自己的行为给被害人造成的损害和不便，并交清了全部赔偿金。一般认为这是恢复性司法的起源。随后出现的英国恢复性司法也是发端于少年矫正制度。警察发现犯罪人实施犯罪后，并不直接送交法庭，而是先进行面谈，然后带少年犯去作案现场，与受害人面谈，让其认识到行为的危害性，得到受害人谅解，最后形成协商补偿方案，从而使犯罪人免于起诉。截至目前，世界上已经有数十个国家在探索恢复性司法，虽然一些成年人刑事案件和重罪案件也开始尝试实施恢复性司法，如英国 2000 年就有 1700 名强奸、抢劫等重罪案仅仅通过"告诫"这种非常简单的恢复性司法程序结案，但恢复性司法主要还是适用于一些轻微、社会危害性不大的犯罪，而少年犯罪中相当数量的案件属于这类案件，所以恢复性司法适用的主要对象还是少年，这与年轻人的作案特点、身心特征等不无关联。如美国对未成年犯注重非监禁刑适用，有 90% 的未成年被告人未入监，其中绝大部分以恢复性司法方式结案。在我国，自 2002 年恢复性司法相关文章被翻译成中文，其理念慢慢被学界和司法实务界所接受，并迅速对司法实践甚至相关法律文件的制定、修改产生重大影响。北京、上海、江苏、山东、湖南、广东等省市都开展了恢复性司法的试点工作。由于恢复性司法成效明显，尤其是与我国大力倡导的构建和谐社会相契合，因此获得了最高司法机关的认可。2010 年《六部门意见》第二部分第（二）项第 7 条规定："公安机关、人民检察院、人民法院、司法行政机关应当推动未成年犯罪嫌疑人、被告人、罪犯与被害人之间的和解，可以将未成年犯罪嫌疑人、被告人、罪犯赔偿被害人的经济损失、取得被害人谅解等情况作为酌情从轻处理或减刑、假释的依据。"2011 年最高人民检察院下发了《关于办理当事人达成和解的轻微刑事案件的若干意见》，明确规定对于当事人达成和解的轻微刑事案件，检察机关经审查，对于符合条件的，将和解作为逮捕必要性、起诉必要性以及提出量刑建议的重要因素来考虑。2012 年，刑事和解制度被我国立法正式确认。

在 2015 年 1 月瑞士政府和"人类的地球"基金会共同举办的第一届"世界少年司法"大会上，恢复性司法受到广泛推崇。比如，巴西的 Leoberto Brancher 法官认为，对少年不良行为有两种处理方式，一种是惩罚性的，另一种是恢复式的。与之相对应的少年司法模式有三种，分别是惩罚式司法模式（Punitive justice）、重返社会式的司法模式（rehabilitative justice）、恢复性司法模式（restorative justice）。这三种司法模式在目标、着重点、评价标准、社会语境、被害人地位等方面存在差异。惩罚式司法模式强调的是一种消极的责任观，强调要承担相关责任，或者说强调这是一种报复；重返社会式的司法模式则强调支持、融合和重返社会；恢复式司法模式强调对自己行为要负责。2012 年巴西通过了法律，体现了这三种模式的结合（1 system 3 modes）。关于该法律的所有实行措施紧紧围绕以下三个目标：一是让孩子负责任，二是帮助其顺利回归社会，三是接受惩罚。又如南非代表 Ann Skelton 女士介绍，南非少年司法的改革方向是实行恢复性司法，充分发挥社会力量，与社会服务连接起来。再如，来自新西兰的 Andrew Becroft 法官介绍了新西兰少年司法的家庭会议模式（Family Group Conference）。新西兰有 200 名法官，其中有 39 名法官从事少年司法工作。新西兰少年司法的目标是动员而且确保家庭参与，这是因为与学校、朋友、社区相比，家庭环境对一个人的行为影响最大。审前的恢复性司法工作主要由专业性强、人员充足且待遇较高的专门警察负责。在新西兰，80% 的少年加害人不被起诉，根据新西兰法律，起诉少年违法犯罪者必须满足两个条件，一个是为了公共利益才诉，另一个是将起诉作为最后的手段。未成年人犯罪是否被起诉由家庭会议决定，除了谋杀和过失杀人的所有案件，起诉权交给了家庭和被害人，如果通过家庭会议这些参与人能够达成协议，就不再起诉。家庭会议达成的协议中要为加害人设定义务，达成协议后提交法官，法官审查通过后由家庭会议负责执行。由于多数严重犯罪的未成年人家庭有问题，如家庭有裂痕或者离婚的，这种情况下，需要寻找更广泛意义上的家庭成员参与进来，因此新西兰警察专员青年援助处招募能够胜任这项工作的家庭参与恢复性司法。新西兰每年要召开 8000 次家庭会议。从 1989 年起通过家庭会议解决的案件有 20 万件，没有达成协议的很少。这种模式遵循恢复性司法原则，没有绝对标准，但是是有选择的，尤其是对被害人而言；其成本不高，最重要的是各方当事人要有参与到恢复性司法中的意愿，且需要有具备专业知识、协调能力强的主持人。还有来自荷兰的 Linda Dubbelman 检察官介绍了荷兰在处理少年犯罪案件中的 ZSM 和 Halt（停止）模式。ZSM 是指为了加速处理被捕未成年人犯罪的案件，检察官办公室、警察局和儿童保护委员会在每个警察局合署办公。荷兰有10个法院区，每一个法院区都设有ZSM。在处理少年犯罪案件时不是一个程序走完再进入下一个程序，而是以检察官为主导，大家一起工作，同时进行，尽可能快地作出决定。在荷兰对少年不良行为分为三类，进入不同程序，第一类初犯的轻微犯罪，交由Halt采取措施，第二类对于较为严重的犯罪由检察官作出社区服务40小时、观护6个月、赔偿被害人损失等决定，第三类对于再犯，造成严重影响的由少年法官作出监禁判决。Halt是传统公诉的一种替代措施，是指对于不满18周岁的儿童，有盗窃、破坏公物、寻衅滋事、逃学、吸毒或者酗酒、扰乱秩序等行为的，由警察交给Halt－arrangement（停止安排）机构，其一般工作方式包括与加害人及其家长多次谈话，加害人向被害人赔礼道歉、赔偿损失，培养加害人学习技能，加害人在家长参与下进行社区服务等，其中荷兰警方抓捕的少年不良行为者一半被送到Halt，2013年做Halt programmes（Halt计划）的有16800件，占到警察局登记未成年人案件的42%。Halt模式有很多优点，如可以使检察官尽可能早地介入案件处理，有利于尽快作出决定；让违法少年参与案件处理，由其对自己的行为负责，通过采取向被害人赔礼道歉、赔偿被害人损失等方式，获得被害人谅解，有利于恢复被破坏的社会关系；让违法少年尽可能少地进入公诉程序，有利于最大限度地防止进一步的刑事诉讼给未成年人造成负面影响并节约诉讼资源等。比利时代表Benoit先生认为，实行恢复性司法的关键因素是运用科学手段评估孩子的能力。目前世界上已经普遍运用MAYSI－2（心理测试仪）科学评估孩子的各方面能力。MAYSI－2采用就52个问题向青少年提问的方式，通过得到的答案评估孩子的思想健康状况，包括解决问题的能力、可信度、自主性、与他人相处的能力等，并根据测试制作儿童能力清单，目的是据此采取后续纠正孩子的行为，为恢复性司法提供参考。联合国暴力侵犯儿童问题特别代表Marta Santos Pais女士认为，恢复性司法代表了少年司法模式和儿童权利保障的转换，有助于对儿童尊严和儿童价值的尊重。恢复性司法为儿童权利保障提供了有效的法律支持，它有助于公平、负责任地解决问题，有助于预防相关程序中对儿童的暴力。① 我国也有学者认为，我国的未成年人司法模式选择，应当采用恢复性司法模式为主、司法模式为辅的组合设计，以便更好地兼顾未成年犯罪人、被害人（特别是未成年被害人）和社会的各方利

---

① 杨立新：《参加第一届少年司法世界大会报告》，载《预防青少年犯罪研究》2016年第2期。

益。① 我们认为，恢复性司法之所以在少年司法领域得到大家的认可，不仅在于它强调恢复已被破坏的社会关系，缓和加害人与被害人的严重对立，更加注重矫正罪错未成年人，给予其一次被社会重新接受的机会，从而有利于化解矛盾，解息纠纷，减少社会对立面，修复被破坏的社区关系；同时，由于恢复性司法所形成的悔罪机制，可以促进罪错未成年人从认知到情感的社会化，促进其与社会的内在融合，有利于罪错未成年人重新回归社会健康成长，符合少年司法的科学理念。如北京市海淀区人民检察院的一位检察官曾经介绍她办理的一起未成年人故意伤害案件，她通过让未成年犯罪嫌疑人与未成年被害人对话、沟通，使涉罪未成年人认识到自己的行为给他人造成的伤害。他非常后悔自己伤害他人的行为，他说他就觉得欺负别人好玩，不知道人家那么难受。后来，这个未成年人的真诚悔罪获得了被害人的谅解。恢复性司法既是少年司法的模式，也是少年司法的目标；不仅仅是一种处理犯罪的措施和技术，还是一种理念，强调充分尊重加害方和被害方的合法权益，强调帮助未成年人重返社会。因此，我们认为，未成年人案件的和解与成人案件的和解相比，有其独特的意义，更要考虑未成年人的身心特点，体现出对于未成年人和解后的矫正和认知调整，以及对于未成年人的换位思考和共情能力的培养，帮助未成年人思考自己的行为对于自己、家庭、被害人、社会的影响，加快其从情感到认知的再社会化的培育。但是，由于现行《刑事诉讼法》没有将刑事和解置于未成年人特殊程序中予以专门规定，没有体现在未成年人案件中适用刑事和解与成年人案件的不同之处。从前面介绍的情况可以看出，恢复性司法并没有绝对的标准，各国遵循恢复性司法原则所探索的少年司法模式也各具特色；但都描绘了一幅"帮助被害人恢复正常生活，促使犯罪少年重新融入社会，重建社会凝聚力"的诱人蓝图，而且恢复性司法模式作为福利模式和刑事模式融合的产物，也体现了目前"以保护理念为主导、以责任理念为补充"未成年司法领域的潮流，为此，我们在参与制定《未检工作指引》时，从办理未成年人案件的原则出发，总结提炼司法实践中的成熟做法，以未成年人保护为中心，对未成年人案件适用刑事和解的目标把握、适用条件范围、程序、监督等问题进一步予以细化，以期初步构建专门的未成年人案件刑事和解框架。在此过程中，同样遇到了不少争议问题。

---

① 宋英辉：《未成年人刑事司法模式选择与制度建构》，载《人民检察》2011 年第 12 期。

二、未成年人刑事案件适用和解的条件和案件范围

有意见认为未成年人刑事案件适用和解的条件和案件范围应当完全按照《刑事诉讼法》第277条规定的内容表述，即"因民间纠纷引起，涉嫌刑法分则第四章、第五章规定的犯罪案件，可能被判处三年有期徒刑以下刑罚的；可能判处七年有期徒刑以下刑罚的过失犯罪案件。五年内曾经故意犯罪的，不适用"。理由是应当严格依法和坚持双向保护原则。当然也有地方建议将《刑事诉讼法》未规定而实践中常见的聚众斗殴罪列入和解范围。

我们认为，对未成年人犯罪的从轻处罚和非监禁化是国际司法发展的趋势，其缘于未成年人犯罪的可矫治化，因而对未成年人犯罪应当在广泛意义上适用刑事和解。司法机关应当坚决贯彻"教育、感化、挽救"和"教育为主、惩罚为辅"的原则，通过与犯罪人及其家庭、社区的参与合作，形成帮教体系，争取让未成年人回归社会。因此，对未成年人的刑事和解应当适当放宽范围。一是不局限于"因民间纠纷引起"。在普通刑事和解案件中，对侵犯人身、财产案件限制"因民间纠纷引起"，主要是出于主观恶性、人身危险性较小的考量，而未成年人涉世未深且心智尚不成熟，犯罪动机普遍比较盲目，对行为后果的严重性认识不够，其主观恶性、人身危险性本身不大，没有必要限制。同理，实践中较为常见的未成年人寻衅滋事、聚众斗殴等罪名应当列入和解范围。二是根据《刑法》总则第17条对未成年人犯罪"从轻或者减轻处罚"规定的精神，以及对于未成年人犯罪惩罚不是主要目的，教育挽救未成年人、最大限度地恢复被破坏的社会关系才是目前未成年人刑事司法制度追求的目标，应当比照成年人适用和解的条件对未成年人的和解条件适当放宽，尽可能为未成年人提供与被害人对话、和解的机会。如对故意犯罪在刑期上可适当扩展为七年有期徒刑以下刑罚。全国人大法工委王尚新同志曾在《关于刑事诉讼法修改有关情况的介绍》[①]中，对于《刑事诉讼法》没有以"可能判处三年有期徒刑以下刑罚"为标准规定附条件不起诉的适用条件作出如下解释："根据《刑法》关于对未成年人犯罪应当从轻减轻处罚的规定，未成年人经过依法减轻可能判处三年刑罚的，其犯罪原本所对应的刑罚可能会在七年以上，不起诉可能引发社会争议。"也就是说，根据刑法总则第17条对未成年人犯罪"从轻或者减轻处罚"的规定，对未成年人"可能判处三年刑罚的"，如果不是因为是未成年人依法减轻处罚了，则其犯罪原本所对应的刑罚可能会

---

① 王尚新：《关于刑事诉讼法修改有关情况的介绍》，载《预防青少年犯罪研究》2012年第5期。

在七年以上，也就是说，未成年人的三年对应成年人的七年。三是过失犯罪案件主观恶性小，容易取得谅解。未成年人身心不成熟，对其因过失而非故意犯的罪，只要双方当事人有和解意愿就应当提供对话机会。四是考虑未成年人犯罪记录封存制度和未成年人犯罪不构成累犯的规定，在刑事和解中事实上已经不成立一般累犯，以及未成年人渎职犯罪实践中概率极低，故取消累犯和渎职犯罪限制。当然，由于刑事和解是宽宥的措施，仍需强调适用范围并非无边际限制，对于主观恶性大、人身危险性大的未成年犯罪嫌疑人不适用刑事和解程序。

另外，《刑事诉讼法》规定的和解主体是双方当事人。考虑到双方当事人可能因是未成年人或者可能无法参与协商等实际情况，《高检规则》第511条规定："被害人死亡的，其法定代理人、近亲属可以与犯罪嫌疑人和解。被害人系无行为能力或者限制行为能力人的，其法定代理人可以代为和解。"第512条规定："犯罪嫌疑人系限制行为能力人的，其法定代理人可以代为和解。犯罪嫌疑人在押的，经犯罪嫌疑人同意，其法定代理人、近亲属可以代为和解。"但由于未成年人刑事案件的和解应当将"教育、感化、挽救"未成年人放在首要位置，促使其认识错误、真诚悔悟、获得被害人谅解，因此，保证其能够充分参与和解非常重要，故我们认为不宜由未成年犯罪嫌疑人的法定代理人、近亲属代为和解。

三、检察机关可否主持未成年人刑事案件的和解

《高检决定》第18条规定："建立健全刑事和解制度。对于符合法定条件的涉及未成年人的犯罪案件，应当及时告知当事人双方有刑事和解的权利和可能引起的法律后果，引导双方达成刑事和解，并对和解协议的自愿性、合法性进行审查，主持制作和解协议书。对于达成刑事和解的未成年犯罪嫌疑人，一般不予批准逮捕和起诉。必须起诉的，可以建议法院从宽处罚。"《高检规定》第12条第1款规定："人民检察院办理未成年人刑事案件，应当注重矛盾化解，认真听取被害人的意见，做好释法说理工作。对于符合和解条件的，要发挥检调对接平台作用，积极促使双方当事人达成和解。"根据上述规定，结合司法实践中很多地方的探索，我们在《未检工作指引》中设计了主持和解程序，包括"【主持和解】对于符合条件的未成年人刑事案件，人民检察院可以应双方当事人的申请主持和解或者通过人民调解委员会等中立的第三方促成和解。申请可以口头提出，也可以书面提出，均应记录在案。""【和解程序】人民检察院主持和解的，一般由案件承办人作主持人，未成年犯罪嫌疑人及其法定代理人、近亲属、辩护人和被害人及其法定代理人、近亲属、诉讼代理人以

及社区代表、老师等相关人员共同参与。开展和解应当不公开进行。人民检察院应当告知参与人不能泄露未成年人的隐私。主持和解时应当首先介绍参与和解的人员、案件基本事实及组织和解的目的；然后，由受害人充分陈述自己遭受侵害时的感受和受到的损害，未成年犯罪嫌疑人也可以讲明自己犯罪时的想法和感受。其中，应当通过法定代理人、社区代表、老师等有关人员的共同参与和教育，努力营造一个充满理解、信任、宽容的氛围，让未成年犯罪嫌疑人真诚反省，明白其犯罪给被害人带来的痛苦，让被害人充分感受到他的悔意。对于被害人有过错或者对案发有一定责任的案件，也应当让被害人认识到自己在这场悲剧中所应承担的责任。最后，在各方共同围绕犯罪原因、危害、责任等进行充分沟通、协商基础上，双方当事人达成一个相互认可的关于弥补被害人损失，以及同意对未成年犯罪嫌疑人从宽处罚的协议。人民检察院在主持和解过程中，应当充分尊重当事人和解的自愿性，尤其要确保和解协议达成的自愿性、合法性。"以及"【和解协议】对于当事人双方自愿达成和解协议的，人民检察院可以依法主持制作和解协议书。协议书应当包括如下内容：未成年犯罪嫌疑人认罪并向被害方赔礼道歉；有赔偿或补偿内容的，明确具体数额、履行方式和具体时间；被害方（包括未成年被害人）表示对未成年犯罪嫌疑人的谅解，以及对嫌疑人从宽处理的明确意见。和解协议书一式三份，当事人及代理人签字、盖章确认后，涉案双方各持一份，另一份附卷"。

但很多同志认为，检察机关不宜主持未成年人刑事案件的和解，理由有二：一是《高检规则》第516条规定的是"经审查认为双方自愿和解，内容合法，且符合本规则第五百一十条规定的范围和条件的，人民检察院应当主持制作和解协议书"，而"主持制作和解协议书"，并不等于主持和解；二是检察机关主持和解是既当运动员又当裁判员。当然还有一条"私下"的理由，而且恐怕是更重要的，就是担心检察机关主持和解，将来因当事人反悔等情况，引起上访之类的问题比较麻烦。

对于上述观点，我们不敢苟同。少年司法的理论基础是国家亲权，因此，少年司法与成人司法不同，检察机关甚至法院都从来不是中立的、消极的居中裁判，而是积极地担当对未成年人保护、教育之职责。我们之所以拟规定"人民检察院可以应双方当事人的申请主持和解"，是因为很多地方反映，在实践中很多当事人更加信任检察机关能够给他们以公正，因此往往双方当事人都要求检察机关主持和解。在这种情况下如果检察机关还推辞，实在是有负人民群众的信任，与2010年《六部门意见》规定的"应当推动未成年犯罪嫌疑人、被告人、罪犯与被害人之间的和解"、《高检规定》第12条第1款规定的"积极促使双方当事人达成和解"的精神不相符。如果我们内心存在恐惧，害怕上访之类的事情，又如何能为未成年人担当？对于心存恐惧的问题，我们认为应当通过加强对未检人的专业化培训，提高未检人的素质能力来化解。对此，我们将在下编"未成年人检察工作专业化建设问题"中详细论证。

在未成年人案件中，双方当事人均自愿和解当然是理想的启动模式，但是如果仅以此为前提，却不一定科学合理。在民事以及刑事自诉案件、附带民事诉讼案件中，不乏当事人一方最初不愿调解，但经过工作最后调解成功的案例。尤其是基于未成年人身心均未成熟的特殊性，其未必能够认识到刑事和解的意义，因此检察机关应当本着更好地"教育、感化、挽救"未成年人的方针，以一方当事人请求为前提启动刑事和解程序。同时，在办案过程中如果发现特定的案件符合适用当事人和解的条件，可以主动征求犯罪嫌疑人和被害人双方的意见，并告知双方当事人适用和解的法律后果以及当事人的权利、义务等事项，适时启动刑事和解。另外，在未成年人刑事案件和解中，如果仅限于征求未成年当事人及其法定代理人对赔偿或刑罚适用方面的意见，则即使达成和解协议，当事人之间的隔膜往往也并没有消除，甚至会让个别未成年犯罪嫌疑人产生"法律的严厉不过如此，有钱就没有事了"的错误想法。所以，在未成年人案件刑事和解中，不能仅将赔偿是否到位作为刑事和解的表现和判断标准，对未成年人案件应当认真组织召开和解对话会。通过与被害方面对面的对话和互动，能够让涉罪未成年人直接了解到其行为对被害人造成的伤害和影响，减少涉罪未成年人思想认识与现实危害结果之间的距离，避免他们以模式化的术语看待危害结果，使他们从内心真诚悔罪，并有机会充分表达，忏悔自己的犯罪行为，这比通过中间人，如父母、辩护律师等的传达更有价值和意义。另一方面，未成年当事人包括涉罪未成年人、未成年被害人，如果对结果的形成充分参与，也能使他们感受到在程序中享有的尊重和权利，有利于提高司法权威，从而更有利于和解协议的最终执行。因此，我们认为应当在《未检工作指引》中明确检察机关可以主持未成年人刑事案件的和解，而且我们设计的是"可以"而非"应当"，这样检察机关可以根据案件具体情况决定是否主持；设计的主持和解的前提是"应双方当事人的申请"，这已经足够保守了，但由于诸多原因，依然没有被最终采纳。我们对此很遗憾。

从《未检工作指引》后来征求意见的情况看，最高检研究室便提出将"人民检察院可以应双方当事人的申请促成和解或者通过人民调解委员会等中立的第三方进行和解"，修改为"双方当事人自愿和解的，可以请求人民检察院就民事赔偿部分进行调解，人民检察院可以自行主持调解或者通过人民调解委员会等中立的第三方进行调解，促成双方当事人自愿达成和解协议"。我们认为这实际上是肯定了检察机关可以主持未成年人刑事案件和解的意见，因此，我们会继续推动上述意见获得权威认可。

四、未成年人刑事案件和解应当特别注意的问题

一是基于未成年人社会化尚未完成，换位思考和共情能力尚未完全形成等特点，人民检察院应当积极敦促未成年犯罪嫌疑人通过赔礼道歉、赔偿损失等多种方式，以及通过介绍典型案例、陈述被害人的痛苦遭遇、反映涉罪未成年人家庭受到的伤害等方法，让涉罪未成年人直观地认识到自己行为的社会危害性，帮助涉罪未成年人换位思考，体会被害人的感受，真诚悔罪，并鼓励他们对其行为承担责任，做出不再重复犯罪的承诺，使未成年被害人获得经济补偿和精神抚慰的同时，促进未成年犯罪嫌疑人从认知到情感的再社会化。

二是基于未成年人身心的特殊性及"教育、感化、挽救"方针，司法机关办理未成年人刑事案件应当重点考虑如何争取为其再社会化提供一个有利的环境。因此，对于未成年人刑事案件的和解，应当在促进恢复被损害的社会关系如积极促使未成年人弥补其犯罪行为给被害人或者社会造成的损害，同时将重心更多地放在帮助、促使未成年人的回归方面，把对未成年人的保护和帮助工作渗透到和解中，使未成年人刑事案件的和解成为对未成年人进行教化与行为修复的过程。这是未成年人刑事案件和解的核心价值和目标所在。

三是在刑事和解中不能只看是否经济赔偿到位，更应注重促进涉罪未成年人从认知到情感的社会化，真正起到实质性的唤醒良知的作用。实践中达成刑事和解、经济赔偿到位，犯罪嫌疑人往往可以获得较轻的处罚。这种结果对尚未形成正确人生观与价值观的未成年犯罪人来说，可能产生的负面效应是认识不到犯罪行为的严重性，有时即使公开道歉，也往往不能起到实质性的唤醒良知的作用。许多研究表明，那些施加欺凌行为的孩子不能体会那些被他们欺负的孩子的感受。很多同志反映，办案实践中，很多未成年人对于他们应当对被害人说什么几乎没有任何想法，相反，他们所想到的是其他人应当为他们做点什么。因此，怎样在刑事和解的过程中（恢复性程序），让孩子体会被害人的感受，从而变得仁慈，学会体谅他人、有礼貌地要求自己的需要得到满足以及学会合作等，这些都是对他们一生有用的习惯与技能。而这往往意味着需要讨论一些让人感到不舒服的话题，或者进行一些艰难的谈话，包括了解被害孩子面临的困难以及他们可能会被其他孩子怎样误解甚至欺负。正如国外学者所言，"恢复性"要求一定程度的共情和换位思考，而期待未成年人能够真正地站在被害人的角度思考问题，向被害人诚挚地表达歉意，难度当然会很大，这是一个不小的挑战。总之，对未成年人刑事案件的和解，应当注意如何有效降低刑事和解的负面效应，及时跟进教育措施。有些地方邀请心理专家用心理学

方法对涉罪未成年人的心理状态与行为表现进行评定,对其个人过去及现在行为的一贯性或规律性予以认定,并推定其人格特征、评估和诊断其服务需求,从而有针对性地进行帮教,取得了良好的效果,值得借鉴。

四是加强对未成年人的心理疏导,将刑事和解制度与心理疏导、认知调整(矫正)相衔接。在刑事和解中加强对涉案未成年人开展心理疏导工作,不仅有助于疏解犯罪行为人以及被害人个体的心理问题,而且对于缓解二者之间的紧张关系具有辅助作用,可以促进双方达成和解,从而最大限度地减少社会对抗,恢复社会秩序。在心理疏导的基础上,对未成年人进行认知调整(矫正),有助于其认识到自己行为的错误、危害,有利于其换位思考,从而避免再犯;对未成年被害人的认知调整有助于其恢复心理健康,调动其保护和防卫的能动性和积极性。因此,建立健全心理疏导与刑事和解工作衔接机制,具有现实必要性。

● **核心观点**

少年司法国家亲权的法理基础决定了检察机关在未成年人案件刑事和解当中可以发挥积极、主动作用;恢复性司法所形成的悔罪机制,有利于促进罪错未成年人从认知到情感的社会化,促进其与社会的内在融合,因此应当在未成年人司法中进一步强调刑事和解,并将刑事和解与对未成年人的心理疏导、认知调整相结合。

专题八　特别程序下未成年人刑事案件的审查起诉：如何做到"慎诉"？

通说认为，我国在刑事诉讼中实行起诉法定主义为主、便宜主义为辅的原则，检察机关对于有足够证据证明确有犯罪事实且具备起诉条件的案件，应当作出起诉决定；只有对犯罪情节轻微、依照刑法规定不需要判处刑罚或者可以免除刑罚的，才可以裁量决定是否起诉。① 但修改后的《刑事诉讼法》将"教育、感化、挽救"和"教育为主、惩罚为辅"确定为办理未成年人刑事案件的基本法律原则，增设了社会调查、附条件不起诉等一系列特殊的制度、程序和要求，反映出对未成年人犯罪采取不同的起诉政策，并赋予检察机关更大的起诉裁量权，体现了对未成年人犯罪"慎诉"的理念。因此，《高检决定》第5条明确要求："坚持依法少捕、慎诉、少监禁。要综合犯罪事实、情节及帮教条件等因素，进一步细化审查逮捕、审查起诉和诉讼监督标准，最大限度地降低对涉罪未成年人的批捕率、起诉率和监禁率……"这与《北京规则》第11.1条要求的对涉嫌犯罪的未成年人"应酌情考虑在处理少年犯时尽可能不提交主管当局正式审判"，以"防止少年司法中进一步采取的诉讼程序的消极作用"，第18.1条要求的"应使主管当局可以采用各种各样的处理措施，使其具有灵活性，从而最大限度地避免监禁"以及第19.1条要求的"把少年投入监禁机关始终应是万不得已的处理办法，其期限应是尽可能最短的必要时间"相契合。

依据上述原则和要求，2013年修订的《高检规定》进一步细化了起诉标准，或者说为建立独立的未成年人起诉制度作出了较大努力，将第三章"未成年人刑事案件的审查起诉与出庭"划分为四节，包括审查、不起诉、附条件不起诉、提起公诉，较原来增加了25条，基本上是增加条文最多的章节。从设计思路上看，是遵循在检察机关法定起诉裁量权的范围内，尽可能地对未

---

① 彭东、张寒玉：《检察机关不起诉工作实务》，中国检察出版社2005年版，第42页。

成年人刑事案件优先适用不起诉、附条件不起诉，不得已最后才起诉的思路，符合慎诉思想。目前对未成年人犯罪应当"慎诉"的意见，应当说基本上已经达成共识，但是在司法实践中，"慎诉"理念的落实却并不乐观。

如某省评查2014年办理未成年人刑事案件质量情况后曾指出："少捕、慎诉、少监禁的基本观念还没有得以贯彻落实，对可捕可不捕的一捕了之，对可诉可不诉的一诉了之。没有优先考虑不捕、不诉的措施。"从数据上看，虽然全国未成年人刑事案件的起诉率呈逐年下降趋势，由2010年的95.54%，降至2014年的85.90%，但从法院判决情况看，2014年在全国检察机关起诉的未成年刑事案件中，被判处不满3年有期徒刑的占60.46%，被判处拘役、管制的占17.51%，被判处免予刑事处分的占1.55%，宣告缓刑的占36.10%。这说明检察机关的不起诉、附条件不起诉还有较大空间。之所以存在上述问题，除了2014年王胜俊副委员长在第十二届全国人大常委会第十次会议上所作的《全国人大常委会执法检查组关于检查〈中华人民共和国未成年人保护法〉实施情况的报告》中指出的"对附条件不起诉的未成年人缺乏考察和行为矫治措施"等原因外，另一个重要原因是大家对于检察机关到底对未成年人刑事案件有多大的起诉裁量权，目前仍然存在较大的困惑。比如，对附条件不起诉的适用条件"可能判处一年有期徒刑以下刑罚"如何具体把握的问题，我们曾试图在《未检工作指引》中予以细化，但由于争议较大，最后仅以人民检察院可以参照《最高人民法院关于常见犯罪的量刑指导意见》并综合考虑全案情况和量刑情节，衡量是否"可能判处一年有期徒刑以下刑罚"草草收场。又如，实践中大家对分案起诉制度到底是在起诉阶段分还是在侦查阶段分，分案导致诉讼程序不同步，司法人员难以对案件事实全面掌握怎么办等问题还存在较大疑惑。再如，司法实践中经常出现双方当事人在审查起诉阶段未能达成和解，但在审判阶段达成和解的情况。其中，有些案件中，未成年人的犯罪行为并不严重，对这种情况，法院最轻的判处是免刑，但是对未成年人而言仍然是犯罪处理。考虑到检察机关的不起诉与法院的免予刑事处罚判决，前者无罪，后者是有罪，是完全不同性质的处罚方式，如果仅因诉讼阶段不同而使同样付出努力的未成年人受到不同处遇，显然有失公平性和合理性，因此，出于对未成年人的特殊保护需要以及公平的考虑，很多同志认为，对未成年人刑事案件不管在哪个诉讼程序中达成和解并履行的，均可以不追究刑事责任，对于进入审判阶段的，可以由检察机关撤回起诉后作不起诉处理，以体现适用法律的统一，也更加符合少年司法非犯罪化的理念。即一些地方的检察院、法院同志提出，从教育挽救未成年人出发，上述情况可以由检察机关撤回起诉。但是，对上述意见也有不少同志反对，理由主要是：根据《高检规则》第459

条第1款的规定,"在人民法院宣告判决前,人民检察院发现具有下列情形之一的,可以撤回起诉:(一)不存在犯罪事实的;(二)犯罪事实并非被告人所为的;(三)情节显著轻微、危害不大,不认为是犯罪的;(四)证据不足或证据发生变化,不符合起诉条件的;(五)被告人因未达到刑事责任年龄,不负刑事责任的;(六)法律、司法解释发生变化导致不应当追究被告人刑事责任的;(七)其他不应当追究被告人刑事责任的",检察机关撤回起诉的条件实际上都是"不应当追究被告人刑事责任"的情形,属于应当作出绝对不起诉或者存疑不起诉的情形,并不包括相对不起诉情形,而上述审判阶段达成刑事和解的轻罪案件是属于可以作出相对不起诉的情形,不符合《高检规则》规定的撤诉条件,因此由法院作出免予刑事处罚的判决更为妥当。那么,可否在修改《高检规则》时予以完善,在未成年人特别程序部分建立专门的撤回起诉制度,将情势发生变化的,如和解等情形纳入撤回起诉范围呢?对此,多数同志认为可以,但也有少数同志认为虽然构建专门的未成年人刑事案件撤回起诉制度有道理,但是需要由立法来解决,其理由主要是《刑事诉讼法》并没有赋予检察机关撤回起诉的权力。这实际上是从源头上否认了由"两高"司法解释予以确认的撤回起诉制度具有正当性。当然,也有同志对"两高"司法解释规定撤回起诉制度没有意见,但却认为不能在修改《高检规则》时完善未成年人撤回起诉制度,而必须由《刑事诉讼法》解决。我们认为《刑事诉讼法》没有规定撤回起诉,但既然《高检规则》在一般程序中可以规定,即高检有权力通过司法解释的形式规定撤回起诉制度,则其在特别程序中也可以规定,二者应当适用同一逻辑。为此,我们曾经试图在修改《高检规则》时提出意见,改造目前的撤回起诉制度,增加规定"未成年人刑事案件在审判阶段达成和解的,如果人民检察院认为不需要判处刑罚或者免除刑罚,或者可以作出附条件不起诉处理,并且双方当事人无异议的,可以申请人民法院撤回起诉。人民法院裁定撤回起诉的,人民检察院可以根据案件具体情况作出不起诉或者附条件不起诉处理"。基于同样的考虑,我们还设计了办理二审未成年人刑事案件的特殊要求,即"人民检察院办理二审未成年人刑事案件,应当根据案件情况以及一审判决后涉案未成年被告人的帮教情况、心理状态、赔偿情况、被害人态度、辩护人意见以及其他相关方面的变化,综合考虑是否撤回起诉、如何提量刑建议、如何出庭发表公诉意见以及参与法庭教育"。但最终都因争议较大被否决。

我们一方面认可少年司法关注的是行为人而非单纯的行为,即所谓行为人主义,但另一方面目前由于缺乏具体的制度安排,实际办案中往往依然是针对原来的、静态的行为。由于未成年人身心发育尚不成熟,可塑性大、受环境影响大，因此其往往在犯罪后的认罪悔罪态度和表现会不断发生变化；而我们通过借助学校、家庭和社会力量对其进行教育、感化，多数未成年人的帮教效果都比较好；还有未成年人父母的态度，被害人及其父母的态度、辩护人的辩护意见、帮教条件和监护条件等，也都可能有所变化，如在审判阶段达成和解等，根据《刑事诉讼法》对未成年人犯罪"教育、感化、挽救"方针，上述情况都应当在诉讼中及时予以考量，并作为处理案件的依据。正因如此，《北京规则》第17.4条规定："主管当局有权随时撤销诉讼。"随时撤销诉讼的权力是处理少年犯与处理成年犯不同的固有特点。主管当局随时可能掌握到事实情况，以致完全停止干预似乎是对案件最好的处理。第23.1条规定："应为执行以上规则14.1所提到的主管当局所作裁决做出适当的规定，这些裁决可由当局本身或视情况需要由某个其他当局来执行。"第23.2条规定："这种规定应包括当局认为有必要时随时更动裁决的权力，其条件是应根据本规则所载原则来决定这种更动。"并在说明中指出："处理少年案件比处理成人案件更易于对罪犯的一生产生长期影响，因此重要的是主管当局或原来处理案件的具备主管当局同样条件的独立机关（假释委员会、缓刑办公室、保护少年福利机构或其他机构）应监督对处理决定的执行。有些国家为此目的任命了执行法官。主管当局的组成、权力和职能应是灵活的；规则23大体地对它们进行了说明，目的是使该条能被广泛地接受。"因此，我们认为，依据"教育、感化、挽救"方针和少年司法理论，尽快完善相关制度，包括构建独立的未成年人审查起诉制度，势在必行。下面，我们试就上述争议问题进行探讨，同时对构建未成年人刑事案件审查起诉制度提出初步意见，以期对该项工作有所裨益。需要说明的是，由于现行《刑事诉讼法》没有规定撤回起诉，由"两高"司法解释予以确认的撤回起诉制度是否具有正当性的问题，目前争议非常大，因此在本书中我们暂不论述，但我们会继续关注、研究。

一、未成年人刑事案件起诉（不起诉）的原则

所谓起诉（不起诉）的原则，是指检察机关在决定提起公诉或不起诉中所应当遵循的准则，是检察机关对某一移送审查起诉案件经审查后决定是提起公诉还是不予起诉的方向性根据。2012年修改《刑事诉讼法》时增设了未成年人刑事案件诉讼程序，将未成年人犯罪与成人犯罪相对区别开，确立了一系列不同的原则、制度和要求。我们认为，根据这些原则、程序和要求，可以合乎逻辑地推导出"法定原则为主、便宜原则为辅"的起诉原则并不适用于未成年人刑事案件。未成年人由于身心尚未完全成熟，思想尚未定型，可塑性极强，易于接受教育改造，其实施犯罪的原因具有多元化和外在化，因此，对其

犯罪行为不能按照理性的成年人的"自由意志"对待,国家对其不能实行报复,其犯罪的责任并非由其独自承担,而是按照"少年犯罪社会有责"来分担,也因此,我国刑法总则第17条规定的处罚未成年人犯罪的总原则是"应当从轻或者减轻处罚";《刑事诉讼法》更是确立了"实行教育、感化、挽救方针,坚持教育为主、惩罚为辅的原则"。可见,我国对未成年人犯罪不适用于建立在刑罚报应主义基础之上的起诉法定原则,而与建立在"目的刑"理论基础之上的起诉便宜原则更为契合。①

因而,我们认为对于未成年人犯罪,从原则上讲,应当与成人起诉政策相反设计,采取起诉便宜原则为主、法定主义为辅原则。但目前从具体制度设计上看,从《刑事诉讼法》规定的未成年人刑事案件不起诉(附条件不起诉)的范围看,检察机关的裁量权仅较成年刑事案件扩大了一点范围,在"可能判处一年有期徒刑以下刑罚"范围内,还远未达到"起诉便宜原则为主、法定主义为辅",因此,只能说是"慎诉"原则。

二、未成年人刑事案件不起诉、起诉标准的把握

不起诉是指因案件不符合提起公诉的法定条件或者没有追诉必要,检察机关决定不将该案件提交管辖法院审判,从而在起诉阶段终止刑事诉讼的制度。我国现行的《刑事诉讼法》对不起诉的种类和条件、不起诉案件的处理程序以及对不起诉的制约和救济机制等作了一系列的规定,基本上形成了比较完善的不起诉制度。根据我国《刑事诉讼法》的规定,不起诉有三种:一是存疑不起诉;② 二是绝对不起诉;③ 三是相对不起诉。④《刑事诉讼法》在未成年

---

① 刘磊:《未成年人刑事诉讼程序的新思维与再修改——解读〈刑事诉讼法〉(再修改草案)中的未成年人犯罪案件诉讼程序》,载《青少年犯罪问题》2012年第1期。

② 《刑事诉讼法》第171条第4款规定:"对于二次补充侦查的案件,人民检察院仍然认为证据不足,不符合起诉条件的,应当作出不起诉的决定。"《高检规则》第403条第1款规定:"人民检察院对于经过一次退回补充侦查的案件,认为证据不足,不符合起诉条件,且没有退回补充侦查必要的,可以作出不起诉决定。"

③ 《刑事诉讼法》第173条第1款规定:"犯罪嫌疑人没有犯罪事实,或者有本法第十五条规定的情形之一的,人民检察院应当作出不起诉决定。"第15条规定的情形包括"(一)情节显著轻微、危害不大,不认为是犯罪的;(二)犯罪已过追诉时效期限的;(三)经特赦令免除刑罚的;(四)依照刑法告诉才处理的犯罪,没有告诉或者撤回告诉的;(五)犯罪嫌疑人、被告人死亡的;(六)其他法律规定免予追究刑事责任的"。

④ 《刑事诉讼法》第173条第2款规定:"对于犯罪情节轻微,依照刑法规定不需要判处刑罚或者免除刑罚的,人民检察院可以作出不起诉决定。"

刑事案件诉讼程序第271条至第273条还规定了专门适用于未成年人的附条件不起诉制度。① 目前，对于未成年人刑事案件可以适用上述四种类型的不起诉。除了附条件不起诉，《刑事诉讼法》对未成年人刑事案件适用存疑、绝对和相对三种类型的不起诉没有特别规定，从形式上说与成年人不起诉没有什么不同。

但是，对于未成年人而言，其和成年人最大的区别就是心智发育尚未完全，认识能力和控制能力尚不全面，即使是进行同样的行为，其主观认识上往往和成年人相比具有一定的差距。因此，我们认为，在未成年人刑事案件不起诉标准的把握上，如认定未成年人具有社会危害性的行为是否构成犯罪、是否需要处罚等，都有必要从其主观方面和客观方面进行认真考察，从未成年人和成年人犯罪的差别上来把握未成年人犯罪的不起诉适用标准，要更为严格地掌握未成年人入罪的"危害性"标准、证据标准等，从而落实对未成年人的"慎诉"原则。

（一）存疑不起诉：入罪证据的把握应当更为严格

关于存疑不起诉条件"证据不足，不符合起诉条件"的把握，《高检规则》第404条规定："具有下列情形之一，不能确定犯罪嫌疑人构成犯罪和需要追究刑事责任的，属于证据不足，不符合起诉条件：（一）犯罪构成要件事实缺乏必要的证据予以证明的；（二）据以定罪的证据存在疑问，无法查证属实的；（三）据以定罪的证据之间、证据与案件事实之间的矛盾不能合理排除的；（四）根据证据得出的结论具有其他可能性，不能排除合理怀疑的；（五）根据证据认定案件事实不符合逻辑和经验法则，得出的结论明显不符合常理的。"一般而言，刑事证据标准是严格统一的，但是未成年人的供述、陈述等证据和未成年人的年龄、心理发育状况紧密关系，因此必须考虑未成年人犯罪案件在证据标准上的特殊性，对未成年人的入罪证据标准更为严格的掌握：

一是严格排除非法证据。鉴于未成年人的心智尚不成熟，其心理承受力和分析判断能力都不可能与成年人同日而语，威胁、欺骗、引诱等非法方法收集的言词证据，对于未成年人刑事案件危害更大。因此在未成年人案件中，要严格排除威胁、欺骗、引诱等非法方法所获得的证据。未成年人案件中出现非法

---

① 即对于未成年人犯罪案件符合起诉条件，但未成年犯罪嫌疑人有悔罪表现，且可能判处1年有期徒刑以下刑罚的，检察机关可以附加一定条件，如遵守法律规定，服从监督，按照考察机关的规定报告自己的活动情况、接受矫治和教育等，并在6个月以上1年以下设定考验期进行考察，考验期满未成年人表现良好的，检察机关可以作出不起诉的决定；如果未成年人在考验期间实施新罪或者违反考察机关有关监督管理规定等，则撤销附条件不起诉决定，对其提起公诉。

证据情况较为严重的,应当考虑适用证据不足不起诉。

二是明确"一对一"属于证据不足。未成年人刑事案件主要情节不清、主要证据缺乏,甚至出现供证一对一、一比一情况,属于证据不足的表现。

三是言词证据翻供变证的,不能只采信有罪证据。同一事实、情节,前后出现有罪供述和无罪辩解,或者有罪证词和无罪证言的,应注意保护未成年人合法权益,当其他证据也不足时,作存疑不起诉处理比较妥当。

(二)绝对不起诉:入罪情节、危害性把握上从严

关于绝对不起诉"情节显著轻微、危害不大,不认为是犯罪的"把握:"情节显著轻微",即情节明显没有达到触犯刑律程度的,或者明显不能用刑罚方法予以处理的情形。这是《刑法》不认为是犯罪的情节特征。在未成年人刑事案件中,对于不慎失足、数额偏低、后果不严重、恶性不深、情节偏轻的,结合具体案情,就可以认定为"情节显著轻微",适用绝对不起诉。对于情节是否已经达到《刑法》所要求的危害程度,还是"危害不大",也需要结合具体案件的情节进行考虑。对未成年人犯罪,必须考虑其世界观还没有完全成熟,对社会的认识和自控的意志能力尚发育不全面,因此,考察未成年人犯罪的社会危害性不仅要考察其行为所表现出来的现实危害性,同时也要考量未成年人对自己行为的主观认知情况,也就是说,要基于教育和挽救的角度去看待未成年人及其行为。正因如此,2006年实施的《最高人民法院关于审理未成年人刑事案件具体应用法律若干问题的解释》第6条规定:"已满十四周岁不满十六周岁的人偶尔与幼女发生性行为,情节轻微、未造成严重后果的,不认为是犯罪。"第7条规定:"已满十四周岁不满十六周岁的人使用轻微暴力或者威胁,强行索要其他未成年人随身携带的生活、学习用品或者钱财数量不大,且未造成被害人轻微伤以上或者不敢正常到校学习、生活等危害后果的,不认为是犯罪。"例如"抢劫"情节,如果行为人仅是偶尔为之或是初犯,暴力情节不重,真诚悔罪的,可以看到其现实的危害性不大,而且挽救的可能性较大,故应属社会危害不大。再如未成年人盗窃他人财物达到数额标准,但系初犯,案发后积极退赃,且真诚悔罪的,也应认为属"社会危害不大"。此外,在盗窃等犯罪中,理论界对于我国《刑法》所规定的数额犯历来是有争议的,以绝对的数额标准来作为行为是否构成犯罪的标准确有不科学之处,尤其是对未成年人而言。因此这类犯罪中对未成年人应有特殊考虑,例如由于未成年人一般对价格等认识不清楚,盗窃某些贵重物品时其主观上往往认识为一般物品,对于未成年人盗窃手机、高档衣物、高档皮具等贵重物品的,不能绝对以物品的真实价值来确定其是否构成犯罪。再如司法实践中存在不少少男少女生理冲动或者对性的好奇、探索而自愿发生性行为的情况。这种情况因为未

成年人的主观罪过和社会危害性都不大,因此一般应当作非犯罪化处理。还有由于现在家庭条件好,学生往往拥有很多贵重物品,在未成年人出于报复等心态盗窃同学书包,包中却有手机等物品,这类行为应属违法范畴,如按盗窃犯罪论处也有客观归罪之嫌。

(三)相对不起诉:在适用条件的把握上放宽

《高检规定》在细化未成年人刑事案件适用相对不起诉的条件时,根据"教育、感化、挽救"方针和"教育为主、惩罚为辅"原则以及预防、减少未成年人犯罪的目的,在适用条件上较成年人明显放宽。

1. 对犯罪情节轻微的把握放宽

《高检规定》用两个条款规定了对未成年人"一般应当"相对不起诉和"可以"相对不起诉的情形,即第26条规定的"对于犯罪情节轻微,具有下列情形之一,依照刑法规定不需要判处刑罚或者免除刑罚的未成年犯罪嫌疑人,一般应当依法作出不起诉决定:(一)被胁迫参与犯罪的;(二)犯罪预备、中止、未遂的;(三)在共同犯罪中起次要或者辅助作用的;(四)系又聋又哑的人或者盲人的;(五)因防卫过当或者紧急避险过当构成犯罪的;(六)有自首或者立功表现的;(七)其他依照刑法规定不需要判处刑罚或者免除刑罚的情形。"第27条规定的"对于未成年人实施的轻伤害案件、初次犯罪、过失犯罪、犯罪未遂的案件以及被诱骗或者被教唆实施的犯罪案件等,情节轻微,犯罪嫌疑人确有悔罪表现,当事人双方自愿就民事赔偿达成协议并切实履行或者经被害人同意并提供有效担保,符合刑法第三十七条规定的,人民检察院可以依照刑事诉讼法第一百七十三条第二款的规定作出不起诉决定,并可以根据案件的不同情况,予以训诫或者责令具结悔过、赔礼道歉、赔偿损失,或者由主管部门予以行政处罚"。犯罪情节轻微,是指行为已经触犯了《刑法》规定,符合了犯罪构成要件,但是情节仍属"轻微",这种"轻微"的标准,是依照《刑法》规定精神,不需要判处刑罚或者免除刑罚。而衡量犯罪情节是否属于"轻微",必须认识到行为人的主观认识因素、意志因素和过错直接影响到其主观恶性的深度。对于未成年人而言,其犯罪情节与他的年龄大小、对社会的认识程度以及自我控制能力相关。对于低龄犯罪,虽然有些行为从表面上看属于社会危害性较大的犯罪,但结合行为人的主观方面和行为的客观方面就并非如此。例如,低龄犯罪中的抢劫等犯罪,就不能一概而论,虽然其中有些是主观恶性较大的,但不少属于主观恶性不大的。一般来说,行为人系偶犯、初犯、胁从犯等,其行为表现出的主观恶性不大、行为本身的性质较轻、后果不严重的,就可以认定为"犯罪情节轻微",考虑作相对不起诉处理。关于"不需要判处刑罚或者免除刑罚"这一要件,对未成年人犯罪和成年人犯罪的区别,主要仍然是立足于未成年人的认识因素和对未成年人的挽救和教育。也就是说,对于犯罪情节轻微的未成年人犯罪,要综合其主观恶性、行为性质、危害后果等进行综合分析,从社会学、教育学的角度判断对其判处刑罚是否确有必要,判断对其免除刑罚是不是足以达到教育和挽救未成年人的目的等。一般来说,对可能判处拘役或者3年以下有期徒刑的未成年犯罪嫌疑人,如果系初犯、偶犯、胁从犯,实施犯罪后又有自首、立功、坦白、真诚悔罪等表现的,大多可以适用相对不起诉。① 而对于未成年人犯罪情节较轻,可能判处1年有期徒刑以下刑罚,虽然不具备法定从轻处罚情形,但其本人有悔罪表现,有有效监护条件或者社会帮教措施,无再犯可能性或者再犯可能性较小,无长期(6个月以上)考察必要的,人民检察院也可以作出不起诉处理。对于未成年人实施轻伤害案件、初次犯罪、过失犯罪、犯罪未遂案件等,以及被诱骗或者被教唆实施的犯罪案件等,可能判处3年有期徒刑以下刑罚,但犯罪嫌疑人确有悔罪表现,当事人双方达成刑事和解的,人民检察院可以依照《刑事诉讼法》第173条第2款的规定作出不起诉决定。

换言之,《刑事诉讼法》第173条第2款规定的相对不起诉条件"对于犯罪情节轻微,依照刑法规定不需要判处刑罚或者免除刑罚的,人民检察院可以作出不起诉决定"主要是针对成年人为基准设计的,根据《刑法》对未成年人从宽处罚的原则,对未成年人相对不起诉应当适当放宽条件;根据《高检决定》第5条要求:"坚持依法少捕、慎诉、少监禁。要综合犯罪事实、情节及帮教条件等因素,进一步细化审查逮捕、审查起诉和诉讼监督标准,最大限度地降低对涉罪未成年人的批捕率、起诉率和监禁率……"对于未成年人犯罪情节较轻,可能判处1年有期徒刑以下刑罚,且本人有悔罪表现,有有效监护条件或者社会帮教措施,无再犯可能性或者再犯可能性较小,也没有长期考察必要(指需要考察6个月至1年的应当作附条件不起诉),人民检察院可以直接作出不起诉处理。

2. 和解后不起诉

根据《刑事诉讼法》第277条至第279条的规定,我们认为,对于未成年人犯罪可能判处3年有期徒刑以下刑罚的,如果未成年犯罪嫌疑人确有悔罪表现,并与被害人达成刑事和解的,人民检察院可以作出相对不起诉决定。

3. 犯罪情节较轻的不起诉

根据前述和解后不起诉,未成年人犯罪可能判处3年有期徒刑以下刑罚

---

① 参见阎敏才、孙铁成:《未成年犯罪不起诉条件如何限定》,载《检察日报》2003年11月24日第3版。

的,如果达成刑事和解即可以决定作相对不起诉处理。那么,如果未成年人犯罪可能判处3年有期徒刑以下刑罚,但没有明确的被害人,或者被害人没有找到,无法具备"达成刑事和解"的条件,则一律要起诉吗?显然不能这样认为,否则一是违反了公平原则,二是违反了慎诉原则。成人案件的和解与未成年人不同,成人案件主要侵害公共利益的,这部分不能因和解而减轻责任;未成年人案件则不同,根据"少年犯罪社会有责"原理,其侵害公共利益的责任可以因"被社会分担"而减轻,因此,如果未成年人犯罪情节较轻,如初犯、偶犯、被教唆而犯罪等,可能判处3年以下有期徒刑的,从平等保护未成年人的角度出发,虽然因案件中没有明确的被害人或者被害人没有找到而无法达成刑事和解,但未成年犯罪嫌疑人具有真诚悔罪等情节的,也可以决定不起诉。我国台湾地区就规定,对少年所犯最重本刑5年以下有期徒刑的窃盗罪,认为以不起诉处分为适当者,得为不起诉处分。① 换言之,我们认为,根据我国的具体情况,对未成年人犯罪参照缓刑的适用条件作为不起诉的标准,符合对未成年人犯罪不起诉的内在要求。

4. 有免除刑罚情节的不起诉

对于犯罪较重,但具有免除刑罚情节的,如未成年犯罪嫌疑人在实施犯罪过程中具有防卫过当、紧急避险过当、犯罪预备、犯罪中止、从犯、胁从犯等情节之一,或在实施犯罪后具有自首、立功等表现的,也可以适当考虑作相对不起诉处理。

5. 无再犯罪可能性的不起诉

对于虽然造成的实际危害较大,但主观恶性不深,真诚悔罪,无再犯罪可能性或再犯可能性很小的未成年人犯罪等,也可以适当考虑作相对不起诉处理。对未成年人犯罪,必须考虑到其世界观还没有完全成熟,对社会的认识和自控的意志能力尚发育不全面,因此,在衡量未成年犯罪是否需要判处刑罚时,必须结合其主观和客观两个方面进行认真的考察,不仅要考察其行为所表现出来的现实危害性,同时也要考察其主观恶性的大小,个人将来可能的危害性,也就是说,要基于教育和挽救的角度去看待未成年人。对于主观恶性不大,无再犯罪可能性或再犯可能性很小的未成年人犯罪等,也应当考虑作出相对不起诉决定。例如有这样一起案件:一个十七岁的女孩怀了孕,而自己却不知道,因其本人较胖,家长、老师亦未发觉。女孩临产的当日上午,曾因肚子痛到学校医务室,校医误认为是痛经,给其几片止痛药后嘱其回家休息。当日

---

① 李维国、李科:《未成年人犯罪不起诉标准研究》,载《中国检察论坛》2002年第1期。

下午，女孩独自一人在家中产下一女婴，于万分惊恐中将女婴从自家十七层楼的窗口抛下，致女婴死亡。公安机关对此案侦查终结后以故意杀人罪移送检察机关审查起诉。该案属于典型的偶然犯罪，行为人无再犯可能性；而且该案中的犯罪嫌疑人实际上也是一个受害者，其监护人、学校乃至社会都负有不可推卸的责任，因此对该案提起公诉显然不合情理，社会效果也不好。对这类案件，就应当作出不起诉决定。

需要指出的是，由于在相对不起诉与附条件不起诉之间很难划出一个"泾渭分明"的界限，因此，上述我们认为可以相对不起诉的案件，作附条件不起诉一般也没什么问题，这是检察机关的裁量权所在，即检察机关可以根据案件具体情况裁量决定是作出相对不起诉还是附条件不起诉决定。对此，我们还将在下面关于"附条件不起诉"中详细论证。

三、附条件不起诉：转变执行中的消极、保守倾向

附条件不起诉制度经过基层检察机关多年的探索和积累，加上理论界和最高司法机关的建议、推动，终于被2012年修改后的《刑事诉讼法》所确认，体现了最大限度保护未成年人利益最大化的政策倾向，① 对依法降低未成年人的起诉率，促使犯罪未成年人重新做人、顺利回归正常生活具有重要意义。但是，由于立法规定一方面较为原则（只有三条），另一方面在适用范围、条件等规定上与原来各地的探索存在较大差异，如各地检察机关在探索时，基本上将适用范围设为"可能判处三年有期徒刑以下刑罚"的案件，而《刑事诉讼法》第271条第1款规定，"对于未成年人涉嫌刑法分则第四章、第五章、第六章规定的犯罪，可能判处一年有期徒刑以下刑罚，符合起诉条件，但有悔罪表现的，人民检察院可以作出附条件不起诉的决定"，因此，该项制度的执行伴随着争议和困惑的同时，呈现出较为消极、保守的倾向。② 随着相关司法解释、司法文件的出台，③ 以及司法实践的不断深入，一些重点问题逐渐清晰，并有了进一步达成共识的基础。为此，我们结合司法实践，对这些重点问题进行梳理、归纳和剖析，以期对附条件不起诉工作的顺利广泛开展有所裨益。

---

① 刘亚昌、王超：《论我国未成年人附条件不起诉制度的完善——以未成年人福利和正当程序为视角》，载《中国青年政治学院学报》2014年第3期。

② 张寒玉、吕卫华：《附条件不起诉制度若干问题研究》，载《人民检察》2013年第9期。

③ 2012年出台的《关于进一步加强未成年人刑事检察工作的决定》、2012年修订的《人民检察院刑事诉讼规则（试行）》、2013年修订的《人民检察院办理未成年人刑事案件的规定》等都有关于执行附条件不起诉制度的相关要求和规定。

(一) 对"可能判处一年有期徒刑以下刑罚"的把握

由于各地检察机关在探索附条件不起诉制度时,基本上均将适用条件设为"可能判处三年有期徒刑以下刑罚"的案件,而修改后《刑事诉讼法》第271条第1款规定,"对于未成年人涉嫌刑法分则第四章、第五章、第六章规定的犯罪,可能判处一年有期徒刑以下刑罚,符合起诉条件,但有悔罪表现的,人民检察院可以作出附条件不起诉的决定"。两相比较,便带来了对"可能判处一年有期徒刑以下刑罚"如何具体把握的问题。刑法规定的法定刑期档位一般是3年、5年、7年或10年,刑法分则第四、五、六章规定的犯罪中,法定刑在一年以下的只有第252条侵犯通信自由罪和第322条偷越国(边)境罪,因此对"可能判处一年有期徒刑以下刑罚"如何具体把握,实践中存在很大困惑。如有意见指出,一年有期徒刑以下刑罚的案件在实践中可以通过相对不起诉处理,因此将附条件不起诉的范围限制在一年有期徒刑以下刑罚的案件,新设制度的意义难以体现。① 又如汪建成教授认为"可能刑罚条件过于严苛,将会大大压缩附条件不起诉的适用空间,在实践中也很难操作",并建议"对附条件不起诉的可能刑罚条件适度放宽,对于可能判处3年以下有期徒刑",同时又满足其他条件的,"均可以适用附条件不起诉"。② 又如,有学者认为在司法实践中对可能判处3年有期徒刑以下刑罚的成年犯罪嫌疑人适用相对不起诉,对可能判处一年有期徒刑以下刑罚的未成年犯罪嫌疑人却适用附条件不起诉,法律无法体现对未成年犯罪嫌疑人的特殊保护。③ 全国人大法工委王尚新主任对《刑事诉讼法》没有以"可能判处3年有期徒刑以下刑罚"为标准规定附条件不起诉的适用条件作出的解释是,根据《刑法》关于对未成年人犯罪应当从轻减轻处罚的规定,未成年人经过依法减轻可能判处3年刑罚的,其犯罪原本所对应的刑罚可能会在7年以上,不起诉可能引发社会争议。④

我们认为,"一年有期徒刑以下刑罚"是指对该未成年人一旦交付审判,法院对其可能适用的刑罚,而不是指其涉嫌犯罪的法定最高刑。⑤ 对这一点一

---

① 孙谦、童建明主编:《新刑事诉讼法理解与适用》,中国检察出版社2012版,第259页。
② 汪建成:《论未成年人犯罪诉讼程序的建立和完善》,载《法学家》2012年第1期。
③ 江学:《"附条件不起诉法律适用问题"研讨会综述》,载《上海法学研究》2012年第5期。
④ 王尚新:《关于〈刑事诉讼法〉修改有关情况的介绍》,载《预防青少年犯罪研究》2012年第5期。
⑤ 黄太云:《〈刑事诉讼法〉修改释义》,载《人民检察》2012年第8期。

直是有共识的。但由于这涉及对于可能判处刑罚即宣告刑的预估,而目前《刑法》规定的量刑档次均是以成年人犯罪为基准设计的,检察机关对未成年人犯罪量刑档次的计算需要适当"小儿酌减"①(从轻、减轻处罚),但怎么减,往往在具体操作中不好把握,在没有明确规定的情况下,为回避办案风险,很多未检干警"宁左毋右"的现象较为普遍,也就是说,为了避免被害人或者社会对检察机关作出附条件不起诉的决定有疑义或者怀疑,很多案件宁可选择起诉也不愿意作附条件不起诉处理。因此,需要在法律规定的基础上,结合司法实践,提出一些具体的方法和标准,从而更好地指导未检办案实践。

从各地作出附条件不起诉决定的案件看,所涉嫌的罪名主要有盗窃、抢劫、故意伤害(包括轻伤、重伤)、聚众斗殴、寻衅滋事等。大部分案件所对应的法定刑都是"三年有期徒刑以下刑罚",少数也有"三年以上十年以下有期徒刑"的,如抢劫罪、强奸罪、故意伤害罪(重伤);也有"五年以下有期徒刑、拘役或者管制"的,如寻衅滋事罪。其中,附条件不起诉的抢劫案均属暴力轻微,未成年犯罪嫌疑人认罪悔罪,系初犯、偶犯,或在共同犯罪中作用较小等;故意伤害(重伤)案一般系邻里、同学、同事之间因琐事纠纷引发,双方达成刑事和解等;寻衅滋事案一般是造成轻微伤或轻伤后果,犯罪嫌疑人与被害人达成刑事和解等。②

外国刑法中往往以刑罚轻重为标准规定了轻罪、重罪,如美国把重罪与轻罪之分作为其最基本的犯罪分类。③ 我国《刑法》中虽然没有明确规定重罪、轻罪的划分,但在立法精神中却有明显的体现。如《刑法》第 7 条在规定域外管辖的原则时规定:"中华人民共和国公民在中华人民共和国领域外犯本法规定之罪的,适用本法,但是按本法规定的最高刑为 3 年以下有期徒刑的,可以不予追究。"在司法实践中,亦普遍依照刑罚处罚轻重程度的不同,将依照《刑法》规定应当判处 3 年以下有期徒刑、拘役、管制、单处罚金的犯罪行为视为较轻的犯罪。因此我们认为,将法定量刑档次为三年有期徒刑以下刑罚的未成年人犯罪案件作为附条件不起诉的主要适用对象是合适的。

未成年人犯罪的量刑幅度在 3 年以上 5 年以下,但有其他从轻、减轻情形,如自首、从犯等,也可以考虑适用。如未成年学生参与抢劫少量财产,考虑到未成年人(应当依法从轻减轻处罚)、从犯(应当依法从轻减轻处罚)等

---

① 姚建龙:《少年刑法与刑法变革》,中国人民公安大学出版社 2005 年版,第 2 页。
② 张寒玉、吕卫华:《附条件不起诉制度若干问题研究》,载《人民检察》2013 年第 9 期。
③ 彭东、张寒玉:《检察机关不起诉工作实务》,中国检察出版社 2005 年版,第 75 页。

情节，如果悔罪表现好，也可以作出附条件不起诉处理。① 那么，法定量刑档次在 7 年以下有期徒刑的未成年人犯罪，能否作附条件不起诉处理呢？从前述全国人大法工委王尚新主任的解释看，立法机关对附条件不起诉还是采取了适度从紧的态度，认为法定刑在 7 年以上就不宜再适用附条件不起诉，② 但从另一个角度来看，这也意味着立法机关认为未成年人犯罪法定刑在 7 年以下的，可以适用附条件不起诉。由于《刑事诉讼法》第 277 条、第 279 条规定，"涉嫌刑法分则第四章、第五章规定的犯罪案件，可能判处三年有期徒刑以下刑罚的"、"除渎职犯罪以外的可能判处七年有期徒刑以下刑罚的过失犯罪案件"，双方当事人可以和解；"对于达成和解协议的案件"，人民检察院可以向人民法院提出从宽处罚的建议；对于犯罪情节轻微，不需要判处刑罚的，可以作出不起诉的决定。人民法院可以依法对被告人从宽处罚。因此，未成年人犯罪法定刑在 7 年以下，经减轻可能判处 3 年有期徒刑以下刑罚的，如果双方当事人达成和解协议，则对于犯罪情节轻微，不需要判处刑罚的，可以作出不起诉的决定；对于可能判处 1 年有期徒刑以下刑罚的，可以作附条件不起诉处理。

综上，我们认为，目前可以从以下几个方面衡量是否"可能判处一年有期徒刑以下刑罚"：（一）法定量刑档次为 3 年有期徒刑以下刑罚的；（二）法定量刑档次在 3 年以上 5 年以下有期徒刑，但未成年人还有其他从轻、减轻情形，如自首等；（三）对于达成刑事和解的案件，法定量刑档次在 7 年以下有期徒刑的。当然，上述仅是大概的衡量标准，具体判断还应当综合考虑未成年人对犯罪的认识能力、实施犯罪行为的动机和目的、犯罪时的年龄、是否初犯、悔罪表现、个人成长经历和一贯表现等情况来确定。

案例③：赵某某，男，1997 年 12 月出生，汉族，高中文化，自幼被父母以打骂的形式教育，和父亲几乎不说话。因为其不愿意在父母开设的手机店打工，想独自创业，向父母借本金 2 万元，母亲本来答应了后来又反悔。2015 年 6 月 10 日晚 8 点，赵某某因为此事和父母争吵后摔门离家出走。后到超市购买一把 10 公分长的小水果刀，当晚 11 时持刀抢劫某便利店女员工，逼迫其拿出营业款。在抢劫过程中赵某某用小刀划伤被害人脖子，有轻微出血，后被害人被迫打开抽屉，赵某某抢劫营业款 610 元人民币后回到家里。第二天早

---

① 陈胜才、盛宏文：《准确适用附条件不起诉与相对不起诉》，载《检察日报》2014 年 2 月 10 日第 3 版。
② 苗生明、叶文胜主编：《附条件不起诉的理论与实践》，法律出版社 2015 年版，第 38 页。
③ 张寒玉、王英：《落实附条件不起诉制度重点问题解析》，载《青少年犯罪问题》2016 年第 3 期。

晨，情绪过去后赵某某非常后悔自己的行为，主动去侦查机关自首。案发后法定代理人代为赔偿被害人以及便利店全部损失，并和被害人达成和解。社会调查报告显示，赵某某自幼父母管教严厉，读书成绩一般，父亲对他较为失望，经常拳打脚踢，赵某某性格温和、内向，非常善良，对父亲不满也只是不吭声，不和父亲说话。平时无不良嗜好，热爱篮球和羽毛球。同时在日常生活中尊敬老人，也和小区的孩子关系处得不错。这次出事大家都非常惊讶。心理测评量表和人格甄别显示，赵某某性格踏实，明智、谨慎，注重实效，不容易冲动。性格温良，重友谊，喜欢有规律的工作和生活。赵某某案发后悔罪表现明显，书面表达了对被害人、对父母的歉意，并表达了愿意改过自新，学会控制情绪冲动和行为的决心。后经过心理疏导赵某某认识到了自己以这样的行为报复父母不但伤害了被害人和自己的父母，更是对自己的人生的伤害和不负责任。综合本案中，虽然赵某某持刀抢劫并划伤被害人，但考虑到案发后已经和被害人达成和解，且悔罪表现明显，有自首情节，起诉到法院有可能被判处一年以下有期徒刑，其父母监管意愿比较强烈，其心理测评情况和人格甄别显示再犯可能性低，因此综合考虑后，检察机关对赵某某作出附条件不起诉决定，设置考察期为9个月，所附条件包括学习情绪控制课程、父母亲子沟通和亲职教育辅导、赵某某向社区提供公益劳动，每天定期的跑步40分钟以宣泄情绪等。该案考察结束后作出了不起不起诉处理，赵某某已开始创业，且目前发展良好。

（二）特殊案件如少女杀婴案的附条件不起诉

故意杀人罪属于我国《刑法》中的重罪，有一类极其特殊的故意杀人案件，那就是少女杀婴案。近年来，全国各地发生的少女妈妈杀婴案引起社会广泛关注。对于越来越高发的少女杀婴案如何处理才能彰显儿童利益最大化？这已经是各地检察机关不得不面对的严峻问题。据检察机关调研统计，2011年至2014年，北京市累计发生未婚妈妈杀婴案8件8人。她们当中年龄最大的20岁，最小的只有16岁。从职业性质上看，8人均是从外地来京的新生代农民工，从事较为底层的工作。从文化程度上看，普遍学历较低，她们中除了1人具有高中（肄业）学历之外，其余人皆为初中及以下学历，且多数人存在中途辍学情形。涉案的8名少女都是自然分娩，在生下婴儿后立即采取了主动杀害行为，有的是用绳索或徒手扼压婴儿颈部造成婴儿机械性窒息死亡，有的是从高楼将刚刚生下的婴儿摔下，还有的是将婴儿放在马桶内反复冲水致其溺水死亡。根据我国法律规定，婴儿一出生即具有生命权等一系列权利（《儿童权利公约》规定胎儿即具有生命权，我国因计划生育政策，对此条款予以保留）。根据我国《刑法》第232条、第233条规定，故意杀人的，处死刑、无期徒刑或者10年以上有期徒刑；情节较轻的，处3年以上10年以下有期徒刑；过失致人死亡的，处3年以上7年以下有期徒刑；情节较轻的，处3年以下有期徒刑。但由于该类案件属于典型的偶然犯罪，行为人几无再犯可能性，因此检察机关提起公诉后，法院几乎均判处缓刑。

经深入调研，该类案件具有以下特点：一是案件中的少女妈妈早恋往往源于从众心理或寻求安慰的心理，与男孩认识没多久便发生性行为，甚至与其同居。怀孕后，交往的男方多不负责任。案件中，女孩怀孕、生产时，大多已与男孩分手，甚至有的男孩根本不知道女孩怀孕一事。二是少女妈妈缺乏必要的生理及性常识，大多不知道或者不确信自己怀孕，有的甚至直到生产才确定。三是作案动机单纯幼稚，怕人知道，恐惧婴儿成为生活累赘。由于心智未成熟，对于婴儿的降生恐惧超过了一切。四是发案地点均在犯罪嫌疑人住处，婴儿出生后短时间立即杀死，抛尸地点均在住处附近。杀婴和抛尸均未经过周密策划，这一点区别于有预谋的犯罪，也印证了其供述的"不认为杀害自己生的婴儿是犯罪行为"。五是再犯风险较低。少女妈妈在婴儿降临时往往因恐惧、不知所措而触犯法律，到案后大都主观悔罪，一般没有再犯可能性。北京市检察院第一分院王翠杰检察官用一句话归结少女妈妈杀婴案的共同点是："这些女孩都是在怀孕时孤立无援，生产时命悬一线，被捕时后悔莫及……"这类少女妈妈杀婴案，犯罪后果很严重，但未成年少女主观恶性却并不大，未来的社会危害性较低或者没有；这种客观危害行为确定且具有一定的严重性，但刑罚除了报应外，很可能或者已经没有了矫正的意义，即惩罚无必要性，是否还必须起诉判刑？是否可以根据我国对未成年人"教育、感化、挽救"和"教育为主、惩罚为辅"的刑事政策，作出非罪化处理？上海政法学院刑事司法学院院长、中国预防青少年犯罪研究会常务理事姚建龙教授认为，未成年少女杀婴案，看似简单，但从深层次看，却是社会问题的折射。她们是加害人和受害人的统一，是非常复杂的犯罪主体。少女杀婴案折射出了家庭、学校和社会道德教育的多方缺位。中央财经大学法学院副教授李伟认为，此类案件可归入弱势群体犯罪，根据犯罪学中的社会支持理论，此类犯罪之所以发生，在于相关人等获得的社会支持不够。探究这些缺位，一是性知识和性健康、性安全意识严重匮乏。现在社会对青少年生理、心理辅导机构十分缺乏，中国的父母一般都不好意思对未成年子女谈及性，结果青少年很难从正确的渠道了解自身的生理特征，出于青少年的叛逆心理，再加上大人的禁锢，一些未成年人的性观念反而盲目开放。再加上心理上的不成熟，他（她）们对生命的态度、对社会的责任都没有正确的认识，一旦有外来诱因极易铸成大错。性知识和生理知识的匮乏是导致惨案发生的主要原因之一。有的女孩表示"自己并不知道什么叫怀孕""当时并不懂",有的女孩在怀孕已达8个月甚或生产时还不知道自己怀孕的事实,有的女孩仅仅把怀孕带来的身体上的异常反应归因于自己"长胖了"。二是缺乏家庭有效监护和沟通。监护人与子女缺乏沟通,过分溺爱或粗暴对待,导致家庭教育缺位。北京青少年法律援助与研究中心曾经对未成年少女生育婴儿的事件进行过专门调查研究,他们发现,在这类案件中,家长往往负有疏于监护的责任,很多家长对自己孩子怀孕的情况是在案件发生相当长的时间后才知晓。据赵辉律师介绍,他们通过对收集的20件案例的分析,发现家长在少女怀孕产下婴儿后才知晓的高达9例,占总数的45%之多,其中有的家长对未成年女儿异常反应根本没有觉察,有的家长即使对此有所觉察但未引起足够的重视,仅仅以为是女儿变胖或身体不舒服,而有的家长则因为与女儿相隔甚远,根本就没有觉察的"机会";在女儿怀孕7个月后到足月时才相继知道的为8例,占总数的40%,家长较早知道的,仅为2例,可见这些家长与孩子沟通缺失程度之严重,这反映了当前社会部分家庭代际关系的非正常化。三是未完成九年义务制教育,社会支持匮乏。有很多少女妈妈很早辍学,往往没受过学校的系统教育,独自外出的女性务工者,远离家人、朋友,生活中缺少社会支持,亲情、爱情、友情三情缺乏。分析此类案件,未婚少女缺乏生理常识、未婚先孕的羞耻心以及法律意识的淡薄是她们杀婴的直接原因。而社会地位低下和生存状态恶劣是杀婴的根本原因。未婚妈妈大多是年轻的外来务工人员,家庭条件不好,工资水平不高,较大的经济压力让她们根本无力抚养婴儿。缺乏必要的生理和卫生知识,独自产下孩子后也不懂得寻求帮助。四是法律知识缺乏。法律意识淡薄是少女妈妈杀婴案的主因。她们缺乏法律常识,一般不认为杀害婴儿是犯罪行为,而只是处理个人财产,所以她们在实施此类犯罪时并无顾忌。她们往往很难将弄死婴儿跟故意杀人罪联系在一起,事后反应平平,表现麻木,就当什么事情都没发生一样,反倒认为是了结了一桩事。同其他未成年人刑事案件相比,此类案件的被告人更值得同情。这样的悲剧对涉罪少女的影响是终生的,随着年龄的增长,亲手杀死孩子的行为会给她们带来沉重的负罪感,而这种负罪感会伴随她们一生,给她们的人生蒙上沉重的阴影。姚建龙教授指出,"需要注意的是,在这类案件中少女对于孩子出生时的第一反应往往是惊慌失措,对婴儿的生命尚缺乏必要的认识"。并且介绍对此类案件的处理,国外大都会对未成年少女实施杀婴行为时的精神状态予以综合评价,通常会因此减轻甚至免除少女的刑事责任。

  针对未成年人犯罪,我国的刑事政策采取教育为主、惩罚为辅的原则。少女妈妈杀婴案非常特殊,是未成年少女在一种特殊情境与精神状态下的危害社会行为,对此应予以充分考虑;且少女妈妈实际上也都是受害者,其监护人、学校乃至社会都负有不可推卸的责任，如果不考虑这些，单纯将少女妈妈作为罪犯来惩罚是不合理的。我们认为对此类案件的处理，应当将着力点放在关怀、治疗、帮助、教育少女妈妈上，因此可以考虑作附条件不起诉处理。因为即使少女妈妈是没有再犯的可能性，但是其对于生命本身的尊重意识匮乏以及慌乱冲动之下不计后果，以极端方式处理婴儿，这后面依然有思维和认知模式偏差需要矫正，需要帮教，同样有心理创伤需要有效疏导。附条件不起诉可以设置下列条件：学习相关性防护知识，学习尊重生命和儿童权利，提高法律意识等，还包括当她们自己感觉到恐慌和无助的时候不要急于行动，先尝试冷静下来寻找可能的帮助和救助的意识和方法等。总之，我们认为附条件不起诉是处理此类案件比较好的办法。目前已经有地方对该类案件作附条件不起诉处理，且效果良好。

案例①：G 省 Q 市某职业技术学校学生刘某某（女，15 岁）于 2014 年 9 月 4 日凌晨 5 时许在学校女生宿舍楼的床上产下一名婴儿，因害怕被人发现，将刚产下的婴儿从宿舍的阳台（5 楼）抛下，致使婴儿当场死亡。Q 市 Q 区人民检察院认为，刘某某虽然涉嫌故意杀人罪，但属于在恐惧、惊慌、对婴儿生命尚缺乏必要认识的状态下实施，主观恶性较小，没有再犯可能性。为此，该院对刘某某作出附条件不起诉决定，并在考察过程中注重制定有针对性的帮教计划，通过多种措施帮助刘某某提高性意识、权利、责任意识，学习性知识、相关法律知识，并对其进行心理疏导，帮其减轻杀婴后悔恨、逃避的心理等。为帮助刘某某恢复正常的学习、生活，该院还帮助其转至另一所学校继续就读。由于刘某某在考察期间非常珍惜新的生活，学习勤奋，表现良好，最终钦南区人民检察院对其作出了不起诉决定。半年后和一年后 Q 市 Q 区人民检察院均对其进行了回访，了解到刘某某已经恢复正常的生活，一切安好。

（三）附条件不起诉与相对不起诉、起诉的比较

附条件不起诉与酌定不起诉（相对不起诉）系滥觞于起诉裁量主义的两种裁量不起诉形式，二者之间难免存在错综复杂的关系，两种不起诉适用上的判辨很大程度上依赖于检察官的主观裁量。② 从我国现行《刑事诉讼法》对附条件不起诉和相对不起诉的规定看，相对不起诉适用于"犯罪情节轻微，不需要判处刑罚或免除刑罚"的犯罪嫌疑人，而附条件不起诉适用于"可能判处一年有期徒刑以下刑罚"的犯罪嫌疑人；且附条件不起诉要对犯罪嫌疑人

---

① 张寒玉、王英：《落实附条件不起诉制度重点问题解析》，载《青少年犯罪问题》2016 年第 3 期。

② 李辞：《论附条件不起诉与酌定不起诉的关系》，载《法学论坛》2014 年第 4 期。

考察 6 个月至 1 年的时间，考察期间对犯罪嫌疑人最终是不起诉还是起诉处于不确定状态。因此，一般而言把握原则是：附条件不起诉在犯罪事实和情节、主观恶性等方面要重于相对不起诉，涉罪未成年人需要较长时间及一定严苛程度的方式帮助矫正；对于犯罪情节轻微、主观恶性较小、再犯可能性不大的初犯、偶犯等，由于没有长期考察帮教的必要，则可以直接作出相对不起诉决定。但是，由于附条件不起诉和相对不起诉二者的边界并不清晰，不存在并列或者接续关系，因此大家认为在具体个案中到底适用相对不起诉还是附条件不起诉不好把握。① 如北京的窦某盗窃案，窦某（男，17 岁，无业）伙同另外两名未成年人盗窃一辆摩托车，价值 1978 元，在转移赃物时被查获。有人认为窦某是未成年人，盗窃数额不到 2000 元，可直接作相对不起诉；有人认为窦某是无固定职业的未成年人，不对其考察帮教无法保证不起诉的效果；也有人认为，直接作相对不起诉，能使犯罪嫌疑人及早从诉讼中解脱出来，而附条件不起诉需要一段时间的考察帮教，案件周期较长，对犯罪嫌疑人特别是未成年人并不公平，不利于诉讼效率的实现。实践中，对诸多此类案件存在困惑与疑问。② 从国外的立法模式来看，被认为是实施附条件不起诉的典型国家——日本和德国都采用了附条件不起诉和无条件不起诉（微罪不举）适用范围相重合的立法模式。③ 也就是说，两国都是先存在一个总的不起诉裁量范围，在此范围内又存在附条件不起诉和无条件不起诉两种区别，二者都适用于相同刑罚范围的案件，而不是刑罚幅度呈现阶梯式的案件。因此这两种不起诉的范围从一开始就在学界和实务界引起剧烈争议。不但我国大陆，即使是台湾地区也同样如此。我国台湾地区在 2002 年大幅度修订"刑事诉讼法"进而引入缓起诉（附条件不起诉）制度时，不少学术界和实务界人士都对新制度的缓起诉和原有的相对不起诉制度的关系感到迷茫。对此，有学者质疑："虽然两者的适用案件的范围不同，但却可能产生相当的重叠，入室盗窃一般财产犯罪案件，检察官既有可能为便宜不起诉又得为缓起诉处分（假设两者的要件皆具备），未来实务如何区别两种效果截然不同的处分？检察官应当通过怎样的基准来判辩？"④ 可见，二者的区分和适用是一个世界范围内相当普遍的难题，

---

① 张寒玉、吕卫华：《附条件不起诉制度若干问题研究》，载《人民检察》2013 年第 9 期。
② 北京市海淀区人民检察院公诉课题组：《附条件不起诉制度实证研究》，载《国家检察官学院学报》2009 年第 6 期。
③ 葛琳：《附条件不起诉之三种立法路径评析——兼评〈刑事诉讼法〉修正草案中附条件不起诉之立法模式》，载《国家检察官学院学报》2011 年第 6 期。
④ 林钰雄：《刑事诉讼法》（下），台湾元照出版公司 2004 年版，第 78 页。

对附条件不起诉的把握往往绕不开与相对不起诉相比较。

2012年出台的《高检决定》第21条指出："建立健全不起诉制度。……要依法积极适用附条件不起诉，规范工作流程，认真做好对被附条件不起诉人的监督考察。对于既可相对不起诉也可附条件不起诉的，优先适用相对不起诉。"所谓"优先"，并非必须；因为《刑事诉讼法》规定的无论是相对不起诉还是附条件不起诉，均是"可以"而非"应当"，"作出附条件不起诉的决定是个选择性规定，不是硬性规定。不是符合条件的一律附条件不起诉"，[①]也就是说法律赋予了检察机关在一定案件范围内起诉、不起诉（相对不起诉、附条件不起诉）的裁量权，在检察机关可以裁量的范围内，相对不起诉、附条件不起诉以及起诉之间并非有一个明确清晰的界限，因此，有专家指出，按照有利于被告人的原则，对于既可相对不起诉也可附条件不起诉的，应当优先适用相对不起诉，对于既可附条件不起诉也可起诉的，则优先适用附条件不起诉。[②]但是，如果未成年犯罪嫌疑人存在一定的认知偏差等需要矫正，确有必要接受长期监督考察的，则可以适用附条件不起诉。同时对于人身危险性比较大，再犯可能性较大，悔罪表现不明显的未成年犯罪嫌疑人，也就是需要按照德国少年法所说的"short–sharp–shock"（短促而严厉的警醒），应当提起公诉，以期经过法庭审判教育让其明白行为的底线和边界。

司法实践中另外一个备受争议的问题是：具备有效监护条件是不是作出附条件不起诉处理的前置条件？由于附条件不起诉制度对涉罪未成年人的教育、矫治是在非监禁的环境中进行的，为了保障他人的合法权益不受损害，除了要求犯罪嫌疑人的人身危险性较小，还要具备有效监护条件或社会帮教措施，因此有同志认为应当将"具备有效监护条件或社会帮教措施"明确规定为附条件不起诉的前提条件。但也有意见认为，增加诸如必须具备一定的帮教条件等限制条件，不利于对未成年人的平等保护。外来未成年犯罪嫌疑人一般不具备监护帮教条件，但可以为其创设帮教条件，比如为其找到合适的观护点和临时监护人等，从而实现本地籍与外地籍未成年人的平等保护。实践中，一些地方以不具备监督考察条件为由拒绝适用附条件不起诉，形成本地与外地涉罪未成年人的差别待遇。[③]为解决对外来未成年人考察帮教这一难题，从而实现对本

[①] 王尚新：《关于〈刑事诉讼法〉修改有关情况的介绍》，载《预防青少年犯罪研究》2012年第5期。

[②] 宋英辉、史卫忠、姚建龙：《充分发挥检察职能作用，强化附条件不起诉制度建设》，载《人民检察》2014年第5期。

[③] 苗生明、叶文胜主编：《附条件不起诉的理论与实践》，法律出版社2015年版，第38页。

地未成年人和外地未成年人平等适用附条件不起诉,江苏、浙江、上海、北京等地检察机关先后进行了"观护教育基地"建设的有益探索和尝试,与热心公益的企业建立"帮教基地",签订附条件不起诉的帮教考察协议,为未成年人开展帮教考察提供场所,由"帮教基地"的负责人对涉罪未成年人进行具体的考察帮教。帮教期间,"帮教基地"对未成年犯罪嫌疑人力所能及的工作提供同工同酬的待遇,并对涉罪未成年人的身份予以保密,遇有相关问题"帮教基地"的负责人则及时向检察机关报告,从而使外来涉罪未成年人与本市户籍涉罪未成年人实现"同城待遇",取得了良好的社会效果和法律效果。随着人口流动的日益频繁,外来未成年人犯罪的问题越发突出。根据法律面前人人平等原则,检察机关对涉罪外来未成年人亦应全力贯彻教育、感化、挽救的工作方针和教育为主、惩罚为辅的原则,对本地与外地涉罪未成年人一视同仁,附条件不起诉的适用自不例外。为此,《高检通知》根据检察一体化,即"在上下级检察机关和检察官之间存在着上命下从的领导关系;各地和各级检察机关之间具有职能协助的义务;检察官之间和检察机关之间在职务上可以发生相互承继、移转和代理的关系",① 要求各地检察机关"对异地检察机关提出协助社会调查、附条件不起诉监督考察、跟踪帮教、社区矫正、犯罪记录封存等请求的,协作地检察机关应当及时予以配合。必要时,可以通过共同的上级检察机关未成年人刑事检察部门进行沟通协调,切实提升帮教、挽救工作水平"。异地协作机制是一项非常有效的工作方法,可以有效解决因受地理环境、司法成本、人力资源等因素制约而导致的社会调查、附条件不起诉、犯罪记录封存等特殊制度在外来未成年人适用上遭遇的难题。因此,我们认为应当为不具备监护帮教条件的外来未成年人积极创设监护帮教条件,如通过建立"观护教育基地"等方式为其找到合适的观护点和临时监护人等,或者通过异地协作机制解决,而不应以不具备有效监护条件等限制附条件不起诉的适用,避免对于符合附条件不起诉法定条件的未成年人因此原因作出起诉处理。

综上,我们认为可以通过将附条件不起诉与相对不起诉和起诉相比较来把握其适用条件,具体来讲可以从以下几个维度来把握:

一是附条件不起诉针对的罪行一般重于相对不起诉,在悔罪表现或被害人谅解程度、不起诉的放心程度等方面一般不如相对不起诉;相对不起诉和附条件不起诉最大的适用区分在于涉案未成年犯罪嫌疑人是否有长期监督考察必要。因为附条件不起诉是有考察6个月至1年时间必要的,如果没有较长时间的考察必要,则可以直接作出相对不起诉决定。如前述少女杀婴案,有的直接

---

① 孙谦:《中国特色社会主义检察制度》,中国检察出版社2009年版,第227—228页。

作了不起诉决定,有的则认为需要考察而作了附条件不起诉决定。

案例①:张某,男,案发时17岁,初中文化。自幼因父母外出打工,由爷爷奶奶代为抚养。16岁到G省父母身边打工,因不适应父母严厉粗暴的管教方式,在一次与父母大吵后离家出走到Z省N市,借宿在自己老乡打工住宿的宾馆。因无所事事及心情苦闷而迷恋网吧;因衣食无着及无钱上网,便连续四次在借宿地盗窃老乡同事的钱包、戒指、手机、笔记本电脑等物品,并将手机和电脑卖掉,赃款用来上网和吃饭。案发后经过鉴定,涉案赃款赃物价值共计人民币10060元。张某在案发后悔罪表现明显,主动带领侦查人员找到没有卖掉的戒指和钱夹、笔记本电脑等。后其法定代理人代为赔偿了被害人全部损失。社会调查报告显示张某自幼由爷爷奶奶隔代抚养,和父母的沟通方式不畅,自幼学习成绩良好,遵守学校纪律。心理测评量表和人格甄别显示,张某贪财动机不强烈,性格温和,自律性较好,能适应按部就班的工作和学习。

此案在处理过程中有两种意见:第一种意见认为张某多次盗窃,数额较大,可能被判处有期徒刑7—8个月,和父母关系不睦,且盗窃财物主要为了上网,有长期监督考察必要,应当作出附条件不起诉处理,设置考察期9个月,将张某放入N市当地帮教基地帮教考察或者在G省进行异地帮教考察。第二种意见认为,张某虽然多次盗窃、数额较大,但其犯罪的主要原因是青春期逆反及与父母的沟通出现问题;离家出走后为解决生计而盗窃,其贪财动机并不强烈;盗窃手段主要是顺手牵羊,主观恶性不大,悔罪表现明显,再犯可能性不大;法定代理人已经赔偿被害人全部损失,获得了被害人谅解,也不存在回归社会的外部障碍;加之张某本人自律性较好,能适应按部就班的工作和学习,因而无须进行长期考察帮教,可以作出相对不起诉处理,让张某回到G省跟随父母一起打工并增进感情。其间,检察机关对张某进行了两次心理疏导,对其父母进行了亲职教育,并对亲子沟通模式进行了指导,促使张某认识到父母外出打工的艰辛和多年养育自己的不易,以及父母严厉管教背后的爱和期待,并对回到父母身边打工的未来有了清晰的规划;亲职教育也使张某的父母认识到自己教育孩子方式的问题。最后,检察机关经综合考量,对张某依法作出相对不起诉处理并予以了仪式化的训诫。半年后随访了解到,张某和母亲在同一个工厂打工,和父母相处融洽。

二是按照有利于被告人的原则,对于既可相对不起诉也可附条件不起诉的,应当优先适用相对不起诉;对于既可以附条件不起诉也可以起诉的案件,

---

① 张寒玉、王英:《落实附条件不起诉制度重点问题解析》,载《青少年犯罪问题》2016年第5期。

基于对未成年犯罪嫌疑人教育、挽救的角度考虑，应当优先适用附条件不起诉，通过考验期内的监督、教育和矫治，既让未成年犯罪嫌疑人体会到所犯罪行的严重性，又避免因对其适用刑罚使其与社会隔离，从而帮助其顺利复归社会。

案例①：虞某某，女，案发时17岁，初中文化，15岁时曾因参与猥亵他人被公安机关行政拘留15日（未执行）。成长过程中因性格叛逆被父母长期暴打管教，17岁离家出走，先后到Z市、N市等地KTV打工，并开始卖淫。后其男友到N市找虞某某玩，二人花光手头全部钱财后商量由虞某某趁出台陪林某过夜之际，盗窃林某钱包一只，内有人民币3000元，三星电话机一部价值人民币4000余元。后虞某某和男友一起把手机卖掉，赃款用来到Z省各地游玩直到案发。虞某某在案发后嚎啕大哭，后悔自己给父母丢脸，无脸再见父母。一再向承办人恳求，能否不告知其父亲？因为会连累母亲一起被父亲打。自己离家出走就是不想看着因为自己犯错而让母亲跟着自己一起被父亲暴打。社会调查报告显示，虞某某曾有个哥哥在她三岁时溺水而亡，此后父母对她非常溺爱。她10岁时父母因生育第二个女儿后，忽略了对她的照顾和管教。这种冰火两重天的落差使她一天比一天叛逆和捣乱，以期引起父母的关注和爱，包括逃学、打架、和其他女生争风吃醋并参与猥亵他人、早恋、卖淫。父母前期由于过于关注小女儿而忽视了虞某某以捣乱求关注的心理，等到她行为偏差巨大后又以打骂管教，并且其父因为虞某某行为偏差迁怒于其母，认为其母亲没有管教好她，就连母亲一起打。但是越打，她和父母关系越差，以为父母有了其他孩子就不爱她了，转而向其他异性寻求温暖和关注。心理测评量表显示其对于父母爱和关注的渴望比较突出，对父母暴打的心理创伤比较严重，贬低自我价值，自暴自弃，人格甄别显示性格单纯，活泼外向，容易轻信他人也容易被影响被塑造，情绪管理能力和自我控制能力较差，同时和母亲有很深的感情和依恋，也极度渴望父母的爱和关注。

此案在办理过程中有两种意见，第一种意见认为虞某某曾经有前科，此次盗窃数额较大，手段比较恶劣，和父母关系疏远，无帮教条件，本案应该予以起诉以让其充分认识到其行为后果并有助于改过自新。换言之，附条件不起诉可能无法真正矫正她并有助于她的再社会化。另一种意见则认为，虞某某从以捣乱求关注到行为偏差再到走上犯罪道路有一个漫长的过程，本案可以起诉，但也可以作附条件不起诉处理，设置较长的考察期（9个月）来对其行为和心

---

① 张寒玉、王英：《落实附条件不起诉制度重点问题解析》，载《青少年犯罪问题》2016年第5期。

理进行矫正。综合考虑该案情况，尤其是父母有强烈的后悔和监管意愿，赔偿了被害人全部损失并达成和解等，经过检委会讨论，检察机关对虞某某作出附条件不起诉决定，并将其送到当地的一家外贸公司工作，由单位、父母以及当地社区和检察机关共同组成考察小组。在帮教过程中对虞某某的心理创伤、虞某某和父母的亲子关系、亲子间沟通等以附条件的形式展开。针对虞某某成长过程中夜不归宿、早恋、打架、卖淫等严重不良行为由考察小组设置具体的行为要求进行规范。经过9个月的帮教考察，虞某某已由原来的不良少女变身为白领丽人，并自学英语，打算自己开外贸公司；并且和父母关系融洽，工作和学习的闲暇时间还帮助照顾妹妹。最终本案经过考察期后作出不起诉决定。三个月、半年、九个月、一年后的回访均表明，虞某某已经恢复正常的生活。

三是"优先适用"不等于"必须适用"，犯罪情节轻微并非一律要相对不起诉，如果认为需要监督考察，作出附条件不起诉决定更适宜的，也可以作出附条件不起诉决定。

案例：刘某某，男，案发时16岁，在J市某工厂打工。因为迷恋上网，三次盗窃打工工厂隔壁的理发店主现金2000元，佳能相机一部价值人民币4085元，并将相机卖掉，赃款用来上网。案发后其父母代为赔偿了被害人全部损失，并达成和解。刘某某悔罪表现明显。社会调查报告显示其自幼被父母宠爱，物质上尽可能满足其需要，在工厂打工时因为工资低不够上网花销所以走上犯罪道路。心理测评量表和人格甄别显示其网瘾程度较重，属于中度；同时具有任性、好逸恶劳、希望一夜暴富铤而走险的心理成分。

在本案的处理过程中其父母和法律援助律师都提出，刘某某系未成年人，犯罪时刚满16周岁，系初犯、偶犯，一时冲动做错事；盗窃数额刚刚达到Z省盗窃罪数额较大（6000元）标准，符合《刑事诉讼法》第173条第2款"对于犯罪情节轻微，依照刑法规定不需要判处刑罚或者免除刑罚的，人民检察院可以作出不起诉决定"。因此，认为本案应当做相对不起诉处理。检察机关认为，刘某某虽然盗窃犯罪情节轻微，但由于其有中度网瘾，且人格甄别量表显示有好逸恶劳等性格特质，有较长时间监督考察的必要。后该案作出附条件不起诉处理，设置考察期6个月，由其工作单位、父母、检察机关和专业司法社工组成考察小组，定期进行心理疏导和测评，并逐步减轻其对网络的依赖。同时，要求其每周向所在社区提供半天的公益劳动，逐步引导其明白劳动和贡献在人生中的作用、地位和价值。半年后，检察机关对刘某某作出不起诉决定时，其对自己的人生已有清晰规划，打算学徒三年后，积累经验和本钱，回山东老家开店。一年后随访，刘某某网瘾没有再犯，正常的工作之余专心学习技术，和父母、单位相处融洽。

（四）附条件不起诉的适用程序及制约救济

附条件不起诉制度赋予了检察机关较大的起诉裁量权，为保证该项权力不被滥用，从而真正服务于"双向保护"原则，即未成年人利益和社会利益均受到保护，《刑事诉讼法》第 271 条第 2 款规定了听取意见程序，即"人民检察院在作出附条件不起诉的决定以前，应当听取公安机关、被害人的意见"；第 271 条第 3 款规定了提出异议程序，即"未成年犯罪嫌疑人及其法定代理人对人民检察院决定附条件不起诉有异议的，人民检察院应当作出起诉的决定"；第 271 条第 2 款规定了对检察机关的附条件不起诉决定，公安机关可以要求复议、提请复核，被害人可以向上一级检察机关申诉。

1. 对于异议权的保障

未成年犯罪嫌疑人的异议权是未成年犯罪嫌疑人在附条件不起诉程序中的一项重要诉讼权利，是程序选择权，也是对检察机关附条件不起诉决定的事先救济权，对未成年犯罪嫌疑人至关重要，可确保未成年人放弃审判机会之后，检察机关处分决定的正当性。[①] 因此人民检察院应当切实保护未成年犯罪嫌疑人及其法定代理人对附条件不起诉的异议权，从而真正实现对未成年人的特殊保护。而且，从实际操作层面来看，检察机关为了避免作出的附条件不起诉因未成年犯罪嫌疑人及其法定代理人提出异议而最终被撤销的情况出现，有必要事先征求未成年犯罪嫌疑人及其法定代理人是否同意适用附条件不起诉的意见。[②] 办案实践中发现有未成年犯罪嫌疑人或者法定代理人"求刑"现象，即由于一些孩子和家长对法律不甚了解，觉得配合检察机关附条件不起诉考察太麻烦，不如让法院判个缓刑更简单，因而不愿意检察机关作附条件不起诉决定。为此，我们认为检察机关在征求未成年犯罪嫌疑人及其法定代理人是否同意适用附条件不起诉的意见时，应当让其在全面获知和理解附条件不起诉的功能、法律后果等相关内容基础上，慎重说"不"。具体应当做到以下四点。

一是让未成年犯罪嫌疑人及其法定代理人事先全面知晓检察机关拟适用附条件不起诉的法律依据、适用程序、救济程序、考察程序和所有拟附加的义务以及附条件不起诉的法律后果等。应当讲清楚附条件不起诉的教育功能和意义，以及最终作出不起诉的法律后果是无罪的，与法院判缓刑是有罪的法律后果完全不同；法院判缓刑的虽然依法可以封存犯罪记录，但在两种情况下是可

[①] 刘学敏：《检察机关附条件不起诉裁量权运用之探讨》，载《中国法学》2014 年第 6 期。

[②] 陈光中：《中华人民共和国刑事诉讼法修改条文释义与点评》，人民法院出版社 2012 年版，第 400 页。

以查询的，对孩子将来人生是会有一些影响的。同时也要强调考察期间可能撤销附条件不起诉提起公诉的情形以及对其可能产生的不利后果。总之，要充分保证其知情权。

二是应当为其慎重权衡提供一定的时间保障，并可以建议未成年犯罪嫌疑人及其法定代理人与其辩护人进行充分的交流沟通，在全面理解和权衡的基础上，慎重提出异议或选择不提异议。因为未成年人刑事案件要求强制辩护，因此都会有辩护人。辩护人所处的位置决定了其与未成年犯罪嫌疑人及其法定代理人更"亲近"，辩护人参与更有利于未成年犯罪嫌疑人及其法定代理人对相关法律问题的理解和认识，从而在充分权衡的基础上提出意见。

三是应当要求未成年犯罪嫌疑人及其法定代理人在检察机关的书面征求意见书上签署意见，明确表示有无异议和真实意愿，且一般应当由未成年犯罪嫌疑人及其法定代理人同时签署。确实因为特殊情况只能以口头方式提出的，应当记录在案，并由未成年犯罪嫌疑人及其法定代理人签字确认。这是根据"异议"条款的本身规定作出的当然理解，未成年犯罪嫌疑人单独或者其法定代理人单独提出异议，均无法律效力，即不能引起检察机关作出起诉决定的后果。这也是慎重行使异议权的重要措施，因为未成年犯罪嫌疑人在心理上、智力上及诉讼行为能力上均不够成熟和健全，由其单独行使异议权，恐难免会有失误，故由其法定代理人辅助维权和协同把关是十分必要和合适的。异议权又属于未成年犯罪嫌疑人的专属权利，法定代理人未经未成年犯罪嫌疑人本人同意而单独提出异议，则违背了未成年犯罪嫌疑人的意愿，侵犯了未成年犯罪嫌疑人的权利，故也是法律不允许的。① 当未成年人与其法定代理人诉讼意见存在分歧时，根据《刑事诉讼法》第270条规定的"到场的法定代理人可以代为行使未成年人犯罪嫌疑人、被告人的诉讼权利"的精神，应当以法定代理人的意见为准，但侵犯未成年人合法权益的除外。

四是对于未成年犯罪嫌疑人及其法定代理人提出异议的，检察机关应当认真审查，区别对待。第一，未成年犯罪嫌疑人及其法定代理人对于犯罪事实认定、法律适用有异议并认为无罪的，人民检察院应当认真审查，经审查确认成立的，应当依法作出绝对不起诉或者存疑不起诉决定；确认不成立的，则应当提起公诉。第二，未成年犯罪嫌疑人及其法定代理人对作出附条件不起诉处理没有异议，仅对所附条件有异议的，检察机关可以在裁量权的范围内吸收其合理化的意见建议，对考察的内容、方式、时间等进行调整。如有的对考验期限的长短有异议，有的对检察机关附加的全部或部分义务有异议，有的对要求赔

---

① 柯葛壮：《附条件不起诉中"异议"权之保障》，载《法学》2013年第1期。

偿的金额有异议，有的对指定的矫治措施有异议，有的对限制自由的程度有异议，有的对强制性公益劳动的具体内容及其时间有异议等，检察机关审查后认为异议成立的，可以作出相应修正。但如果未成年犯罪嫌疑人及其法定代理人对考察的内容、方式、时间等有异议，但其意见不利于对未成年人帮教的，或者是对法定附加条件有异议的，检察机关应当进行耐心的释法说理工作，若未成年犯罪嫌疑人及其法定代理人仍有异议坚持要求起诉的，人民检察院则应当提起公诉。第三，对于符合起诉条件但可以附条件不起诉的，如果未成年犯罪嫌疑人一方确属不愿意适用或反对适用附条件不起诉的，检察机关不能强制适用附条件不起诉，此时，检察机关作出起诉决定是符合法律规定的。但在人民检察院作出起诉决定前，未成年犯罪嫌疑人及其法定代理人要求撤回异议的，可以准许，但撤回异议应以一次为限。

总之，为了保护未成年犯罪嫌疑人的异议权，检察机关应当在充分保障未成年犯罪嫌疑人及其法定代理人对附条件不起诉知情权的基础上，尊重未成年犯罪嫌疑人及其法定代理人的意愿，并与其充分沟通，因为附条件不起诉听取未成年犯罪嫌疑人及其法定代理人异议的过程也是形成合力教育、感化、挽救未成年犯罪嫌疑人的过程，而检察机关尊重、倾听、平等参与的态度本身就是对未成年犯罪嫌疑人及其法定代理人的教育。

2. 对于被害人救济权的保护

由于被害人是受犯罪行为直接侵害的人，具有诉权，在诉讼中是一方当事人，因此《刑事诉讼法》规定检察机关在作出附条件不起诉决定前应当听取被害人的意见，并且规定被害人对检察机关附条件不起诉决定以及考察后最终作出的不起诉决定不服的，均可以通过申诉途径来救济。检察机关负有维护公共利益的职责，虽然被害人的利益不直接等同于公共利益，但无疑是检察机关应当考虑的公共利益中非常重要的部分，所以被害人的意见对于检察机关而言非常重要，如果没有特别充分的理由，对于被害人意见一般是应当采纳的。也就是说，被害人的意见对附条件不起诉的决定有着重要的影响。这也符合"双保护原则"，以避免执法的片面性。当然，检察机关也有权不采纳被害人的意见。因为虽然《刑事诉讼法》赋予了被害人对附条件不起诉的程序参与权，也赋予了被害人可以通过申诉寻求救济，但其意见及申诉在法定层面均不具有阻断附条件不起诉决定及随后作出不起诉决定的效力，即使被害人不同意，检察机关依然有权从教育、挽救原则出发，对未成年犯罪嫌疑人作出附条件不起诉决定。但是，在被害人强烈反对的情况下，如果检察机关作出附条件不起诉决定，不仅可能激化矛盾、引发不稳定因素，而且对于涉罪未成年人顺利回归社会也不利，因为涉罪未成年人的回归需要一个和谐的环境。因此，

《高检规定》第 31 条第 2 款规定："对于决定附条件不起诉可能激化矛盾或者引发不稳定因素的，人民检察院应当慎重适用。"这样，尽可能地促使被害人对涉罪未成年人谅解或双方达成和解，就成为检察机关作出附条件不起诉前的重要工作，实践中便呈现出附条件不起诉制度与刑事和解制度结合适用的局面：二者在启动时往往相互影响，在内容上相互重合，在过程中互为条件，在法律后果上相互印证。其实，将附条件不起诉制度与刑事和解制度结合适用，不仅是办案现实考量的结果，也有其内在的必然性。未成年人案件的刑事和解与附条件不起诉在理念、目的、内容、程序等诸多方面相通，均体现出对未成年人的矫正和认知调整，因此，我们认为，检察机关在附条件不起诉工作中应当注重矛盾化解，修复社会关系，鼓励未成年犯罪嫌疑人及其法定代理人通过赔偿损失、赔礼道歉等方式获得被害人谅解，将促进双方当事人达成和解作为保护被害人合法权益的核心，把保护被害人对附条件不起诉的救济权转化为事前对其权益的关注和尊重，在做好释法说理的同时，尽最大可能依法满足其回归正常生活的需要，包括物质、精神损失获得补偿，相关困难得到解决等，从而使双方都能"恢复"。

（五）不公开听证：建立附条件不起诉直接审查机制

在司法实践中，有些案件由于本身争议较大或者被害人有强烈的不满情绪，如果在附条件不起诉决定作出后，再由公安机关申请复议直至提请复核，或者被害人进行申诉，不仅易造成司法资源的浪费，而且可能激化矛盾。为此，有的地方探索举行听证会，邀请相关人员参与，充分听取公安机关、被害人、未成年犯罪嫌疑人及其法定代理人等各方意见，并进行相应的释法说理工作。由于听证程序所具有的"兼听则明"的特点，可以使检察机关作出的决定更加科学严谨，避免发生偏差和失误，有利于双向保护。因此，在总结各地经验和做法的基础上，《高检规定》第 31 条规定："公安机关或者被害人对附条件不起诉有异议或争议较大的案件，人民检察院可以召集侦查人员、被害人及其法定代理人、诉讼代理人、未成年犯罪嫌疑人及其法定代理人、辩护人举行不公开听证会，充分听取各方的意见和理由。"

听证制度源于英国法律中的"自然公正"原则，它既是"支配行政机关活动程序的规则"，又是"一个最低限度的公正原则"，包括两个最基本的程序规则：一是任何人或团体在行使权力可能使别人受到不利影响时必须听取对方意见，每一个人都有为自己辩护和防卫的权利；二是任何人或团体不能作为自己案件的法官。前者就是听证规则。随着国际社会民主观念的加深，听证制度逐渐成为众多国家司法、立法和执法领域中一种行之有效的民主程序，用以体现公平和救济原则。① 从我国《刑事诉讼法》规定的附条件不起诉适用程序和监督救济措施来看，附条件不起诉的决定形成过程初步具备了"准诉讼化"的制度构造，其中检察机关是有权作出附条件不起诉决定的主体，处于居中审查地位；公安机关、被害人与犯罪嫌疑人及其代理人分别为"诉讼"双方，各自发表对附条件不起诉的意见。附条件不起诉听证为公安机关、被害人与犯罪嫌疑人及其代理人提供了一个能就各自意见、利益展开理性对话的平台与框架，从而建立了真正的直接审查机制，有利于进一步保障附条件不起诉决定的正当性。需要指出的是，由于未成年人的特点以及办理未成年人刑事案件的重心是涉罪未成年人的回归社会，因此附条件不起诉听证在参加人员、听证内容、听证程序等方面，具有其独特性。如参加的人员不仅包括未成年犯罪嫌疑人及其法定代理人、被害人、公安人员等利益相关方，根据需要可能还有未成年犯罪嫌疑人的学校、单位或者社区的代表，未成年人保护组织的代表、专业社会工作者、心理咨询师等。听证内容不仅包括事实证据、法律适用，可能还包括帮教情况、未成年人学习工作表现、日常生活等；检察机关不仅"居中"听取意见，可能还要适时进行释法说理和引导，化解矛盾，修复社会关系等。

（六）附条件不起诉的核心环节：监督考察

1. 所附条件应当具有针对性

要做到所附条件具有针对性，需要从以下五个方面着力。一是要进行社会调查，在充分了解被考察对象的成长经历、犯罪原因、教育监护条件等情况的前提下，才能够因人施教，找准对未成年人进行教育的"感化点"，以便对症下药，取得最佳的教育效果。二是所附条件应当与被考察对象所涉嫌的犯罪危害程度、其人身危险性和自身承受能力相适应，不应当要求其履行不合理的义务。三是考虑所附条件应当能够实现特殊预防的需要。如针对暴力犯罪和非暴力犯罪、财产犯罪和激情犯罪、在校学生和无业人员等，需要设计不同的措施和强度，如公益劳动的数量、心理辅导的次数、技能培训的种类等。如有些被考察对象法律观念淡漠，可以附加定期参加法制教育的条件；有的被考察对象缺乏责任感，游手好闲，可以附加在一定场所从事一定时间的社会公益性服务，通过社会服务来弥补对社会造成的伤害，并在此过程中引导其养成劳动的良好习惯，培养其对社会的责任感。而对于有烟瘾、酒瘾以及各种心理问题的未成年人，则可以附加接受戒瘾治疗或心理辅导等义务。四是所附条件要考虑

---

① 毛红华：《听证制度与公平博弈规则》，载《信阳农业高等专科学校学报》2006年第2期。

能够解决被考察对象的实际需求。实践中，一些未成年人处于失学、失业、失管状态，他们往往在生活和经济上都存在一些实际困难，如由于没有学习动机，没有一技之长，无法找到工作。作出附条件不起诉决定后，如果不能解决他们生活、工作、学习中存在的实际困难，就无法降低再犯风险。为此，有些地方的检察机关在附条件不起诉中附加要求被考察对象参加由人力资源与社会保障局负责组织的就业指导、培训等条件。如北京市门头沟区人民检察院为解决非北京籍未成年人的考察帮教问题，在某农业专业合作社建立了观护基地。小雨是该院首例附条件非京籍未成年人，对其附加了在某农业专业合作社从事农业劳动、接受技能培训等条件，旨在培养其勤劳、自立、实干的品质，进而使其思想得到转变，真正远离犯罪。经过考察帮教后，小雨从当初的冷漠木讷变成了阳光、自信的少年，不仅学会了基本生活本领，还掌握了养殖、果树培育等技能。① 五是所附条件要能够充分调动被考察对象改造自我、追求品质生活的积极性。少年司法与成人司法最大的不同是成人司法关注的是行为，是事实、证据、法律等法律因素，讲究定罪、量刑的准确性，即精准惩罚；而少年司法关注的主要不是行为，而是行为背后的人，是未成年人的教育成长。惩罚是单向的，而教育却是双向的，因此少年司法中需要未成年人的参与，司法机关只是引导者，主动权全部在未成年人手中，未成年人能够合作是唯一的办法。因此在附条件不起诉的考察帮教中唤起被考察对象改过自新的意欲非常重要。如果所附条件看似"好心好意"，却缺少被考察人自身内在的配合意愿，则其效果必然大打折扣。经验表明，矫正计划评估时，危险性的评估固然重要，但对未成年人优势、强项的评估也很重要，因为正是其优势、强项使其发展成为有用的人。因此，挖掘被考察对象的长处并通过附加相应的条件，帮助其发扬光大，如有利于其身心健康发展的体育竞技、文艺汇演等均可列入考察项目，使其在学业上或者职业上有所进展，能力上有所提升等，都可以有效降低重犯率。因此，对于优势视角在帮教中的运用问题值得我们认真研究。

2. 考验期限的设置因案、因人而异

根据《刑事诉讼法》第272条第2款的规定，人民检察院决定附条件不起诉的，应当确定考验期。考验期为6个月以上1年以下，从人民检察院作出附条件不起诉的决定之日起计算。21世纪初的心理学和行为学的研究以及实践表明，一个人21天（3周）会初步形成一个良好的习惯，8周（2个月）会形成一个固定的习惯，180天（6个月）会形成一个终生受益的好习惯。可

---

① 北京市门头沟区人民检察院课题组：《附条件不起诉对象的考察与管理》，载《中国司法》2015年第8期。

见《刑事诉讼法》将附条件不起诉的考验期确定为 6 个月以上是有心理学、行为学依据的,当然也是为了与附条件不起诉的适用条件为"可能判处一年有期徒刑以下刑罚"相适应。《高检规定》第 40 条在《刑事诉讼法》的基础上进一步细化了考察期的具体确定,即"考验期的长短应当与未成年犯罪嫌疑人所犯罪行的轻重、主观恶性的大小和人身危险性的大小、一贯表现及帮教条件等相适应,根据未成年犯罪嫌疑人在考验期的表现,可以在法定期限范围内适当缩短或者延长"。综上,我们认为,在司法办案实践中可以进行如下实际操作:第一,考验期的设置和调整主要要考虑教育挽救的需要,对于可能判处的刑罚在 6 个月以下的,一般应当将考验期限确定为 6 个月;可能判处的刑罚在 6 个月以上的,可以参考未成年犯罪嫌疑人可能判处的刑期确定具体考察期限。一般可设置为 9—10 个月。考验期还要注意同案犯之间的均衡。第二,根据"21 天(3 周)会初步形成一个良好的习惯,8 周(2 个月)会形成一个固定的习惯",在考验期的前 2 个月,尤其是前 3 周要对被考察对象进行高度关注、帮助、督促其形成一个良好的习惯。之后,可以根据具体情况调整考察督促的疏密节奏。第三,考验期的弹性设置则主要是为了鼓励被考察对象积极配合监督考察,根据其在考验期间的表现,可以在法定期限范围内适当缩短或延长考验期。缩短考验期的情形一般是被附条件不起诉人积极接受考察机构的帮教工作,提前完成考察所附条件的;延长考验期的情形一般为被附条件不起诉人在考察期内未完成考察所附条件,确有必要继续进行考察的。第四,应当注意特殊对象的需要,如孩子为在校生就要考虑毕业离校之前完成考验期,不要影响其就业和生活。此外,考验期未满,取保候审期满的,应当解除取保候审,继续进行监督考察。

3. 监督考察措施的具体实施也需因地制宜

监督考察措施的具体实施包括由谁实施、如何实施等,也需要根据被考察对象本身所具有的外部环境资源,包括所在地经济社会发展的现实状况等因地制宜,如监督考察措施的具体承担者。《刑事诉讼法》第 272 条第 1 款规定:"在附条件不起诉的考验期内,由人民检察院对被附条件不起诉的未成年犯罪嫌疑人进行监督考察。未成年犯罪嫌疑人的监护人,应当对未成年犯罪嫌疑人加强管教,配合人民检察院做好监督考察工作。"据此,检察机关是监督考察主体,未成年人的监护人负有配合人民检察院做好监督考察的责任和义务。但是,由于检察机关资源有限、专业不足等问题,[①] 仅凭检察机关一家之力所发

---

① 彭玉伟:《未成年人刑事案件附条件不起诉制度探析》,载《预防青少年犯罪研究》2012 年第 5 期。

挥的作用毕竟有限，尤其是在目前司法资源配置中，检察机关并不像派出所等组织那样能够深入乡村街道、各个居民辖区，而且，很多基层院的管辖范围较大，被考察对象的住处又比较分散，逐一管理、矫治和教育难度很大，难以实行全面有效的监督考察。因此，《高检规则》第496条第2款在《刑事诉讼法》上述规定的基础上，明确规定了联合考察方式，即"人民检察院可以会同未成年犯罪嫌疑人的监护人、所在学校、单位、居住地的村民委员会、居民委员会、未成年人保护组织等的有关人员，定期对未成年犯罪嫌疑人进行考察、教育，实施跟踪帮教"。从上述规定的监督考察措施的具体承担者来看，虽然不少，但除了检察机关义不容辞、监护人一般有承担的意愿外，其他承担者往往没有或者缺少承担的意愿；总体上讲专业性也不足。考察帮教是专业性强、具有较大难度的社会工作，由具有相关专业背景、接受过专业训练的社会工作专业人士来做效果更有保证，因此，近年来上海、北京、广州、深圳等少数大城市探索尝试引入专业的司法社工协助检察机关开展附条件不起诉的帮教考察工作。如上海检察机关以政府购买社会服务，在各区县设立社工总站、在街镇设立社工点为契机，积极争取党委和政府支持，通过牵头会签协议、建立联席会议制度等形式，将涉罪未成年人的社会观护纳入社工站、社工点的服务当中，有效解决了不捕、不诉、附条件不起诉的帮教考察工作。但目前我国绝大部分地方社工力量严重不足，因此，现阶段各地检察机关根据本地实际和被考察对象所处环境，因地制宜寻求监督考察措施的具体承担者便成为必然的选择。如北京市朝阳区人民检察院与区司法局、共青团朝阳区委会签了《关于对附条件不起诉的非在校未成年人实行"监督考察"工作的实施细则（试行）》，由本地的司法行政部门协助检察机关开展附条件不起诉的监督考察工作；与区教委、共青团朝阳区委会签了《关于对附条件不起诉的在校未成年人实行"监督考察"工作的实施细则（试行）》，由被考察对象所在学校协助检察机关开展附条件不起诉的监督考察工作。而有些地方的村委会、居委会、未成年人保护组织、社会公益组织等拥有资源较为丰富的组织，也是检察机关寻求帮助的主要对象。当然，即使是专业社会组织承接附条件不起诉的考察帮教工作，检察机关也需要参与甚至决定帮教方案的制定、监督方案的实施、对实施效果进行评估、及时调整方案等。需要指出的是，一些地方反映在附条件不起诉考察期间，有的家长找各个方面给自己孩子一个好评，以达到顺利"过关"的目的，因此提出对此类家长应当排除其参与监督考察的意见。我们认为，其实这样的家长比对孩子冷漠的家长要强得多，至少他们关心孩子，只是方法上可能欠妥而已。这正是检察机关需要做工作的着力点，努力使家长与检察机关形成教育挽救未成年人的合力。家庭教育有问题往往是孩子走上犯罪道路的重要原因。从接触案件的实际情况看，很多未成年人犯罪背后都有家长"养而不教、教而不当"的问题，或者打骂体罚、简单粗暴，或者溺爱、放任。家庭对孩子健康成长的重要意义是不言而喻的，家长的言传身教和潜移默化的影响不可忽视，父母能否认识到自身在履行教育、监护职责上的误区，进而转变错误的教育方式，直接关系到子女能否重回人生正路。尤其在时时了解、密切关注未成年人的生活、学习等情况方面，检察机关或者其他考察主体均没有监护人那样的优势。因此不是要将家长排除在监督考察之外的问题，而是怎样将相关考察帮教责任明确落实到家庭、对家长进行必要的亲职教育、引导家长履行好义务的问题。《未成年人保护法》第12条规定，"父母或者其他监护人应当学习家庭教育知识，正确履行监护职责，抚养教育未成年人。有关国家机关和社会组织应当为未成年人的父母或者其他监护人提供家庭教育指导"。近年来，北京市海淀区公、检、法、司机关联合中国预防青少年犯罪研究会、海淀教育委员会共同达成《共同开展家庭教育指导工作的意见》，在海淀区全面展开"亲职教育"培训，取得了显著的成效，社会反响非常好。有些地方还特意通过异地协作的方式，将外来未成年人的考察帮教工作委托其监护人所在地检察机关承担，使血缘、亲缘、乡土能够融入被考察对象的帮教考察体系，运用温暖的熟人环境、父母、亲友的关怀与爱护，对被考察对象进行教育和矫治，从而使其彻底放下心理负担，认真反省、纠正自身不良行为。当然对于无法解决监护人监护不到位问题或者失去监护人等情形的，可以考虑选取其他考察主体作为被考察对象的"临时监护人"。根据所附条件内容、被考察对象的不同，相应的联合帮教考察方式也需要多元化。如对于附加心理疏导、技能培训条件的，检察机关需要吸纳心理咨询师、教育专家等参与监督考察等。江苏省新沂市人民检察院专门开设"周末辅导站"，也是为适应帮教考察需要应运而生的。为了不影响在校的被考察对象正常学习，以及解决家长和热衷公益的专业人士平时在工作岗位难以集中心思或合理配置时间协助检察机关开展帮教工作的问题，新沂市人民检察院专门开设了"周末辅导站"，将团体心理疏导、法制讲座、拓展训练、互动游戏、文体活动等帮教工作安排在周末，集中组织被考察对象参与，取得了较好的帮教效果。

四、未成年人与成年人共同犯罪案件的分案起诉

在未成年人与成年人共同犯罪案件中，未成年人大多数处于从属性地位，并案起诉并案审理往往不利于对未成年人合法权利的保护。如由于涉罪成年人的案件事实、情节、证据等原因延长办案期限、退回补充侦查等，致使未成年人案件不能尽快结案；在庭审中也容易发生未成年被告人面对成年被告人心有

余悸，不敢如实陈述案情以及司法机关无法实施寓教于审等问题。基于保护未成年人合法权益的需要，2006年《高检规定》在总结实践经验的基础上，将分案起诉制度确定下来，规定人民检察院在审查未成年人与成年人共同犯罪案件时，一般应当将未成年人与成年人分案起诉，并规定了具体操作要求，即"对于分案起诉的未成年人与成年人共同犯罪案件，一般应当同时移送人民法院。对于需要补充侦查的，如果补充侦查事项不涉及未成年犯罪嫌疑人所参与的犯罪事实，不影响对未成年犯罪嫌疑人提起公诉的，应当对未成年犯罪嫌疑人先予提起公诉"；"对于分案起诉的未成年人与成年人共同犯罪案件，在审查起诉过程中可以根据全案情况制作一个审结报告，起诉书以及出庭预案等应当分别制作"；"人民检察院对未成年人与成年人共同犯罪案件分别提起公诉后，在诉讼过程中出现不宜分案起诉情形的，可以建议人民法院并案审理"。2010年《六部门意见》认可了分案起诉、分案审理制度，在第二部分第4条规定，"未成年人与成年人共同犯罪的案件，一般应当分案起诉和审判；情况特殊不宜分案办理的案件，对未成年人应当采取适当的保护措施"。但是毋庸讳言，上述规定很长时间内没有得到公安部和最高法院的呼应，使得这一制度在实践中推行并不顺利，为此，曾有检察官对公安机关和法院怠于配合对未成年人分案审理的现象发表感慨。①

2012年修改后的《刑事诉讼法》增设了"未成年人刑事案件诉讼程序"，虽然没有规定分案起诉制度，但在第269条第2款规定了"对被拘留、逮捕和执行刑罚的未成年人与成年人应当分别关押、分别管理、分别教育"。此条规定被认为是原则性要求，即分案处理原则，不仅是办案机关在采取拘留、逮捕时应当遵守的原则，而且应是贯穿刑事诉讼始终的原则性规定。② 分案起诉制度正是分案处理原则的具体体现。2012年的《高法解释》认可了分案起诉，并规定了分案审理制度，在第464条规定，"对分案起诉至同一人民法院的未成年人与成年人共同犯罪案件，可以由同一个审判组织审理；不宜由同一个审判组织审理的，可以分别由少年法庭、刑事审判庭审理。未成年人与成年人共同犯罪案件，由不同人民法院或者不同审判组织分别审理的，有关人民法院或者审判组织应当互相了解共同犯罪被告人的审判情况，注意全案的量刑平衡"。

那么，分案起诉、分案审理制度在实践中的运行如何呢？

---

① 彭燕、史焱：《未成年人分案起诉制度之相关问题研析》，载 http：//www.bj148.org/fxyj/lltj/xsyxs/201110/120111031_172544.html。

② 宋英辉：《特别程序彰显对未成年人特殊保护》，载《检察日报》2012年4月2日第3版。

从我们了解的情况看，并不乐观。如 S 省 C 市检察机关曾在相关调研报告中反映，由于目前分案起诉的标准规定模糊，公安机关与检察机关对一些案件是否该分案存在分歧，造成分案、不分案的反复；由于诉讼程序不同步，如分案处理的未成年人案件已到审查起诉或审判阶段，同案的成年人还处于侦查或者退补阶段，造成承办人对案件事实难以全面掌握；由于分案审理，当出现成年人和未成年人一方或双方不认罪或者都把责任推向另一案件的被告人时，无法进行当庭质证，对全面查清案件事实产生不利影响；分案起诉的案件由不同法官分别审理，导致同一案件判决结果不平衡，出现未成年人从轻、减轻幅度不明显或者未成年人和成年人量刑悬差过大等情况。还有不少地方提出了以下诸多问题需要研究：到底由"谁"分案比较好？公安还是检察？分案后的两个案件分别属于不同审级的应如何处理？分案后的两案被告人是否可以委托同一辩护人？分案审结后，如果有一案当事人提出上诉或者检察院提出抗诉，其效力是及于一案还是两案？等等。从上述反映的情况和问题可以看出，目前需要对未成年人与成年人共同犯罪案件的分案起诉、分案审理乃至公安机关的分别侦查等整个分案制度进行全面、系统的研究，而这一研究还需追根溯源至刑事案件合并与分案审理问题；在上述研究的基础上，进一步认识未成年人与成年人共同犯罪案件分案制度的意义和价值目标，反思目前规定的分案标准、操作程序等是否科学、合理，进而解决"谁来分""如何分"等困扰司法实践的一系列问题。这不仅对司法实践具有较大的指导作用，而且对于完善我国的少年司法制度具有重要的理论和现实意义。在此，我们就相关问题提出初步的研究意见，供大家批评指正。

（一）关于刑事案件合并与分案审理相关问题

刑事案件的合并还是分离审判问题，并不是法院机械的、事务性的问题，而是审判权的"核心领域"。[①] 在西方国家和地区，在审判程序启动之前，案件的合并审理问题主要是以牵连管辖的形式出现。牵连管辖解决的是如果多起案件涉及不同法院，最终如何确定由某一具体法院进行合并审理的问题，这其实是合并与分案审理中核心的内容之一。目前，大多国家和地区都有严密周详的规范合并审理的立法。[②] 但在我国，合并与分案审理问题没有得到应有的重视。在《刑事诉讼法》中，各种审理制度几乎完全是针对单一犯罪而设定，

---

① 陈运财：《大法官释字第 665 号宪法解释评析》，载《月旦法学》2010 年第 176 期。

② 张泽涛、崔凯：《刑事案件合并与分案审理立法梳理及法理评析》，载《政法论坛》2013 年第 5 期。

对复杂刑事案件的合并与分离处理基本上没有任何规定。为解决实践中层出不穷的合并与分案处理问题，最高人民法院、最高人民检察院制定了一些司法解释。如《高法解释》第13条规定，"一人犯数罪、共同犯罪和其他需要并案审理的案件，其中一人或者一罪属于上级人民法院管辖的，全案由上级人民法院管辖"。这是我国最高审判机关对于刑事案件合并审理作出的最为基础、最为重要的司法解释。该条规定承认了多种合并审理类型的存在，包括数罪并罚、共同犯罪以及司法实践中存在的大量其他合并审理的情况，规定了不同级别法院之间的案件合并审理方式。该条内容和《德国刑事诉讼法》第4条、《日本刑事诉讼法》第3条的规定相类似，一定程度上是借鉴了当今其他法治国家先进的立法经验，符合刑事审判的固有规律。① 由于在整个刑事诉讼流程中，法院审判是最后一个环节，在此之前负责侦查的公安机关以及提起公诉的检察机关也会面临类似问题，因此，都有与此相对应的大体相同的规定。并且，最高司法机关在一定程度上也已经意识到分案审理问题的重要性，如2012年最高法院在制定司法解释征求意见时，有论者明确提出："对于共同犯罪和其他并案审理的案件，如果分开审理更为适宜的，也可分案审理或者由下级法院审判部分被告人。"② 虽然上述意见最终没被采纳，但最高法院明确指出对于刑事案件的合并与分案处理，"检法两家可通过协商解决"。③ 从上情况看，目前关于规范合并与分案审理的相关规定显然还极为简陋。例如，当事人作为诉讼主体，有权全面参与诉讼程序的各个环节。当司法机关决定对刑事案件进行合并或者分案审理时，因为牵涉重大诉讼利益，当事人应当有权利和渠道发表自己的意见，对程序不满时应当有救济的途径。即让程序所涉及他们利益的人或者他们的代表，能够参加诉讼，对于自己的人身、财产等权利相关的事项，有知悉权和发表意见权。④ 而目前，基本没有考虑当事人在刑事案件合并与分离审理制度中应该享有的地位以及发挥的作用等问题，究竟是合并还是分案审理，均由司法机关单方面决定，当事人无论是在侦查、起诉还是审判环节，都没有获得表达自己观点的权利，也不享有对合并与分案审理决定不满时的程序救济权利。又如，多个被告人、多个罪行在刑事审判中进行合并审理，

---

① 张泽涛、崔凯：《刑事案件合并与分案审理立法梳理及法理评析》，载《政法论坛》2013年第5期。

② 江必新：《最高人民法院关于适用〈中华人民共和国刑事诉讼法〉的解释与适用》，中国法制出版社2012年版，第15页。

③ 江必新：《最高人民法院关于适用〈中华人民共和国刑事诉讼法〉的解释与适用》，中国法制出版社2012年版，第15页。

④ 宋英辉：《刑事诉讼原理》，法律出版社2003年版，第106页。

并不是自发的诉讼现象，而是一种有目的的诉讼行为，应当符合诉讼原理的基本要求，应当有完整的运作程序。同理，某些看似应当合并审理的刑事案件之所以分案审理，也应当有一定的标准或依据。在西方国家，刑事诉讼立法思路是以承认单独之诉为起点，以促成合并审理为目的，从而在合并审理的问题上，系统阐述了"为什么能够合并审理""谁来合并""如何合并""不当合并审理救济"等各方面内容，形成了完整的立法体系。① 但在我国，至今还没有认识到刑事案件中存在单独之诉的重要性，也没有意识到合并审理并不是天然合法的行为，法律存在严重的滞后性，无法及时解决司法实践中出现的大量特殊个案。另外，刑事诉讼牵连管辖制度作为刑事审判管辖制度的重要内容之一，关涉法院审判职权的配置，应该由《刑事诉讼法》作出明确规定，而不应由法院自己通过司法解释的形式加以规定。② 刑事案件合并与分案审理牵涉诉讼效率、被告人人权保障等一系列内容，贯穿于侦查、起诉和审理等各个诉讼环节，不宜由侦查、起诉或者审判机关一家单独规定。在西方国家，对于提出和决定是否进行合并与分案审理的机关是非常明确的。以牵连管辖为例，一般情况下，各国均规定案件是否合并审理由公诉机关提出，由审判机关决定。③

（二）分案制度的意义和价值目标

刑事案件合并还是分案审理实际上是诉讼效率与人权保障之间的取舍问题。对于未成年人与成年人共同犯罪案件，显然合并审理有利于"效率"，而分案审理意味着"效率"的损失。在这一点上，这类案件与其他共同犯罪案件并无本质的不同。而且，尽管从体制上来说，少年司法相对独立于普通司法制度，但是，从价值上来说，并不意味着少年司法有一套脱离于整个司法价值体系之外的价值诉求，也一样要注重公正与效率的平衡；只不过基于少年司法主体为少年的特点，它要解决的核心问题是青少年发展中的福利和对等、青少年自身正当权益的保护、青少年成长过程中可能遇到的风险等，④ 即更注重未成年人权利保障，并由于这种价值确信的偏爱而形成了独特的少年司法制度。保

---

① 参见张泽涛：《刑事案件分案审理程序研究——以关联性为主线》，载《中国法学》2010年第5期。

② 谢佑平、万毅：《刑事诉讼牵连管辖制度探讨》，载《政法学刊》2001年第1期。

③ 张泽涛、崔凯：《刑事案件合并与分案审理立法梳理及法理评析》，载《政法论坛》2013年第5期。

④ 参见王大为2006年4月6日在中国政法大学刑事司法学院举办的"刑事法论坛"的发言，载中国律师网，2006年4月27日。

护人权不是少年司法独有的价值追求，普通司法制度中"障碍性"规程的设定，就体现了程序法保障无罪的人不受刑事追究和保护被告人合法权益的价值追求。① 只不过，少年司法除了具有普通司法中这种人权保障的意蕴之外，应当说，从更加细微的角度、更加广泛的范围体谅着司法过程中的少年的尊严、福祉和发展。正因如此，有独立少年司法体系的国家，如美国、意大利、德国、日本等，在立法和司法实践中都有分案审理的做法。在美国，"犯下同样罪行的少年和成人分别由不同法院处理，也就是少年由少年法院审理，成人由成人法院审理"。②《意大利刑事诉讼法典》第 14 条规定："针对在行为时尚未成年的被告人的诉讼与针对成年被告人的诉讼不发生牵连关系。针对被告人在未成年时所犯之罪的诉讼与针对被告人在成年后所犯之罪的诉讼也不发生牵连关系。"③《德意志联邦共和国少年法院法》第 103 条规定："原则上未成年人犯罪案件应该与成年人犯罪案件分案审理，只有出于有利于犯罪事实的调查或有其他重要原因时，才可以将成年人与未成年人犯罪案件合并审理。"④《日本少年法》第 49 条规定："少年的嫌疑人或者被告人，必须与其他犯罪嫌疑人或者被告人分开处理，尽可能地避免其相互接触。对于少年的被告案件，即使存在与其他被告案件有牵连的情况，只要不妨碍审理，必须在程序上将其分离。"⑤ 将未成年人和成年人分开审理，虽然在一定程度上会损失效率，却能更好地保护被告人的诉讼权利；在有独立少年司法体系的国家，分开审理才是顺理成章的，未成年人和成年人各自适用各自的程序。我国由于一直以来未成年人和成年人共用一个诉讼程序，加之前面提到的没有认识到刑事案件中存在单独之诉的重要性，也没有意识到合并审理并不是天然合法的行为，因此，一直以来未成年人和成年人合并审理被认为是理所应当的，直到 2006 年《高检规定》才提出未成年人与成年人共同犯罪案件分案起诉制度，2012 年《高法解释》才规定未成年人与成年人共同犯罪案件审理制度。而且，无论从上述两个司法解释的规定看，还是从司法实践看，距离《高检规定》所倡导的"分案为原则、不分案为例外"还相差较远。如在实践中，分案审理的案件并

---

① 参见李心鉴：《刑事诉讼构造论》，中国政法大学出版社 1998 年版，第 113—139 页。
② 张文娟：《中美少年司法制度探索比较研究》，法律出版社 2010 年版，第 24 页。
③ 《意大利刑事诉讼法典》，黄风译，中国政法大学出版社 1994 年版，第 9 页。
④ 翁跃强、雷小政主编：《未成年人刑事司法程序研究》，中国检察出版社 2009 年版，第 71—72 页。
⑤ 孙云晓、张美英主编：《当代未成年人法律译丛》（日本卷），中国检察出版社 2006 年版，第 183 页。

不占绝对的多数，许多共同犯罪案件均未适用分案审理程序。① 分析其中原因，虽然是多方面的，但是，我们认为，归根结底依然是理念问题，是对未成年人与成年人共同犯罪案件分案制度的意义和价值目标没有认识清楚。下面，我们就以分案标准的规定为例来具体阐述。

2013年《高检规定》第51条虽然确立了对于未成年人与成年人共同犯罪案件以分案审理为原则、不分案审理为例外，但在"例外"的规定上，标准模糊甚至存在不合理之处，导致难以贯彻上述原则。如果说2006年《高检规定》确立分案起诉制度时，由于并未获得公安、法院系统的认可，各地执行该制度时需要协调公安、法院配合分案移送、分案审理，因此，在分案起诉标准的规定上比较保守，强调了多种可能妨碍案件审理的情形可以不分案起诉；但在2013年修改《高检规定》时亦未对此予以重新考虑，在第51条规定不分案起诉的情形上延续了原《高检规定》第23条规定的情形，即"人民检察院审查未成年人与成年人共同犯罪案件，一般应当将未成年人与成年人分案起诉。但是具有下列情形之一的，可以不分案起诉：（一）未成年人系犯罪集团的组织者或者其他共同犯罪中的主犯的；（二）案件重大、疑难、复杂，分案起诉可能妨碍案件审理的；（三）涉及刑事附带民事诉讼，分案起诉妨碍附带民事诉讼部分审理的；（四）具有其他不宜分案起诉情形的"。按照上述标准，实际上是将大部分未成年人与成年人共同犯罪案件排除在了分案起诉之外。例如，中级法院管辖的"可能判处无期徒刑、死刑的普通刑事案件"，也就是常说的"命案"，这类案件在司法实践中经常被认为是重大案件，往往根据第（二）项"案件重大、疑难、复杂"而不分案起诉。虽然该项不分案起诉情形有"可能妨碍案件审理"的约束，但是检察机关对此往往不好判断，这样一来，中级法院审理的绝大部分一审刑事案件很容易被排除在分案起诉的范围之外。又如，团伙性犯罪一般社会影响较大，具有作案次数多等特点，因此也往往被认为案情疑难、复杂，而自然地将大部分案件排除在分案起诉范围之外。再如，实践中很多案件涉及财产损失和人员伤亡，刑事附带民事诉讼在共同犯罪案件中并不鲜见，且附带民事诉讼部分审理过程中需要全面的审查民事事实并需做各方当事人的调解工作，因此同样很容易被认为"分案起诉妨碍附带民事诉讼部分审理"，而较少地被分案起诉。而且不宜分案起诉的情形中还规定了"具有其他不宜分案起诉情形"的兜底条款，这就使得本就因为种种原因而适用不多的分案起诉制度更少被适用。至于"未成年人系犯罪集团的组

---

① 管元梓：《我国未成年人与成年人共同犯罪案件分案审理程序研究》，载《预防青少年犯罪研究》2013年第6期。

织者或者其他共同犯罪中的主犯的"是否应分案审理,也应当根据具体情况而定。就少年司法理论而言,"未成年人是主犯"并不影响其应当享有的特殊权利,其依然享有与成年人分开接受审判、不公开审理等权利;而对于同案成年人来说也是如此,其依然享有接受公开审判的权利,因此,将这种情况排除在分案审理之外也不科学。另外,有些地方对不分案的标准进行了扩大,如将"涉外"等因素纳入到不宜分案起诉之中。如北京市门头沟区人民检察院和法院"为了确保全案的正确定罪量刑,该制度还同时规定了五种不适宜分案起诉的案件,包括未成年人系犯罪集团的组织者或者其他共同犯罪中的主犯的;案件重大、疑难、复杂,分案起诉可能妨碍案件审理的;涉及刑事附带民事诉讼,分案起诉妨碍附带民事诉讼部分审理的;未成年被告人与成年被告人具有亲属关系,合并起诉有利于通过对亲属的教育工作对未成年人进行更全面帮教的等"。① 又如上海市高级人民法院、上海市人民检察院联合发文规定:"人民检察院受理未成人与成年人共同犯罪的案件,可以将未成年人与成年人分案提起公诉。对于分案起诉的案件,人民法院应当分庭审理。具有下列情形之一的,不适宜分案起诉:(1)涉外、重大、疑难、复杂的案件;(2)未成年人系犯罪集团的首要分子;(3)刑事附带民事诉讼的案件;(4)分案起诉可能影响案件审理的。"对于涉外案件,由于法院需要通过使馆履行传递文件、核实被告人身份等手续,所以这类案件的审理周期往往较长;未成年被告人如果不是涉外人员,加之所参与之罪行较轻,那么与涉外人员一起审判容易造成超期羁押,或者变相增加刑罚。因此,将这类案件规定为不宜适用分案审理的情形并不合理。总之,上述多种不宜分案审理的规定都是值得商榷的,都是只考虑到了案件审理的便利,而忽视了未成年人权利的保障,背离了确立该项制度的价值目标。当然,刑事诉讼的基本价值是公正与效率,在确保被告人尤其是未成年被告人合法权益的基础上如何尽可能地兼顾效率,是分案制度设计时应当考虑的问题。比如对"案件重大、疑难、复杂""涉及刑事附带民事诉讼""涉外"等可能产生妨碍诉讼情形的标准如何进一步细化,或者是否可以考虑分案后,未成年人和成年人案件均由同一个少年审判组织的同一承办法官审理,实行分案不分人,在程序上绝对分开,实体上相对分开的办法,予以缓解或解决等,都值得进一步研究。

我们再来看看《高法解释》第 464 条关于分案审理的规定,其着力点亦非人权保障、未成年人权利特殊保护,而是审判便利、效率、量刑平衡等。如

---

① 李松、黄洁、赵学军:《未成年人与成年人共同犯罪将分开诉、分开审:北京门头沟法院试行"分案审理"判决第一案》,载搜狐网,2007 年 10 月 18 日。

其强调"对分案起诉至同一人民法院的未成年人与成年人共同犯罪案件,可以由同一个审判组织审理","注意全案的量刑平衡",而非强调未成年人按未成年人特别程序、成年人按普通程序分别审判,未强调对未成年人予以特别保护。2013年《高检规定》第51条第3款规定的"分案起诉的未成年人与成年人共同犯罪案件,由不同机构分别办理的,应当相互了解案件情况,提出量刑建议时,注意全案的量刑平衡",第52条规定的"对于分案起诉的未成年人与成年人共同犯罪案件,一般应当同时移送人民法院",第53条规定的"对于分案起诉的未成年人与成年人共同犯罪案件,在审查起诉过程中可以根据全案情况制作一个审结报告"等,也是同样的问题。再如前面提到的S省C市检察机关关于分案起诉方面的调研报告,其中提出一项建议,即"建立同步移送审理制度。做到三同步,即同步移送、同步受理、同步审理"。该提议显然也是只考虑有利于查清事实、同一案件判决结果平衡等,忘记了建立分案起诉制度的初衷是为了避免超期羁押等对未成年人不利现象的发生,以及更好地体现"教育、感化、挽救"和"教育为主、惩罚为辅"的方针和原则。因此,"三同步"的建议无疑是抵消了分案制度在保护未成年人上的价值。其实,少年司法强调的是行为人主义,对未成年人案件的处理不仅考虑其行为的严重性,更重要的是考虑其未来再犯可能性、矫治难度大小等;而对成年人犯罪主要考虑的是其曾经的行为,强调的是罪刑相适应,强调精准打击,所谓行为主义,二者截然不同。因此,S省C市检察机关关于分案起诉的调研报告认为"分案起诉的案件由不同法官分别审理,导致同一案件判决结果不平衡,出现未成年人从轻、减轻幅度不明显或者未成年人和成年人量刑悬差过大等情况"是需要解决的问题,我们认为其实质依然是没有理解少年司法的理念与价值追求等这些本质问题。法律并不是凭空产生,而是有其来源和适用的社会环境。价值追求是制度设计的灵魂。在社会制度体系中,人的理性欲求既是制度体系构建的原动力,也是制度价值目标的直接依据。因此,在未成年人与成年人分案制度的构建上,其深层次的问题依然是我们行动的决议从哪里来,我们要到哪里去,要去做什么,我们根据什么才能走到目的地。① 因此,我们认为应当以未成年人特殊保护这一少年司法制度的价值目标,来指导分案制度的完善,将其作为构建分案制度的出发点与归宿,使分案制度成为实现少年司法终极目标的一项重要制度,并最终服务于少年司法制度的价值目标:保护未成年人。

(三)构建分案制度的初步想法

构建未成年人与成年人共同犯罪案件分案制度除了要解决好理念原则、价

---

① 皮艺军:《中国少年司法理念与实践的对接》,载《青少年犯罪问题》2010年第6期。

值目标等宏观问题外，就是要解决"何时分案""谁来分案""分案的标准"或者是"合并的标准""合并由谁决定"等这些具体操作层面的问题。我们认为，既然无论学术界还是司法实务部门，对《高检规定》提出的对未成年人与成年人共同犯罪案件以分案为原则、不分案为例外没有什么不同意见，则在该项制度的设计中，应当将思路调整为"合并不是天然合法的行为"，在尽可能分案的基础上，重点考虑"什么情况下可以合并""为什么能够合并""不当合并的救济"等问题。具体构想如下：

一是明确规定分案的目的。建立未成年人与成年人共同犯罪案件分案制度的目的是加强对未成年人的特别保护和兼顾未成年人和成年人各自审理方式的需要，对未成年人适用特别诉讼程序，从而更好地保护未成年人合法权益。

二是明确规定对于所有的未成年人与成年人共同犯罪案件，从程序一开始就予以分案，分别侦查、分别起诉、分别审判、分别执行。同时，为了便于检察机关、人民法院对共同犯罪全案情况的掌握，公安机关向检察机关移送案件时，以及检察机关向人民法院移送案件时，应当提示被分案件二者之间的关系，这样规定实际上是绝对地"将未成年人案件与成年人案件在程序上分离"。[①] 这样规定，不仅可以避免对未成年人案件因成人案件的一些情形而拖延诉讼，有利于落实迅速办理原则，而且可以从一开始就对未成年人采取符合其身心特点的方式方法办案，落实教育、感化、挽救方针。办理成年人犯罪案件，是围绕犯罪嫌疑人（被告人）是否构成犯罪，是否应当承担刑事责任和承担什么样的责任等问题；而办理未成年人案件不单纯是一个证明过程，更多的是一个求证的过程。即少年司法围绕着未成年人为什么违法犯罪，国家、社会、少年谁应该负更多的责任，如何帮助未成年人回归社会重新做人等问题。未成年人在心理、生理以及发育上的特殊性决定了他们并不具备完全辨别是非的能力和自我控制能力，更容易受到社会不良环境的侵蚀和毒害；同时，较之成年人来说，犯罪的未成年人其个性心理尚未形成，具有较强的可塑性，更容易受到矫治。因此，对未成年人定罪量刑，除了依照法律条文以外，还应根据其社会生活环境、身心发育状况、所受教育、人格形成过程等多方面的情况综合判断，特别要考虑其未来和前途，利于其复归社会、回归正常生活。因此，只有将未成年人与成年人共同犯罪案件从程序一开始就分离，由专门从事少年司法工作的警察、检察官、法官办理，才能真正保证对未成年人"特殊对待"。因为正如法国最高法院代理检察长让·塞德拉斯（JeanCedras）所言，关

---

① 翁跃强、雷小政：《未成年人刑事司法程序研究》，中国检察出版社2009年版，第68—69页。

于刑事责任的司法确定,一是要专门化;二是要资格调查。"包括对理解能力和意愿能力的证实、医学心理检查、对儿童社会团体的调查等等",只有通过专门化和资格调查制度,才能充分保障儿童的优先权利和实现司法正义的价值追求。①

三是规定检察机关认为未成年人与成年人共同犯罪案件应当合并审理的,可以向人民法院提出建议,阐明"为什么能够合并",最后由人民法院决定。从《高法解释》关于分案审理的规定可以看出,法院的分案审理是直接对接检察院的分案起诉的。换句话说,就是法院对于分案审理并没有自己独立的标准,检察机关的分案起诉对于未成年人与成年人共同犯罪案件的分案审理起着决定性作用。我们认为这样的制度设计并不科学。因为是否分案审理涉及未成年被告人以及成年被告人的切身利益,而分案审理是否妨碍查清事实、是否可能影响附带民事诉讼的审理等问题只有在案件审理阶段才能最终确认,不宜由检察机关的预判来决定。所以,从有利于分案审理施行的角度,检察机关对于未成年人与成年人共同犯罪案件应无条件进行分案起诉,即实行绝对分案起诉制度;但对于认为应当合并审理的,有权向人民法院提出建议,再由人民法院经审查后决定是否合并审理。

四是规定人民法院对于分案审理的案件遇到无法查清案件事实情况的,可以决定合并审理。在这种情况下仍应考虑未成年人的特殊情况,对其进行特殊保护,如设置临时退庭等机制,即在庭审过程中发生不适合未成年被告人在场的情况时,可决定其临时退庭,待该情势消失后,再允许其入庭。并且规定合并审理不影响任一分案案件先行判决。

五是建立不当合并审理的制约救济机制。对于人民法院决定对未成年人与成年人共同犯罪案件合并审理的,检察机关、案件当事人均有权提出异议,对此,人民法院应当经过审查后作出决定。这项机制既有利于加强判决的可接受性,又有利于对司法权运作的监督制约。

六是检察机关、人民法院对于"案件重大、疑难、复杂""涉及刑事附带民事诉讼"等可能在查清事实方面存在困难或者争议较大的案件,可以将未成年人和成年人案件由同一个未成年人检察部门、少年审判组织的同一承办检察官、法官审理,对未成年人适用未成年人特别程序,对成年人适用普通程序。《高法解释》第464条规定:"对分案起诉至同一人民法院的未成年人与

---

① 关于让·塞德拉斯在2004年北京召开的第17届世界刑法学大会上,评价《国内法与国际法下的未成年人刑事责任决议》时的观点,进一步参见《国内法与国际法下的未成年人刑事责任》,载《人民法院报》2004年9月27日。

成年人共同犯罪案件，可以由同一个审判组织审理；不宜由同一个审判组织审理的，可以分别由少年法庭、刑事审判庭审理。"《高检规定》第51条第2款规定："对分案起诉至同一人民法院的未成年人与成年人共同犯罪案件，由未成年人刑事检察机构一并办理更为适宜的，经检察长决定，可以由未成年人刑事检察机构一并办理。"上述规定实际上是为了解决分案后的未成年人案件和成年人案件是统一由一个部门办理，还是分别由不同部门办理的问题。但可以看出两个规定之间存在着一定的差异：《高法解释》是倾向于由同一个审判组织审理为主，只有"不宜由同一个审判组织审理的"，才"可以分别由少年法庭、刑事审判庭审理"；而《高检规定》则相反，是倾向于分别办理，只有"由未成年人刑事检察机构一并办理更为适宜的"，才可以"经检察长决定"，"由未成年人刑事检察机构一并办理"。另外，《高法解释》规定"由同一个审判组织审理"没有明确是由少年法庭还是刑事审判庭审理，"不宜由同一个审判组织审理的"也未明确不宜由同一审判组织审理的具体情况。北京市第一中级人民法院的做法是"由未成年人案件专门审判组织和审理成年人犯罪的刑事审判部门分别审理"。① 2011年5月17日发布的上海市高级人民法院、上海市人民检察院《关于对未成年人与成年人共同犯罪的案件实行分案起诉、分庭审理的意见》第6条规定："未成年人案件由人民法院少年庭审理，成年人案件由刑庭审理。"但也有学者主张，分别起诉的案件应当由同一审判组织进行审判，理由主要是有利于共同犯罪事实的认定和量刑的均衡；②"司法解释规定的'不宜由同一个审判组织审理的'情况在实践中其实极少出现，统一由少年庭审理的做法不但不会影响不同案件适用不同的审判程序，而且可以有效避免不同审判组织对同一犯罪事实认定不一和量刑不均衡的情况，更有利于保护未成年被告人和成年被告人的合法权益。法院立案庭应分别立案，并将两个案件分配给同一庭室（即少年庭）审理……分案审理的两个案件应尽量在同一天开庭，以便于案件事实的审查，提高审判效率"。③ 我们认为，毕竟术业有专攻。各自有专门的"主攻"方向，否则也不必强调专业化了；办理

---

① 参见北京市第一中级人民法院未成年人案件综合审判庭课题组：《关于加强未成年人案件专业化审判机制建设的专题调研报告》，载《中国少年司法》2010年第4辑，人民法院出版社2011年版，第143页。

② 参见周小萍、曾宁：《略论未成年人刑事诉讼中的分案起诉制度》，载《青少年犯罪问题》2000年第5期；玄金华、吕连萍：《未成年人与成年人共同犯罪分案起诉制度问题探究》，载《法制与社会》2011年第18期。

③ 管元梓：《我国未成年人与成年人共同犯罪案件分案审理程序研究》，载《预防青少年犯罪研究》2013年第6期。

未成年人案件和办理成年人案件程序要求、实体处理标准差异很大,各自办案的着力点不同,也不应当过分强调量刑均衡。从有利于专业化办案角度考虑,分案后分别由未成年人案件专门办案组织办理未成年人案件,成年人案件办理部门办理成年人案件是较为适当的。因此,《高法解释》规定的"不宜由同一个审判组织审理的"才"可以分别由少年法庭、刑事审判庭审理"是不恰当的,《高检规定》的思路"由未成年人刑事检察机构一并办理更为适宜的",才可以"由未成年人刑事检察机构一并办理"是恰当的,只不过应当明确什么情况是"由未成年人刑事检察机构一并办理更为适宜的"。我们认为,当"案件重大、疑难、复杂""涉及刑事附带民事诉讼"等可能在查清事实方面存在困难或者争议较大的案件,是由未成年人案件专门办案组织一并办理"更为适宜的",可以由未成年人案件专门办案组织统一办理。另外,《高法解释》要求的"不同人民法院或者不同审判组织分别审理的,有关人民法院或者审判组织应当互相了解共同犯罪被告人的审判情况",执行中应该也没什么障碍;在检察一体化体制下,检察机关不同部门分别办理分案案件时互相了解共同犯罪整体情况,应当更不是问题。

七是分案后如果从立案标准上看两个案件属于不同审级的法院管辖,则应当分别起诉到不同审级的法院。分案后,可能出现从立案标准上看两个案件分别属于不同审级的法院管辖的情况,一般表现为未成年人案件属于基层法院管辖,而另一成年人案件属于中级法院管辖,对此是应当分别起诉到不同审级的法院,还是按照《高法解释》第13条规定统一起诉至上级人民法院,实践中有截然相反的两种观点。认为分案的案件应当由同一层级的法院管辖的,即两个案件均由中级法院管辖,其理由主要是"分案的案件是源于同一犯罪事实,案件虽然分成了两个案件",但实际上是一个案件,且"由不同级别的法院审理不利于查明案件事实,亦不利于统一执法尺度"。① 我们认为这种观点主要还是源于"多个被告人、多个罪行"的共同犯罪合并审理是天然合法的行为这种理念,没有认识到刑事案件中存在单独之诉的重要性;而追求未成年人案件与成年人案件"统一执法尺度"的理由更是站不住脚。对此前面已经详细论述,在此不再赘述。事实上,共同犯罪的案件一旦分案,根据犯罪情节的不同,很可能造成一案当事人可能判处无期徒刑或死刑,而另一案当事人不够判处无期徒刑或死刑的情况,这在共同犯罪的被告人是未成年人的情况下尤为常见。这是因为,未成年人往往在共同犯罪中起次要作用,如未成年人是从犯、

---

① 管元梓:《我国未成年人与成年人共同犯罪案件分案审理程序研究》,载《预防青少年犯罪研究》2013年第6期。

胁从犯，或没有参与实施全部的犯罪行为。例如以下两个案件，"案件一：陈某某、李某、王某、赵某（未成年人）结伙抢劫 8 起（致三人死亡），其中赵某参与的仅 2 起，且这 2 起未有致人死亡等'处十年以上有期徒刑、无期徒刑或者死刑'的情形。检察院以抢劫罪将陈某某、李某、王某和赵某分别起诉至中级人民法院。案件二：洗头店主李某伙同其员工赵某、王某一起杀害了自己的丈夫郭某。其中，王某系未成年人，在共同犯罪中起次要作用。检察院对李某、赵某以故意杀人罪予以逮捕，并起诉至中级人民法院，而对于王某，检察院开始时以帮助、伪造证据罪将其取保候审，后亦以故意杀人罪起诉至中级法院"。① 上述两个未成年人案件根据《刑事诉讼法》规定均应由基层法院管辖，统一由中级法院管辖不仅不符合《刑事诉讼法》第 20 条规定的中级法院管辖范围，而且由于类似的大量案件由基层法院法官办理，处理类似案件的经验丰富，更有利于对未成年人合法权益的维护。另外，"对于那些在现行级别管辖原则下本应由下级法院管辖的案件，由于管辖法院审级的提高而可能对其带来的不利影响却未引起人们的重视，反而被理所当然地认为是受到了司法机关的审慎的重视。对此，我们进行了一个简单的实验性研究，得出的结论是现行的级别管辖中涉及牵连管辖时所采取的上位管辖权吸收下位管辖权的立法例严重地侵害了被告人的公平审判权，极有可能导致轻罪重判的后果"。②

八是分案案件审结后，如果有一案当事人提出上诉，其效力只及于一案。关于分案案件审结后，如有一案当事人提出上诉或者检察院提出抗诉，其效力及于几案的问题，也有不同观点。有学者认为，"对于分案起诉后，检察官对一案提起抗诉或者只有一案的被告人提出上诉，案件应合并审理。分案起诉的案件原本就是一个案件，而且我国《刑事诉讼法》对于上诉、抗诉规定了全面审查的原则，因此检察官对一案提起抗诉或者一案被告人提出上诉，上级法院应该对全案进行审查，同时终止执行没有提出上诉或者抗诉的案件"。③ 也有观点认为，上述"观点是值得商榷的，主要原因有二：其一，分案审理的案件不一定同时审结。因为分案使得案件间具有相对的独立性，两个案件中的任何一个如果已经查清，便可以先行判决，不用为了另一案件没有查清而等待，这在实践中分案案件由不同法官审理的情况下更为明显。这样就会出现两

---

① 管元梓：《我国未成年人与成年人共同犯罪案件分案审理程序研究》，载《预防青少年犯罪研究》2013 年第 6 期。
② 载找法网，http://china.findlaw.cn/falvchangshi/xingshibianhu/gxq/jibie/16000，最后访问日期：2010 年 6 月 24 日。
③ 赵国玲：《未成年人司法制度改革研究》，北京大学出版社 2011 年版，第 238 页。

种情况：一是先审结的案件没有当事人提出上诉或者检察院抗诉，但是却不能交付执行，只能等待另案审结，待确定其是否有上诉或抗诉后再执行，这无疑改变了分案审理的初衷，也降低了诉讼效率；二是先审结的案件有当事人提出上诉或者检察院抗诉，该案先进入了二审程序，但却不能审理，继续等待另案审结，这不但影响了该案的二审审理期限，也对另案的一审审理造成了影响。也就是说，无论另案是否有上诉或抗诉情形，均必须进入二审程序，这种未判却已'被上诉'的情况亦不符合分案审理的精神。其二，从未成年被告人的角度而言，在司法实践中，大部分案件中的未成年人为从犯或胁从犯，情节较成年人轻微，分案审理的独立性很重要的一方面就表现在涉未成年人的案件只要查清事实，即使成年人案件还没有查清，也可以先行判决，这样可以更好地保护未成年被告人的合法权益，避免对未成年人的超期羁押。如果以'全面审查原则'为理由，要求分案的案件必须全案审查，那么无疑抵消了分案审理在保护未成年被告人上的价值，也降低了本已提高的诉讼效率。所以，我们认为，虽然我国《刑事诉讼法》对于上诉案件规定了全面审查原则，但是一案当事人提出上诉或者检察院提出抗诉的，其效力只及于本案的全部，不涉及另案。如果二审法院在查明事实的过程中发现另案确有错误，可以通过审判监督程序予以纠正；如遇两个案件都上诉或抗诉情形，法院应尽量安排由同一审判庭同一法官审理，以贯彻全面审查原则"。① 我们认为，之所以存在上述问题，主要还是源于"多个被告人、多个罪行"的共同犯罪"原本就是一个案件"、合并审理是天然合法的行为这种理念，转变了这种理念，很多问题就都不是问题了。可见理念以及思维逻辑的重要性。

● 核心观点

　　特别程序赋予了检察机关更大的起诉裁量权，体现了对未成年人犯罪"慎诉"的理念。为将"慎诉"原则贯彻到具体办理未成年人案件当中，应当构建专门的未成年人审查起诉制度，在起诉、不起诉的裁量上与成年人区别对待，并对未成年人与成年人共同犯罪案件从程序开始就完全公开，以保证对未成年人案件的办理贯彻特别程序规定的特别原则。

---

① 管元梓：《我国未成年人与成年人共同犯罪案件分案审理程序研究》，载《预防青少年犯罪研究》2013年第6期。

下编 未成年人检察工作专业化建设问题

特殊的事业需要专门机构和专业化队伍为保障。1986年上海市长宁区人民检察院成立我国第一个"少年起诉组",拉开了我国未检工作专业化的序幕,至2015年12月,最高人民检察院正式成立"未成年人检察工作办公室(未检办)",正厅级,编制15人,下设一、二、三处,未检工作经过30年发展,专业化建设取得了长足进步,终于完成了四级检察机关未检专门机构的设置。但是,也要清醒地看到,目前全国只有1000多个独立的未检专门机构,7000多名从事未检工作的人员中专职的只有2000多名,其他都属于"专人不专"。当前正值司法体制改革之际,强调机构精简、检察官员额有限,未检机构到底该不该独立设置、该不该给未检部门分配检察官员额、分配多少等问题,涉及未检未来该不该、会不会走专业化的道路,而目前上述问题在检察机关内部都还存在一定的争议,这些问题不在思想上尽快解决,势必会影响未检未来的发展。有专家已提醒我们:未检专门机构问题不在这一轮司法体制改革中解决,恐怕要十年、八年之后再说了。若对此问题不予高度重视,我们将会犯历史性错误。[①] 因此,我们认为,要想把未检工作专业化建设继续向前推进,必须进一步深化对未检专业化的认识,这是未检工作健康发展的前提和基础,

---

[①] 参见宋英辉教授执笔,陈光中、卞建林、宋英辉、陈卫东、王敏远五位最高人民检察院专家咨询委员于2015年6月10日写给最高人民检察院曹建明检察长的信,提出的《关于检察改革中加强未成年人检察工作的建议》。

在当前也更具重要意义。在此，我们将借用 WHY、HOW、WHAT "黄金圈"理论[①]来阐述我们对未检专业化的认识，第一阶段，我们要从 WHY 开始，建立自己的核心价值理念，突出"为什么"未检要专业化；再到 HOW，怎样实现未检专业化；再到 WHAT，到底什么是未检专业化。第二阶段，即先考察 WHAT，到底什么是未检专业化，未检专业化本质是什么？然后考虑 HOW，即怎样实现未检专业化，如何做才能达到既定标准？从战略到执行，如何保证落地实施？并且在这个过程中要始终用 WHY 来检验 HOW 与 WHAT，即为什么做这些动作，而不是其他的？而且我们认为这恐怕是一个不断思考、不断实践的过程。

---

① 林锋 frank 的博客：《黄金圈理论——Why、How 和 What》，载 http://blog.sina.com.cn/s/blog_69d6e98a0102wgct.htm。

专题九 未检专业化的必要性：仅仅因为未成年人是弱势群体吗？

未检是否有必要成立独立的专门机构？这个问题从未检诞生那一天起就一直存在争议。有同志提出：如果仅仅是因为未成年人是弱势群体就需要专门机构保护的话，老年人、妇女等也是弱势群体，也应特殊保护，难道也成立专门机构？尤其在司法体制改革要求机构整体压缩，实行大部制、员额制的背景下，这一质疑更加尖锐。的确，成立一个机构必须要经过充分、慎重的论证，证明其有成立的合法性、必要性，否则，即使一时热闹也不会长久。未检专门机构的成立当然也不例外。我们认为，未检专门机构的出现和发展，有其必然性。回顾未检专门机构建设的历史发展，我们可以清晰地看到，在最高检成立未检办之前，各地检察机关已经经历了长达近30年的实践"酝酿"和"反复论证"：先是检察系统内依照《未成年人保护法》、国际公约等自下而上的探索，然后是最高检依照《刑事诉讼法》等自上而下的引领，加上五位著名专家学者"临门一脚"的推动。可以说，未检专门机构的设立是遵循少年司法规律的必然结果，也是我国司法文明发展的重要标志。

一、各地检察机关自发的探索和努力

1985年11月，《北京规则》在北京通过，其所倡导的"应建立适合少年司法的机构，以满足少年犯的不同需要，保护他们的基本权利"，对我国未成年人刑事司法理念与实践产生了重大影响。在这样的背景下，伴随着上海法院系统少年审判工作的改革，1986年上海市长宁区人民检察院成立我国第一个"少年刑事案件起诉组"，这标志着我国未检业务工作从普通刑事检察业务工作中分离，开始朝着专业化的方向发展。

二、最高人民检察院自上而下的引领

随着1991年我国颁布《未成年人保护法》以及全国人大常委会批准《儿童权利公约》，未检专门机构不断在全国建立。尤其是2012年修改后的《刑事诉讼法》设立"未成年人刑事案件诉讼程序"以及最高检在公诉厅设立未成年人犯罪检察工作指导处,全国未检工作如雨后春笋般蓬勃发展。2012年5月在上海召开了首届全国检察机关未检工作会议,对未检工作进行专门布置;2012年10月出台《高检决定》明确未检工作发展思路;2013年12月修订下发《高检规定》,细化各项特殊制度,完善未检工作特殊制度体系;2014年12月出台《高检通知》,主要目的是指导未检工作在司法体制改革背景下如何进一步发展;2015年5月又出台《检察机关加强未成年人司法保护八项措施》。最高检如此频繁颁布一系列加强未成年人司法保护工作的法律、司法解释、司法性文件,历史上没有过。上述司法解释或者司法文件,都强调了未检专业化或者未检专门机构建设的重要性,明确要求未检应当专业化,建立未检专门机构。如《高检决定》第7条规定:"大力推进专门机构建设。省级、地市级检察院和未成年人刑事案件较多的基层检察院,原则上都应争取设立独立的未成年人刑事检察机构;条件暂不具备的,省级院必须在公诉部门内部设立专门负责业务指导、案件办理的未成年人刑事检察工作办公室,地市级院原则上应设立这一机构,县级院应根据本地工作量的大小,在公诉科内部设立未成年人刑事检察工作办公室或者办案组或者指定专人。对于专门办案组或者专人,必须保证其集中精力办理未成年人犯罪案件,研究未成年人犯罪规律,落实对涉罪未成年人的帮教措施。有些地方也可以根据本地实际,指定一个基层院设立独立机构,统一办理全市(地区)的未成年人犯罪案件。"《高检规定》第8条进一步明确规定:"省级、地市级人民检察院和未成年人刑事案件较多的基层人民检察院,应当设立独立的未成年人刑事检察机构。地市级人民检察院也可以根据当地实际,指定一个基层人民检察院设立独立机构,统一办理辖区范围内的未成年人刑事案件;条件暂不具备的,应当成立专门办案组或者指定专人办理。对于专门办案组或者专人,应当保证其集中精力办理未成年人刑事案件,研究未成年人犯罪规律,落实对涉案未成年人的帮教措施等工作。各级人民检察院应当选任经过专门培训,熟悉未成年人身心特点,具有犯罪学、社会学、心理学、教育学等方面知识的检察人员承办未成年人刑事案件,并加强对办案人员的培训和指导。"

在最高检的推动下,截至2015年年底,全国四级检察机关共成立有独立编制的未检专门机构1000余个,在公诉部门下设未检工作办公室500余个、专业办案组800余个;同时,伴随着机构的建立,催生了一支崭新的业务群体——未检人。一些地方在组建未检机构过程中,安排了一批具有较高学历、充满爱心和活力、具有一定文字功底、表达、协调能力,熟悉侦监、公诉业务的骨干从事未检工作。比如北京市,截至2015年6月底,全市未检系统共有未检专职干警119名,35岁以下干警72名,在编干警均具有大学本科以上学历，其中取得硕士学位的干警51名，博士学位2名，共有90名未检干警具备国家三级心理咨询师资质。他们大多是来自侦监、公诉部门的业务骨干。然而，由于长期以来检察机关指控打击犯罪的基本职能定位，加上未检工作属于新兴领域，其特殊理念、工作机制和办案模式等一时还难以得到普遍认同和接受，使得未检机构是否有必要独立，未检这支队伍何去何从，是否继续朝专业化方向发展等问题，在本轮司法体制改革中又不可避免地凸显出来。很多地方用行动表明了态度：一些地方的检察机关在改革中将已独立建制的未检机构又并入其他业务部门，或者强调检察官员额有限，没有为未检部门配置单独的检察官员额，一些原本有计划成立独立未检机构的地方开始徘徊观望、暂时搁置。针对上述问题，最高检于2014年12月专门出台了《高检通知》，其第4条要求："进一步加强未成年人刑事检察专门机构建设，着力提升未成年人刑事检察队伍专业化水平。未成年人刑事检察工作设置专门机构、配齐配强专业人员，是贯彻国家对未成年人特殊刑事政策，落实一系列保护未成年人的特殊制度机制，实现未成年人刑事案件办理工作专业化的重要保障。各级检察机关要积极采取有效措施落实《人民检察院办理未成年人刑事案件的规定》要求，着力推进未成年人刑事检察专门机构建设，提升队伍专业化水平：一是要抓住当前深化司法体制改革的时机，积极推进未成年人刑事检察主任检察官办案责任制试点，允许有条件的地方积极探索，解决未成年人刑事检察专门机构和专业化队伍建设问题；已建立专门未成年人刑事检察机构和专业化队伍的地方应当保持和巩固。二是强化未成年人刑事检察专业人员配备。案件量较小、指定专人办理未成年人刑事案件的地方实行检察官办案责任制的，指定的专人应当具有主任检察官资格。三是采取多种形式开展岗位练兵、业务培训和业务竞赛活动，着力建立一支素质、业务过硬的未成年人刑事检察队伍。四是制定未成年人刑事检察岗位素能基本标准，推进未成年人刑事检察队伍专业化、职业化建设。"

三、专家学者"临门一脚"的推动

2015年6月，最高检专家咨询委员宋英辉教授、卞建林教授、王敏远教授、陈卫东教授以及德高望重的陈光中教授，以"关于检察改革中加强未成年人检察工作的建议"为题致信曹建明检察长，针对在改革探索中，一些地区简单将未检部门合并于其他部门，未检检察官承办大量成年人案件，根本没有足够时间和精力专心、安心地做细致的教育、感化、挽救工作和保护工作深表忧虑，并就检察改革中如何认识和加强未成年人检察工作提出了意见建议。核心观点是：检察机关在未成年人保护和犯罪预防工作中肩负着无可替代的重要职责，应当从国家长久稳定、社会未来发展、国家安全的战略高度看待未成年人检察工作；未成年人司法有不同于成年人司法的规律，检察改革应尊重这一规律，并建议最高检"在改革中应对未检问题予以专门研究"，"整合分散于各业务部门的未检职能，建立独立的未成年人检察业务类别，以及符合未成年人司法规律的独立的评价体系"。最高检党组对专家们的建议非常重视，曹建明检察长批示相关负责部门"认真研究几位专家咨询委员的建议，充分吸收合理化意见，认真总结司法实践经验，注意在扁平化管理中加强专业化建设。"为此，最高检公诉厅于 8 月 26—27 日在江苏无锡召开了全国检察机关未成年人刑事检察工作座谈会，孙谦副检察长亲自到会并作了重要讲话。座谈会总结了 2012 年以来全国未检工作情况，分析了当前面临的新形势新任务，并重点围绕未检工作专业化、规范化建设进行了研究和部署。随后，在孙谦副检察长的指示下，公诉厅对最高检成立未检专门机构进行论证并向党组作专题报告。党组成员一致认为，未检工作意义重大，需要真正重视起来；最高检党组要顺应社会发展，站在党和国家工作的全局来更加重视加强未检工作；未检职能丰富，需要站在更高层次考虑机构设置。这样，才最终有了最高检"未检办"这一全国最高未检机构。我们有幸见证了"未检办"成立的整个过程，并参与了相关论证、研究工作。

四、未检专业化建设必要性论证

（一）未检工作的特殊性要求未检工作专业化

一是未检工作的对象特殊。未检工作由于其工作对象是未成年人的特殊性以及未成年人司法制度的特殊性，相对于其他检察工作而言，在职责任务、内在规律、司法理念等方面都与成人司法有着显著的区别。未成年人由于身心尚未成熟，认知能力和行为能力、控制系统尚在发育之中，缺乏辨识与选择能力，发生罪错后若干预不当，如一味坚持传统打击理念，有可能将其推到社会对立面，丧失教育、感化、挽救良机，使其形成真正的反社会人格。其脆弱性、易受伤害性、多变性以及可塑性等，决定了对罪错未成年人应当由专业人员运用专业知识进行干预，绝不可机械地用成人刑法予以惩罚。而且，未成年人出问题，原因不只在未成年人，更在于家庭、学校、社会生活等外部环境对未成年人的塑造，其犯罪行为往往是各种不良因素、制度缺陷、恶劣环境交互作用的结果。因此，需要专门、专业的力量去统筹安排，其中司法机关有职责联系社会组织、政府部门、专业社会服务机构及人员，为未成年人家庭、成长环境等设计实施改良计划。因此，未检工作与侦监、公诉部门等相比，职责定位、工作理念、工作方法等方面都很特殊，未检在办理案件时，其工作对象不仅仅是依法认定的案件，更主要的是对案件中的未成年人进行妥善安排，而未成年人是和成年人相比生理上、心理上并不成熟的人群，是容易影响、改变、教育和挽救的特殊群体，办理未成年人案件需要比办理成年人案件付出更多的心血于帮助和教育工作上。

二是未检工作执行的政策特殊。《刑事诉讼法》在"特别程序"中确立了对未成年人犯罪"教育、感化、挽救"的方针和"教育为主、惩罚为辅"的原则。"特别程序"不以实现惩罚为唯一、首要目的，而是以预防再犯、帮助未成年人为己任，与适用于成年人的普通程序理论根基不同，这决定了两者之间并非相互依赖的关系，而是相互独立且具有内在品性的个体，也决定了未检工作应当从普通检察工作中分离出来。未检工作理念、执法目标、评价标准、法律依据与成人司法有着显著区别，因而需要专门机构和专业人员开展此项工作。未检办案不以定罪量刑和定分止争为最终目标，而是以案件为切入点，探究未成年人问题产生的原因，采取必要的干预手段，改善未成年人的心理状况、家庭教养和社会环境，帮助陷入困境的未成年人重回正常轨道，呵护其健康成长。未检工作的目标是教育挽救了多少未成年人，而不是定罪惩罚了多少未成年人。因此，对未检工作的评价尺度不能仅凭办案数量，而是评价每办理一个案件，特殊程序是否落实，围绕涉案未成年人做了多少教育矫治和帮扶工作。修改后《刑事诉讼法》将未成年人刑事案件诉讼程序列入特别程序，明确应由熟悉未成年人身心特点的审判人员、检察人员、侦查人员承办，并规定了法律援助、社会调查、法定代理人或合适成年人到场、附条件不起诉、犯罪记录封存等特殊制度。如果将未检部门撤销合并到其他刑检部门，势必造成未检工作重新依附于成人司法，以成人司法标准评价未检工作，未检工作目标无法实现，特殊程序要求无法落实。少年司法理念的确立非一日之功，更难与成年人司法切换自如，只有独立的专业机构及其培育下的专业人员，才能将特殊理念、制度加以落实。

三是未检工作的职能特殊。为利于全面掌握未成年人思想状况及案件情况，保持教育、感化、挽救工作的连续性，未检实行"捕诉监防"一体化工作机制，这并非侦监、公诉业务的简单叠加，而是在传统审查起诉、审查逮捕、法律监督的司法职能之外，还承担着帮扶教育涉罪未成年人，推动协调其他力量共同预防未成年人犯罪、关爱未成年人的社会职能。

总之，未检工作的特殊性决定了其是以未成年人这一特殊主体为标准的独立的检察业务类别,① 需要与之相匹配的专门机构和专业人员,而如果没有专业的机构就没有专业的队伍,没有专业的队伍就没有专业的工作。在司法改革背景下,将未检部门撤销并入公诉部门或其他刑事检察部门,都难以涵盖未检所承担的所有职能,也难以反映办理未成年人案件的特别要求,势必会影响"教育、感化、挽救"方针的贯彻,最终导致未检工作的弱化。正如最高检专家咨询委员宋英辉等教授在2015年给曹建明检察长的信中指出的,"成年人案件可以做到办案(审查证据、认定事实、适用法律)与其他工作的分离,但办理未成年人案件的检察官不能只负责审查证据、认定事实和适用法律,同时还必须在了解未成年人成长经历、犯罪原因、教育监护条件等信息的前提下对其进行帮教,与有关部门、社会组织一起制定帮教、监督考察方案。这是办案活动的重要组成部分。即使有司法辅助人员协助,也不能将检察官从这些工作中完全剥离开(在其他国家和地区,少年司法都不会只专注审查证据、认定事实、适用法律,而是必须参与甚至决定帮教方案的制订、监督方案的实施、对实施效果进行评估、及时调整方案等)。此外,未检检察官除了需要精通法律知识,更需要犯罪学、教育学、社会学、心理学等方面的知识,在讯问、询问方法、技巧方面也与办理普通案件不同"。这种职能的特殊性及不可或缺性,决定了未检专业化建设的必要性。

(二)未检工作的重要性要求未检工作专业化

未成年人保护和犯罪预防工作是一个国家整个犯罪预防体系的源头和基础,对一个国家的长久稳定、社会未来发展乃至国家安全等至关重要。随着我国城市化进程的不断加快,留守儿童、失学、失管儿童的教育、心理健康、权利维护和违法犯罪等问题日益突出。一方面,近年来未成年人犯罪低龄化和作案手段成人化、暴力化倾向明显,恶性极端案件时有发生;另一方面,奸淫、猥亵、拐卖、虐待、遗弃等侵害未成年人的刑事案件不断发生,触目惊心,这些都为我们敲响了警钟。尤其是在暴力恐怖犯罪、邪教犯罪、民族分裂犯罪、毒品犯罪中也屡屡见到未成年人的身影。这说明,在当前社会深刻变革的特殊历史时期,未成年人保护和犯罪预防面临严峻形势,已成为影响社会和谐稳定的源头性、基础性问题之一。留守、流动儿童及失学失管儿童极易被黑恶势力或其他犯罪分子所利用,被邪教或恐怖势力所侵蚀,走向社会对立面。我们都说孩子是我们的未来,其实在一定程度上我们也是孩子的未来:今天我们给了

---

① 岳慧青:《司法改革的背景下的未成年人检察体制改革》,载《青少年犯罪问题》2015年第1期。

他们什么，一定程度上意味着将来他们成为什么。今天我们不帮助处于困境的儿童，社会不给他们温暖而是冷漠对待，又如何期待明天他们回馈社会以温情？我国目前面临的这种现象其实具有一定的普遍性，如美国在社会转型加速期的"进步时代"，儿童受害也曾被视为"严峻的、根本性的国家问题"，为此1909年白宫专门召开会议讨论儿童保护问题。而未成年人保护意义非常重大：一方面，未成年人保护问题往往是社会问题的集中折射，加强未成年人保护，有助于推动关联性社会问题的解决；另一方面，未成年人保护也关系到社会稳定的基础性工作，被形象地称为社会"稳压器"，即让处在社会阵痛时期的人们心存希望，社会转型所带来的各种社会问题也因此变得可以忍受和值得忍受。我国检察机关作为国家的法律监督机关和诉讼监督机关，在未成年人保护和犯罪预防方面地位特殊，不仅承担着重要职责，而且具有自身优势。西方国家的少年司法一般以法院为中心，检察机关的功能相对较弱。但在我国司法体制中，法院对审前活动基本不参与，而检察机关无论在审前、审后，均发挥着重要的职能作用，从批捕、起诉、审判、执行到刑满释放，贯穿整个刑事诉讼过程，比法院环节更多、过程更长、工作更重得多。同时，检察机关的法律监督角色与权能，为拓展工作空间、争取各方面支持创造了有利条件。① 这是我国司法体制的优势，实践证明也为广大群众所期待和欢迎。在实践中，许多地方正是由于检察机关的推动，在当地建立了由各个部门和社会组织参与的未成年人保护和犯罪预防的联动机制（有的公安机关也设立了专门办案机构），取得了良好效果，获得了社会高度评价。相关专家学者也奔走呼吁要求切实加强未检工作，并对检察机关推动未成年人司法制度建设寄予厚望。其实，早在1991年颁布的《未成年人保护法》就对国家有关机构保护未成年人的职责提出了明确的要求。该法第5条第2款规定："保护未成年人，是国家机关、武装力量、政党、社会团体、企业事业组织、城乡基层群众性自治组织、未成年人的监护人和其他成年公民的共同责任"，确立了保护未成年人的共同责任原则。同时，该法第6条第1款规定："中央和地方各级国家机关应当在各自的职责范围内做好未成年人保护工作。"然而，《未成年人保护法》颁布二十余年来，一个困扰性的问题是由保护未成年人的共同责任原则所带来的"责任稀释困境"——谁都有保护未成年人的职责，但是谁都没有将保护未成年人的职责列为专门的职责和业务范围，其结果是保护未成年人"说起来重要，做起来次要，忙起来不要，出了问题找不到"（姚建龙老师的概括）。近些年来，令人震惊的恶性案件频发，未成年人遭受各种侵害以及未成年人违法犯罪

---

① 龙宗智：《未成年人司法改革的意义与方向》，载《人民检察》2011年第12期。

问题已经成为一个社会各界严重关切的社会问题。人民群众对于加强未成年人保护的呼声很高，党和国家领导人也多次提出加强未成年人保护的要求。如何破解未成年人保护的责任稀释困境，是一个必须解决的迫切问题。而未检专业化建设无疑有利于发挥破解未成年人保护责任稀释困境的积极作用。因为，在负有保护未成年人职责的机关中，检察机关属于法律监督机关，可以通过法律监督权的行使督促其他负有保护未成年人职责的机关依法履职，并对怠于行使未成年人保护职责，侵犯未成年人权益的职务犯罪行为予以查处。

（三）未检机构独立对未检工作发展的促进

未检工作近30年的探索，摸索出了一条重要经验，就是未检机构的独立化对未检工作发展具有极大的促进作用。上海自1986年长宁区人民检察院建立我国第一个"少年案件起诉组"后，至1990年年底，20个区县检察院相继在起诉科内设立了少年起诉组。1992年8月，上海市虹口区人民检察院成立了集未成年人刑事案件审查批捕、审查起诉等检察工作于一体的独立建制机构——未成年人刑事检察科。20世纪90年代末，少年司法陷入低谷，并经历了一个长期徘徊不前的阶段，各地检察机关在机构改革中取消未检专门机构，但上海一直坚守。2009年，上海市人民检察院成立未成年人刑事检察处，成为我国首个省级未成年人刑事检察部门；随后上海市人民检察院第一、第二分院相继成立未检处，标志着全国首个地区三级未检机构建设完备。到2012年修改后的《刑事诉讼法》确立未成年人特别程序，承认少年司法制度时，上海已实现了"机构专门化、队伍专业化得到很大的发展，捕、诉、监、防一体化的工作模式已经形成，帮教社会化的工作体系已普遍建立"，或者用《检察日报》的提法是"实现了工作模式专业化、帮教力量社会化和观护体系全覆盖"，这有力地证明了机构改革先行是促进未成年人检察制度发展和完善的可行路径和成功经验。从全国未检工作实践看，没有独立机构作为保障的地方，《刑事诉讼法》要求的"专人办理"基本流于形式，最终影响办理未成年人案件的特殊理念、特殊政策和特殊程序的落实，反映在执法中就是特殊制度和程序在不少地方没有得到有效贯彻，就案办案问题突出，社会调查少、听取律师意见少、指定辩护走形式、附条件不起诉适用率低、犯罪记录封存执行不严等现象不同程度地存在。而未检专门机构、专门人员比较充实的地方，专业化建设比较扎实，未检工作发展水平也相应较高，成效较为突出。因此，未检机构的独立化对未检工作的发展具有极大的促进作用。

（四）未检工作专业化是履行国际公约、落实国家立法的要求

我国自1985年开始先后参与制定或加入了联合国《北京规则》《预防少

年犯罪准则》和《儿童权利公约》等，这些联合国法律文件、国际公约等确立了增进少年福祉、少年司法队伍专业化、儿童最大利益、儿童权利保障优先等一系列少年司法准则，对缔约国建立专业化、专门化机构也作出了规定。联合国《儿童权利公约》规定，缔约国应致力于促进规定或建立专门适用于被指控或确认为触犯刑法的儿童的法律、程序、当局和机构；缔约国要定期向联合国秘书长提交关于执行公约及议定书的报告。我国遵照国际惯例，已逐步将相关公约内容转化为国内法。设置独立的少年司法机构是衡量一个国家少年司法制度是否成熟的重要标志之一。虽然当今世界许多国家都已经形成具有本国特色、适应本国实际需要的少年司法制度模式，但对未成年人的司法保护已经突破单个国家或地区的范围，日益成为一种全球性的运动。如2015年年初，在瑞士日内瓦召开了第一届世界少年司法大会，致力于探求未成年人司法体系的完善之路。在推进我国法制建设进程中，未检专业化建设既是我国履行国际公约义务、落实相关保护未成年人法律法规的必然要求，也是彰显我国在未成年人司法保护领域的国际化视野和对儿童问题的重视与关注，展现我国法治国家建设取得重要成就的表现。

（五）未检工作专业化是落实司法体制改革精神的要求

十八届三中、四中全会对司法改革和全面推进依法治国作出战略部署，最高层面在优化司法职权配置、加强司法专业化、职业化建设提出明确要求。未检专业化建设符合三中、四中全会关于司法改革的一系列要求。涉及未成年人的检察工作包含未成年人刑事案件的审查批捕、审查起诉、诉讼监督及犯罪预防；对人民法院已经发生法律效力的涉及未成年人民事、行政判决及裁定，发现确有错误的，依法提出抗诉或再审检察建议；对涉未成年人民事、行政诉讼活动是否合法，诉讼活动有无违法情形等依法进行调查；依法由检察机关管辖的涉及未成年人刑事申诉案件和刑事赔偿案件；对未成年人刑事执行活动实行法律监督，包括对未成年犯管教所、看守所、拘留所等未成年人在押、执行刑罚和监管活动是否合法的法律监督；对未成年人被判处非监禁刑的社区矫正工作的法律监督；对未成年人暂予监外执行、减刑、假释等刑罚变更活动实行法律监督。上述未成年人犯罪案件和权益保护等工作涉及检察机关多个职能部门，包括侦监、公诉、刑事执行、控申、民行等部门。分散在各个部门易造成碎片化、边缘化，各部门都无法真正关注。因此，进一步强化顶层设计，在未检专门机构的构架下，整合未成年人检察职能，将原来分散在检察机关内部各个业务部门的所有涉及未成年人的职能统一归口未检部门，将未成年人检察工作和司法资源有效整合起来，有利于实现未成年人司法保护工作的集约化和专业化，这既契合了本轮司法改革精简、效能的精神，也是推动实现未检工作人员专业化、模式专业化、机制专业化、管理专业化的前提条件和基本保障，长远上看，也符合少年司法职能整合的大趋势。

五、未成年人与其他弱势群体的不同

有同志对未检成立专门机构提出质疑：老年人、妇女等也是弱势群体也应特殊保护，难道也要成立专门机构？对此，我们认为姚建龙老师的一个观点可以很好地回应这个问题。姚建龙老师很早便提出：立法机关把《未成年人保护法》同《老年人权益保障法》《妇女权益保障法》《残疾人保障法》等共同列入对社会弱势群体进行特别保护的社会法之中是值得商榷的。他认为老年人、妇女、残疾人，可以成为一个利益表达共同体，他们能够表达自己的利益诉求，同时他们也可以成为一个利益奋斗体，他们可以为自己的权益进行斗争，也拥有对立法当局施加影响的能力；而未成年人作为与成年人对应的特殊群体，其权益的维护几乎完全依赖于成人社会的自律与自觉，甚至是善心。从这个意义上可以说，《未成年人保护法》与《老年人权益保障法》、《妇女权益保障法》、《残疾人保障法》有着本质的差别，《未成年人保护法》体系不应与妇女、老年人、残疾人保护法相混同，而应成为一个特殊的、独立的法律部门——《儿童法》（或者称为《未成年人法》）。对此，我们非常赞同。由于未成年人受年龄、智力等因素的制约，无法为自己这个群体争取利益；而且，无论法律规定未成年人享有多少权利，如果没有国家帮助，这些权利也无法实现。正是基于这样的理解，我们认为成立独立的未检专门机构不代表也要成立专门的老年人、妇女等检察机构。

另外，我们认为，未检部门负责人原则上应当具有检察委员会委员资格。这主要是考虑到未检工作较为专业，在检察委员会中吸收一名未检负责人，能够切实保证对未成年人的特殊、优先保护原则的落实。根据1999年最高人民检察院《关于改进和加强检察委员会工作的通知》，检察委员会是人民检察院在检察长主持下的议事决策机构，主要任务是按照民主集中制的原则，讨论决定重大案件和其他重大问题，不涉及职级问题；根据2008年最高人民检察院出台的《人民检察院检察委员会组织条例》，各级人民检察院检察委员会组成人员中包括有关内设机构负责人；其资格要求是"应当具备检察官资格"，检察委员会的职责包括审议、决定在检察工作中贯彻执行国家法律、政策和本级人民代表大会及其常务委员会决议的重大问题等。《未成年人保护法》等法律、法规以及《刑事诉讼法》特别程序所倡导的未成年人利益最大化原则及特殊、优先保护原则等要落到实处，需要在国家各项决策以及社会生活中有代表未成年人权利和合法权益的人员发声。

◉ 核心观点

少年司法有其自身规律。办理成年人案件主要是审查证据、认定事实、适用法律,而办理未成年人案件更重要的是对其进行帮教,办案的重心落在了帮助其回归社会上,因此,未检工作理念特殊、执行的政策特殊、方式方法特殊。未检工作的特殊性决定了未检专业化建设的必要性。

专题九 未检专业化的必要性:仅仅因为未成年人是弱势群体吗?

专题十 什么是未检专业化：成立了独立的未检专门机构就标志着未检专业化了？

我们认为未检专门机构建设无疑是未检工作专业化的组织保证。近年来在最高检的大力推动下，未检专门机构建设有了较大进展，尤其是最高检"未检办"的成立意味着未检在此次司法改革中能够得以保留并不断强化已成定局（当然对此我们还不能掉以轻心，还要大力推动以保证2016年年底所有省级院都能成立未检专门机构，并在此基础上保证全国未检专门机构、专门人员在此次司法改革中得以保留）；但是，实践告诉我们，成立未检专门机构只是在未检专业化上迈出了第一步而已，后面的工作可能更为艰难。在日常工作尤其是讨论具体问题时，我们常常面对的是"未检人"成人司法的思维定式，在最高检大力推进未检专业化的背景下，未成年人司法理念、司法规律，与这些案件的办理、问题的争论，距离竟是如此遥远。可见，如果认为有了专门机构便当然实现了专业化，那就过于天真了，未检工作专业化建设的道路还任重道远。

一、未检专业化的前提：构建未检的专业标准体系

《现代汉语词典》对专业化的解释是"一个普通的职业群体在一定时期内，逐渐符合专业标准、成为专门职业并获得相应专业地位的过程"。[①] 按照上述关于"专业化"的概念来衡量我们目前的未检工作，无疑我们目前还欠缺明确的未检"专业标准"体系，这需要我们尽快建立；然后，我们大多数来自公诉、侦查监督等部门的"未检人"，还需要在一定时期内逐渐符合这一"专业标准"，成为专门职业并获得相应专业地位，这才最终完成未检的专业化过程。而我们认为，无论是建立未检自己的"专业标准"体系，还是我们成为真正意义上的"未检人"，都只能靠我们自己，因为没有人比我们更有这

---

① 中国社科院语言研究所：《现代汉语词典》，商务印书馆2011年版。

个动力和条件。当然，这会是一个艰辛的过程，参与最高检《未检工作指引》制定工作已让我们深深地感受到了这一点：每每想往前迈一步都很困难，会有大量的不解与质疑，成人司法的思维根深蒂固，导致很多未检问题即使在未检这个"小众"范围内都难以达成共识。因此，我们认为"未检人"的使命是推动少年司法自成体系，建立自己的"专业标准"，只有与成人司法分离，少年司法才能成长；少年司法不断成长，也是其与成人司法不断分离的过程。这不仅是一项开创性的工作，也是极具挑战性的工作，再困难"未检人"也得往前走，我们别无选择；而且，通过我们的努力，成就未检自己"专业标准"的同时，也就成就了"未检人"自身，这二者是互为因果、互相促进，相辅相成的，可以同时进行。即使我们起点低，但只要我们能通过不懈努力使未检这株幼苗长成参天大树，我们自然也就"高"了。接下来我们将在第十一专题至第十七专题中讨论未检的"专业标准"方面的问题，在第十八专题、第十九专题中讨论"未检人"的养成问题。

二、未检专业化的核心：未检人的专业化

未检工作对象的特殊性决定了未检工作的专业化原则。未成年人处于迅速成长阶段的客观情况，要求未检工作是动态的，要有更进一步的措施，永远不是简单的答案，所以专门人员越专业越有效。也就是说，未检专业化最终要解决的其实是"未检人"的专业化问题。正因如此，《高检决定》要求从事未检工作的人员不仅需要有扎实的法律功底，熟悉相关保护未成年人的法律、规定，还要了解未成年人的身心特点，具备心理学、社会学、教育学等相关学科知识以及开展帮教工作的专业技能。并提出采取多种形式开展岗位练兵、业务培训和业务竞赛活动，着力建立一支素质、业务过硬的未检队伍，保证未检人力充足、训练有素，从而避免因不专业给未成年人造成不良影响甚至二次伤害。因此，未检工作必须走专业化发展道路，在制度机制建设、组织队伍建设等各方面打好专业化的基础。正如孙谦副检察长在2015年8月无锡会议上的讲话指出的，全面落实国家对未成年人特殊、优先保护原则，必须切实加强未成年人检察的专业化、规范化建设，这是做好未成年人检察工作的前提和基础。在未成年人刑事案件诉讼程序适用中，需要进行社会调查、合适成年人在场，在附条件不起诉案件中还需要监督考察等，以及对社工组织的委托、合适成年人的选聘、培训、委托调查（尤其是委托异地调查）、观护场所的选择、跟踪帮教、效果认定等工作。由于未成年人身心特点和贯彻教育、感化、挽救方针的需要，办理未成年人刑事案件的理念、程序和制度设计与成年人案件差别很大。办理未成年人案件更关注未成年人未来发展与社会回归，因此，实行

的是"捕诉监防"一体化的办案机制。同时，法律要求未成年人案件必须由熟悉未成年人身心特点的人员办理，即具有心理学、犯罪学、教育学、社会学等知识的人员办理，这与办理成年人案件有很大区别。未成年人保护与案件办理的未来走向应当是综合保护和全面保护，涉及刑事、民事、行政、儿童福利等各个方面；不仅有刑事案件，也有民事、行政案件；不仅涉及刑事法律，还涉及《未成年人保护法》《预防未成年人犯罪法》《婚姻法》《教育法》《劳动法》等诸多法律。从顶层设计的角度来看，检察机关作为法律监督机关，将来在未成年人保护与案件办理方面，具有更大的发挥空间。这就要求未检人拓宽视野，迅速提高综合素质，以适应未检工作职能及未来发展的需要。

未成年人是国家的未来，从这个角度讲，设立专门的未检机构是十分必要的。在社会快速发展时期对儿童问题的重视是确保国家社会平稳转型和现代化平稳过渡的重要手段和有效载体。对未成年人问题的解决有助于消除歧见、争议，凝聚共识去解决未成年人问题背后的社会问题。因此，应当借鉴美国等发达国家的成功转型经验，高度重视儿童权利保护问题（美国在转型期设立了世界上第一个少年法院）。而检察机关在建立和完善中国特色的未成年人司法制度方面，具有重要的地位和作用。我国的未成年人司法制度与国外司法制度的根基不同，我国的未成年人检察制度不能照抄国外模式，它在整个未成年人司法中实际上相当于国外少年法院的角色。如国外未成年人司法的先议权在我国事实上是由检察机关享有，我国的未成年人司法是以检察权为中心来设计的，未检在整个未成年人司法体制中居于核心地位，前承公安、后启法院。公诉机关和法律监督机关的性质使我国的未成年人司法改革，尤其是未检改革可以协调好国家公诉人与国家监护人二者的角色关系。法律监督权的独特配置，将国家监护权赋予检察机关，也使检察机关参与未成年人司法具有宪法和法律依据。总之，检察机关在推动完善中国特色的未成年人司法制度方面负有义不容辞的责任。要履行好这一特殊职责和使命，未检机构的专门化，人员的专业化是不可或缺的。正如法国让·塞德拉斯（Jean Cedras）最高法院代理检察长，对于刑事责任的司法确定的观点：一是要专门化，二是资格调查。为什么要专门化和进行资格调查？他进一步指出，"这种专门化还应该包括诉讼的作用和机构的职能，从诉讼程序开始，职能的整体专门化是唯一能够使儿童的优先权利得以保障的方法"。资格调查包括对理解能力和意愿能力的证实、医学心理检查、对儿童社会团体的调查等。可见，只有通过专门化和资格调查制度，才能充分保障儿童的优先权利和实现司法正义的价值追求。①

三、未检专业化的保证：充分认识少年司法规律

规律是不以人的意志为转移的客观存在，人类只有认识规律、顺应规律、把握规律，规律才能给人类社会以福祉；相反，如果不尊重规律，甚至逆规律而动，就必将受到规律的惩罚。同样的道理，我们只有充分认识、顺应和把握住少年司法规律，才能顺利实现未检专业化。所谓少年司法规律，是指司法机关依法处理未成年人犯罪案件活动所具有的内在的、本质的、必然的联系。它也是少年司法活动中客观存在的不以人的意志为转移的客观实在，只有发现它、尊重它，才能合理地运用它指导我们的司法实践，否则无法实现办案的良好政治、法律、社会效果。少年司法是一种有别于成年人司法活动的特殊法律活动，研究、发现和运用它的规律，对于指导少年司法活动，包括指导未检专业标准的建立和实现未检人的专业化都十分重要。而长期习惯于以成人的思维思考未成年人、习惯把适用于成人的经验性准则强加于未成年人、习惯在"爱的名义"下作出诸多对未成年人造成实际伤害的我们，能否真正认识少年司法的特有规律，这不仅仅是一个问题、一个课题和一个命题，更是一项制度、一项理念和一项事业。在此，我们不揣浅陋，把我们对少年司法规律的认识呈现出来，供大家批评指正。

（一）少年司法是"预防性"司法而非"惩罚性"司法

建立少年司法的目的不在于对未成年人施以惩罚，而是为了更好地预防未成年人犯罪。犯罪预防包括事前预防（提前干预）、临界预防和事后预防。事后预防即再犯预防，事后性质的司法干预代价过大、成本过高，也难以取得控制犯罪的良好效果，这一点在治理未成年人犯罪的实践中尤为突出，因此，少年司法不仅要考虑教育、挽救犯罪的未成年人，还要"关口前移"，提前进行保护性干预，而未检"捕诉监防"一体化的工作模式有利于将保护未成年人合法权益与犯罪预防结合起来，因此，我们认为这一模式是符合少年司法规律的范例。

（二）少年司法是"柔性"司法而非"刚性"司法

少年司法的价值绝不在于单纯地追求对犯罪的孩子定罪量刑的准确性，而

---

① 关于让·塞德拉斯在2004年北京召开的第17届世界刑法学大会上，评价《国内法与国际法下的未成年人刑事责任决议》时的观点，进一步参见《国内法与国际法下的未成年人刑事责任》，载《人民法院报》2004年9月27日。

更多是在于最大限度地实现对未成年人的教育、感化和挽救。少年司法中没有一成不变的判例,只能根据每个未成年人的历史、现状和未来发展为他提供生存发展的机会,以主体特征和需求为依据进行个别化处遇。这在成人司法中只是遥不可及的梦想,在少年司法中却成为必须恪守的现实性原则。少年司法的特殊性要求我们在少年司法中必须摆脱传统的成人刑事惩罚导向的束缚,放弃成人司法中惯用的刚性司法理念,把未成年人利益的最大化作为我国少年司法的最高目标。而社会调查的实施、合适成年人制度的引入,亲情会见、圆桌审判的运用、心理干预机制的推广等,都属少年司法柔性的具体体现。

(三)少年司法是"能动性"司法而非"消极性"司法

与成人司法工作的理念不同,少年司法超越了传统刑法的报应主义观念,凸显教育、保护的功能,倡导教育的向前、向后延伸,办案的侧重点不在于对未成年人准确的定罪量刑,而在于满足未成年人矫治和健康成长的需要。因此,少年司法制度带有明显的福利化和行政化特征,呈现出与传统司法制度的显著区别;在少年司法中检察官、法官除依法作出裁判之外,还兼具教育、保护等职责,具有积极、主动和非中立的性质,充分彰显了少年司法的能动性。多年未检工作实践表明,触法少年的成功帮教和彻底转变,往往不是缘于抽象的少年刑事司法制度的感化,而是心悦诚服于具体办案人员的能动公正司法进而油然而生的触动与震撼。①

(四)少年司法是"协作性"司法而非"对抗性"司法

综观世界少年立法比较完备的国家,其少年立法及少年司法都是全方位的,且少年司法的一体化亦越来越为社会所认同。司法—社会一体化,即少年司法制度不是在封闭的司法体系中就能够完成的一项制度,单凭司法机关不可能实现治理青少年违法犯罪和保护青少年健康成长的目的,必须向司法体系之外、向社会延伸。我国的少年司法实践中探索建立的"司法一条龙"和"社会一条龙"机制,也正是少年司法的协作特殊性、少年司法一体化的必然结果。少年司法远远不像一些人想象的那样"小儿科"般幼稚,它已经显示出自身强大的体系结构。从全社会范围来看待少年司法,所涉及的方面十分繁杂,几乎所有与少年权益相关的活动、机构、组织和功能都与此相关。

---

① 田宏杰、温长军:《超越与突破:未成年人刑事检察工作机制研究——兼及未成年人刑事案件公诉体系的构建》,载《法学杂志》2012年第11期。

● **核心观点**

建立未检专门机构是未检专业化的组织保证,但并非有了专门机构便当然实现了专业化。只有建立起未检自己的"专业标准"体系并形成一支未检专业化的队伍,才算真正完成未检专业化。进一步深化对少年司法规律的认识是加强未检专业化、保证未检工作健康发展的前提和基础,在当前也更具重要意义。

专题十一 未检指引：如何构建未检的"专业标准"体系？

当前，我国的未检工作专业化建设已经走到了一个关键性阶段。2015年12月，最高人民检察院正式成立"未成年人检察工作办公室（未检办）"，标志着未检工作专业化建设进入了一个新的发展阶段。站在新的历史起点上，全方位总结和提炼30年来未检工作、少年司法乃至整个未成年人保护工作中积累的丰富理论成果和实践经验（包括立法的、执法的和司法的），在准确把握未检工作的责任与定位的基础上，进一步明确未检工作的目标、途径及原则，细化具体的操作规则，在划定基本工作标准的同时，为未检工作未来发展提供方向性指引，从而使国家对未成年人的特殊保护制度真正落到实处，引导未检工作朝着正确、良好的方向发展，自然是最高检的当务之急。正因如此，孙谦副检察长指示制定《未检工作指引》，并对《未检工作指引》的框架、内容等，多次批示予以指导。我们认为，这实际上就是在构建未检自己的"专业标准"。近年来，未检工作已由自下而上的探索推动，逐步转为自上而下引领和上下结合、互动的发展道路，这一路径是非常可行的，并且已经取得了不小的成效，《未检工作指引》的制定也正在按此路径推进的。目前《未检工作指引》的整体框架已具雏形，出自公诉厅未检处以及上海、北京、浙江、江苏、山东、四川等省二十余名一线办案同志组成的编写小组之手；然后由浙江宁波组织人力进行小范围的修改补充，还专门邀请了华东政法大学法学院李振林博士、国家检察官学院操宏均博士、宁波大学法学院李娜博士三位专家全程给予指点和帮助。初稿形成后，在全国多个未检微信群中征求意见，征集案例、经验做法和工作中存在的问题等，很多地方还自发地征求了公安、法院、司法等相关部门的意见，很多地方的公安干警、少年法庭的法官以及律师等提出了很好的意见建议，使《未检工作指引》的编写过程起到了播种理念、凝聚共识的效果。目前，《未检工作指引》之"总则""特殊检察制度""讯问未成年犯罪嫌疑人""询问未成年被害人证人""未成年人刑事案件审查逮捕""未成年人刑事案件审查起诉"共计六个部分已于2017年3月2日下发执行。我们二人有幸共同参与了这项工作，在反复沟通、切磋、碰撞中成为志同道合的知己。我们相信会有越来越多的同志与我们一样,立志为中国的未成年人保护事业而奋斗,成为我们的知己与合作者。下面,具体就《未检工作指引》的制定阐述一下我们的一些认识。

一、未检指引:构建未检自己的专业标准

根据百度百科的解释,所谓专业标准(professional standard),原意为专业目的,也就是标靶。其后由于标靶本身的特性,衍生出一个"如何与其他事物区别的规则"的意思。将"用来判定技术或成果好不好的根据"广泛化,就得到了"用来判定是不是某一事物的根据"。技术意义上的标准就是一种以文件形式发布的统一协定,其中包含可以用来为某一范围内的活动及其结果制定规则、导则或特性定义的技术规范或者其他精确准则,其目的是确保材料、产品、过程和服务能够符合需要。因此,我们认为《未检工作指引》的内容应当包括规范未检工作的特殊理念、职责范围(或称任务)、特殊制度、程序、机制包括考评体系等,以将未检工作与其他检察工作相区别,并确保未检工作的过程、服务符合未成年人保护的需要。据此,我们初步考虑《未检工作指引》应当主要包括以下内容:一是《未检工作指引》的制定目的、依据及适用范围(实际上就是未检职责范围),未检的工作理念、原则、目标、任务及相关机制,上述内容可以在《总则》中规定;二是特殊制度落实指引,包括强制辩护、听取律师意见、社会调查、法定代理人(合适成年人)到场、心理疏导与测评、当事人和解、附条件不起诉、分案起诉、犯罪记录封存等;三是帮助教育指引;四是讯问未成年犯罪嫌疑人指引;五是询问未成年被害人、证人指引;六是未成年人刑事案件审查逮捕指引;七是未成年人刑事案件审查起诉指引;八是法律监督指引,包括侦查监督、审判监督、刑罚执行监督和民事行政监督;九是未成年人入罪指引;十是办理侵害未成年人人身权利刑事案件指引;十一是犯罪预防指引,包括再犯预防、临界预防、类案预防、一般预防;十二是未检文书制作指引;十三是未检工作评价指引。我们认为上述"指引"都是目前未检实践迫切需要的,应当尽快制定出台。当然,由于目前未检工作还处于起步阶段,我们对很多问题的认识还需要一个逐步深入的过程,我们的"专业标准"不可能一蹴而就,因此,可以成熟一个推出一个。如目前已下发执行了六个方面的"指引",我们认为《未检工作指引》应当为未检"专业标准"的构建做出最大限度的努力,奠定一个坚实的基础,然后,我们再在这个基础上不断进行建设。如"未成年人入罪指引"。目前,我国没有针对未成年人的专门实体法,现行《刑法》对未成年人犯罪的特殊规定极其有限,基本上是"小儿酌减"(从轻、减轻)的理念及技术水平,但是未成

年人与成年人相比因脑成熟程度而导致的巨大差异，要求对其应采用不同标准的法律加以应对。如《刑法》条文中规定的"明知"，是依照成年人、理性人和健全人的标准来确定的认知能力，成年人的"明知"不能等同于未成年人的"明知"，即使是同样"明知"携带的是毒品，成人与未成年人对这一行为的性质、后果的认识也存在着本质误差，二者在行为动机、行为方式上也同样存在差异，如孩子就更容易被人唆使，更容易误认为自己带的不过是一种娱乐时用的药丸，误认为只是替人帮忙。① 又如，对未成年人的自首应当考虑其心智尚未完全成熟，在认定上要相比成年人放宽。如未成年人卢某某将同学捅伤后，即告知了学校老师和双方家长，并一起将被害人送至医院抢救，在抢救室外被公安人员抓获。一审检察机关和法院以没有投案的意愿为由，没有认定自首，致一审判决量刑过重，检察机关亦没有提出抗诉。二审检察院补充相关证据后，认为未成年人向学校投案，并向双方家长承认案件事实，归案后亦能如实供述，符合自首的精神，应当认定自首，遂要求法院依法改判，最终二审从14年有期徒刑改判为8年有期徒刑。因此，《未检工作指引》可以先在总体上要求充分考虑未成年人的身心发展特点和认知水平，在罪与非罪、此罪与彼罪，"明知""应知""应当预见""已经预见"等主观状态的判断以及自首、坦白、立功、被胁迫、被教唆、被害人过错等情节方面，区别于对成年人的认定；然后根据研究情况，不断对各类未成年人案件进行"指引"。目前下发的《未检工作指引》在第一章总则下第三节"基本要求"中的第17条规定了"【区别对待】人民检察院办理未成年人刑事案件，应当区别于成年人，充分考虑未成年人的身心特点、认知水平，在事实认定、证据采信、罪与非罪、此罪与彼罪、情节把握等方面，提出有针对性的意见"，一定程度上解决了这个问题。下一步应当在此基础上，总结司法实践经验，对各类未成年人案件进行"指引"。比较迫切的有未成年人盗窃案件、强索类案件、共同犯罪案件、少男少女自愿发生性关系案件、少女妈妈杀婴案件等。因为上述案件或者属于常见、多发，如未成年人盗窃案件、故意伤害案件、共同犯罪案件；或者属于司法实践中在实体处理上较为混乱，如实践中大量的未成年人强索类案件在罪名认定上存在混乱、量刑处遇上偏差较大；或者属于理念与行动严重脱节，如我们在理念上提倡对未成年人犯罪少捕慎诉，但像少女妈妈杀婴案这类后果严重，但主观恶性小、没有再犯可能性的案件，实践中却基本上均起诉判刑等，因此应当作为重点进行研究，尽快给出指引。《未检工作指引》应当先行解决司法实践中反映较为突出的问题，协调好未成年人案件处理个别化与刑罚规范

---

① 皮艺军：《中国少年司法理念与实践的对接》，载《青少年犯罪问题》2010年第6期。

化的关系,并在不断积累经验的基础上,逐步将未成年人犯罪的实体处理与成年人完全剥离。

二、突出强调未检工作的核心:司法保护

《未检工作指引》应当有一个一以贯之的灵魂,将上述所有分散的"指引"串起来,以保证所有未检工作都能以此"灵魂"为指针。就像串起珍珠项链的那根"线",将所有珍珠连缀起来,形成一个浑然一体的美丽的项链。我们认为这根"红线"就是司法保护,就是"帮助、教育、保护未成年人",包括未成年犯罪嫌疑人、未成年被害人、证人等,即检察视野下的所有需要帮助的未成年人。这一观点是有充分的政策法律依据的。《高检决定》第4条要求:"坚持把'教育、感化、挽救'方针贯穿于办案始终……要以是否有利于涉罪未成年人教育、感化、挽救为标准,慎重决定是否批捕、起诉、如何提量刑建议、是否开展诉讼监督。要坚持在审查逮捕、审查起诉和出庭公诉等各个环节对涉罪未成年人进行教育、感化、挽救,寓教于审,并注重用科学的方式、方法提高帮教效果。要加强与涉罪未成年人家长、有关部门和社会力量的配合,认真分析涉罪未成年人犯罪原因、身心特点和帮教条件,制定帮教方案,落实帮教措施,有针对性地开展帮助教育和心理矫正。"《高检通知》第2条要求:"进一步履行法定职责,严厉打击侵害未成年人的犯罪,保护救助未成年被害人。为全面落实国家对未成年人司法保护政策,充分体现双向保护原则,各地要结合实际,将性侵害未成年人,拐卖(绑架)儿童,胁迫、诱骗、利用未成年人犯罪等专门针对未成年人的犯罪案件纳入未成年人刑事检察部门受案范围,强化立案监督,积极介入侦查引导取证,依法严厉打击危害未成年人犯罪。在办案中注意讲究方式和技巧,依法保护未成年被害人的名誉权、隐私权等合法权益,避免对其造成二次伤害。要加强与司法行政、民政、教育、卫生等相关部门及未成年人保护组织的联系和协作,共同做好未成年被害人的身体康复、心理疏导、法律援助、司法救助等工作,保证各项特殊保护政策和制度在检察机关得到贯彻落实,更好地保护涉案未成年被害人的合法权益。"《八项措施》第2条要求:"努力保护救助未成年被害人。依法保障未成年被害人及其法定代理人参与权、知情权等各项诉讼权利,保护未成年被害人的名誉权、隐私权等合法权利,避免在办案中造成'二次伤害'。对于性侵未成年人等刑事案件,有条件的地方检察机关可以会同公安机关建立询问未成年被害人同步录音录像制度。同时,要注重加强与司法、民政、教育、卫生等相关部门和未成年人保护组织的联系和协作,推动落实法律援助、司法救助、身体康复、心理疏导、转移安置、技能培训、经济帮扶等综合救助工作,努力帮助未

成年被害人恢复正常的生活和学习。"第 3 条要求："最大限度教育挽救涉罪未成年人。贯彻国家对犯罪未成年人'教育、感化、挽救'方针和'教育为主、惩罚为辅'原则，坚持依法对涉罪未成年人'少捕慎诉少监禁'，落实专业化办理、法律援助、合适成年人到场、社会调查、亲情会见、附条件不起诉、社会观护、帮扶教育、犯罪记录封存等特殊保护制度，最大限度促进涉罪未成年人悔过自新、回归社会。对于因年龄原因不负刑事责任的未成年人，应当与公安机关以及家庭、学校、社会保护组织等加强协调、配合，通过加强管教、社会观护等措施，预防再犯罪。"上述所有规定的核心其实就是司法保护，就是"帮助、教育、保护未成年人"。即实体、程序的构筑均服务于未成年人保护，只有用"司法保护"这一主线串起所有的程序和实体（包括审查逮捕、讯问、询问、审查起诉、法律监督、犯罪预防等），才能使整个《未检工作指引》形成一个脉络清晰、环环相扣、实体与程序紧密融合的有机体。离开司法保护这一少年司法的核心，即使把一大堆的"指引"拼凑在一起，依然是没有灵魂的东西。在《未检工作指引》制定过程中，我们不断发现大家习惯性的思维方式依然是成人司法的思维方式，这需要不断地反思和修正。如即使在前面把原则写得很到位，可在后面具体规则的制定上却与原则严重脱节。因此，必须把"司法保护"作为核心，努力增加具体规则与原则的结合度，使二者浑然一体，有利于避免《未检工作指引》在具体规则的制定上与大原则相脱节，从而解决目前原则与具体规则"两张皮"的问题。

三、依据法律，细化操作，填补空白

《未检工作指引》所涉及的内容有些是分散在各个法律文件当中，对此可以把所有散见于相关法律、法规、司法解释、司法文件中与未检工作有关的"规范"都整合起来；但是，真正具有挑战性的工作是，目前还存在相当多的空白，如教育感化工作虽然要求很高，但在我国目前相关法律、司法文件中仅有一些原则性、授权性规定，缺乏行为范式和统一规范，可操作性较差，实践中虽然不乏帮教的亮点案件，但基本上依赖承办人员的责任意识和主观能动性，随意性较大；再如由于未成年人的身心发展特点有别于成年人，为保护其身心健康，以及有效提高其供述或者陈述（证言）的证明力，对讯问、询问未成年人的方式、方法，讯问、询问前的准备以及讯问人员、询问人员的选择等都应有所讲究，但目前我们对这些方面的规范还极其欠缺。对这些需要进行大胆的探索，以先进的理论学说为指导，并大量借鉴国内外的未检工作、少年法庭工作、少年警务工作等方面的实践经验，努力将专家学者的理论观点和少年司法及未成年人保护领域实践探索中较为成熟的经验做法转化为可实际操作

的具体规则，尽可能填补这些空白。而填补这些空白，是一项创造性的劳动，是从无变有，而且往往需要打破束缚少年司法的成人司法的条条框框，而这必然会带来激烈的争议。下面便是在某少年司法微信群中的一段争论：

A：少年司法领域有很多基层探索不都是突破法律规定，后来《刑事诉讼法》吸收进去了？

B：以前是野蛮生长，现在越来越强调依法改革。

A：依法并不代表成人司法理念，《北京规则》和《儿童权利公约》的要求，儿童利益最大化不是一句话啊，它要落实到具体执法过程中。

B：即使是国际公约，也得转化为国内法后才能执行。大家奉为圭臬的《北京规则》，其实并不是国际公约，《北京规则》不存在转化国内法的问题，它不是国际公约或条约。

B的观点在未检群体中是具有一定普遍性的。这就给我们提出了一个问题：大家普遍认可这样一个前提，即目前我国少年司法制度还远未完善，至于如何去完善，B的观点基本上是等立法，甚至我国全国人大常委会已经批准的《儿童权利公约》也得等立法机关将其转化为国内法后才能执行，而《北京规则》由于不是国际公约或条约，不必转化、不必执行。

作为司法人员，我们当然认可严格依法，但问题是依什么法、怎么依法，依法仅指依"具体的、具有操作性的法律条文"，还是也包括"法律明确规定的原则以及法律条文背后所体现的法律的精神"？《儿童权利公约》《北京规则》等联合国法律文件所规定的具体制度、要求与我国法律规定的原则相契合，我们可不可以依照？尤其是当普通程序所规定的"具体的、具有操作性的法律条文"与特殊程序所"明确规定的原则"相冲突时，我们怎么依法？如《刑事诉讼法》第79条第2款规定符合三种情形时无须实质审查社会危险性和羁押必要性，一律"径行逮捕"，而特别程序第269条规定"对未成年犯罪嫌疑人、被告人应当严格限制适用逮捕措施"，联合国《儿童权利公约》第37条（b）项规定"对儿童的逮捕、拘留或监禁应符合法律规定并仅应作为最后手段，期限应为最短的适当时间"，对此我们如何执行？

我们认为，依法不仅指依"具体的、具有操作性的法律条文"，还包括"法律明确规定的原则以及法律条文背后所体现的法律的精神"；《儿童权利公约》《北京规则》等联合国法律文件所规定的具体制度、要求与我国法律规定的原则相契合的，我们也可以参照，我们作为《儿童权利公约》的缔约国，并接受了《北京规则》等国际文件，认同了国际法中体现的少年司法的价值追求作为我们共同的价值信仰，我们就没有理由把国际文件当作"摆设"。甚至其他国家、地区的法律规定、实践经验、研究成果，只要与我国法律不冲突，能够解决我们遇到的问题，我们也可以借鉴；当普通程序所规定的"具体的、具有操作性的法律条文"与特殊程序所"明确规定的原则"相冲突时，我们依"特殊程序"所规定的"法"，而且所有以成年人为基准制定的"法"（如普通程序），都要受少年司法原则、理念（如特殊程序所规定的原则）的检验，凡是不符合少年司法原则、理念的，我们都要予以改造。因为不如此，少年司法的原则、理念，特殊程序所规定的很多原则制度依然是摆设；因为只有这样，我们才能尽快建立起未检自己的"专业标准"和我国的少年司法制度。

总之，《未检工作指引》就是要把普通程序的各项规则与特别程序理念、原则对照、检验，如径行逮捕规定等，与特别程序冲突的要加以改造；按照特别程序的理念原则检验所有的制度规则、方式手段，如讯问询问的时间、方式、策略等，是否适合未成年人，还是与帮助教育未成年人的目标背道而驰，并在《未检工作指引》中予以规范，目标是改变普通程序仍然主导未成年人案件办理的现状，推动少年司法与成人司法完全二元分立，使特别程序不再依附于普通程序。

上海市人民检察院副检察长余啸波在上海未检工作二十五周年会议上以《继往开来　不断进取努力开创上海未成年人检察工作新局面》为题的讲话中有这么一些内容："一、上海未检工作的发展与回顾（一）初创起步，大胆前行（1986—1995 年）……1985 年 11 月 29 日，联合国第 96 次全体会议在北京通过了《联合国少年司法最低限度标准规则》（即《北京规则》）。少年保护和少年司法的国际国内发展形势，对我国未成年人刑事检察理念与实践产生了重大影响。正是在这样的背景下，上海检察机关开始了对未成年人刑事检察工作的探索。"……"二、上海未检工作二十五年发展的成效与经验……二十五年的未成年人刑事检察工作经验集中体现在四个方面：……三是坚持改革创新的发展思路。各级未检部门始终坚持与时俱进的精神和求真务实的作风，着眼于检察改革和少年司法制度的进步，以创新求发展，以创新促完善。各级未检部门始终遵循《北京规则》《儿童权利公约》等有关未成年人保护的国际公约，从实现社会公平与正义和未成年人特殊司法保护的高度出发，坚持非犯罪化、非刑罚化、非监禁化的理念，实现未成年人权益保护最大化。市院鼓励基层未检部门，结合区域特点先行先试，大胆探索，引导基层院把工作思路转变成工作方法，把工作方法转变成工作经验，把工作经验转变成工作机制，及时总结和提炼。未检干部立足检察职能，结合工作实践，针对未成年人身心特点，创建了有别于成年人的特殊工作制度……"我们想问：是上海的上述经验过时了，还是我们可以懈怠了？

近年来，在立法部门主导的立法修律活动之外，由政法决策机构主导、司法部门积极参与的司法改革运动，虽然通常并没有直接的法律依据，但却是针对司法制度中存在问题所作的一种制度变革试验。甚至在一些全国性的司法改革方案实施之前，很多基层司法机关已经开始进行了改革探索，通过观察这些自下而上、自生自发的改革试验，对其改革效果作出评估，最高政法决策机构将那些较为成熟的改革经验上升为国家司法方案，并在更大范围甚至全国范围加以推行。如刑事和解制度、特别程序、相对独立的量刑程序、被害人国家司法救助制度等，都经历了从基层司法机关改革探索到推广到全国司法机关的制度形成过程，其中一些制度被立法部门承认，以成文法的形式确立在法典之中。这种"司法推进主义"的制度变革，相较于我国传统的"立法推进主义"的变法修律道路，有其独特的优势：一是所确立的新制度经历了长时间的改革试验，其实施效果可以得到科学的观察和评估；二是新制度经历了完整的"试错"过程，其劣势和负面影响可以得到准确把握，其负面作用在一定程度上是可控的；三是新制度不仅仅属于个别基层司法机关的特殊经验，且是被证明具有向全国加以推广的价值；四是新制度的实施效果显示，它的推行可以有效解决司法实践中的问题，这在很大程度上平息了有关该制度理论正当性的争议等。① 因此，我们认为上海经验不仅没有过时，而且"司法推进主义"道路已经被越来越多的法律人所接受，在我国目前少年司法制度还远未健全的今天，作为"未检人"，我们更应当沿着"司法推进主义"道路努力前行。

那么，在我们构建未检"专业标准"的道路上，《儿童权利公约》《北京规则》《利雅得准则》《联合国保护被剥夺自由少年规则》等可不可以作为我们的"圭臬"呢？我们知道，儿童权利保护的国际性文件主要涉及联合国及其有关组织通过的决议和公约。从性质上看，联合国及其组织所通过的决议不具有法律效力，但是对于各国具有一定的指导作用，并为公约的制定提供了一定的理论指导；而公约则对其成员国有直接的法律效力。《儿童权利公约》是最成功的国际公约之一（仅美国没加入），反映了国际社会已经逐渐认识到儿童权利保护的重要意义。其确立了儿童权利保护的四个一般原则：非歧视、儿童最大利益、尊重儿童意见以及确保儿童生命权、生存权和发展权原则，并明确了儿童所享有的各项权利，要求各国采取一切适当措施以及加强国际合作以保障儿童权利，这对于各国立法、行政、司法以及其他有关措施的适用具有直接的指示意义。全国人民代表大会常务委员会在1991年就批准了《儿童权利

---

① 陈瑞华：《制度变革中的立法推动主义——以律师法实施问题为范例的分析》，来源于三亿文库3y.00456.com.

公约》，因此我们有履约义务，2013年联合国就审议了我国履行《儿童权利公约》情况。也就是说《儿童权利公约》对我们具有法律约束力。而且《儿童权利公约》实在是儿童生存发展最基本的权利，不是多高的标准，是大家几乎都认可的权利，我们应当努力将其落实。

《北京规则》是1984年5月由在北京召开的"青少年犯罪与司法"专题专家会议讨论、修改、定稿的（我国参与了制定），在1985年12月召开的第四十届联合国大会上成为联合国的正式文件。从保护儿童权利这个角度来看，显然《北京规则》是国际儿童权利保护的一个重要文件。该规则确立了少年司法的最低限度标准，以供各国在少年司法上加以参照，起到保护儿童权利、照顾儿童特殊要求的作用，要求对少年犯给予特殊的待遇，从而起到对他们进行教育的目的。从该规则所包含的内容来看，是在吸收和借鉴各国少年司法的原则、实践和研究成果的基础上制定的，是对各国在少年司法上成功经验的肯定，为各国少年司法提供有利的指导，在很大程度上体现了各国包括我国，以及国际社会对少年司法问题的关注。因此，我们认为可以把《北京规则》作为标尺来衡量我国的少年司法制度，与它相比我们还有很大差距，《北京规则》的很多要求我们还没落实，这正是我们努力的方向，而我们现在所取得的成绩正如余啸波副检察长在讲话中指出的，正是在这样的衡量中产生的。因此，我们认为可以以其为蓝本，来构建我们未检的专业标准。还有《联合国预防少年犯罪准则》(《利雅得准则》)强调对少年犯罪的预防，全面性预防计划包括：（1）在深入调研制定预防犯罪方案的基础上，明确参与预防犯罪工作的合格机关、机构以及参与人员的责任；（2）制定具体办法以及预防犯罪的政策、方案和战略，并不断进行监测和认真地作出评估；（3）制定有效减少不端行为发生的方法；（4）促进社区的积极参与；（5）在各级政府之间开展密切的跨学科合作；（6）青少年的参与；（7）各级专业人员。强调各种方法的有效结合，并且要求使青少年参与相应预防政策的制定，这一方面可以使青少年从中获取有用的知识，增强他们预防犯罪的感性认识，另一方面还可以使政策的制定者获得青少年的意见建议，从而使所通过的政策更加合理；强调跨学科研究，可以较完全地认识青少年犯罪的根源，而不是仅从某一个角度来片面地看待青少年犯罪现象；专门对家庭的作用进行了详细的规定，因为在很大程度上，青少年的犯罪就是因为家庭的缺位所造成的等。上述联合国规则、准则虽然不具有法律效力，但都是对儿童权利保护的某个领域具有指导意义的法律文件，对于各国具有一定的指导作用，也都是人类共同的智力成果，我们当然可以予以参照。

另外，我们认为《未检工作指引》可以在提供方向性指引的同时，鼓励各地在依法（在此再次重申我们所谓的依法，不仅指依"具体的、具有操作性的法律条文"，还包括"法律明确规定的原则以及法律条文背后所体现的法律的精神"）的前提下因地制宜，创新工作的方式方法。因此，《未检工作指引》可以介绍一些具有进步意义的案（事）例，从而对各地未成年人案件的办理、未检工作的推动起到一定的指导和启发作用。为此，《未检工作指引》在体例上可以包括"条文"和"说明"或者称"理解与适用"两个部分。"条文"部分应当是现行"规范"的集中整合以及进一步的细化，其中当然还要增加不少内容，前面已提到目前还有许多空白需要填补，在此不再赘述；"说明"部分则是对"条文"的解释和提供具体的操作范式，主要包括法律依据、实践做法、典型案例、理论学说等内容，这样可以帮助未检人员更深刻地理解"条文"、更好地进行实际操作。

以上是我们对制定《未检工作指引》的一些建议。但是一般而言，"理想很丰满，现实很骨感"。从已经下发的《未检工作指引》看，还仅是万里长征的第一步，未来的挑战还相当多。很多同志质疑：为什么《未检工作指引》只有"捕加诉"？为什么没有帮教指引？为什么没有监督预防指引？这在别人看来未检工作还只是"捕加诉"，没有什么必要成立专门机构。我们认为提出这些质疑的同志对未检工作非常敏感，而且具有强烈的责任心，关心未检的前途命运，因此，我们非常感激。在此，我们想就上述问题再作一点简单的回应。我们在目前的《未检工作指引》中，无论是在"总则""特殊制度"，还是在讯问、询问以及捕、诉程序中，都尽可能地将帮教、预防思想嵌入进去；当然，单独的帮教指引、监督预防指引也很重要，因为具体帮教、监督的操作程序、方式方法等，不可能在讯问、捕、诉等程序中详细规定，需要在单独的帮教指引、监督预防指引中规定，因此应当尽快出台，尤其是帮教指引，因为帮教工作属于未检工作的灵魂部分。

● 核心观点

《未检工作指引》实际上是构建未检自己的专业标准，因此，应当把普通程序的各项规则与特别程序的理念、原则加以对照、检验，如果与特别程序相冲突就应当加以改造，以尽快改变普通程序仍然主导未成年人案件办理的现状，为推动少年司法的独立而努力。

专题十二　少年司法的特殊理念：未检"行动中的法"是什么？

《辞海》对"理念"一词的解释有两条，一是"看法、思想。思维活动的结果"，二是"观念（希腊文 idea）。通常指思想。有时亦指表象在人脑里留下的概括的形象"。① 司法理念是有关司法的本质特征、精神实质的认识和观念的组合，是指导司法制度设计和司法实际运作的理论基础和主导价值观，也是基于不同的价值观（意识形态或文化传统）对司法的功能、性质和应然模式的系统思考。司法理念是司法的重要组成部分，是体现在司法体制、司法组织、司法程序中，并直接作用于司法人员，形成"行动中的法"即司法实践中的重要因素。② 少年司法③理念也就是对少年司法应当是什么的理性认识，是指导少年司法制度设计和运作的信念体系，根据这个体系来指导少年司法的具体实践。我国学术界在对少年司法理念的探讨中分别出现了四理念说、三理念说、二理念说、一理念说。持四理念说的姚建龙老师认为，少年司法的理念包括：国家亲权；刑罚个别化；少年宜教不宜罚；恤幼。持三理念说的张美英老师认为：国家是少年儿童的最高监护人；儿童不能预谋犯罪；突出教育、感化为主的教育刑。王雪梅老师的二理念说认为：监护权理论和儿童特别保护；持一理念说的于国旦认为：国家应该将少年违法者作为孩子对待，而不是作为罪犯来对待。④

我们认为，理念是存在于事物内部的道理、原理和精神，是被理解和认识的某种客观实在，也是对某种特定目标一系列价值选择的结果。正如学者范愉所指出的，理念具有客观基础，是由社会决定的，而不是纯主观的、先天和超验的东西。理念通常都是建立在其主体所生活的社会环境和具体历史条件之下

---

① 《辞海》，上海辞书出版社1989年版，第1367页。
② 范愉：《现代司法理念的建构》，载《检察日报》2001年7月17日第8版。
③ 少年司法在我国也称未成年人司法。根据我国相关法律以及联合国《儿童权利公约》等，本书所称"未成年人""少年""儿童"系指18岁以下的任何人。
④ 姚建龙主编：《中国少年司法研究综述》，中国检察出版社2009年版，第37—45页。

的，与特定的社会和时代背景相联系；理念是发展的，而不是静止和永恒不变的；是相对的和多元的，而非绝对的和单一的。①

基于上述对理念的理解，我们认为探讨少年司法理念，不仅要考察少年司法诞生的历史背景、社会思潮等，还需追随其发展的轨迹；而且既然探讨的是少年司法的特殊理念，则应当是少年司法独特的价值选择，而非一般的司法原理和精神。比如，虽然少年刑事法为少年司法的肇始，19世纪末20世纪初少年司法诞生是由于当时的社会环境导致少年犯罪增多，引发人们为控制和预防少年犯罪而成立少年法庭，即从表面上看，少年司法的独立出于控制犯罪的需要，是为了不使少年犯因教养不善而成为常习犯，然而，控制犯罪并非少年司法独特的观念基础，而是在人们把目光从"犯罪"转向了"少年"之后，发现了少年人的特殊性，正是这种客观存在的特殊性，使得少年司法独立于普通刑事司法成为必然。又如，虽然不能否认以实证主义哲学理论为基础的近代刑罚理论的核心——教育刑论对少年司法理念形成所产生的影响，但是，这些毕竟不是少年司法的特殊理念。再如，虽然不能否定恤幼对我国少年司法制度的影响，但是，恤幼的思想并没有催生出我国的少年司法制度，与其说恤幼是我国少年司法的独特理念，倒不如说它为少年司法的创设提供了合适的土壤。② 少年司法是一块陌生的土地，受制于家长制传统的中国人事先对此并没有任何想法，③ 而且对于未成年人的教育、挽救政策应当站在社会发展之于未成年人特殊保护的价值取向上看待，而不应当以成年人之于未成年人弱势群体的天然同情、怜悯的感性认识来看待。正因如此，我们基本上认同王雪梅老师关于"国家监护权理论和儿童特别保护观念才是少年司法独特的思想基础"的观点。④ 不仅因为少年宜教不宜罚、儿童不能预谋犯罪等理念可以被国家监护权理论和儿童特别保护观念所涵摄，还因为少年司法的特殊理念是从认识到"儿童"以及儿童的特殊性开始的，少年司法起源于人们对儿童利益的特殊关照，儿童福利运动是促成少年法院建立的最强动力。在漫长的人类历史发展中，无论中外，儿童由受歧视、受虐待的客体地位逐渐成长为"人"。或者说，人类慢慢发现了儿童。正是对儿童的发现，开始了真正的儿童保护运动。

---

① 参见范愉：《现代司法理念漫谈》，载中国法理网。
② 王雪梅：《论少年司法的特殊理念和价值取向》，载《青少年犯罪问题》2006年第5期。
③ 皮艺军：《中国少年司法理念与实践的对接》，载《青少年犯罪问题》2010年第6期。
④ 王雪梅：《论少年司法的特殊理念和价值取向》，载《青少年犯罪问题》2006年第5期。

"最好、最明智的父母所希望给予其孩子的，应当成为社会所力图给予其所有孩子的。"教育改革家约翰·杜威于1899年的宣言反映了无数代美国人对本民族少年素有的责任感。① 因而产生于19世纪与20世纪之交的少年法院是作为社会福利机构，其建立的首要理念就是防止将罪错少年作为罪犯对待，社会对待罪错少年应该像慈爱的父母对待自己犯错的孩子一样，充满关爱而不仅仅是惩罚。正是由于儿童与成人相比在各方面均处于弱势，使人们意识到儿童需要得到有别于成人的对待，特别是国家、家庭、社会以及相关机构的关心、帮助和爱护，才能融入社会并过上有尊严的生活；以及儿童需要特别保护是基于他们在社会中的角色，儿童不仅是人类未来发展的先决条件，儿童的状况也是社会发展、人权状况的重要指标；儿童的生存与发展不仅与其父母的生活和能力有密切关系，还与一个国家的社会、经济和政治状况相联系。随着对儿童认识的不断深化和发展，国际社会先后制定了一系列旨在保护未成年人的规则，如《北京规则》《联合国预防少年犯罪准则》（《利雅得准则》）《联合国保护被剥夺自由少年规则》（《东京规则》），这些规则的制定，以及出台后便很快得到了世界上大多数国家的支持，都表明了联合国以及世界各国对未成年人权力保护的高度重视。尤其是1990年颁布生效的联合国《儿童权利公约》，确立了儿童利益最大化原则，在法律、政策和实践中承认儿童的基本权利，对我国未成年人保护立法、司法起到了巨大的推动作用。如我国《未成年人保护法》的修订受到《儿童权利公约》的深刻影响，在儿童观上的革新可谓革命性的。我国《未成年人保护法》最早出台时，有着浓厚的治理未成年人违法犯罪的背景，是基于未成年人违法犯罪是由于未成年人没有得到有效保护的认识出台的，因此控制未成年人犯罪的立法思路十分明显。虽名为《未成年人保护法》，但却没有确立未成年人的基本权利，而是直接将未成年人作为被教育的对象；结构上虽然采用家庭保护、学校保护、社会保护、司法保护的综合"保护"体系，但在这四大保护体系中重点是对于与未成年人违法犯罪有关联的环节进行规定，其中尤以司法保护主要应对未成年人违法犯罪为突出。但是，修改后的《未成年人保护法》将《儿童权利公约》规定的儿童最基本需求的权利条款浓缩为四大权利，即生存权、受保护权、发展权（基于未成年人阶段的特点，将受教育权单独作了强调）和参与权，以及国家对此四大权利的特殊、优先保障义务和非歧视性义务予以确立，并将尊重儿童权利和独立个体的新儿童观贯穿于各章之中，其中最为显著的体现是保障未成年人参与权的条款的增设。如在家庭保护中，新增"父母或者其他监护人应当根据未成

---

① 徐显明：《少年司法的一个世纪》，商务印书馆2008年版，第11页。

年人的年龄和智力发展状况,在作出与未成年人权益有关的决定时告知其本人,并听取他们的意见"规定;在社会保护中,新增"全社会应当树立尊重、保护、教育未成年人的良好风尚,关心、爱护未成年人"的规定统领全章,"尊重"显著地摆在了"保护"和"教育"之前。

另外,少年司法有广义和狭义之分。广义上讲,少年司法就是以少年这一类特殊的主体为保护对象,司法机关作为保护主体,运用一定的司法程序以保障少年的福利与其合法权益的各种手段和措施的总和。德国、美国等都是这一类的典型代表。以德国为例,德国依据《少年福利法》和《少年法院法》,分别负责少年保护事件和少年罪错事件的处理,前者囊括了有关18岁以下少年儿童的救助问题,为少年在成长初期提供了各种保护、救济和教育措施;后者针对少年的一般越轨、严重不良行为、刑事犯罪行为,对少年采取区别于成人的处置措施予以挽救、教育和矫治。狭义上讲,少年司法单指办理少年刑事案件的侦查、起诉、审判等应贯彻教育、感化、挽救方针,要区别于成年人定罪量刑的标准以实现对少年的保护。以我国为例,虽然在《未成年人保护法》中有提到司法保护的字眼,但无论是从法律依据、组织构建、程序运作、实践操作中都只能看出我国主要通过行政手段来实现少年福利,司法保护仅仅是一种协助手段,算不上是一种独立的救济手段。在处理未成年人刑事案件时,司法才真正走向了制度层面,无论是《刑法》有关对未成年人犯罪的宽宥处罚规定,还是《刑事诉讼法》中的未成年人刑事案件诉讼程序,都可以看出司法保护在整个未成年人刑事案件处理环节中的重要指导意义。但是,随着未成年人法学研究由关注未成年人犯罪转向强调未成年人权益保护,如佟丽华律师认为未成年人法学的法律体系包括:(1)未成年人法学理论基础:法律学科的理论支持;(2)未成年人法学家庭法:以未成年人在家庭中的权利义务为研究对象;(3)未成年人法学学校法:以未成年人在学校中的权利义务为研究对象;(4)未成年人法学国家保障法:国家如何向未成年人提供特殊保护;(5)未成年人法学矫治法:以未成年人不良思想和行为以及如何矫治为研究对象;(6)未成年人法学刑事犯罪法:以未成年人为当事人的刑事犯罪为研究对象;(7)未成年人司法制度:以未成年人为一方当事人的诉讼程序为研究对象。① 以及司法实践中,法院系统自2006年起开展未成年人案件综合审判庭改革,即改变传统少年法庭"小刑庭"的模式,将涉及未成年人的民事、行政案件纳入少年法庭受案范围;2014年《高检通知》要求"将性侵害未成年人,拐卖(绑架)儿童,胁迫、诱骗、利用未成年人犯罪等专门针对未成

---

① 佟丽华:《未成年人法学》,中国民主法制出版社2001年版,第40—41页。

年人的犯罪案件纳入未成年人刑事检察部门受案范围";2015 年《关于成立最高人民检察院未成年人检察工作办公室的通知》(高检发政字〔2015〕96 号)明确未检办的主要职责是:"负责全国未成年人检察工作的综合业务指导以及未成年人涉嫌犯罪案件、侵害未成年人人身权利犯罪案件审查逮捕、审查起诉、出庭公诉以及涉及未成年人的刑事、民事、行政诉讼监督活动的个案指导"等,我国的未成年人司法也开始向未成年人综合保护方向发展,这与其理念的完善有直接关系。① 因此,我们认为对于我国少年司法理念的探讨,应当与时俱进。从广义的少年司法出发,结合我国未成年人保护理论和实践发展现状,应当将国家亲权、未成年人利益最大化和尊重未成年人的观念看作少年司法的特殊理念,亦即未检"行动中的法"。

一、国家亲权[②]理念

"国家亲权"的概念最初来源于英国衡平法中关于国家是少年儿童的最高监护人而不是惩办官吏的原理。对此,有学者总结如下:首先,国家居于未成年人最终监护人的地位,负有保护未成年人的职责,并应当积极行使这一职责;其次,强调国家亲权高于父母的亲权,即便未成年人的父母健在,但是如果其缺乏保护子女的能力以及不履行或者不适当履行监护其子女职责的时候,国家可以超越父母的亲权而对未成年人进行强制性干预和保护;最后,主张国家在充任未成年人"父母"时,应当为了孩子的利益行事,即应以孩子的福利为本位。③ 国家如同未成年人的双亲一样,应当为缺乏管教、缺乏寄托的未成年人谋福利,并应当对他们尽一定的扶助义务。④ 作为最高的家长,国家有义务去关心未成年人的福利,保护未成年人的权益,矫正未成年人的罪错,而不是强调惩罚犯罪的未成年人。国家亲权理论对少年司法的影响为中外学者所认可。如我国台湾学者朱胜群指出:"少年法之理论……系导源于英国普通法之国家监护权观念,经长期之演变为其主因。"⑤ 国家亲权理念,也得到了少年司法实践的确认。如英美法系国家的少年司法制度,一般都明确承认国家监护权思想的指导地位。大陆法系国家的少年司法制度虽未明确宣布国家监护权

---

① 钱纯妮:《我国少年司法制度的理念和处遇方式的多元化》,载《法律与社会》2015 年第 18 期。
② 又译为"国家监护权""国王亲权""国亲思想"。
③ 姚建龙:《长大成人:少年司法制度的建构》,中国人民公安大学出版社 2003 年版。
④ 甘雨沛、何鹏:《外国刑法学》(上册),北京大学出版社 1984 年版,第 557 页。
⑤ 朱胜群编著:《少年事件处理法新论》,三民书局 1976 年版,第 32 页。

理论的指导性地位，但少年司法制度的设计和运作中，无不体现出国家监护权思想作用的痕迹。① 根据国家亲权的传统理论，少年司法中的国家责任、社会责任和家庭责任的理念便随之产生了。国家作为少年的最高监护人，既可以通过行使公权力，保证未成年人的监护和保护，不会因他们的监护人和保护人的失责而陷入风险之中，也表明了在未成年人对社会或他人造成侵害之后，社会与家庭有义务承担少年所不能承担或不应承担的责任。也就是说，少年司法中没有"罪责自负"，"少年犯罪社会有责"，少年犯罪处遇的轻缓化正是基于这一国家责任说。未成年人与成年人相比的身心差异，是否定"罪责自负说"的一个基本的客观前提，而国家责任则是否认"罪责自负说"的主观认定。对于犯罪少年刑事责任的减免，并非对司法公正的破坏，而是使原本倾斜的天平重新恢复平衡。少年司法的介入，恰恰是要扭转这种不平等。② 我国虽然没有明确规定国家亲权原则，但我国《未成年人保护法》第 6 条第 1 款规定："保护未成年人是国家机关、武装力量、政党、社会团体、企业事业组织、城乡基层群众自治组织、未成年人的监护人和其他成年公民的共同责任"，即一定程度上确认了国家在保护未成年人方面的权力和责任；而在少年司法制度中，这一权力和责任转化为少年司法权，少年司法的运行以这一权力和责任为理念指导。与国外司法制度不同的是，我国检察机关具有作为法律监督机关的宪法地位，而并非单纯的国家公诉机关。其在少年司法体系中居于前承公安、后启法院的重要地位，在少年司法制度建设与未成年人司法保护中可以发挥更加积极的作用。因此，我们认为，无论是建立未检的专业标准还是在其他未检工作中，都应当凸显"国家监护人"的角色定位，对于处于困境的未成年人，包括涉嫌犯罪和权益受到侵害的未成年人，应当积极履行国家监护职责，充分发挥法律监督职能，维护未成年人合法权益。

二、未成年人最大利益理念

未成年人最大利益原则是联合国《儿童权利公约》所确立的一项基本原则。《儿童权利公约》第 3 条第 1 款规定："关于儿童的一切行动，不论是由公私社会福利机构、法院、行政当局或立法机构执行，均应以儿童的最大利益为一种首要考虑。"未成年人最大利益理念是未成年人保护方面最重要、最根本的原则性问题，是所有涉及儿童的行动应当首先考虑的一个指导性原则，所

---

① 姚建龙：《长大成人：少年司法制度的建构》，中国人民公安大学出版社 2003 年版，第 43 页。

② 皮艺军：《中国少年司法理念与实践的对接》，载《青少年犯罪问题》2010 年第 6 期。

有有关儿童权利的规定、执法等都应以此原则为前提,对于推进国家、社会、学校、家庭等层面重视未成年人问题、保护未成年人合法权益具有重要意义,更对立法、司法、执法等环节有指导作用。根据《儿童权利公约》第2条第1款规定,"缔约国应尊重本公约所载列的权利,并确保其管辖范围内的每一儿童均享受此种权利,不因儿童或其父母或法定监护人的种族、肤色、性别、语言、宗教、政治或其他见解、民族、族裔或社会出身、财产、伤残、出生或其他身份而有任何差别","未成年人最大利益"是针对所有未成年人的,应当体现在每一个未成年人身上,不能有任何歧视,卷入司法程序的未成年人当然也不例外。这一理念,促使人们在实体和程序方面采取一系列特别的措施以使处于特殊困境的未成年人得到公正对待。"未成年人最大利益"是否被作为一种首要考虑,至少有以下衡量标准:一是优先性标准,即关于未成年人的一切行为是否以未成年人利益优先;二是特殊性标准,即关于未成年人的一切行为是否充分考虑到了未成年人身心发展和权利的特殊性,并给予了充分的尊重;三是本位性标准,即关于未成年人的一切行为是否真正以未成年人为本位。

首先,儿童利益的优先一定是相对于成人利益和社会利益的。这里所涉及的"优先"是实施权益保护中的排序,是成人社会向儿童社会的让步。这种"优先"绝不能被简化为"当灾难来临的时候先救助未成年人"那么简单,还将涉及十分复杂的权利保护的博弈过程。在宏观层面上,对于社会安全的防护与对于儿童利益的保护是一致的,是不冲突的,不存在次序上的先后。但在具体的微观层面上,社会权益的维护与儿童权益的保护就会在操作层面发生各种各样的冲突,少年司法的任务就是为解决这些冲突打开出路。不承认这种不平等和利益冲突,也就否认了少年司法保护存在的历史价值和现实价值。在操作层面上当两种利益发生冲突时,社会(成人)利益必须让位于未成年人的利益,社会的权力资源、财富资源必须向未成年人权利保护这一领域倾斜,社会必须为未成年人所造成的社会损失付出代价。否则"儿童权利优先"这一原则便很有可能被架空,而成为一句空话。在实践中最危险的做法就是:成人可以在任何时候和任何情况下高举社会利益的大旗,用保护社会利益来剥夺和压制未成年人权益,或者把社会利益的实现当作阻止或延缓未成年人权益实现的最好借口。应当这样来认识:未成年人利益的优先保护,就是对社会利益的最完善的保护。把未成年人权利保护和健康发展当作全部少年司法的最高目标,在这个目标面前社会权益也必须要做出让渡,而不是超越这个目标。[①]

其次,《儿童权利公约》在序言中指出,"儿童因身心尚未成熟,在其出

---

① 皮艺军:《中国少年司法理念与实践的对接》,载《青少年犯罪问题》2010年第6期。

生以前和以后均需要特殊的保护和照料，包括法律上的适当保护"。正是基于儿童需要得到特别保护的理念，对于有关儿童事件的处理就需要有特殊的组织、特殊的法则、特殊的程序、特殊的手段和方式等。正如教育刑论者所主张的，违法犯罪的少年也是一个发展着的动态主体，定罪量刑除了依照条文以外，还应根据其社会生活环境、身心发育状况、所受教育、人格形成过程等多方面的情况综合判断，特别考虑到未成年犯的未来和前途，利于其复归社会的正常生活。特别保护原则不仅受到奉行教育和感化为主的福利主义、矫治主义的青睐，而且在大多数国家的少年刑事政策和国际文件中都有所体现。例如，2004年国际刑法学大会形成的《国内法和国际法下的未成年人刑事责任决议》在序言中指出："未成年人需要社会的特殊保护，尤其需要立法者、社会制度及司法制度的特殊保护。"就充分体现了对少年特别保护的理念。

最后，以未成年人为本位是将未成年人作为一个独立存在的主体看待，尊重未成年人的生理、心理和特殊需求，站在未成年人的视角来处理和对待他们成长过程中所遇到的问题，具体而言，包括以下内容：（1）未成年人是人，具有人的尊严以及其他一切基本权利；（2）未成年人是一个全方位不断发展的人，具有满足生存和发展需要的权利；（3）未成年时期不只是为成人期做准备，它具有独立存在的价值；（4）未成年人有其内在的生动的精神文化生活，成人应当尊重和珍视这种精神文化生活；（5）未成年人有接受教育的权利，教育的目的不仅在于其自身的发展，还在于带给未成年人欢乐幸福。儿童利益最大化意味着未成年人的每一项权利都应尽最大可能予以满足，儿童利益最大化就是儿童权利最大化。虽然儿童正处于成长过程中，但他们不应该被简单地视为一个弱小的仅仅需要特殊照顾的群体，而应作为一个独立的拥有权利的群体被所有人尊重。正如鲁迅先生曾说的："孩子小的时候不把他当人，长大以后，也就成不了人。"

虽然目前我国《未成年人保护法》仅规定了未成年人"特殊、优先保护"原则，没有明确确立"未成年人最大利益"这样一个为国际社会所公认的儿童保护原则，但是，随着未成年人保护工作的不断深入，未成年人利益最大化理念在我国逐步深入人心。2011年7月，国务院颁布的《中国儿童发展纲要（2011—2020年）》在第一部分确立了："坚持儿童优先原则，保障儿童生存、发展、受保护和参与的权利，缩小儿童发展的城乡区域差距，提升儿童福利水平，提高儿童整体素质，促进儿童健康、全面发展"的指导思想，同时确立了五项基本原则：（1）依法保护原则；（2）儿童优先原则；（3）儿童最大利益原则；（4）儿童平等发展原则；（5）儿童参与原则。最高人民法院、最高人民检察院、公安部、民政部《关于依法处理监护人侵害未成年人权益行为若干问题的意见》也明确规定,在处理监护侵害行为时,应遵循未成年人最大利益原则,充分考虑未成年人身心特点和人格尊严,给予未成年人特殊、优先保护。上述法律文本说明,在我国"未成年人最大利益"原则已经不仅是一种理念,而且正在作为基本原则走进我国未成年人保护当中。近年来许多人大代表、政协委员以及相关专家、学者等关于完善《未成年人保护法》体系的意见建议中,也要求将"未成年人最大利益"原则确立为我国未成年人保护的基本原则。我们认为,司法实践将会证明,"未成年人最大利益"原则势必要添加到我国的少年司法基本原则之中。[①] 因此,未检的专业标准要体现这一原则,对涉及未成年人权益保护的每一个方面均做出对应性的规定;我们在未检工作中,也应当以此原则作为"行动中的法",以未成年人的最大利益为首先考虑,最大限度地确保未成年人的生存权、发展权(受教育权)、受保护权、参与权等基本权利的实现。

三、尊重未成年人理念

保护儿童的前提是尊重儿童,缺乏尊重的保护就有可能成为对儿童权益的伤害。《儿童权利公约》规定少年司法的目的是应当"促进其尊严和价值感并增强其对他人的人权和基本自由的尊重""应考虑到其年龄和促进其重返社会并在社会中发挥积极作用的愿望"都体现了这一理念。儿童权利离不开国家亲权,未成年人司法也需要国家亲权;但国家亲权并非源于国家对未成年人的怜悯和恩赐,它源于儿童权利,特别是儿童受特别保护权。儿童权利不是成年人也不是国家所赋予的,而是一种生而享有、人之所以为人的人权,是每个儿童应当享有的权利。儿童具有身心未成熟性,缺乏权利能力,但不能以此否认其具有权利;作为人权的儿童权利不但不能被任何人随意剥夺,而且要求国家遵循儿童最大利益原则积极、主动地履行未成年人保护的职责,采取特殊措施对儿童权利予以保障。对此,目前在实践中还存在一定的模糊认识。如法律规定对未成年人犯罪实行"教育、感化、挽救"的方针,坚持"教育为主、惩罚为辅"的原则,体现了对未成年人犯罪与成年人犯罪区别对待的思想。但在实践中,一些同志不是站在未成年人作为独立于成年人的权利主体的角度,也不是站在社会发展之于未成年人特别保护价值取向的角度,而是站在成年人之于未成年人弱势群体的天然同情、怜悯的感性认识的角度来理解这一原则,把其视为司法者情感上的恩赐,如有检察人员曾讲:"现在的老百姓素质很差,你把他孩子放了,他毫无感激之心。"正是因为这样的认识,导致对未成

---

① 皮艺军:《中国少年司法理念与实践的对接》,载《青少年犯罪问题》2010年第6期。

年人待遇的忽视，以及在保护与打击间忽左忽右，走上与教育挽救基本法律原则的对立面。因此，必须强调儿童权利是国家亲权的逻辑基础，促进和保障儿童权利是国家亲权的正当合理性所在，儿童权利与国家亲权是价值与工具的关系。以此为逻辑，儿童权利应是国家亲权的出发点和归宿，国家亲权应促进和保障儿童权利的实现。在未成年人司法中未成年人权利的价值还不止于此，亦如其他公民权利一样，它也是制约权力的重要机制之一。这一点对罪错未成年人来说更显重要，因为他们处于身心不成熟这一天然弱势和因罪错行为面临强大的国家权力之下的双重不利地位，他们更需要权利抗衡和救济的力量，使国家亲权保持为爱的力量而不发生异化。因此，未检工作在强调国家亲权的同时，必须强调尊重未成年人权利，强调未成年人权利的最大化，强调国家保护未成年人应以保护其权利为准则，实现其利益最大化，否则，其实是否认未成年人为权利主体、顶多从形式上而非从实质上改变未成年人附属和被动地位的表现。实践中，有的地方让犯罪的未成年人现身说法，来教育其他未成年人，这其实是将未成年人当成了教育的工具；还有的地方将涉罪未成年人写的心得体会编辑成书用于教育其他未成年人，却未征求未成年人的同意，这也是漠视未成年人权利主体地位的表现。此类现象说明强调尊重未成年人人格尊严和权利，将每一位未成年人都视为权利的主体和具有独立价值的主体非常必要。因为尊重他人人格从来是人性善的底线，而且"只有认真地对待儿童权利，儿童的地位才会得到提升。一个没有权利的社会是道德沦丧的社会。在这样的社会里，儿童最容易成为牺牲品，这是经过漫长的历史证明了的真理"。正如2015年世界少年司法大会上欧洲理事会一位儿童专家强调的，"在少年司法中，首先而且最重要的是未成年人，不是罪犯；少年司法是要帮助未成年人得到全面发展，这是少年司法的责任"。这也是未检工作的灵魂。因此，人民检察院在办理涉及未成年人的案件中，应当尊重未成年人的人格尊严，依法保障未成年人的参与权。在未成年人能力允许的范围内，在所有影响未成年人利益的事项上，都应当倾听并尊重未成年人的意见，确保国际规则和国内法律赋予未成年人的权利得到保障。特别是对涉嫌犯罪的未成年人，要努力为其提供重返社会的机会，帮助他们重返社会。在未检专业标准的制定中，也应当贯彻这一理念。

我们之所以关心少年司法的理念问题，就是因为它是我们"行动中的法"。我们在实践中遇到的许多问题、许多争议，如讯问未成年人是否容许欺骗？径行逮捕是否当然地适用于未成年人？等等，追根溯源都可以归结为理念问题。理念作为一种实践理性，其意义在于：首先，制度在设计中应该有系统成熟的理念作为基础，理论准备不足会带来制度的不稳定性；其次，改革首先是理念的变革,没有相对成熟的理念指导,容易导致改革的盲目性、急功近利、反复无常和资源浪费;最后,理念的匮乏会导致信仰危机,没有理念的基础,仅仅依靠口号和群众运动式的动员不可能真正树立起司法的权威。虽然中国少年司法制度改革已经走过了30年,但在一些重大问题上(包括立法、司法各个方面)仍未取得重大突破。原因当然是复杂的,但其中一个重要因素就是司法理念尚未根本转变。少年司法探索只是一个"小众"行为,只要是超出这一"小众"领域,即使是在立法、司法和执法部门内部,从最高层到基层,对这一问题的认识仍然存在巨大隔阂。① 现在,未检要构建自己独立的专业标准,这种独立性意味着我们必须有自己的原则和理念,去理性地开展探索;未检作为少年司法的重要组成部分,当然要自觉地接受少年司法理念的指引,成为少年司法理念在经验层面的自觉实现。因此,我们认为,少年司法理念是我们构建未检专业标准的理论基石,我们要以此为逻辑起点,阐述我们行动的决议从哪里来,我们要到哪里去,要去做什么,我们根据什么才能走到目的地等一系列问题。②

● **核心观点**

> 少年司法理念是指导少年司法包括未成年人检察制度设计和实际运作的理论基础和主导价值观,从广义的少年司法出发,结合少年司法的诞生、发展以及独特的价值选择,目前我们应当将国家亲权、未成年人利益最大化和尊重未成年人的观念作为少年司法的特殊理念。

---

① 皮艺军:《中国少年司法理念与实践的对接》,载《青少年犯罪问题》2010年第6期。

② 皮艺军:《中国少年司法理念与实践的对接》,载《青少年犯罪问题》2010年第6期。

专题十三　未检的职责范围：业务"盘子"该多大？

2012年《高检决定》第9条规定的未检部门的受案范围是："犯罪嫌疑人是未成年人或者以未成年人为主的共同犯罪案件，由未成年人刑事检察部门或者专人办理。对不以未成年人为主的共同犯罪案件、被害人是未成年人的案件以及在校成年学生犯罪的案件，各地可根据自身的情况，在保证办案质量和效率，不影响特殊政策和制度落实的前提下，确定是否由未成年人刑事检察部门或者专人办理。"在第8条又将各地探索的"捕诉监防一体化"工作模式予以固定，规定"科学设定专门机构的工作模式。设立未成年人刑事检察独立机构的检察院，一般应实行捕、诉、监（法律监督）、防（犯罪预防）一体化工作模式"，其中的"监"明确为"法律监督"，虽未明确未成年人刑事执行监督和民事行政监督是否应当纳入未检职责范围，但可以说为此埋下了伏笔，也可以说是对上海、北京等一些地方探索将涉及未成年人的刑事执行监督和民事行政监督纳入未检职责范围的肯定。

2013年出台的《惩治性侵害意见》第6条规定："性侵害未成年人犯罪案件，应当由熟悉未成年人身心特点的审判人员、检察人员、侦查人员办理，未成年被害人系女性的，应当有女性工作人员参与。人民法院、人民检察院、公安机关设有办理未成年人刑事案件专门工作机构或者专门工作小组的，可以优先由专门工作机构或者专门工作小组办理性侵害未成年人犯罪案件。"据此，未检部门将性侵害未成年人犯罪案件纳入受案范围。

2014年《高检通知》进一步扩大了未检部门受案范围，其第2条明确规定"进一步履行法定职责，严厉打击侵害未成年人的犯罪，保护救助未成年被害人。为全面落实国家对未成年人司法保护政策，充分体现双向保护原则，各地要结合实际，将性侵害未成年人、拐卖（绑架）儿童、胁迫、诱骗、利用未成年人犯罪等专门针对未成年人的犯罪案件纳入未成年人刑事检察部门受案范围，强化立案监督，积极介入侦查引导取证，依法严厉打击危害未成年人犯罪。在办案中注意讲究方式和技巧，依法保护未成年被害人的名誉权、隐私权等合法权益，避免对其造成二次伤害。要加强与司法行政、民政、教育、卫生等相关部门及未成年人保护组织的联系和协作，共同做好未成年被害人的身体康复、心理疏导、法律援助、司法救助等工作，保证各项特殊保护政策和制度在检察机关得到贯彻落实，更好地保护涉案未成年被害人的合法权益"。

一、为何将未成年被害人的案件纳入未检受案范围

将未成年被害人的案件纳入未检受案范围主要是考虑到以下因素：一是未检部门长期与未成年犯罪嫌疑人接触，更了解未成年人的心理，相当多的未检干警取得了心理咨询师资格，比其他检察部门能采用更贴近未成年人特点的方式去接触未成年被害人，避免对未成年被害人造成不良影响或者二次伤害，也能更好地对未成年被害人进行心理辅导等；未检干警也更熟悉相关保护未成年人的法律、规定，重视对未成年被害人利益的保护，更有利于保证国家各项特殊保护政策和制度的落实。二是未成年人犯罪与其权利受到侵害，彼此之间有一定内在的逻辑联系，对未成年被害人的权益保护不当，有可能导致其"恶逆变"，即由被害人变为犯罪人。三是未检部门设置的目的是更好地保护未成年人合法权益，将侵害未成年人的犯罪案件纳入未检受案范围，有利于未检部门开展未成年人保护工作，全面地把握、更好地对未成年人进行法制教育，以及做好犯罪预防工作。2015年上半年，山东省人民检察院党组会通过了《山东省人民检察院关于进一步加强未成年人刑事检察工作的意见（试行）》，将所有犯罪嫌疑人（被告人）或被害人是未成年人的刑事案件，以及监护人侵害未成年人合法权益的民事行政案件纳入未检受案范围，并成为首家由未检部门对未管所开展法律监督工作的省份。

2015年年底，最高检成立"未检办"，《关于成立最高人民检察院未成年人检察工作办公室的通知》（高检发政字〔2015〕96号）明确了未检办的主要职责是：负责全国未成年人检察工作的综合业务指导以及未成年人涉嫌犯罪案件、侵害未成年人人身权利犯罪案件审查逮捕、审查起诉、出庭公诉以及涉及未成年人的刑事、民事、行政诉讼监督活动的个案指导；调查研究与未成年人检察工作有关的法律、法规、政策执行情况；研究提出完善未成年人检察工作规范和机制的意见；研究提出检察机关依法履行检察职能、参与青少年维权活动和预防未成年人犯罪的有效模式和意见；承担与中央预防青少年违法犯罪专项组的联络工作；办理其他与未成年人检察工作相关的事项。根据上述规定，未检部门的职责范围包括办理未成年人涉嫌犯罪案件、侵害未成年人人身权利犯罪案件这两大基本类型的案件，并履行涉及未成年人的刑事、民事、行政监督职责，这实际上是把散落在其他业务部门的涉及未成年人的检察工作归口由未检部门负责。

二、在校成年学生犯罪案件应否纳入未检受案范围

根据2012年《高检决定》第9条的规定，未检部门的受案范围可以扩大到在校成年学生犯罪案件。但有意见认为，从平等保护的角度出发不宜以是否是大学生来划分，不好绝对地说大学生就一定单纯，同龄非大学生就一定成熟，因此，还是以年龄划分比较妥当。那么，以年龄划分是划到20岁还是22岁？"在校成年学生"一般是22岁以内，但有同志认为划到22岁案件量太大，未检部门恐难承受，因此多数同志主张划到20岁。据悉，最高人民法院拟将少年法庭的刑事案件受案范围扩大至22周岁的青少年犯罪案件，即将年满18周岁不满22周岁的青年人轻罪（可能判处5年有期徒刑以下刑罚）案件纳入少年法庭审理范围，并开展试点"青少年法庭"。

我们认为，目前将实施犯罪行为时已满18周岁不满20周岁的青年人犯罪案件划由未检部门受理是较为适合的。《北京规则》第3.3条规定："还应致力将本规则中体现的原则扩大应用于年纪轻的成年罪犯。"司法实践中，一些地方将在校大学生（22岁以下）涉罪案件纳入未检受案范围，主要考虑到这一群体往往从幼儿园到大学，一直在学校学习、生活，较为封闭，与社会不直接接触，社会经验贫乏，虽然生理年龄超过18周岁，但其心理成熟度较低，单纯、阅历浅，所以其心理发育成熟较晚，其判断事物、处理事情、控制自身情绪等方面的能力均更接近于未成年人。根据统计，在校大学生涉罪案件，大多是比较轻微的刑事案件，或因情绪波动较大、冲动而发生的激情犯罪，与未成年人犯罪案件具有相似性。考虑到上述司法实践探索的合理性，《高检决定》第9条规定："犯罪嫌疑人是未成年人或者以未成年人为主的共同犯罪案件，由未成年人刑事检察部门或者专人办理。对不以未成年人为主的共同犯罪案件、被害人是未成年人的案件以及在校成年学生犯罪的案件，各地可根据自身的情况，在保证办案质量和效率，不影响特殊政策和制度落实的前提下，确定是否由未成年人刑事检察部门或者专人办理。"

但是，从平等保护的角度出发，我们同意不宜以是不是大学生来划分的意见，而且也不能绝对地说大学生就一定比同龄非大学生单纯，因此还是以年龄划分比较妥当，目前可以先划到20岁，再根据工作的发展，逐步扩大保护范围。为此，我们曾经在制定《未检工作指引》时在"总则"设计了一条"【参照适用】实施犯罪行为时已满18周岁不满20周岁的，应当由未检部门受理，根据案件具体情况，可以参照本指引办理"。当然这一条最终没有获得认可，但我们认为是有道理的，因此还会继续争取。我们认为应当将犯罪时已满18周岁不满20周岁的纳入未检受案范围，主要是考虑到以下几个因素：

一是从生理、心理及社会学的角度看，未成年时期是一个界限不是很清晰的、持续发展的特定人生阶段，虽然目前的科学技术还不能准确测定每一个特定个体的未成年阶段，在法律上也不可能设置一个模糊的"未成年人"的概念，但是，设置一个符合绝大多数人类个体成长发育规律的缓冲期，并借由司法官一定的自由裁量权，在刑事司法上对处于未成年向成年过渡期的行为人予以"因人而异"的特殊考察，无论从科学技术抑或立法技术的角度看，都具有现实的可行性。例如，《德国少年法院法》第105条规定："当对行为人人格之整体评价以及考量环境条件后，得出其于行为时之道德与精神发展，仍处于少年状态；或按照行为之种类、情况或动机来看，系属于少年过错行为者，少年法院对于已满18岁不满21岁的人适用实体少年刑法。"《德国少年法院法》第106条同时规定："已满18岁不满21岁的人因犯罪行为必须适用普通刑法的，如其刑罚为终身自由刑，法官可判处10—15年有期自由刑。"美国少年法庭也采用了21岁的提法。由未成年到成年必然存在过渡阶段，在年龄问题上，一天之差不应当如鸿沟般无法逾越，因此很多国家有"年轻成年人"的概念。

二是法律意义上划分未成年与成年的标准是18周岁这一年龄节点，这是由法律的明确性和可操作性所决定的，但在生理和心理学上，成年的过程并不是一蹴而就的，而是一个持续发展的过程，这一过程虽然因人而异，但基本都能在20周岁之前顺利完成这一过渡，在特殊情况下，考虑到所实施犯罪行为的性质及行为人的基本情况，司法机关可以对犯罪时已满18周岁不满20周岁的"年轻成年人"参照适用未成年人刑事政策。

三是虽然从立法技术上需要界定18岁作为是否成年的年龄分割线，但少年司法是成年人司法的试验田，很多少年司法的理念和机制终将适用于成人司法。未检工作中办理涉罪未成年人案件最大的特点是教育为主、惩罚为辅的原则。在办理刚刚成年的嫌疑人案件中强化帮教，将惩罚作为帮教的手段，并不违背现行成年人司法的规定。这也是刑罚教育功能的体现。

四是我国古代20岁为弱冠，为成年；我国婚姻法也规定男22岁、女20岁才算成年可以结婚。

五是根据《高法解释》第463条规定："被告人实施被指控的犯罪时不满十八周岁、人民法院立案时不满二十周岁的案件"由少年法庭审理，将"年轻成年人"限制在18—20周岁，与法院少年法庭的受案范围对接、保持一致，有利于工作的开展，更合理也更具实践操作性。

六是我国农村地区尤其是偏远山区的户籍管理并不完善，为了打工或者其他原因需要，在报户口时往大了报是非常常见的现象。将未检部门受案范围扩大到 20 周岁有助于保护广大农村孩子的合法权益。

需要指出的是，18—20 周岁的"年轻成年人"案件由未检部门受理，并非绝对适用未成年人特殊制度，而是根据个案具体情况参照适用未成年人特殊制度，其目的是对这一处于"过渡"阶段的群体也考虑教育挽救，慎重考虑刑罚适用问题。

三、涉及未成年人的刑事执行和民事、行政监督工作应否纳入未检职责范围

目前在实践中，很多地方的未检部门在受理涉及未成年人的刑事执行和民事、行政监督工作时，遇到了来自刑事执行监督部门和民事行政监督部门的阻力，这两个部门不愿意交出原来由他们负责的业务。对此，我们也能理解，这毕竟是将原来由他们负责的业务切割一块给别人；但我们认为，这两块业务划归未检部门是适当的。

（一）将涉及未成年人的民事、行政案件法律监督工作纳入未检职责范围的理由

关于将涉及未成年人的民事、行政案件法律监督工作纳入未检部门职责范围的理由，主要有以下几点：

一是最高人民法院自 2006 年起即开展未成年人案件综合审判庭改革，即改变传统少年法庭"小刑庭"的模式，将涉及未成年人的民事、行政案件纳入少年法庭受案范围。法院的这一改革措施是有其道理的。如普通民事诉讼的模式是以"当事人主义诉讼模式为主、职权主义为辅"为原则，强调当事人举证和法官的消极居中裁判。理由在于民事主体法律地位平等，没有理由区别对待。我国修改后的《民事诉讼法》还强化了当事人在诉讼中的处分权，弱化了人民法院的职权干预。在这样的诉讼模式下，对涉及未成年人民事权益的案件仍然适用同样的程序和制度，显然对未成年人的权益保护不利。目前很多国家和地区是按照儿童利益最大化原则和国家亲权原则办理涉及未成年人民事权益的案件。如美国联邦法及各州法律中均规定"子女最佳利益"是确定离婚后监护权归属、处理离婚后父母子女关系的最重要的标准。例如，法院确定探视权的首要考虑是实现子女的最大利益，将子女置于探视权主体的首要地位。法律明确规定，父母离婚后，子女有权与父母保持往来。《德国民法典》在 1997 年 12 月 16 日修改时增加的第 1697a 条明确规定，法官在处理父母照顾权、交往权以及看护等实务方面，"应当考虑实际情况和各种可能性，以及利害关系人的正当利益，做出最有利于子女的利益的裁判"。此外，关于"父

母照顾权"的行使、"对子女幸福危害""父母照顾权"的剥夺、子女"交往权"以及"日常事务决定权"的限制等规定，都体现了优先考虑子女最大利益原则。我国台湾地区"民事诉讼法"规定，法院为酌审子女之最佳利益，得征询主管机关或社会福利机构之意见或请其进行访视，就相关事项为事实之调查，提出调查报告及建议。法院认为必要时，也得命少年调查官进行调查。子女已满7岁以上未成年人者，法院据监护及会面权问题进行裁决前，应听取其意见。一般情况下，父母离婚时，对子女监护权利义务的行使或负担由何人行使，均会要求县、市政府社会局指派社工人员，前去访视父母及未成年子女，参考其访视报告来确定何人对未成年子女有利。因此，在涉未成年人民事案件的审理中，法官应加大依职权调查取证的力度，按照未成年人最大利益原则，要求双方当事人举证。在必要的情况下，以职权主动调查当事人未提出的事实，如当事人的性格、经历、生活状况、财产情况、家庭生活环境等，为法院作出最有利于未成年子女健康成长的处理方法提供重要参考，而不能完全遵照"谁主张、谁举证"的当事人主义诉讼模式。目前我国民事方面的法律虽然没有将"未成年人最大利益原则"、对未成年人特殊、优先保护原则等以立法的形式予以确立，但是相关保护未成年人的法律如《未成年人保护法》《义务教育法》等已有相关规定，因此，在办理涉及未成年人权益的民事案件时，应当注意落实这些要求，把确保未成年人的生存权、发展权（受教育权）、受保护权、参与权放在首位，在审理的方式方法上要考虑适合未成年人的身心发展状况，全面、客观地了解未成年人的真实意愿，了解来自为未成年人健康成长考虑的诉求，以实现未成年人最大利益。这类案件由熟悉未成年人身心特点和具有未成年人保护学知的少年法庭法官审理，当然有利于未成年人最大利益的实现。如按照现有法律的规定，抚养权案件、离婚案件涉及未成年子女抚养问题的，一般是征求10岁以上子女的意见。重庆市沙坪坝区人民法院未成年人综合审判庭就尝试将征求未成年子女意愿的年龄降低为7岁，理由是随着社会的进步，国内教育水平的提高，未成年人的认知能力也在不断发展和加强，学龄儿童一般已具备对父母亲情的认知能力，能够做出符合其年龄的表达。据悉，最高人民法院拟明确将直接涉及未成年人权利的婚姻家庭纠纷案件中未成年人子女抚养纠纷、抚育纠纷、监护权纠纷、探望权纠纷、收养纠纷、继承纠纷六大类案件由少年法庭审理。与法院"三审合一"的少年法庭改革相对应，涉及未成年人的民事、行政监督工作也应当由未检部门负责以实现检法对接，对法院涉未成年人民事、行政诉讼活动进行监督。加强检察机关法律监督职能，建立与法院少年综合审判相对应的综合检察部门，也是检察机关对应诉讼、对应监督的必然选择。

二是从实际办案反映的情况看，未成年人刑事案件和侵害未成年人的犯罪案件多数存在未成年人民事、行政权益先期受损的情况，但开展这项监督工作的地方很少，上海、山东、北京等少数地方尝试将这项工作纳入未检部门后才开始办理此类案件。究其原因是被大量的成人案件"淹没"了，民行部门很难关注到这部分案件。因此，涉及未成年人的民事、行政案件由未检部门办理，不仅可以与法院"三审合一"的少年法庭改革方向相一致，还有利于贯彻儿童权利最大化的原则和优先保护、特殊保护的理念，引入社会力量、专业力量加强对未成年人的综合保护。实际上，未检部门办理民行监督案件与普通民行案件办理存在较大差异：其一，是视角不同，未检部门有儿童视角，具有儿童权利最大化、优先、特殊保护理念；其二，是方法不同，未检部门会考虑引入社会力量、专业力量如心理疏导等综合保护孩子，所以与民行部门重点解决纠纷、解决法律问题有所不同。

三是有些涉及未成年人民事、行政权利保护案件与刑事案件紧密联系。根据2014年出台的《处理监护人侵害意见》明确规定检察机关对公安机关、人民法院处理监护侵害行为的工作依法实行法律监督，目前，检察机关已经依据该意见办理了数起监护侵害案件。如2014年江苏省徐州市铜山区人民检察院未检部门在办理邵某某因强奸、猥亵自己10岁未成年女儿被法院判处有期徒刑11年案件中，发现被害女童除了在异省生活且身患残疾不能履行监护抚养义务的母亲外，没有其他亲友。为此，该院向民政部门发出《检察建议书》，建议民政部门依法向人民法院提起申请撤销监护人资格的诉讼。最终，法院判决撤销被害女童父母的监护人资格，并指定民政部门作为被害女童的监护人。又如，2015年，浙江省宁波市鄞州区人民检察院办理了一起支持未成年人母亲提请撤销不合格父亲监护资格案，也取得了良好的法律效果和社会效果。具体案情如下：2013年9月至10月，被告人张某在明知自己大女儿钟某甲（经查系2000年9月2日出生）未满14周岁的情况下，利用父亲的身份使钟某甲不敢反抗，先后在四川省××市××区××镇××街的暂住房和××市××区××街的一住房内，四次与钟某甲发生性关系。2014年7月至11月，被告人张某在××市××区××镇××弄××暂住房和××市××区××镇××村暂住房内，多次与钟某甲发生性关系，另有两次因为钟某甲反抗等原因而未遂。2014年7月至11月，被告人张某在明知自己二女儿钟某乙（经查，系2001年11月27日出生）未满14周岁的情况下，利用父亲身份使钟某乙不敢反抗，在××区××镇××弄××街和××区××镇××村暂住房内，多次与钟某乙发生性关系。2014年11月30日下午，被告人张某到××市公安局××分局××派出所找寻正在报案的钟某乙时被民警当场抓获。宁波市鄞州区人民法院于 2015 年 3 月 10 日对此案依法不公开开庭审理,并当庭作出判决:被告人张某犯强奸罪,判处有期徒刑 13 年,并处剥夺政治权利 2 年。本案在审查起诉后,宁波市鄞州区人民检察院根据《处理监护侵害意见》,依法书面告知两名被害人及被害人的法定代理人钟某、临时监护人张某甲,有权依法申请撤销犯罪嫌疑人张某的监护人资格。被害人母亲提起监护权撤销诉讼后,因其家庭贫困需要法律援助,该院开辟绿色通道,第一时间书面商请法律援助中心指派经验丰富的律师为其提供法律援助。在本案审理期间,两被害人母亲、临时监护人张某甲及被害人的爷爷奶奶均表示愿意抚养两被害人。该院未检科承办人在多方了解情况并征询两被害人意见的基础上,认为由被害人母亲作为监护人更有利于女孩的成长。在收到被害人母亲向本院提起支持起诉的申请后,宁波市鄞州区人民检察院依法向宁波市鄞州区人民法院发出了支持起诉书。2015 年 4 月 20 日,鄞州区人民法院依法开庭审理此案并当庭作出判决:依法撤销张某的监护人资格,并指定两被害人的母亲作为监护人。另外,未成年人成长具有时间和空间上的连续性,而不良行为、严重不良行为与犯罪行为之间也存在内在逻辑演进关系。为此,综合防治少年罪错需要逐步形成由社会、行政和司法构成的未成年人保护系统。在这一系统尚未形成之时,检察机关作为国家专门的法律监督机关,在履行少年检察职能、落实少年司法制度过程中,为追求更好的少年检察社会效果,适度延伸触角,推动未成年人社会保护和行政保护的发展,是其职责所在。而将涉及未成年人的民事行政法律监督工作纳入未检职责范围,有利于未检履行上述职责。当然,推动或促进并不是包办代替,任何"越位"都可能反过来延缓系统保护的形成。

(二)将涉及未成年人的刑事执行法律监督工作纳入未检职责范围的理由

关于将涉及未成年人的刑事执行法律监督工作纳入未检部门职责范围的理由,主要是考虑到对成年人的刑罚目的主要是"报应",而对未成年人的刑罚不存在报应,而是为教育、矫治服务。二者目的不同,决定了对未成年人的刑罚执行有其自身规律,在管理模式和方式、手段上与成年人存在较大差异。如很多国家在未成年犯进入监管场所后,即帮助制定重返社会计划,监禁矫正可以根据矫正需要转为开放式矫正。如美国少年法庭对少年犯的处理有两种,一种是附条件地放在社区内进行矫正,适用于情节轻微的少年犯,由缓刑官对其是否遵守条件进行监督,所附条件包括赔偿、社区服务、参加学校学习、不酗酒、不吸毒、听从父母安排等;另一种是封闭的机构式处分,针对的是情节严重的少年犯,送其进入专门的矫正机构,如心理矫正机构、"训练学校""少管所""青少年矫正中心"等进行矫正,这些矫正机构根据少年的实际需要提供学习、医疗等服务。如北弗吉尼亚州少管所,虽然规模不是很大,但福利设施俱全,有教室、食堂、医务室、体育运动室、家长休息室等,少年犯每人一室,在中心范围内可以自由活动。少管所还外聘心理医生对少年犯进行心理疏导,找外面的公司为少年犯去除刺青等。由于少管所监禁的对象是21岁以下的青少年,大部分处于受教育阶段,需要在少管所进行继续教育。因此很多少管所通过与当地教育局或学区联合,由其派出部分老师到中心任教。北弗吉尼亚州少管所就是由当地公立学校派一名校长和几名老师提供教育服务,课程与公立学校完全一致;根据需要,还会聘请专家讲授金融、房地产等课程。由于被拘留者年龄跨度大,可能每个年级的人都有,为此一般是在上大课的基础上,教师再根据个人的水平进行分别指导。北弗吉尼亚州少管所有最佳的艺术老师,他们认为教孩子们艺术地表达意愿,注重开发孩子的艺术潜力非常重要。又如加拿大的《青少年刑事司法法》规定了帮助青少年重返社会的条款,包括监禁释放后的社会监督阶段,要求每一个监禁判决都要伴随有社会监督内容,并作为判决的一部分,法官在作出监禁判决的时候必须在法庭上宣布监禁部分的内容和社会监督阶段的内容,以及两者如何分配执行;如果青少年被处以监禁,要求青少年工作者与青少年一起就其将来如何重返社会制订计划,青少年犯在社会监管期间,由青少年工作者负责监督,并为其提供支持和帮助。对少年犯的矫正分为高设防(监禁)矫正场所和开放式(社区)矫正场所两种,前一种类似监狱,后一种建在社区里,规模小,只有十几张床位,有专人管理,可与社区接触。法院在判决时即明确采取哪种矫正方式,但永远是优先考虑开放式的,除非未成年犯有攻击性,对社区有危险。对少年犯的监禁必须与成年犯分开,法律不允许将其与成年犯放在同一个建筑物中,直到其达到20岁,才能被移送成人监狱服完剩余的刑期。对于进入监禁矫正场所的少年犯,有社会工作者跟踪掌握其矫正情况,并可根据其情况调整进入开放式矫正场所或者假释,如果表现不好,还可以再进入监禁矫正场所,以调动其服刑改造的积极性。并与政府其他部门如教育、心理、戒毒等服务部门联合,提供一站式的服务;与未成年犯及其家庭、警察、学校、政府特殊资助项目等多方进行联系,监督其上学、在校表现、参加心理辅导、戒毒治疗等,协助未成年犯找回自我、建立个性、早日回归社会。① 而我国现有的法律法规对于未成年犯如何执行刑罚以及监管教育、权益保护等规定较少,在司法实践中,对未成年

---

① 彭东、张寒玉:《美国加拿大少年立法、司法现状及启示》,载《人民检察》2013年第15期。

犯的管理和成人犯的管理模式大体相同。如虽然最高人民法院《关于审理未成年人刑事案件具体应用法律若干问题的解释》第18条规定，对未成年罪犯的减刑、假释，在掌握标准上可以比照成年罪犯依法适度放宽，但对如何适度放宽、尺度标准是什么等却没有具体的规定，有的未成年犯管教所多年不办理未成年犯假释案件。又如《人民检察院监狱检察办法》没有专门规定对未成年犯管教所检察监督的内容，派驻检察工作直接套用成年犯监狱的检察工作方式，没有根据未成年人犯罪的特点确立工作的重心，法律监督缺乏针对性和有效性，影响监督的质量和效果。再如法律规定要求分管分押，但目前多数省份都不同程度地存在违反该规定的问题。如未成年犯关押在成年犯监狱服刑，有的未成年犯管教所与普通监狱合署办公，还有的看守所不及时将未成年罪犯送交未成年犯管教所执行刑罚，特别是对于余刑在1年有期徒刑以下的未成年犯不及时交付执行，而且据我们了解，看守所将未成年人与成年人混关混押的现象较为普遍。另外，根据《未成年人保护法》的规定，羁押、服刑的未成年人没有完成义务教育的，应当对其进行义务教育，但实践中很多地方并没有落实此规定。由于对未成年人的刑罚执行有其自身规律，在管理模式和方式、手段上与成年人存在较大差异，因此，有必要将未成年人刑罚执行监督工作从成人刑罚执行监督工作中分离出来由未检部门承担；而且目前我国在未成年人刑罚执行制度方面欠缺较大，需要探索建立适应未成年犯的刑罚执行及法律监督机制，建立有别于成年罪犯的刑罚执行和法律监督模式，如建立专门的未成年犯假释制度，进一步落实"教育、感化、挽救"的刑事政策；在未成年犯管教所管理方面，如民警配备、场所设施和医疗卫生等要建立相应的"专业标准"；在法律监督方面，逐步建立相应的法律监督机制，根据未成年犯的特点，在收押检察、保护未成年犯教育权和休息权、维护未成年犯合法权益等方面作出专门规定等，而这项工作由熟悉未成年人身心特点，具有保护未成年人专业学识、经验和热忱的未检部门人员负责，当然更有利于目标的达成。而且，我国未成年犯管教所法律监督工作涉及国家对未成年人犯罪"教育、感化、挽救"的刑事政策在刑罚执行阶段的落实以及对未成年犯的教育、矫治，使其重新回归社会，从而有效预防再犯罪等问题，是预防、减少未成年人犯罪这个大系统中的重要组成部分，与其他未检工作密不可分。

总之，无论是将涉及未成年人的民事、行政案件法律监督工作纳入未检职责范围，还是将未成年人刑事执行法律监督工作纳入未检职责范围，主要是因为这些检察业务都涉及未成年人权益保护和犯罪预防工作，都与其他未检业务工作密不可分，由未检部门负责有利于贯彻儿童权利最大化原则和优先保护、特殊保护理念。正因如此，《检察机关加强未成年人司法保护八项措施》《高检通知》等均强调整合未检职能，将分散在各个部门的碎片化、边缘化的未检业务工作归口未检部门负责；强调对未成年人司法保护对象范围的全覆盖，即涉罪未成年人、未成年被害人以及检察机关办理所有案件过程中涉及的未成年人；强调发挥全部检察职能，强调各种特殊保护制度和保护手段的全运用，强调利用各个检察工作环节和诉讼阶段，无论是审查批捕、起诉，还是诉讼活动监督等，都要注重加强对未成年人的司法保护，促进国家对未成年人保护的法律规定、福利政策落实到位。

● **核心观点**

未成年人保护的发展趋势是走向综合保护和全面保护。建立以未成年人这一特殊主体为标准的独立业务类别，成立独立的未检专门机构，就是为了将分散在检察机关各个部门的碎片化、边缘化的未成年人保护工作归口办理，真正实现"捕诉监防"一体化工作格局，从而有效破解未成年人保护责任稀释的困境，也是强化未成年人综合保护的需要。将检察机关涉及未成年人诉讼和权益保护的职能集中到未检部门统一行使，是检察机关履行法律监督职责、承担国家监护责任的必然要求。为此，我们应当充分认识未检部门四项职能尤其是"监、防"职能的科学性、正当性、合理性、可行性，这是设置未检独立机构的基础，也是未检改革中核定未检部门检察官员额的依据。

专题十四 未检的工作模式、工作机制："一体化"下监督制约哪去了？

一、未检工作模式发展的历史回顾

1986年上海市长宁区人民检察院在审查起诉科内设立"少年刑事案件起诉组"，标志着我国未检业务工作从普通刑事检察业务工作中分离，开始朝着专业化的方向发展。由于最初的少年起诉组附属于审查起诉部门，因此职能范围仅限于未成年人犯罪案件的审查起诉、出庭公诉等工作，未成年人犯罪案件的审查批捕职能仍然由批捕（后来改称侦查监督）部门负责。未检部门独立建制后，未成年人犯罪案件的审查批捕整合到未检部门。最先采用的是"捕诉交叉"工作模式，即由未检部门内不同的办案人员分别办理未成年人刑事案件的审查批捕与审查起诉工作。这一模式运行一段时间后发现，由于办案人员与未成年人接触的时间较短，两个审查阶段分离时间较长，不利于办案人员全面了解涉罪未成年人的人格特征、犯罪心理、社会环境等情况，并不利于开展有针对性且持续性的教育、矫治、预防等特殊检察工作。未检部门开始尝试"捕诉防合一"的工作模式，即未成年人刑事案件的审查批捕、审查起诉、出庭公诉、个案帮教等工作由同一办案小组或同一办案人员负责，一跟到底，实现了诉前引导、庭审感化、案外帮教的有机衔接。该模式既提高了办案效率，又增强了教育矫治活动的针对性和连续性，同时，有利于未检专业化建设，对未检工作的发展产生了深远影响。1998年，上海市长宁区人民检察院首次实行"捕诉防一体化"工作模式，要求结合办案开展各项针对未成年人的特殊司法保护工作，之后各地未检部门纷纷展开"捕诉防一体化"工作的探索。

四川省检察院在总结2004年至2010年审查起诉未成年人犯罪案件情况后，出台了《四川省检察机关办理未成年人刑事案件指导意见》，要求基层院迅速建立一套适应未成年人刑事案件特点的"捕、诉、防一体化"工作模式和"办案、教育、矫治、预防一体化"的工作机制。随着2010年《六部门意见》的出台，全国各地的未检工作进入一个活跃期。2010年9月，北京市海淀区人民检察院成立少年检察处，建立"4+1+N"工作模式。

"4"代表审查批捕、审查起诉、监所检察、犯罪预防四项检察职能,"1"指依托一支专业的司法社工队伍,由他们开展对涉罪未成年人专业化的社会调查和相关考察帮教工作,为检察机关处理案件提供参考,"N"是指汇集全社会一切关爱青少年健康成长的力量,包括公、法、司、教育、民政等部门、共青团、妇联、社会其他组织、团体、爱心人士等。在此,首次提出了"捕诉监防一体化"的未检工作模式。上海检察机关未检部门则在原先"捕诉防一体化"模式基础上,加入"羁押监督""社区矫正执行监督"及"民事行政检察监督"的内容,探索在刑罚执行阶段开展特殊检察工作,创设有别于成年犯的社区矫正方式和减刑、假释、收监标准,以及涉及未成年人的民事行政检察监督工作。

"捕诉监防一体化"工作模式打破了检察机关内设机构壁垒,以未成年人这一特殊主体为标准,将四项检察职能统归未检机构,由同一承办人跟进同一案件的全程,符合未成年人检察工作规律,因此自产生以来得到全国范围的认可,如雨后春笋般在全国范围内迅速生长。2012年《高检决定》将各地探索的"捕诉监防一体化"工作模式予以固定,在第8条规定"科学设定专门机构的工作模式。设立未成年人刑事检察独立机构的检察院,一般应实行捕、诉、监(法律监督)、防(犯罪预防)一体化工作模式,由同一承办人负责同一案件的批捕、起诉、诉讼监督和预防帮教等工作。"使"捕诉监防一体化"最终成为最高检认可的未检工作模式。

"捕诉监防一体化"具体而言,其中"捕诉"职能包含未成年人刑事案件的审查批捕、审查起诉。"监"的职能主要包括对人民法院已经发生法律效力的涉未成年人刑事、民事、行政判决及裁定,发现确有错误的,依法提出抗诉或再审检察建议;对涉未成年人民事、行政诉讼活动是否合法,诉讼活动有无违法情形等依法进行调查;依法办理检察机关管辖的涉未成年人刑事申诉案件和刑事赔偿案件;对未成年人刑事执行活动实行法律监督,包括对未成年犯管教所、看守所、拘留所等未成年人在押、执行刑罚和监管活动是否合法的法律监督;对未成年人被判处非监禁刑的社区矫正工作的法律监督;对未成年人暂予监外执行、减刑、假释等刑罚变更活动实行法律监督,以及相关犯罪预防等工作。"防"是对未成年人犯罪预防和法治教育。

二、质疑:缺乏内部监督制约

实践中有同志对未检一体化工作模式提出质疑,认为此种模式不利于内部制约。早在2006年修订《高检规定》时,就提出了"注重配合和加强教育"原则,但当时由于还没有特别程序,没有确立"教育、感化、挽救"方针和

"教育为主、惩罚为辅"原则,而根据《刑事诉讼法》的规定,公、检、法机关在刑事诉讼中分工负责、互相配合、互相制约,因此,在"只强调配合,制约哪去了"的质疑下,上述原则未被采纳。但是2010年《六部门意见》明确指出:"公安机关、人民检察院、人民法院、司法行政机关在办理未成年人刑事案件中建立的相互协调与配合的工作机制,是我国未成年人司法制度的重要内容,也是更好地维护未成年人合法权益、预防和减少未成年人违法犯罪的客观需要。为此,各级公安机关、人民检察院、人民法院、司法行政机关应当注意工作各环节的衔接和配合,进一步建立、健全配套工作制度。"

修改后的《刑事诉讼法》在特别程序中确立了对犯罪的未成年人实行"教育、感化、挽救"方针和"教育为主、惩罚为辅"原则,意味着办理未成年人犯罪案件应当将重心放在教育、感化、挽救失足未成年人,使其顺利健康回归社会上,这就需要更加强调各政法机关之间的相互配合和有效衔接,以保持教育、感化、挽救工作的连续性,并协调一致地将《刑事诉讼法》规定的一系列亲情式、感召式、宽缓化的特殊程序、制度和要求,如社会调查、合适成年人参与、附条件不起诉帮教考察等,落实到位。2013年修订《高检规定》时终于确立了"注重配合和加强教育"原则,其第6条第1款规定:"人民检察院办理未成年人刑事案件,应当加强与公安机关、人民法院以及司法行政机关的联系,注意工作各环节的衔接和配合,共同做好对涉案未成年人的教育、感化、挽救工作。"

我们认为,与办理成年人犯罪案件相比,办理未成年人犯罪案件有其特殊性:一是未成年人犯罪案件大部分属于案情简单、嫌疑人认罪、证据不复杂的案件,因此办理未成年人犯罪案件大量精力不是用于对事实、证据的审查、认定上,而是用于教育、感化、挽救上。二是办理未成年人犯罪案件的诉讼程序与办理成年人犯罪案件不同,有一系列保护未成年人的特殊程序、制度和要求需要落实,因此适用于办理成年人犯罪案件的捕诉分离式工作模式,虽然有利于内部制约,防止权力滥用,但这种机制不利于教育、感化、挽救工作的连续性,以及协调一致地落实各项工作制度和要求。例如当一个涉嫌犯罪的未成年人进入检察视野后,将分别得到侦查监督、公诉、刑事执行检察等部门的分别"关照",但在任何一个部门中,涉罪未成年人都不是主角,其所享受到的待遇是按照理性的成年人为假设对象而设计的制度模式,"未成年人"的特殊性并没有也难以受到应有的尊重。这样的制度设计将检察机关的未成年人保护职能肢解到了不同的内设职能机构中,显然不利于发挥检察机关在未成年人司法保护中的优势,也不利于未成年人权益的保护。总之,办理未成年人刑事案件强调的是司法保护,与办理成年人刑事案件的"精准打击"不同;未检强调对未成年人保护、教育的连续性、有效性与普通检察工作强调正当程序的惩罚不同,这是未检工作模式与成人司法模式有所区别的根本原因。

随着未检部门受案范围从未成年人犯罪案件到未成年人是被害人的案件(即成人犯罪案件)的扩展,"捕诉监防一体化"工作模式是否也适用于成年人侵害未成年人人身权利犯罪案件呢?我们认为回答应是肯定的。这主要是考虑一体化工作模式有利于尽快批捕、起诉、审判、执行,尽快处理结案,达到适用刑罚的特别预防与一般预防相结合的积极效果。正如贝卡利亚所言:"惩罚犯罪的刑罚越是迅速和及时,就越是公正和有益。"而且这种模式有利于及时地、持续地关注未成年被害人的保护。当然,这种模式可能导致对成年犯罪嫌疑人在检察环节的程序保护有所弱化,但是,根据儿童利益最大化原则、儿童特殊优先保护原则,成人利益需要为未成年人权利让路。因此,我们认为"捕诉监防一体化"的未检工作模式同样适用于未成年人是被害人的案件(即成人犯罪案件)。而且,根据儿童利益最大化原则、儿童特殊优先保护原则,办理成年人侵害未成年人犯罪案件,遵循的是"儿童保护优先原则",即强调以被害人为导向,强调对受害儿童的保护和救助;而非"起诉优先原则",即强调对犯罪者的起诉和定罪。

三、"捕诉监防一体化"未检工作模式的目标和内涵

(一)未检一体化的目标

未检一体化的目标是"提升专业能力,集聚资源优势;形成挽救合力,填补保护真空"。具体来说,未检一体化的核心内涵应包括以下三个方面:

1. 未检机构职能一体化。打破检察机关内设机构分割办理未成年人案件的壁垒,将以下五大基本职能统归未检机构:(1)未成年人刑事案件的批捕、起诉职能;(2)未成年人刑事执行检察与社区矫正监督职能;(3)未成年人犯罪预防职能;(4)被害人为未成年人的刑事案件办理职能;(5)未成年人民事行政检察职能。在履行上述职能的过程中,均将未成年人的权利保护作为出发点和落脚点。

2. 未成年人司法一体化。即充分发挥法律监督职能,积极推动公安机关落实未成年人案件专办机制,促进公、检、法、司均提高专业化素能,实现未成年人司法保护的无缝衔接。美国一位公共辩护人曾讲,在办理未成年人犯罪案件中,警官、检察官、法官、辩护人角色不同、分工不同,但却是一个合作的团队,共同关注儿童权利的保护。这与办理成年人犯罪案件中的对抗模式不

同,基本上可以称为"家庭模式"。①

3. 社会支持一体化。即集聚国家力量(民政、教育、文化、工商、妇联、共青团等)和社会力量(专业社工、志愿者、非政府组织、企业、社区等),将难为检察职能所容纳但又为挽救失足未成年人及保护未成年人权益所必需的工作,交给社会支持体系去承担。

(二)未检工作机制强调联动、协作

1. 建立内部联动机制。2015年出台的《八项措施》第6条规定:"建立检察机关内部保护未成年人联动机制。未检部门在工作中发现侵害未成年人合法权益的职务犯罪线索时,应当及时移送职务犯罪侦查部门予以查处,并协调相关部门做好保护未成年人善后工作;各部门在审查逮捕、审查起诉、职务犯罪侦查等工作中,发现犯罪嫌疑人、被告人家中有无人照料的未成年人,或者发现未成年人合法权益保护方面存在漏洞和隐患的,应当及时通知并协助未检部门介入干预,防止在检察环节存在保护真空。对于涉及未成年人权益保护的职务犯罪案件、具有重大社会影响案件等,上级检察院要加大对下业务指导和案件督办。"2014年《高检通知》要求"建立未成年人刑事检察工作异地协助机制。对异地检察机关提出协助社会调查、附条件不起诉监督考察、跟踪帮教、社区矫正、犯罪记录封存等请求的,协作地检察机关应当及时予以配合。必要时,可以通过共同的上级检察机关未成年人刑事检察部门进行沟通协调,切实提升帮教、挽救工作水平"。上述规定符合我国检察一体原则。在我国,检察一体是指"在上下级检察机关和检察官之间存在着上命下从的领导关系;各地和各级检察机关之间具有职能协助的义务;检察官之间和检察机关之间在职务上可以发生相互承继、移转和代理的关系"。② 根据上述规定,内部联动机制包括三个方面的内容:

(1)横向的未检部门与其他业务部门之间的联动机制。即在一个检察院的内部,未检部门与侦查监督、公诉、职务犯罪侦查等其他业务部门之间在保护未成年人权益方面的联动机制。未检部门在工作中发现侵害未成年人合法权益的职务犯罪线索时,应当及时移送职务犯罪侦查部门予以查处,并协调相关部门做好保护未成年人善后工作;当侦查监督、公诉、职务犯罪侦查、民事行政、刑事执行、控告申诉等各业务部门在审查逮捕、审查起诉、职务犯罪侦查等工作中,发现犯罪嫌疑人、被告人家中有无人照料的未成年人,或者发现未

---

① 吴燕、钟芬:《"未成年人检察制度改革与发展研讨会"会议综述》,载《青少年犯罪问题》2016年第1期。

② 孙谦:《中国特色社会主义检察制度》,中国检察出版社2009年版,第227—228页。

成年人合法权益保护方面存在漏洞和隐患的,应当及时通知并协助未检部门介入干预,以避免在检察环节存在保护真空和帮助检察视野下处于困境的未成年人,并预防和减少未成年人犯罪。如针对办案中发现的涉罪人员未成年子女面临生活、教育等失管危机,河南省郑州市中原区人民检察院探索了因监护人涉罪而失管的未成年人及时发现、救助机制,有利于平等保护未成年人合法权利。他们联合团委、妇联、教育、民政等部门,共同探索"蓓蕾580"救助模式,由检察院反贪、反渎、侦监、公诉、未检五个业务部门负责在日常办案中排查发现有失管风险的未成年人,由检察院、团委、妇联、教体局、民政局、卫生局、人力资源及社会保障局等八家单位联合,在司法、生活、教育、医疗、心理、就业六方面提供救助,以实现涉罪人员未成年子女"零"失管。

例如,河南省郑州市中原区人民检察院在审查起诉张某某涉嫌非法行医罪过程中,发现其妻、母患病,无劳动能力和经济来源,其父虽有退休工资但因患糖尿病需长期服药,其三名未成年子女均主要靠其违法开办的诊所收入抚养,大女儿(16岁)和二女儿(13岁)分别在高、初中住校,上小学的儿子(9岁)因父亲涉案,整天泡在网吧不上学。未检部门经评估认为,三名未成年子女有失管风险,应当确定为救助对象。为此,该院依据《郑州市中原区刑事诉讼中失管未成年人救助工作实施方案(试行)》,由未检科申请从专项救助资金中拨付1万元对张某某的子女进行生活救助,教育部门负责对张某某的小儿子进行心理辅导,在张某某取保候审期间及司法处理完毕后,由民政部门负责对其进行就业培训和工作推荐,防止其再次实施犯罪。①

又如2012年以来,山东省临沂市罗庄区人民检察院将未检部门的专业优势与派驻检察室的区位优势相结合,在各派驻检察室设立未检基层工作区,建立了未检办案大厅、心理疏导室、未成年人帮教考察点、失依儿童之家、亲子约谈室等,为未检工作创造条件。充分利用现有资源,深挖内部潜力并有效整合,探索出了派驻检察室协助开展未检工作的有效途径。

再如2012年8月,江苏省徐州市铜山区人民检察院未检部门在协助涉罪未成年人宋某某(17岁)办理孤儿救助金过程中,发现该资金已被他人领取。未检部门迅速将该线索移送本院自侦部门,并配合开展调查取证工作。经查,2011—2013年,原铜山区民政局社会事务科科长吴某与李某等四人交错结伙,在负责审核、申报、发放孤儿救助金过程中,利用职务便利,采取虚报冒领、私自截留等手段,骗取、侵吞孤儿救助金25万余元。后该四名被告人被法院

---

① 最高检2015年发布的案例。

分别判处 11 年至 1 年 6 个月有期徒刑。① 针对专项救助金管理、使用存在监管不到位、信息不公开等问题，检察机关依法向民政部门发出《检察建议》，并督促开展全区"孤儿救助金"专项核查工作。在清理整顿中，清退、撤销了部分不符合条件主体，将 192 名儿童纳入救助范围，通过该案的办理救助保护了更多处于困境中的未成年人。

可见，检察机关自侦部门对侵害未成年人合法权益的各类职务犯罪案件进行查处，不仅是检察机关应尽的职责，也非常必要和重要，可以在更大范围内保护未成年人权益。曾经发生的成都女童饿死案、南京女童饿死案、贵州 5 名儿童闷死垃圾桶案等重大案件所反映出的相关部门渎职问题，以及一些地方公安机关对性侵、虐待未成年人案件立案不积极等问题，都可能涉及相关人员的渎职犯罪，应当纳入检察机关查办职务犯罪的重点监督范围，以进一步发挥检察机关在保护未成人权利和合法权益中的法律监督职能作用。因此，《八项措施》要求各级检察机关要"依法严惩侵吞、挪用、违法发放未成年人专项救助、救济资金等贪污犯罪，对国家工作人员发现或者应当发现未成年人权益受到侵害或可能受到侵害，应当采取措施而未采取措施，导致未成年人重伤或者死亡等严重后果的，应当依法及时查办，保证国家对未成年人保护的法律规定、福利政策落实到位"。

(2) 纵向的上下级检察院未检部门之间的联动机制。对于涉及未成年人权益保护的职务犯罪案件、具有重大社会影响案件等，上级检察院要加大对下业务指导和案件督办。《检察机关执法工作基本规范》第 6.207 条规定："对重大普通刑事案件、重大职务犯罪案件、人民群众对司法不公反映强烈的案件以及其他有重大影响的重要抗诉案件，上级人民检察院公诉部门应当提前指导。下级人民检察院对于拟抗诉的重要案件，应当在决定抗诉前向上级人民检察院公诉部门汇报，上级人民检察院公诉部门应当提出具体指导意见。必要时，上级人民检察院可以派员列席下级人民检察院的检察委员会。"第 6.208 条规定："上一级人民检察院对下级人民检察院按照第二审程序提出抗诉的案件，认为抗诉正确的，应当支持抗诉；认为抗诉不当的，应当向同级人民法院撤回抗诉，并且通知下级人民检察院。下级人民检察院如果认为上一级人民检察院撤回抗诉不当的，可以提请复议。上一级人民检察院应当复议，并将复议结果通知下级人民检察院。上一级人民检察院在上诉、抗诉期限内，发现下级人民检察院应当提出抗诉而没有提出抗诉的案件，可以指令下级人民检察院依法提出抗诉。"上述针对公诉部门的规定，同样适用于未检部门处理未成年人

---

① 最高检 2015 年发布的案例。

案件。

（3）异地检察院未检部门之间的联动机制。随着人口流动的日益频繁，外来未成年人犯罪的问题越发突出。根据法律面前人人平等原则，检察机关对涉罪外来未成年人亦应全力贯彻教育、感化、挽救的工作方针和教育为主、惩罚为辅的原则，在社会调查、非羁押诉讼、附条件不起诉分流等制度的适用上，对本地与外地涉罪未成年人应当一视同仁。但是，由于受地理环境、司法成本、人力资源等因素制约，社会调查、附条件不起诉、犯罪记录封存等特殊制度在外来未成年人适用上遭遇难题。如各地对外来涉罪未成年人开展社会调查的比例较低、质量不高，影响了社会调查制度的全面落实。又如由于涉罪外来未成年人往往在本地不具备良好的监护教育条件，一旦检察机关选择作出附条件不起诉决定，就必须设法破解无法在本地对其进行监督考察的难题。尽管某些发达地区正在试行"观护基地监督考察模式"，但是观护基地自身的容纳能力十分有限，单纯依靠观护基地难以从根本上解决外来未成年人的监督考察问题。为解决司法实践中被附条件不起诉的未成年人经批准迁居后的监督考察工作难题，《高检规定》第44条规定："未成年犯罪嫌疑人经批准离开所居住的市、县或者迁居，作出附条件不起诉决定的人民检察院可以要求迁入地的人民检察院协助进行考察，并将考察结果函告作出附条件不起诉决定的人民检察院。"一些地方根据上述规定，对外来未成年人的社会调查工作、附条件不起诉考察帮教工作、犯罪记录封存工作等也通过"异地考察协助"机制予以解决，效果很好。如2013年，江苏省检察机关委托省外相关部门开展社会调查303人次，对25名省外未成年人进行了附条件不起诉异地监督考察；省内各地委托外市相关部门开展社会调查114人次，对13名外市未成年人进行了附条件不起诉异地监督考察。又如上海市徐汇区院通过与安徽省院、六安市院协调，由裕安区院协助对安徽省六安市裕安区未成年人沈某进行了社会调查；北京市海淀区院在最高检公诉厅和山西省院协调下，由晋中市院督促当地公安机关为已考上山西省晋中市艺术学校的被不起诉人李某某出具了无犯罪记录证明，使其顺利入学就读。因此，《高检通知》根据检察一体化原则，建立了未检工作异地协助机制。

我们认为，为保证异地协助机制有效运行，还需要建立以下配套机制：

一是搭建全国性的未检资源共享平台，优化异地协助监督考察的资源配置与联络渠道。异地协助监督考察的高效运作以在地方检察机关之间建立畅通的联络渠道为前提，这有赖于各地检察机关未检部门及未检人员充分共享电话、邮件等信息，最大限度地摒除沟通障碍。本地检察机关对异地协助监督考察可行性的考量更需立足于对未成年犯罪嫌疑人户籍地或者经常居住地未检工作发展现状的了解与把握，而各地未检机构信息闭塞与资源分割的现状则严重影响了上述考量的准确性。因此，最高检应当牵头制作全国未检机构及未检人员的电话、邮件通讯录，同时动员各地未检人员加入"全国未检检察官"微信群，强化各地未检人员联络的便捷性，为异地协助监督考察的沟通协调提供技术支持。另外，从长远来看，未成年人检察工作办公室应当筹划建立全国性的未检资源共享平台，致力于消除各地检察机关之间的未检工作壁垒，分享先进经验、做法，畅通异地协助渠道。

二是规范本地与外地检察机关职责履行。目前异地协助具体如何操作，各地都在自行探索。如实践中对于附条件不起诉异地监督考察的主要做法是：（1）本地检察机关联系外地检察机关，协商异地协助监督考察设想及相关具体事宜，如监督考察协议的起草、签署等；（2）待本地与外地检察机关就异地协助监督考察达成意向之后，本地检察机关将启动附条件不起诉审批程序；（3）附条件不起诉决定作出后，本地检察机关向未成年犯罪嫌疑人宣告，并由本地检察机关、外地检察机关以及未成年犯罪嫌疑人及其法定代理人共同签署《附条件不起诉异地协助考察协议书》，正式启动监督考察程序；（4）外地检察机关负责日常监督考察工作，主要是每月审查思想汇报、定期与考察对象谈话等，并在考察期届满之后7日内向本地检察机关送达考察意见书，本地检察机关可不定期通过电话等方式向外地检察机关及未成年犯罪嫌疑人了解日常监督考察情况；（5）本地检察机关审阅考察意见书，并综合案件情况作出起诉与否的决定，后告知外地检察机关。日常监督考察职责由本地检察机关转移给外地检察机关承担，可在一定程度上节省人力、物力资源，也最大限度地避免了本地检察机关直接异地监督考察跨越时空所引发的信息不对称问题，便于检察机关及时、有效地对未成年人实施监督。附条件不起诉异地协助监督考察使本地检察机关与外地检察机关之间形成委托—代理关系，本地检察机关作为委托方，应当承担代理方——外地检察机关监督考察的后果，外地检察机关作为受委托方，应当尽力履行好监督考察职责，维护被代理方——本地检察机关的利益。但是，由于本地检察机关在实践中也实际履行部分监督考察职责，因而如何厘清双方的责任承担，需要在总结实践经验的基础上进一步规范。①

三是建立异地协助的激励机制。为保障异地协助机制的有效运行，应当大力倡导将未检工作异地协助纳入未检考核评价体系。不同地区检察机关之间的司法互助，有利于扩展区际司法互助的视野，为此，应当大力促进地方检察机

---

① 贾娜、王晓杰、郑馨智、张国樑：《特别的爱给特别的你》，载《检察日报》2015年5月31日。

关之间在更多、更广的未检工作领域内加强交流,乃至构筑共建关系。待合作不断深入之后,发达地区先进的未检工作理念也将不断向欠发达地区传播,以此带动欠发达地区更加重视未检工作,有利于强化对未成年人特殊检察制度的贯彻落实,从而逐步改变未成年人检察工作的区域性差异,实现教育、感化、挽救工作方针与教育为主、惩罚为辅原则执行的无差别化。

四是开立社会调查卷、教育卷、观护卷等。我们认为,将异地协助办理的社会调查、帮教考察、观护等工作作为正式案件办理,开立单独的社会调查卷、教育卷、观护卷等,纳入未检办案系统,有利于规范上述对未检来说是特别重要的工作。而且上述工作对多数地方的未检部门来说是"新"的业务,确与我们从前办案大不相同,更需要在总结司法经验的基础上予以规范。例如有一个被告人因故意杀害其妻和岳父母,被A省高级法院判处死刑缓期二年执行并限制减刑。他有一个6岁的孩子小明(化名)原由他与被害人在A省共同抚养,该案发生后,小明已由他的父母带回老家B省某地抚养。另据案件材料反映,他父母系当地特困人员,抚养能力不足,孩子的成长面临困难。为此,最高检公诉部门协调未检部门对小明进行观护。我们认为,鉴于小明具有服刑人员和被害人未成年子女双重身份,以及该案的特殊情况,根据我国《未成人保护法》以及《八项措施》等规定,最高检未检部门应当协调B省开立观护卷,并做好小明的观护工作。

异地协作机制是一项非常有效的工作方法,有利于整合资源,解决异地社会调查、异地附条件不起诉考察帮教等困扰各地的突出问题。江苏省2006年公检法司共同会签了《刑事案件未成年被告人审前调查实施办法(试行)》,利用现有的全国性社区矫正工作网络,建立起未成年人刑事案件异地社会调查的协作机制,开展异地委托调查。海淀区检察院也在2010年曾尝试利用全国律协未保委的全国志愿律师协作网络开展异地社会调查。具体程序是:海淀区检察院向全国律协未保委出具正式的《异地社会调查工作委托书》,提供需要调查的人员名单及其具体情况,确定需要调查的内容以及反馈调查报告的日期;全国律协未保委指派经过培训的志愿律师协作网的志愿律师来开展社会调查,于规定日期将书面社会调查报告反馈委托机关。2014年6月14日,上海市人民检察院、上海市法学会未成年人法研究会、上海市徐汇区人民检察院联合举办了"涉罪未成年人异地社会调查相关问题研讨会",专门研究异地社会调查问题。此次研讨会上,姚建龙教授提出了建立全国性少年司法协作网络的方案:一是通过中立的学术机构建立少年司法协作中心,参与协作网络的机构之间互相承担彼此委托的社会调查工作;二是全国未检机构实行少年司法协作,不同地区检察机关可以在社会调查、帮教、社区矫正等工作中提供相互支持,并可逐步把少年法庭、少年警察、司法行政部门、律师全部拉进这个网络,建立全国性少年司法网络。我们非常赞同姚老师的意见,更愿意努力推动全国性少年司法网络的建立。我们认为,检察机关在我国政法机关中处于承上启下的枢纽地位,加上其法律监督机关的角色与权能,如果各地检察机关的未检部门能够努力与当地其他政法机关以及政府相关部门、社会组织等建立起外部联动机制,加上检察系统内纵向的上下级未检部门之间的联动机制和横向的异地未检部门之间的联动机制,则全国性的少年司法网络就基本形成了。

2. 推动建立外部联动机制。《高检决定》第24条要求:"促进政法机关办理未成年人刑事案件配套工作体系建设。要加强与人民法院、公安机关和司法行政机关的联系,争取在社会调查、逮捕必要性证据收集与移送、法定代理人或合适成年人到场、法律援助、分案起诉、亲情会见等制度上达成共识,联合出台实施细则。要完善与有关政法机关日常沟通机制,采取定期召开联席会议、联合开展调查研究等形式,共同研究未成年人犯罪形势、特点,解决遇到的问题,统一执法标准,形成对涉罪未成年人教育、感化、挽救的工作合力。"第25条要求:"促进未成年人权益保护和犯罪预防帮教社会化体系建设。要加强与综治、共青团、关工委、妇联、民政、社工管理、学校、社区、企业等方面的联系配合,整合社会力量,促进党委领导、政府支持、社会协同、公众参与的未成年人权益保护、犯罪预防帮教社会化、一体化体系建设,实现对涉罪未成年人教育、感化、挽救的无缝衔接。有条件的地方要积极建议、促进建立健全社工制度、观护帮教制度等机制,引入社会力量参与对被不批捕、不起诉的未成年人进行帮教。"《高检通知》要求:"各级检察机关在与公安、法院、司法行政等部门衔接配合的同时,要进一步加强与共青团、妇联、民政、教育、卫生、社区等方面的联系,建立多部门合作及司法借助社会力量的长效机制,通过促进未成年人犯罪预防帮教社会化体系建设,实现对涉罪未成年人教育、感化、挽救的无缝衔接,共同将保护未成年人合法权益的制度措施落到实处。"《八项措施》第7条规定:"推动完善政法机关衔接配合以及与政府部门、未成年人保护组织等跨部门合作机制。进一步加强与公安机关、人民法院、司法行政机关的沟通协调,在工作评价标准、法律援助、社会调查、讯问(询问)未成年人同步录音录像、逮捕必要性证据收集与移送、合适成年人选聘、分案起诉、观护帮教、犯罪记录封存等需要配合的制度机制上相互衔接,形成保护未成年人合法权益的工作体系;积极与政府各部门、未成年人保护组织等加强联系,推动建立跨部门合作的长效机制,促进司法保护与家庭保护、学校保护、社会保护的紧密衔接,形成保护未成年人合法权益、救助困境儿童、挽救失足未成年人以及预防和减少未成年人犯罪的工作合力。"上述规定概括来讲，其实就是要求检察机关推动建立政法机关之间以及政法机关与政府有关部门、相关社会组织之间的外部联动机制，就是我们常说的"两条龙"机制，即"政法一条龙"，指政法机关之间衔接、配合机制；"社会一条龙"，指相关政府部门、社会组织辅助少年司法机制，使司法保护与家庭保护、学校保护、政府保护、社会保护紧密衔接，形成保护未成年人合法权益、救助困境儿童、挽救失足未成年人以及预防和减少未成年人犯罪的工作合力。"两条龙"机制体现了对未成年人权益保护和犯罪预防综合施策原则。少年司法的目标及工作重心决定了其并非单纯的"司法"活动，而是介于"司法"与"社会"工作之间的工作，因此少年司法需要多种社会力量的参与和介入。正如《北京规则》第1.3条指出的："应充分注意采取积极措施，这些措施涉及充分调动所有可能的资源，包括家庭、志愿人员及其他社区团体以及学校和其他社区机构，以便促进少年的幸福，减少根据法律进行干预的必要，并在他们触犯法律时对他们加以有效、公平及合乎人道的处理。"

一方面，法律所确立的各项未成年人保护制度要真正落到实处，需要政法机关之间，在工作评价标准、社会调查、逮捕必要性证据收集与移送、法律援助、分案起诉、犯罪记录封存等需要配合的制度上相互衔接，形成工作体系和合力；另一方面，教育挽救失足未成年人、救助保护未成年被害人以及预防未成年人犯罪，亦是一项系统的社会工程，需要政府、未成年人保护组织乃至社会各界人士的共同参与。如对未成年犯罪要求"少捕慎诉少监禁"，而对大量涉罪未成年人非监禁化，必然对社会化帮教预防措施、社会支持系统提出更高的要求，要为未成年人创造适合其回归社会的良好环境和条件。为此，检察机关办理未成年人案件，往往需要与政府相关职能部门、社会力量保持密切联系，如与负责教育、劳动就业、社会保障与救助等主管部门加强联系，对接未保委、关工委、共青团、妇联、家庭、学校、居委会、村委会、未成年人保护组织等。又如《惩治性侵害意见》第7条要求公、检、法、司要与政府各部门及相关组织密切合作，共同做好未成年被害人的心理安抚、疏导工作，从有利于未成年人身心健康的角度给予必要的帮助；第10条要求公安机关要第一时间甄别受害未成年人及其需求，必要时通报有关部门（主要涉及民政等部门）对被害人予以临时安置、救助；第15条要求检、法机关协助受害人获得专业的法律帮助，"帮助其申请法律援助"；第34条要求公、检、法对于不能及时获得有效赔偿而又有需要的被害人，要会同有关部门优先考虑予以司法救助等。因此，无论是办理未成年人刑事案件要求的"教育、感化、挽救"，还是办理侵害未成年人犯罪案件要求的救助未成年被害人，以及查找在预防犯罪、保护未成年人方面存在的漏洞和隐患并修补和完善，所涉及的范畴已远远超出了纯粹刑事案件的办理范围，参与的部门需要包括政府职能部门、儿童保护组织、社区基层单位等。因此，必须建立外部联动机制，才能保证为未成年人及时提供专业的、综合的矫治和服务。

但是，目前不少地方的政法机关之间在执法思想、办案标准、机制构建等方面还存在不一致、不衔接等问题，如司法实践中对社会调查是否应由公安机关在侦查阶段启动存在分歧意见，对封存犯罪记录的未成年人是否可以出具无违法犯罪记录的证明等各地做法不一、部门衔接不畅等；同时，我国司法机关外部的辅助体系还不健全，缺乏专业人员和配套机制，使很多制度难以有效落实。尤其是实践中对外来、流动未成年人缺乏有效的社会管理机制支撑，容易导致对本地与外地未成年人不能平等适用法律等现象。2010年在江阴举行的"平等保护涉罪外来未成年人刑事诉讼权益研讨会"上，狄小华教授指出，中国目前的犯罪预防并不缺乏制度，也不缺乏人力，但不系统，东一点，西一点，不成体系，整体优势还没有充分发挥出来。如果能由检察机关这个点，向前到公安，向后到审判、到执行，拉成一个线，然后再到各社会组织、社会力量形成一个面的角度，既包括矫治性的措施，也包括预防性措施、发展性措施，相互结合，这样预防和减少未成年人犯罪工作才会产生最好的效果。我们非常赞同上述观点。目前，我国未成年人保护组织很多，如共青团、关工委、妇联、未保委等，但问题是如何将这些社会力量整合起来，并使少年司法工作与社会化帮教预防体系能够相互衔接和配合。在政法机关办理未成年人犯罪案件中，检察机关处于承上启下的枢纽地位，加之法律监督的角色与权能，因此，由检察机关承担起构建社会支持系统的推动者和督促者的责任，架起连接未成年人司法保护与政府保护、社会保护的桥梁，目前看来恐怕是最合适的。近年来，很多地方的检察机关采取联合会签文件等方式，督促公安机关落实特殊程序，从而在侦查阶段解决法律援助、社会调查、合适成年人到场、羁押必要性证明等问题，效果很好。例如，上海采取与公安机关会签文件以及个案督促等方式，推行合适成年人制度。刚开始，公安机关办案人员嫌麻烦，很不情愿；一段时间后，发现合适成年人制度有利于提高口供的证据效力，避免案件反复，便有了积极性；而目前，公安机关是千方百计地找法定代理人到场，只有在法定代理人实在不能到场时，才找其他合适成年人替代，因为找其他合适成年人后，为了核实未成年人的年龄，往往最后还是要找他的法定代理人。经过这样的曲折过程，合适成年人制度在上海得到了很好的落实。又如，江苏省江阴市等一些地方的检察机关，联合公安、法院、司法行政、团委、关工委等部门，积极动员企业、社区等社会力量，在具有较强社会责任感的民营企业、未成年人较多的社区、公益组织如敬老院等，建立管护教育基地，对涉罪未成年人进行管护帮教，取得了良好的社会效果和法律效果。再如，四川省广元市利州区人民检察院在市委政法委支持下，联合其他政法机关和团委、关工委、教育、卫生、民政等部门，在广元市正德中学建立"未成年人观护帮教基地"，对不批捕、不起诉、附条件不起诉的涉案未成年人进行观护教育；在广元外国语学校建立"未成年人普法示范基地"，通过举办模拟法庭、法律知识竞赛等活动，整体提升校园法制氛围；在福利院、养老院等建立"未成年人公益劳动基地"，安排被附条件不起诉的未成年人参加辅导福利院孤儿作业、照顾养老院老人起居等活动，落实帮教考察措施。

3. 推动建立未成年人司法借助社会专业力量的长效机制。在外部联动机制的建设中，我们认为应当重视发挥社会力量的作用，因为政府并不经常处在为未成年人提供所需服务的最佳位置；尤其像社会调查、心理疏导、考察帮教等工作，都是专业性极强、具有相当难度的工作，需要由具有相关专业背景、接受过专业方法训练、具有广阔社会视角的社会专业力量来承担。而且面对司法资源相对紧缺的现实，拓展民间渠道，让社会专业力量参与和介入司法程序，建立机动性强、效果明显的官民合作机制，可以填补许多保护方面的空白。当然不能由他们替代政府承担费用，政府应当通过支付费用显示对儿童保护的承诺。对此，《未成年人保护法》已有明确规定，其第 7 条规定："中央和地方各级国家机关应当在各自的职责范围内做好未成年人保护工作。国务院和地方各级人民政府领导有关部门做好未成年人保护工作；将未成年人保护工作纳入国民经济和社会发展规划以及年度计划，相关经费纳入本级政府预算。国务院和省、自治区、直辖市人民政府采取组织措施，协调有关部门做好未成年人保护工作。具体机构由国务院和省、自治区、直辖市人民政府规定。"即修改后的《未成年人保护法》已明确将政府置于未成年人保护的主导地位，强化了其职责，并做出了刚性的约束和经费的保障。因此，可以通过"政府购买社会服务"的方式，建立社会专业力量介入、辅助司法的长效机制。从目前情况看，通过政府购买服务的方式，拓展民间渠道，让其辅助司法是可行的，特别是在外来未成年人、留守儿童较多的地区，建立健全社工制度、观护帮教制度等，有利于形成保护未成年人的工作合力。上海、北京、广州、深圳等少数大城市对专业社工介入司法开展专业服务工作进行了卓有成效的探索和尝试，并逐渐成为司法所依赖的重要专业支持力量，呈现出不断拓展合作深度和广度的发展态势。例如，上海检察机关以政府购买社会服务的方式，以在各区县设立社工总站、在街镇设立社工点为契机，积极争取党委和政府支持，通过牵头会签协议、建立联席会议制度等形式，将涉罪未成年人的社会观护纳入社工站、社工点的服务当中，并有效整合共青团、学校、社区、企业等各方力量，逐步建立了覆盖全市的社会观护体系。2014 年《社工建设意见》第三部分"青少年事务社会工作专业人才的主要服务领域"明确规定了"协助公安、法院、检察院等单位开展取保候审观护帮教、附条件不起诉监督考察、合适成年人参与未成年人刑事诉讼、社会调查等工作，帮助掌握未成年犯罪嫌疑人的基本情况，减少涉罪未成年人再犯罪"的内容。目前各地都组建了社工队伍，很多高校也设立了社工专业。较之司法机关及政府部门工作人员，司法社工以其专业性、稳定性见长。为此，《八项措施》第 8 条明确要求："推动建立未成年人司法借助社会专业力量的长效机制。大力支持青少年事务社会工作专业人才队伍建设工作，主动与青少年事务社会工作专业机构链接，以政府购买服务等方式，将社会调查、合适成年人参与未成年人刑事诉讼、心理疏导、观护帮教、附条件不起诉监督考察等工作，交由专业社会力量承担，提高未成年人权益保护和犯罪预防的专业水平，逐步建立司法借助社会专业力量的长效机制。"

◉ 核心观点

未检工作的出发点和落脚点是为了保护未成年人而非惩罚他们，因此需要强化保护、帮助、教育的连续性、有效性；这与普通程序的精准惩罚需要强调正当程序不同；也因此，如果未检背离了其保护未成年人的宗旨，追逐惩罚未成年人，则其"捕诉监防一体化"的工作模式便失去了合理性，这是未检人应当警醒的。

专题十五　未检的角色定位：国家公诉人抑或国家监护人？

我国的未检工作经历了从刑事检察工作中独立成立"少年起诉组"专司未成年人刑事案件审查起诉工作，到独立的未检部门实行"捕诉监防一体化"工作模式的发展过程，在此过程中自然地出现了对于未检检察官角色定位"到底是国家公诉人还是国家监护人"的争论。

一、未检职能的历史演变及未检检察官角色争议

未检工作、未检职能的发展变化带来未检检察官角色定位的争议，比如对未检预防职能和维权职能（维护未成年人权益，包括刑事、民事、行政案件）的内容界定，导致有人质疑未检检察官是否手伸得太长？又如很多同志困惑，未检办案和预防的工作量比例应该四六开还是五五开？未检检察官既负责批捕又负责起诉是否有违监督制约的检察权配置？未检检察官是否太过宽容而放纵了犯罪或者违背了罪责刑相适应原则？未检检察官和辩护人在未成年人犯罪案件中是否太过配合而忽视了客观公正义务和指控犯罪立场？未检检察官是否太过于社会化而远离了法律性？未检检察官在开展帮助教育未成年人的工作时是否存在角色矛盾难以保证效果？如果有了专业司法社工体系，未检干警是否可以大撒把只负责案件的法律办理部分而把帮教等工作完全剥离？等等。[①]

其实，在我们看来，自1986年上海市长宁区人民检察院成立我国第一个"少年刑事案件起诉组"开始，即从把未成年人刑事案件的审查起诉业务与成年人刑事案件的审查起诉业务相分离成立"未检"的那一天起，未检的角色定位就已经开始形成，她的名字虽然叫"少年刑事案件起诉组"，但却不再是单纯地代表国家对少年刑事案件审查起诉的"国家公诉人"，那是什么呢？我们认为是代表国家保护未成年人的"国家监护人"。也许在当时，甚至直到现在，很多同志对这一未检的角色定位并不明晰，但是，我们从当时成立"少

---

① 杨新城：《未检检察官的角色定位》，载《探索与梦想——未成年人检察30周年纪念文集》，中国检察出版社2016年版，第11—19页。

年刑事案件起诉组"的背景和初衷以及之后未检的发展轨迹，可以清楚地看到，虽历经曲折但未检始终朝着一个方向努力，即朝着代表国家保护未成年人的"国家监护人"的方向发展。

20世纪80年代至90年代初，我国先后参与制定了《联合国少年司法最低限度标准规则》（《北京规则》，1985年联合国第96次全体会议通过）和《联合国预防少年犯罪准则》（《利雅得准则》，1991年联合国第八届预防犯罪和罪犯待遇大会通过）等国际社会有关少年司法的重要法律文件。1992年全国人大常委会批准我国加入联合国《儿童权利公约》，1991年和1999年我国先后颁布实施的《未成年人保护法》和《预防未成年人犯罪法》，把"教育、感化、挽救"的方针和"教育为主、惩罚为辅"的原则确立为基本法律原则。未成年人刑事检察工作就是在切实贯彻执行上述方针、原则和法律规定的过程中发展起来的，其主要目的并非"更好""更有力"地追诉未成年人犯罪，而是为了帮助教育未成年人，预防和减少未成年人犯罪。早在20世纪80年代初期彭真同志提出的对犯罪未成年人要像家长对待孩子一样，老师对待学生一样，医生对待病人一样，立足于"教育、感化、挽救"，就充分地证明了这一点。未检工作模式由捕诉交叉到捕诉合一，再到捕诉防一体化，直到2012年《高检决定》确立"捕诉监防一体化"；未检受案范围由未成年人犯罪案件到未成年人权益受侵害案件，到2015年《八项措施》规定的未检五项职责，即严厉惩处各类侵害未成年人的犯罪、保护救助未成年被害人、教育挽救涉罪未成年人、对公安机关、人民法院处理监护侵害行为的法律监督及参与犯罪预防和普法宣传工作，再到《关于成立最高人民检察院未成年人检察工作办公室的通知》（高检发政字〔2015〕96号）规定未检办的主要职责是：负责全国未成年人检察工作的综合业务指导以及未成年人涉嫌犯罪案件、侵害未成年人人身权利犯罪案件审查逮捕、审查起诉、出庭公诉以及涉及未成年人的刑事、民事、行政诉讼监督活动的个案指导；调查研究与未成年人检察工作有关的法律、法规、政策执行情况；研究提出完善未成年人检察工作规范和机制的意见；研究提出检察机关依法履行检察职能、参与青少年维权活动和预防未成年人犯罪的有效模式和意见；承担与中央预防青少年违法犯罪专项组的联络工作；办理其他与未成年人检察工作相关的事项。这意味着以未成年人这一特殊主体为标准的业务类别从其他检察业务中分离出来，成为一个独立的业务体系，也标志着未成年人司法保护正式成为检察机关的一项专门职能。而以上这些都清晰可见未检是向着未成年人全面综合保护即向着"超级父母"的方向发展。

二、未检检察官的"角色分工"

"角色定位"具有不可代替性,这是"角色定位"的根本特征。"角色定位"的前提,是"角色分工",因此,未检承担怎样的职责和工作是对未检"角色定位"的重要因素。目前在检察系统内,大体上按照职能或者诉讼阶段划分为职务犯罪侦查、侦查监督(审查逮捕)、公诉(审查起诉)、刑事执行监督、控告申诉、民事行政监督等部门,未检则是以未成年人这一特殊主体为标准建立的业务部门,其职责包括审查批捕、审查起诉、法律监督、犯罪预防。由于少年司法的终极目标是通过教育帮助涉诉未成年人使其重新融入社会,完成再社会化,确保幸福地生活,这决定了未检职责包括两个层面:一是司法性的职责,即办理未成年人案件,通过依据法律规定尤其是特殊规定审查案件事实,得出法律意见,在法律的层面做出判断和结论;二是保护性的职责,即通过对未成年人犯罪的社会调查,诊断出未成年人需要保护的内容,通过法律援助、亲情会见、心理疏导、知识教育、生活帮助、医疗救助等种种方法,对未成年人开展保护工作,确保未成年人的各项权利不受侵犯,确保未成年人能够远离犯罪,远离越轨行为及其侵害,转变思维和行为,过上幸福的生活。在保护的工作里,自然涵盖了未成年人成长所需的一切环境因素和个人因素,包括家庭教育指导,包括个人文化素质、情绪控制、品位修养的提高。司法性职责和保护性职责二者并重,不可偏废。司法性职责是基础,确保依法办案;保护性职责是主体,确保实现未成年人司法的目标。因此,未检检察官捕、诉、监、防四项职能,属于未检职能的有机组成部分,不存在谁占比例多少的问题。在现有法律体系下,对未成年人案件作出法律的基础判断,重点对未成年人进行特殊的保护、教育和帮助,正是未检工作的主要职责,属于未检工作的正业。未检工作既要教育未成年人,又要宽容未成年人犯罪,即使作出批准逮捕、提起公诉等惩罚性决定,也是针对未成年人个体的情况进行科学教育的手段。重要的不是决定,而是作出决定的过程以及执行决定中对未成年人的教育和帮助,要将儿童最佳利益理念贯穿整个诉讼过程,把符合儿童最佳利益作为行动的指导和决定的标尺。从这个意义上说,未检检察官既是检察官,又是心理咨询师,还是专业助人的社会工作者,三者都以儿童最佳利益为指导,都以帮助和保护未成年人为职责,[①] 也就是"超级父母"、国家监护人。

另外,由于未成年人保护和犯罪预防工作是系统工程,检察机关不可能

[①] 杨新娥:《未检检察官的角色定位》,载《探索与梦想——未成年人检察30周年纪念文集》,中国检察出版社2016年版。

(不是不愿意,而是没有这个能力)去"包打天下",少年司法过程中的维权、教育、矫正、观护、预防等方面的功能由公安、检察、法院、律师、矫正机构、未成年人保护组织、教育、民政、综治等多部门行使并发挥不同作用,①因此,无论是《高检决定》还是《八项措施》都强调检察机关要推动政法机关衔接配合以及与政府部门、未成年人保护组织等跨部门合作机制,以及推动建立未成年人司法借助社会专业力量的长效机制,即推动"两条龙"建设。这又从另一个侧面反映了未检的角色并不是"公诉人"而是国家监护人。

三、未检工作理念为角色定位提供重要依据

我国未检工作理念和原则是随着未检工作的发展和开展逐渐明确起来的,同时也为未检的角色定位提供了重要依据。全国检察业务专家、北京市检察院苗生明副检察长认为,未检检察官首先应当坚持国家亲权理念,国家作为未成年人的最高监护人,在教育保护未成年人工作中承担最终的责任;同时,还要坚持儿童最佳利益理念和寓教于罚理念。② 未检工作是检察机关依据法律规定行使检察权的一项重要工作。未检工作中行使的检察权,即未检检察权,无论在权力的具体内容、运行特点,还是实现宗旨和要求等方面,都不同于普通的检察权,具有其自身的特殊性。2015 年 8 月,最高人民检察院孙谦副检察长在无锡会议上有一个具有高度理论概括和实际指导意义的讲话,其中指出:"未检工作对象特殊、地位特殊、政策特殊、职能特殊,要切实提高对其特殊性的认识。"《未成年人保护法》第 6 条规定:"保护未成年人是国家机关、武装力量、政党、社会团体、企业事业组织、城乡基层群众自治组织、未成年人的监护人和其他成年公民的共同责任。"新修改的《刑事诉讼法》中增设未成年人刑事案件诉讼程序,确立了一系列保护、教育未成年人的特殊原则、制度和程序,与《未成年人保护法》中"司法保护"进行了对接,其目的显而易见是为了保护。检察机关的法律监督地位决定了对于诉讼全过程的监督有利于促进保护未成年人的初衷的实现,做好未成年人司法保护工作,保证国家制定的《未成年人保护法》规定落到实处,是检察机关义不容辞的责任。为此,《高检决定》要求"依法保护未成年人合法权益,最大限度地挽救涉罪未成年人,最大限度地预防未成年人犯罪,保障未成年人健康成长"。即:(1)严厉

---

① 钱晓峰:《少年司法跨部门合作"两条龙"工作体系的上海模式》,载《预防青少年犯罪研究》2015 年第 3 期。

② 苗生明、程晓璐:《中国未成年人刑事检察政策》,载《国家检察官学院学报》2014 年第 11 期。

惩处各类侵害未成年人的犯罪;(2)努力保护救助未成年被害人;(3)最大限度教育挽救涉罪未成年人;(4)充分发挥法律监督职能优势;(5)积极参与犯罪预防和普法宣传工作;(6)建立检察机关内部保护未成年人联动机制;(7)推动完善政法机关衔接配合以及与政府部门、未成年人保护组织等跨部门合作机制;(8)推动建立司法借助社会专业力量的长效机制。《八项措施》的规定尤其深刻地体现了行使未检检察权的宗旨是保护与教育未成年人。未成年人权利保护和健康发展是少年司法的最高目标,也是未检工作的最高目标。未检履行的职责及其目标与任务,决定了未检的角色定位是国家监护人,而非简单的国家公诉人。

然而,正如特别程序由于萌发于普通程序之内而受到普通程序强大的秩序价值干扰一样,包括未检在内的少年司法工作从产生的那一天起也受到成人司法惯性的干扰。如有同志认为,罪刑法定原则不容违反,少年司法也要首先依法,不能一味从轻减轻,不能不教而宽。这个观点本身就存在逻辑错误。少年司法具有司法性的基本属性,更重要的却是保护性的社会属性。认定未成年人犯罪,对未成年人犯罪作出处理决定,均应当兼顾这两个属性,都不能偏废。不能不教而宽,也不能不教而罚。不能一味从轻,也不能混同成人司法。不能不依法,但必须能动辩证司法。①

综上,我们认为,少年司法理论根基是国家亲权,即国家不是惩罚未成年人的官吏,而是未成年人的最高监护人;国家亲权决定了未检检察官的角色定位是"国家监护人",而非单纯的国家公诉人,即代表国家指控犯罪,这正是未检专业性所在,以及与公诉的区别所在。未检检察权宗旨是保护和教育,惩罚仅作为辅助手段。未检从"少年起诉组"到未检办,标志着以未成年人这一特殊主体为标准的独立检察业务类别的建立,并最终完成了向"国家监护人"的转化,以实现对未成年人的综合保护为宗旨。未检部门是人民检察院依法行使未检检察权的专门机构,以切实贯彻国家对未成年人特殊优先保护政策,严厉惩处各类侵害未成年人的犯罪,最大限度"教育、感化、挽救"涉罪未成年人,最大限度保护、救助未成年被害人,最大限度预防未成年人犯罪及保护未成年人权益免受侵害,使进入检察视野的困境儿童得到帮助,重新回归健康成长轨道;充分发挥法律监督职能优势,积极推动公、检、法、司等政法机关办理未成年人刑事案件配套工作体系建设以及与政府部门、未成年人保护组织等跨部门合作机制,推动建立司法借助社会专业力量的长效机制,促进未成年

---

① 杨新娥:《未检检察官的角色定位》,载《探索与梦想——未成年人检察30周年纪念文集》,中国检察出版社2016年版。

人权益保护及犯罪预防帮教社会化体系建设，积极宣传国家对未成年人的保护政策、保护制度，实现全方位保障未成年人合法权益的目标。未检这样的权能和目标决定了其不是国家公诉人，而是"国家监护人"角色。

● **核心观点**

　　无论从未检专业化发展的轨迹看，还是从未检的职责范围、理念原则看，未检的角色定位都不应当是国家公诉人，而应是代表国家保护、教育未成年人的"国家监护人"。进一步明确未检的角色定位至关重要，这不仅关系着未检工作目标、任务的实现，工作方式、手段的选择，而且有利于提高我们的"抗干扰"能力。当然，未成年人的"国家监护人"不仅检察机关一家，政府负有主导责任，即政府保护，公、检、法等是司法保护，与家庭保护、学校保护、社会保护共同构成《未成年人保护法》构建的保护网络。

专题十六　未检的犯罪预防：与"捕、诉、监"是何关系？

未检部门的职责集"捕、诉、监、防"于一体，那么这四项职责是何关系？应当各占多少比重呢？对此，我们赞同杨新娥检察官的观点：我们认为由于少年司法的终极目标是通过教育帮助涉诉未成年人使其重新融入社会，完成再社会化，确保幸福地生活，因此，未检工作无论是"捕""诉"还是"监"，都应当以预防未成年人犯罪，包括预防再犯，帮助未成年人摆脱致罪因素为宗旨，即前三者都为"防"服务，前三者工作成效最终都应当以是否"防"住了再犯、在预防和减少未成年人犯罪上取得了多大成效来检验。也因此，无论是"捕"的工作、"诉"的工作，还是"捕""诉""监"标准、制度的构建，都应当着眼于"防"。

未成年人犯罪预防有狭义、广义之说，狭义的犯罪预防仅以有犯罪倾向的未成年人为对象，防止他们走上犯罪道路，或者从轻微的违法过程中回到健康发展的道路上来的活动。广义的犯罪预防则是以所有未成年人为对象，包括预防一般未成年人犯罪，是超前预防；预防有犯罪倾向的未成年人犯罪，也叫临界预防；预防已经犯罪的未成年人重新犯罪，也叫再犯罪预防，共三个方面的内容。[①]

我们认为，所谓预防，是指"事前防备"，因而超前性是犯罪预防的当然结论。而犯罪预防要达到"先其未然"的目的，必须将防范工作做到前面，这就要求进行犯罪预测，即在调查、统计、对比、分析的基础上，对一定区域未来时间内未成年人犯罪的种类、数量及走势等有明确的认识，并有针对性地提前采取措施，这样才能收到实效。因而，类案预防非常重要，在此，我们将其单独出来进行研究。由于未成年人违法犯罪的原因是多方面、多层次的，因此，预防未成年人违法犯罪是一项系统工程。作为综治委预防青少年违法犯罪成员单位之一，检察机关积极参与综合治理工作，努力促进预防和减少未成年

---

① 肖建国、姚建龙、颜湘颖、张惠红：《建设和谐社会与构建预防青少年犯罪体系》，载《犯罪学论丛》（第五卷），中国检察出版社2007年版。

人犯罪，为未成年人健康成长营造良好社会环境是其应尽职责。尤其是检察机关的法律监督角色与权能，为拓展工作空间、争取各方面支持创造了有利条件。为此，《高检决定》要求"要加强与综治、共青团、关工委、妇联、民政、社工管理、学校、社区、企业等方面的联系配合，整合社会力量，促进党委领导、政府支持、社会协同、公众参与的未成年人权益保护、犯罪预防帮教社会化、一体化体系建设，实现对涉罪未成年人教育、感化、挽救的无缝衔接"。

一、一个案例引出关于未检的犯罪预防的重要性

曾经有地方介绍未检工作时谈到一个聚众斗殴的案件。其中，有几个孩子被检察机关作出附条件不起诉决定，在考察帮教期间，曾经与他们共同参与斗殴的一个孩子因未达刑事责任年龄被简单释放，没有被移送检察机关，又参与斗殴时邀约上述的几个孩子参与，这几个被附条件不起诉的孩子没有参加，并告诉他也不要去，但是他说已到斗殴现场。结果这次，他被打死了。几个被检察机关作出附条件不起诉决定的孩子及其家长万分感谢检察机关，该地检察机关也将此作为自己附条件不起诉的工作成绩在会议上予以介绍。但当场即有某位人大代表委婉地提出：检察机关的犯罪预防能否关口前移？比如上述被打死的孩子，既然检察机关办案中已经发现他的问题，如果能够一并教育不是就不至于发生这样的惨案吗？很显然，上述案例即使体现了检察机关一定的工作成绩，但也反映了工作的不足，甚至在我们看来这个案例不是用来"表功"的，而是应当用来说明工作中存在的问题、制度中存在的缺漏，用来反思、反省和吸取教训的。对于办案中发现的已经涉嫌犯罪但因年龄原因不负刑事责任的未成年人，如果司法机关一放了之，不进行必要的帮助教育，容易使其认识不到行为的危害性，就可能像上述的孩子一样再犯，最后害人害己。

正因如此，《八项措施》要求各级检察机关"对于因年龄原因不负刑事责任的未成年人，应当与公安机关以及家庭、学校、社会保护组织等加强协调、配合，通过加强管教、社会观护等措施，预防再犯罪"。目前，一些地方的检察机关已经开始了这方面的工作。如浙江省宁波市鄞州区人民检察院在办理一起四名未成年人（其中三名不满16周岁，一名已满16周岁）故意伤害（轻伤）另一名未成年人案件时，努力促成四名未成年犯罪嫌疑人及其家长向被害人赔礼道歉、赔偿损失，使双方达成和解，并在履行和解协议时对四名未成年犯罪嫌疑人进行了训诫教育。在对其中一名承担刑事责任的涉罪未成年人进行附条件不起诉考察帮教的同时，还会同公安机关对另三名因年龄原因对轻伤害犯罪不负刑事责任的未成年人进行定期回访帮教，督促家长进行正确管护教育，取得了良好效果。

二、再犯预防：跟踪三年

少年司法系统的目的就是确定、处理并纠正犯罪的潜在社会诱因，从而预防再犯，而不是对犯罪本身给予惩罚。未成年人犯罪的主要致罪因素中，一部分属于自控能力不足造成的，另一部分则归因于家庭、社会与国家的监管不到位。随着未成年人年龄的增长，自控能力不足形成的致罪因素缺陷会得到自愈，而国家、社会与家庭可以通过增强预防与控制手段的方式减少未成年人致罪的因素。特别程序要求办理未成年人刑事案件要将帮助教育未成年人摆脱致罪因素、回归社会健康成长为目标，因此，办理每一起案件自始至终都要考虑再犯预防问题。案件办结以后，需要通过多种形式对涉罪未成年人是否再犯进行跟踪。那么怎么评估效果呢？根据国际惯例，一般跟踪3年，如果3年之内没有再犯，属于再犯罪预防成功或者称办案成功。

三、临界预防：能否降低刑事责任年龄应对"熊孩子"

近年来，新闻接二连三报道"13岁男孩强暴女孩，因未达到刑事责任年龄获释后再杀人""一个惯偷受审时语出惊人表示到了16周岁就不再作案"……背后反映出的是这些未达刑事责任年龄未成年人在脱离诉讼程序后脱管失教的现状普遍存在。目前，我国《刑法》规定的"未满14周岁为绝对不负刑事责任年龄"的实际效果并不乐观，1999年11月开始实施、2012年修订的《预防未成年人犯罪法》的现实效果也不尽如人意。公众的焦虑无可厚非，因为现实中对这些实施了恶行的未成年人往往既没有给予刑罚处罚，也没有采取其他刑罚替代性措施加以管束。根据我国《刑法》第17条第1款、第2款的规定，已满16周岁的人犯罪，应当负刑事责任。已满14周岁不满16周岁的人，犯故意杀人、故意伤害致人重伤或者死亡、强奸、抢劫、贩卖毒品、放火、爆炸、投毒罪的，应当负刑事责任。可见，刑法将刑事责任年龄分为完全负刑事责任年龄、相对负刑事责任年龄、完全不负刑事责任年龄三个阶段，不满14周岁为完全不负刑事责任年龄阶段，不管实施何种危害社会行为，均不负刑事责任。虽然《刑法》第17条第4款规定，对于因为不满16周岁不予刑事处罚的未成年人，责令他的家长或者监护人加以管教，在必要时，也可以由政府收容教养。但很多学者认为该规定以及方法有很大弊端，对解决低龄未成年人犯罪问题起不到太大作用。① 第一，未成年人走向犯罪，本身就是家长或者监护

---

① 杨锋、赵吉翔：《守校女教师被劫杀，凶手是3名中小学生》，载《新京报》2015年10月21日。

人管教失败的结果,"责令父母加以管教"的效果令公众堪忧,因为如果父母能够管教好"熊孩子","熊孩子"也就不会有严重不良行为了。第二,政府的收容教养措施在劳教制度废止之后也实际上名存实亡了,因为收容教养的执行场所已不复存在。第三,根据《预防未成年人犯罪法》第35条的规定,对实施了犯罪行为因未达刑事责任年龄的未成年人"可以送工读学校进行矫治和接受教育",但《预防未成年人犯罪法》所规定的工读教育措施并非强制性的,而是需要"由其父母或者其他监护人,或者原所在学校提出申请,经教育行政部门批准"才适用。由于工读学校的标签效应及实际所具有的限制人身自由性,除非极为特殊情况,监护人并不会主动申请将孩子送入工读学校。

针对低龄未成年人校园暴力和恶性暴力事件频发之现状,我国现行《刑法》和《预防未成年人犯罪法》规定的三种措施基本上是处于"空转"状态。恰如姚建龙教授所言,在现行法律制度下,对于实施了严重危害社会行为的低龄未成年人,目前实际状况是既不处罚也不教育,而是一放了之;其结果是堕入"养猪困局",即只能"养肥了再杀"——等低龄未成年人达到了刑事责任年龄,或者行为的社会危害性达到了可以予以刑罚处罚的程度,才动用刑罚进行惩罚。

面对低龄未成年人严峻的恶性犯罪形势,是否应该降低刑事责任年龄对之进行严惩,理论界和实务界展开了激烈争论,争论的主要焦点在于:是否应该将刑事责任年龄下限即绝对不负刑事责任年龄从14周岁下降到13周岁或12周岁甚至更低。

赞成方的主要观点是:短时间内遏止青少年犯罪势头的现实需要;低龄未成年人具备了实施犯罪的行为能力和心智水平;最低刑事责任年龄从古今中外看都不是一个确定不变的数字;不降低最低刑事责任年龄无助于法律的公平正义并容易导致被害人的"恶逆变";降低刑事责任年龄是保护未成年人的需要。

反对方的主要观点是:未成年人刑事责任年龄制度并非单纯依据辨认和控制能力来制定;降低刑事责任年龄下限并不能解决未成年人犯罪的低龄化问题;刑法不应对个案过于敏感而降低刑事责任年龄;背离了"少年宜教不宜罚"的少年司法理念。

我们认为,从儿童利益最大化的视角考量,即使少年有违法甚至犯罪行为,也不构成剥夺少年享受利益、受国家保护和教育权利的足够理由,对儿童的教育和保护也必须优先于惩罚。因此,从未成年人利益最大化的角度审视,我们认为,目前我国不宜将刑法规定的最低刑事责任年龄起点14周岁降低。理由是:通过降低刑事责任年龄下限来制裁未成年人犯罪有转嫁责任之嫌;降低刑事责任年龄下限并不能有效预防未成年人犯罪;将14周岁作为刑事责任年龄的下限符合当代刑法的通例和历史发展之趋势；在我国尚未建立健全少年司法制度之前，急着降低刑事责任年龄，容易造成交叉感染，给未成年人打上犯罪的标签，进而导致其重新犯罪。

那么，检察机关在预防和矫治未达刑事责任年龄的未成年人中如何进行角色定位呢？如前所述，涉案未达刑事责任年龄未成年人与涉罪未成年人一样，其主观恶性相当，行为危害性相等，但却一般"不教而宽"，反而带来更大的再犯危险后果，因此，探索对未达刑事责任年龄未成年人危害社会行为的预防与矫治的意义在于借助司法机关这一平台，结合现有的未成年人观护制度，依靠社工的专业知识，以预防和矫正为核心、教育性和保护性体系为辅助的整合性的帮教网络，以期通过专业化、规范化、长期化的制度模式，在一定程度上弥补现有法律法规的不足、监护人管教的不力、学校教育的不全、社会团体帮教的不周，预防未达刑事责任年龄未成年人再次走上违法犯罪的道路。

检察机关作为国家专门的法律监督机关，通过履行侦查、批准逮捕、审查起诉、支持公诉等法律职能，保证国家法律的统一和正确实施。在履行监督职能的同时，发现未达刑事责任年龄未成年人危害社会的行为基本上成了法律上的一块"真空地带"，因此对于未达刑事责任年龄未成年人危害社会行为的预防和矫治成了社会管理创新的重要组成部分。在预防未达刑事责任年龄的未成年人犯罪方面，检察机关在执法办案过程中能够最直观地发现未成年人犯罪的背后根源，通过办案经验总结犯罪成因，并提出相应的预防措施，不断推动预防未成年人犯罪立法的成熟，促进自身预防未成年人犯罪相关措施的完善，建立与现实社会法律体系相适应的未成年人预防法律体系，实现预防未成年人的法制化管理。

未达刑事责任年龄未成年人的预防与矫治机制想要实现有效的防治目的，不仅检察机关自身应当立足办案延伸职能，遵循法律，结合经验，在内部形成系统、完备的预防矫治工作机制，同时还应整合各方力量，积极寻求社会资源，建立联动机制，形成工作合力，勇于实践探索。上海市杨浦区、青浦区、闸北区等基层检察院未成年人检察部门近年来在这方面进行了有益的探索，并总结出了一些有效做法可供参考。

一是延伸职能，规范实施，形成长效机制。公安、检察机关一般以追诉犯罪为重心，因而将工作重点放在已经达到刑事责任年龄的人，往往容易忽略对涉案未达刑事责任年龄的未成年人的帮教矫治。多数走上犯罪道路的未成年人，都是由于"不良行为"和"严重不良行为"长期得不到矫正而升级成为犯罪的。因此，他们通过对未成年人犯罪案件摸排及实地走访，以案件分析开拓思路，并积极结合实务经验，规范检察机关对于涉案未达刑事责任年龄未成年人的帮教，通过建档—谈话—转介—回访四个步骤，强化对涉案未成年人的教育，有力地补充了在司法实务中对于未达刑事责任年龄未成年人一放了之的不足。具体如下：（1）建立"个人档案"，掌握基本信息和案件情况。对涉案未成年人逐一进行登记，并将后续的谈话记录、帮教情况、跟踪回访情况作为附件，设专人归纳、整理，制成矫治档案，并保存至其成年。（2）做到"两个必谈"，提升法律意识和责任意识。对涉案未成年人开展"必谈"，对其进行教育及训诫，让其切身体会法律的威严；与监护人开展"必谈"，了解家庭情况及监护条件，寻找家庭教育薄弱点，提高监护人管控能力。（3）及时"转介社工"，矫治行为习惯和思想认识。积极联系青少年工作站，形成合力，依托社工的专业知识，制定个性化的帮教措施。帮教期间要确保未成年人资料的绝对保密。（4）定期"跟踪回访"，巩固工作成果，及时掌握动向。定期采用电话回访、家访或者前往学校约见等形式及时跟进教育，了解案发后的学习、生活、心理情况。针对返学难、就业难等问题，努力为其实现再社会化创造条件，避免因社会的歧视、抛弃再次误入歧途。

二是整合资源，内外结合，创新教育模式。结合办案，认真遵照规定，创新司法教育模式。依托心理疏导室、未检工作室等司法场所，开展有针对性的司法教育。将亲情感化、说理训诫等传统教育手段与以案说法、微电影等新式教育手段相结合，提升教育效果。落实学校责任，寻求各方资源，共同开展案外帮教工作。如办理的一起寻衅滋事案件中2名不满16周岁的学生小王和小汤，经过多次沟通，推动学校在案发后承担主要职责，对2名学生开展了思想汇报、法制讲座和职业规划讲座等帮教措施。后来，小汤发挥自身的能力优势，当选班长一职，深受同学喜爱；小王也通过自身努力，学习成绩突飞猛进，主动竞选学校示范员，得到了同学的一致认可。又如，针对职业技术学校学生违法犯罪比例较高的问题，会同社区青少年工作站与案发职业学校，签订《关于开展重点学生法制教育和预防犯罪的合作方案》，形成"检校社共建"机制，以小组形式开展帮教活动，通过将涉案未达刑事责任年龄及具有严重不良行为的未成年人吸纳为小组成员，设置"我的人生我做主""戒除网瘾""青春期教育"等主题，开展生动教育，取得良好效果。

三是在办案或者一般预防过程中，检察人员发现未成年人存在《预防未成年人犯罪法》第14条、第34条所列不良行为、严重不良行为的，及时采取下列措施予以干预：（1）及时通知家长、所在学校或公安机关予以矫治；（2）根据个人情况，进行道德和法治教育；（3）亲子关系破裂的，联合相关部门和组织帮助修复家庭关系，加强对家长的亲职教育和亲子沟通指导；（4）协调有关部门，组织观摩庭审现场或监管场所；（5）心理辅导、认知调整等针对性措施。对于未成年人不良行为、严重不良行为和犯罪行为,从性质上看,这三种行为有着本质的区别,但从行为发展的逻辑来看,它们之间又存在内在的演进关系。大量实证研究表明,未成年人犯罪行为与其不良行为、严重不良行为存在着高度的相关性。因此,应对未成年人的罪错,预防重于惩治,且干预越早、越及时,效果越好。而相对于不良行为和严重不良行为的防治,我国更重视对未成年人犯罪的惩处。经过多年努力,我国虽然形成了跨部门合作的"两条龙",即公安机关、检察机关、法院、司法行政机关等政法"一条龙"和工会、团委、妇联、教育机构等社会"一条龙",但未成年人罪错的社会应对、行政应对、司法应对存在脱节现象。正是这种脱节,导致现实生活中一些"三不管"问题少年,即家庭管不住、学校管不了、公安司法机关不能管的问题少年,因缺乏有效干预而在违法犯罪的道路上越走越远。因此,如果检察机关能够在这方面有所作为,可以说是以最小的投入,带来最大的收益。

四、类案预防:法律监督可以大有作为

我们认为,类案预防是指通过加强对类案的统计、犯罪原因等分析,发现未成年人犯罪的特点、规律,或者在办案等工作中发现一类倾向性问题,从而提出预防犯罪的有针对性的意见和建议。如2013年8月,山东省邹城市人民检察院未检部门在办理王某某故意伤害案中,发现一个由中学生为主体形成的"红玫瑰"帮,严重危害校园安全和社会秩序。经调查,"红玫瑰"帮成立初衷是几个关系要好的退学学生联系在校生一起吃喝玩乐,随着加入人数的不断增加,成员发展至350余人(90%为未成年人),并因"红玫瑰的伙计挨了欺负,是红玫瑰的人就得为他出头做主"的帮规,引发数起犯罪及治安案件。对此,检察机关采取以下措施:一是提出检察建议,建议公安机关彻查"红玫瑰"成员情况;二是根据摸查获取的"红玫瑰"成员信息,联系其家长、所在学校等进行劝退教育,并密切关注其学习生活情况,跟踪、督促其彻底脱离"红玫瑰";三是针对涉嫌故意伤害、情节轻微的王某某作附条件不起诉处理,给其一个悔过自新的机会;四是联合团委、关工委、教育局等单位启动"未成年人成长环境优化"工程,组织"少年模拟法庭"进校园和"慎重交友、远离犯罪、健康成长"的法制宣讲活动等。上述措施,不仅拉回了误入歧途的少年,还铲除了潜在的犯罪苗头,有利于未成年人成长环境尤其是校园环境的净化。

类案预防的目的是通过实证研究分析等,发现未成年人保护漏洞,督促有关部门建章立制,完善未成年人保护体系建设,为未成年人健康成长营造良好的社会环境。因此,我们认为类案预防工作中还应当注意未成年人可能遭受侵害的问题,及时织密保护网。如山东省兰陵县人民检察院针对本地16万名农村留守儿童,以及留守儿童犯罪、受侵害案件比例"双高"问题,发动全院35名女干警组成了"检察官春蕾团队",对困难未成年被害人开展心理抚慰和经济救助,并联合公安、法院、教育、民政等部门,共同开展"春蕾行动",吸收210余名各单位女同志为团队成员,在32个村庄设立"亲情联系点",及时帮助留守儿童解决生活学习中遇到的困难。《八项措施》第5条就要求各级检察机关要"结合办案注意查找未成年人权益保护和犯罪预防方面存在的隐患,通过检察建议等形式,督促相关部门建章立制、堵塞漏洞,推动有关部门更加重视对农村留守儿童、城乡流动乞讨儿童、正在服刑人员的子女等重点未成年人群体的保护,努力营造关爱保护未成年人的社会环境"。另外,针对目前未成年人司法保护相关法律在社会上的宣传力度不够、在未成年人教育管理者和未成年人中知晓度低的问题,该条还根据十八届四中全会的要求,强调要建立"谁执法,谁普法"的普法责任制,广泛开展以案释法、法制讲座、法制进社区、进学校、进幼儿园、进农村、进家庭等宣讲活动,培育尊重未成年人权益的文化,提高未成年人明辨是非和自我保护的意识和能力。

五、一般预防:未检"法治进校园"讲什么

一般预防是指通过开展法律知识进校园、进企业、进乡村、进社区等活动进行法治宣传,积极培育未成年人法治思维,提升未成年人法治观念。

2016年8月18日,最高检未检办举办了"法治进校园"巡讲团成员选拔试讲活动,从中发现很多问题,汇总如下:

1. 试讲内容与受众对象不相符。根据最高人民检察院、教育部《关于开展"法治进校园"全国巡讲活动的方案》,巡讲是面向全国中小学生,而非少管所的孩子、被害人或是潜在犯罪人。大多数同志授课内容主要是讲犯罪行为,且所讲内容及PPT画面等较为冷酷血腥。有的PPT中将小孩子画在笼子里,虽然是使用动画演示,但比真实看守所讯问场景更触目惊心,虽然目的是讲反对暴力,但客观上却展示、渲染了暴力,这对中小学生来讲并不适合。中小学生正处于好奇心强、模仿能力强的阶段,用澳大利亚相关部门的说法是"children see childredn do",因此我们给他们展示什么需要特别慎重。进一步来讲,就是我们需要从儿童的视角来看,不能简单地设想孩子看到的就是我们想让他们看到的内容。因此,必须慎重考虑所讲内容是否会给他们造成负面影响,如是否可能伤害其恻隐之心。恻隐之心是人性中的一条道德底线,同时也是起点。所谓恻隐之心,就是不忍心看着别人受苦受难受折磨的善心,所以又叫不忍之心。孟子认为,这是人性中与生俱来的天良,故曰"恻隐之心,人

皆有之"。一个人,只要有这份心,他就有可能成为一个好人;相反,如果没有,就可能禽兽不如。恻隐之心有一个心理依据,即将心比心、由此及彼、推己及人。另外,我们认为预防犯罪不是对中小学生简单地讲犯罪,而需要关口前移、犯罪预防前置化。一个未成年人走上犯罪道路,往往在其犯罪之前心理已经失衡、行为已经失范。因此,对普通中小学生讲预防犯罪,应当讲防微杜渐、警惕不良行为、拒绝民事侵权、如何管理自身情绪、如何管理自己的人际关系、如何规范自己行为、如何与周围人际互动等内容,这才是预防未成年人犯罪的着力点与落脚点。正如北京市石景山区人民检察院路昊同志的观点:"讲犯罪已经晚了。"

2. 多数试讲内容没有体现未检职能与特色,与预防成人犯罪(如职务犯罪警示教育)如出一辙。未检是为保护未成年人权益而设,未检部门的职能并不是单纯地办理未检案件,而是要最大限度地保护孩子。正如《刑事诉讼法》中的"未成年人刑事案件诉讼程序"为对接《未成年人保护法》中的"司法保护"而独立。如果未检的宗旨不是为保护未成年人而是为了追诉未成年人犯罪,则公诉部门即可胜任,未检无独立存在之必要。对此,曹建明检察长讲话专门指出,检察机关成立未成年人检察部门目标是为了对未成年人全面综合保护。因此,我们的一切工作应当围绕此中心展开,巡讲活动也不例外,应当旗帜鲜明地倡导未成年人权利,这是未检特色也是未检职责所在。非常遗憾的是,很多同志的试讲内容没有体现这一点,基本上是恐吓式的,不仅不适当,甚至可能涉嫌侵权,把中小学生当成犯罪分子或者潜在的犯罪分子去震慑。儿童权利是"高压线",如果没有把握带给孩子好的,至少不能伤害到他们,这是底线;未检刚刚成立,每一步都在书写历史,应当慎之又慎。多少年后回顾曾经的"法治"进校园讲了什么,能否经得起时间的考验?我们认为理直气壮地倡导未成年人权利不会错,是向社会文明进发,并有明确的法律依据。而且正如儿童教育专家孙云晓先生指出的:"当父母尊重孩子的权利,并引导孩子珍视自己的权利时,真正有益的家庭教育才能开始。"

3. 试讲的目标定位、具体内容及方式等均有偏差。首先,根据最高人民检察院、教育部《关于开展"法治进校园"全国巡讲活动的方案》,巡讲活动的目标是"向全国中小学生普及相应的法律常识",而最应当首先向他们普及的应当是《未成年人保护法》《义务教育法》《预防未成年人犯罪法》等与未成年人保护关系最紧密的法律以及全世界绝大多数国家认可、我国全国人民代表大会常务委员会已批准加入的联合国《儿童权利公约》,还有我们所有法律的"母亲"——《宪法》;而且既然是"常识"性的,内容的选择必然不应过多带有专业化的倾向,而应该是与学生学习和生活息息相关的内容,使他们对一般法理和法律有大致认识和了解,如《宪法》《义务教育法》等规定的权利和义务,让孩子明白受教育既是权利也是义务等。而试讲的实际情况却是一边倒地讲刑法、讲犯罪,一些同志还讲违法与犯罪的区别、什么是抢劫罪等专业问题。由于时间、受众接受能力等限制,又不可能系统地让孩子了解清楚这些专业问题,反而可能造成孩子对"不满十四周岁犯罪不受刑罚惩罚""不是所有的违法犯罪都受刑罚惩罚"等一些问题的认识错误。正如席小华老师指出的,对中小学生普法也不是简单地讲法律知识,而是揭示法律条文背后蕴含的权利、义务关系,帮助养成规则意识、法治思维方式。试讲中大多数同志仅仅讲刑法、简单讲案例、法条,距离习近平总书记要求的"法治也并不体现于普通民众对法律条文有多么深透的了解,而在于努力把法治精神、法治意识、法治观念熔铸到人们的头脑之中"相差甚远。其次,根据最高人民检察院、教育部《关于开展"法治进校园"全国巡讲活动的方案》,巡讲活动的最终目标是"推动他们进一步养成遵守法律的自觉意识和良好行为习惯,增强自我保护、防范不法侵害的能力,努力预防校园暴力欺凌案件发生,保障未成年人健康成长"。而自我保护的一个基本前提便是对自身权利的了解和主张。一个人如果没有权利意识,就没有自我保护意识。未成年人作为社会中的弱势群体,他们需要成人的保护,但是成人不可能总是在未成年人受到侵害的时候及时出现,因此未成年人需要自我保护。而且对未成年人进行权利意识培养不仅是"授之以渔",也是提高未成年人法治意识的重要方面。权利是法律维护的客体,是法的核心内容,离开权利,主体就会丧失对法的渴求,也不可能形成对法律的信任和崇敬,不可能以法律作为自己行为的准则或指南。以预防犯罪为核心的法制教育,只会使人们对法律产生畏惧,建立在对法律畏惧基础上的法律权威不仅得不到人们的衷心维护,反而容易导致某种憎恶和反抗。相反,从法律是为了保护权利而设这个角度去讲,孩子们会亲近法律、喜欢法律,法制意识、权利意识、民主意识会得到逐渐加强。因此,应当将巡讲的目标确定为提高未成年人权利意识、规则意识,帮助学生通过对法律的理解和领悟而将法治精神融入自身的价值观念体系,成为未来社会有法治信仰的公民。上述目标也与中宣部、教育部的宗旨相契合。① 最后,多数同志的试讲方式仍属于居高临下的单向化灌输,没有跳出我们传统教育的"规训化"色彩。大

---

① 中宣部、教育部等部门2007年7月发布的《中小学法制教育指导纲要》规定,中小学法制教育的主要任务包括培养学生的公民意识、守法意识、权利义务意识、自我保护意识等。公民意识主要包括权力责任意识、民主平等意识、法制纪律意识、爱国意识、科学理性精神、环境保护意识、社会公德意识等,其核心思想是民主与平等、权利与义务。

多数试讲都是以成年人的视角，通过居高临下讲授法律知识、案例来告诫未成年人。传达给未成年人的更多是"禁止性"信息和成人社会希望他们做到的事，而对未成年人可以做什么、有权利做什么没有或较少提及。"规训化"教育竭力把未成年人培养成温驯而有用的工具，它对未成年人的"造就"体现为一种操纵，一种为了"有用"而进行的训练。而主体性教育的重要特点是尊重、引导和参与。这反映出我们在未成年人保护的理念上已严重滞后于立法①，亟须更新。因此，巡讲应当从"规训化"教育向未成年人主体性教育转变，从教育的工具性目的向教育的本体性目的转变，体现出更契合时代发展的教育内容和形式。

法治教育的内容定位如果设计不合理，教学方式不科学，不仅难以达到法治教育的目标，还容易引起负面效果。为确保巡讲活动产生良好效果，至少不出现大的纰漏，我们提出以下建议：一是进一步深入研究巡讲内容，统一制定巡讲大纲，并邀请相关少年司法及心理学、社会学、教育学领域的理论及实务方面专家为巡讲把脉。二是对巡讲团成员进行必要的培训，尤其是少年司法理念、儿童保护理念方面的培训，通过培训，让巡讲团成员调整自身宣讲内容，更新教育理念。三是进行实际观摩演练，确认培训后的巡讲效果是否符合未成年人权利保护理念。对于具体的巡讲内容，我们提出以下意见：一是以尊重、倡导未成年人权利为导向。以介绍未成年人权利为重点内容，让在校未成年人了解自身权利的范围、内容，如何保护自身的权利以及权利被侵犯后如何处理等问题，而非以简单的以案说法等方式恐吓未成年人以达到预防犯罪的目的。巡讲应当让未成年人意识到法律保护大多数人的权利，是保护自身及他人的武器和屏障。在这个主题下，可以运用以案说法的方式开展教育，但整体格调应该温暖，不宜过多渲染孩子犯罪了要受到什么严厉的惩罚，而是应该把案例后面的因果、利害、权利救济说清楚。内核是告诉未成年人法律背后保护的权利及因果利害，让他们明白自己的人权及他人的人权，从而有效避免违法犯罪的萌发。可以说明不良行为、违法侵权与犯罪的关系，讲犯罪对健康成长的危害，以及应当防微杜渐等，并对必要的注意事项进行简单传递，但不应对犯罪、暴力等进行渲染。二是注重权利教育和义务教育的均衡，以及民事法律、行政法律、刑事法律的均衡，并将重点确定为与未成年人健康成长最关系紧密的法律，如《未成年人保护法》《义务教育法》《道路交通安全法》《治安处

---

① 例如，《儿童权利公约》《未成年人保护法》赋予了儿童基本的人权，尤其是承认了儿童的参与权，承认了儿童作为社会的独立参与者的身份，即将儿童作为权利的主体来看待，而不再是权利的客体和被保护的对象。

罚管理条例》《预防未成年人犯罪法》《侵权责任法》以及《宪法》、联合国《儿童权利公约》等。无论讲什么内容、用何种形式，都应当注意将落脚点放在未成年人权利意识、规则意识、法律意识的培养上。这种"规则意识"包含两个维度：其一，法律对于个人权益的保护措施及救济途径；其二，法律对个人行为的规范。引导青少年知道何者为违法，何者为规范，提高遵纪守法的规则意识，同时在更大程度上引导青少年在自身权益受到侵害时首先寻求法律的保护，懂得以何种途径获取法律保护，并以合法有效的方式进行自我维权，而非以其他边缘行为简单粗暴地解决问题。另外，有必要穿插讲解一些包括情绪管理、压力释放等生理、心理学方面的内容，引导学生学会管理情绪和释放压力等，这有利于预防校园暴力等，也是未检熟悉未成年人身心特点的要求。但有的同志基本上只讲生理、心理等方面知识，没有法治等专业内容，这样是否合适，仍需探讨。对此，有同志提出了"检察官讲法治课与社会组织讲有何区别"的疑问，我们应当反思。三是要根据小学、初中、高中学生认知能力、接受能力、情绪管理能力的差别，分学习阶段设置课程的内容。比如，对小学生进行初步的法律意识、权利意识和自我保护意识的启蒙教育，使学生具备初步的法律观念和权利观念，了解法律和规则制定、执行、使用的相关内容，认识到实施反社会行为或攻击性行为的后果。对初中学生则可以介绍与生活和学习息息相关的部门法，如《未成年人保护法》《义务教育法》《道路交通安全法》《治安处罚管理条例》《预防未成年人犯罪法》等，涉及相关法律知识及法治观念的培养可以更为细致，让学生能够依法行使权利和履行义务，形成知法、守法、信法、用法的行为习惯，建立起对法律的敬畏。对高中学生可以讲解《民法》《婚姻法》《继承法》《刑法》等法律中与其密切相关的一些知识，明确父母与子女间的权利义务关系，正确理解和接纳父母对自己的保护和教育，激发家庭责任感；懂得法律是维护社会公平正义、保护公民人身和财产安全、打击违法犯罪的重要武器；了解《宪法》是国家的根本大法，公民的基本权利和义务、司法制度等各方面的知识，自觉树立宪法意识，增强宪法观念，维护宪法权威等。对高中学生可以更多地运用价值澄清式教学，培养他们具有批判思考的能力，从而提高他们对犯罪行为的辨别能力、抵抗能力，以便在其面临问题时能够做出正确的抉择。四是与中小学法治课相补充，并充分发挥未检干警优势。目前，中小学都有法治课，因此巡讲内容不要与其重复而是相补充，以避免造成浪费，保证效果最大化。由于中小学绝大多数讲法治课的教师基本上是由思想政治课教师兼任，他们大部分仅靠自学书本掌握一些理论知识，缺少必要的法学理论知识和实践经验，因此遇到实际问题显得束手无策，往往解答不了学生生活中遇到的实际问题。对此，巡讲应予以重点考虑，选取生活中的典型案例进行教学。

● **核心观点**

未检部门集"捕、诉、监、防"于一体，其中"捕""诉""监"都应当为"防"服务，前三项工作成效最终应当以是否"防"住了再犯、是否减少了未成年人犯罪来检验。检察机关法律监督的职能地位，决定了其在再犯预防、临界预防、类案预防以及一般预防中，都可以大有作为。

专题十七　未检工作考核评价：办案质量体现在事实证据没搞错？

考评机制被称为"指挥棒",其重要意义不言而喻。未成年人检察工作不仅关乎未成年人健康成长、关乎其家庭幸福安宁,而且关乎社会和谐稳定和国家未来发展。而建立未成年人检察工作独立评价机制是未成年人检察工作有效开展的基础和前提,是提升未成年人检察案件质量的助推力量,是确保特殊检察制度落实到位的重要保障,也是评判未成年人检察工作效果的科学依据。因此,应当充分认识建立未成年人检察工作独立评价机制的必要性和重要意义,探索建立有别于成年人检察工作的独立评价体系,推动未成年人检察工作科学、全面、可持续发展。办理未成年人刑事案件以及侵害未成年人人身权利案件等,办案要求和程序等所涉及的范畴已远远超出了办理普通刑事案件的范围,而我们现有的检察官评价体系对检察官职能的界定,是一种以成人模式为主导的司法制度下的检察官评价体系和对检察官职能的界定方式,其不仅不能全面涵盖未成年人检察工作的特殊职能,甚至存在一定的冲突,容易导致未检干警为教育、感化、挽救涉罪未成年人,救助未成年被害人,预防未成年人犯罪和修补、编织保护未成人网络,避免未成年人被犯罪侵害所付出的辛勤劳动得不到应有的肯定,不利于未检工作的发展,因此亟须建立符合未检工作特点的独立考评机制,将这些"超额"部分也必须纳入考评机制当中。正因如此,最高检已着手制定《最高人民检察院关于评价未成年人检察工作的指导意见》,目前已基本成型。我们有幸参与了此项工作,在此谈谈我们的一些认识。

一、考评原则

(一) 独立评价

办理未成年人案件与办理成年人案件在理念、原则、制度、程序、任务等方面具有根本性区别,如基于未成年人生理和心理的特殊性,国家对涉罪未成年人坚持"教育、感化、挽救"方针和"教育为主、惩罚为辅"原则,检察机关办理未成年人刑事案件区别于普通成年人案件的办理,重教育、挽救,体现"少捕慎诉少监禁"政策和"国家亲权"理念，更多履行保护职责。办理侵害未成年人人身权利案件也是强调对涉案的未成年人给予最大限度的保护和帮助，包括身体救治、心理康复等。因此，无论是办理未成年人刑事案件还是办理侵害未成年人人身权利案件，办案要求和程序以及所涉及的范畴远远超出了办理普通刑事案件的范围，除了审查证据、事实和法律适用，还必须在了解未成年人成长经历、犯罪原因或者受到侵害的原因以及监护教育条件等信息的前提下，协调公安、法院、司法以及教育、医疗、就业、工青妇等部门，组织对未成年人进行身体救治、心理康复、帮助教育等工作，因此要与其他检察工作分别统计，分开评价。

（二）综合评价

未检职责范围包括办理未成年人刑事案件、侵害未成年人人身权利案件以及涉及未成年人刑事、民事、行政诉讼监督等。充分考虑未成年人检察工作的特殊性、复杂性、全面性，结合未成年人检察工作"捕诉监防一体化"的工作机制，形成实体审查和程序规制、司法职能和社会职能相结合的评价方式，构建核心数据与案件评查、内部评价与外部评价相结合的评价体系。

（三）找准核心

按照未成年人利益最大化和特殊、优先保护原则，立足于专业化建设，突出未成年人检察工作特殊性，将办理未成年人案件的质量和效果作为评价的核心，进一步规范工作标准、程序、方式，建立健全办案流程管理、案件质量评查、鼓励办案人员自查自纠等工作机制，实现未成年人权益全面保护与回归社会、健康成长的长远目标。

（四）确保公平

充分考虑地区因素的差异性，在鼓励各地按照法律的原则和精神、结合本地实际积极探索创新工作体制机制的同时，对于起步较晚但进步快，或者办案、特殊制度落实、犯罪预防等各项工作整体推进、发展较为平衡的地方，均应给予充分肯定。要综合各方面情况，客观、全面、公正、公平地评价未成年人检察工作，做到程序公开透明，方式方法合理。对于由于客观原因的制约，不是凭主观努力就能达到的指标不考核，如不捕率、不诉率。虽然我们强调对未成年人刑事案件要少捕、慎诉，但如果某个地方公安机关提请逮捕的案件本身都该捕的话，其不捕率就不可能高，因此，不应当考核不捕率，但是可以考核捕后轻刑判决率。另外，考虑到我国各地情况差异非常大的现实，我们认为在考评上不能搞"一刀切"，可以由最高检出台宏观的指导意见，各省级院参照指导意见，再结合本地区的工作实际，制定具体的考评办法，报最高检备案。

(五) 具有一定的开放性

鼓励各地根据法律精神积极探索、创新工作制度机制。由于我国各地差异较大，因此要把《刑事诉讼法》等相关法律、司法解释等规定的各项特殊制度和要求落实到位，需要各地结合本地实际，充分发挥主观能动性和聪明才智，积极创新工作制度机制，而且目前我国的少年司法制度还有很大的改进空间，因此考评意见应当适当鼓励未检工作制度机制、方式方法等方面的创新。

二、关于评价内容

根据未成年人检察工作的职责范围和工作特点，科学设定、适时调整评价内容，使评价工作符合未成年人检察工作规律，更加客观、准确地反映未成年人检察工作情况，更好地推动法律要求的落实。初步考虑未成年人检察工作评价内容主要包括以下几个方面：

(一) 刑事案件办理

刑事案件办理是未成年人检察工作的基础，需要从案件的司法审查、少捕慎诉政策落实等方面进行综合评价。具体可包括以下指标：

1. 案件数量和质量。由于未检办案要求和程序以及所涉及的范畴远远超出了办理普通刑事案件的范围，除了审查事实、证据和法律适用，还必须协调公安、法院、司法以及教育、医疗、就业、工青妇等组织或机构对未成年人进行身体救治、心理康复、帮助教育等工作。因此，案件数量不是评价未成年人检察工作的主要标准，要将案件质量和效果作为主要评价标准，从法律适用正确、办案程序规范、帮教效果明显等方面进行考量。

2. 非羁押措施适用情况。指在未成年人刑事案件诉讼过程中，对涉罪未成年人采取非羁押措施的情况，包括无社会危险性不捕和变更强制措施。无社会危险性不捕，是指因无社会危险性而作出不批准逮捕决定。变更强制措施，是指捕后经继续羁押必要性审查变更强制措施。非羁押措施适用情况一定程度上从正面反映了"少捕慎捕"原则的落实情况。

3. 非刑罚措施适用情况。是指对涉罪未成年人依法作出非刑罚化处理的情况，包括相对不起诉、附条件不起诉情况。非刑罚措施适用情况一定程度上从正面反映了"少诉慎诉"原则的落实情况。

4. 捕后轻刑判决情况。是指捕后被法院判处免除刑罚、单处罚金、管制、拘役、1年以下有期徒刑、缓刑的情况以及通过捕后羁押必要性审查及时变更强制措施的情况。捕后轻刑判决一定程度上从反面反映了"少捕慎捕"原则的落实情况；同时也要鼓励办案人员自查自纠，并落实捕后羁押必要性审查制度。

（二）特殊检察制度落实

未成年人特殊检察制度的落实是未成年人检察工作的核心内容，也是未成年人检察工作区别于其他刑检工作的重要标志。根据相关法律规定及未成年人检察工作的实际情况，可以分为特殊诉讼程序项和帮教工作措施项。

1. 特殊诉讼程序项。包括全程专业法律帮助（法律援助）、法定代理人或其他合适成年人到场、分管分押、社会调查、分案起诉、刑事和解、异地协作、犯罪记录封存。

2. 帮教工作措施项。包括制定帮教方案并组织实施、亲情会见、心理测评、心理疏导、未成年被害人救助。

（三）诉讼活动监督

对涉及未成年人案件的诉讼活动加强监督是未成年人检察工作的重要内容，需要从立案、侦查和刑事审判监督、刑事执行检察监督、民事和行政诉讼监督等方面进行综合评价。具体可包括以下指标：

1. 刑事诉讼监督。指开展立案监督、引导侦查、羁押必要性审查、追捕、追诉、抗诉及纠正违法（发出纠正违法并取得监督效果的数量）工作的情况。其中立案监督工作、追捕、追诉，应当以对成年人侵害未成年人人身权利犯罪案件（包括未成年人违法犯罪背后的成年人犯罪案件）的监督为重点。

2. 刑事执行检察监督。指对未成年犯罪嫌疑人、被告人开展分管分押制度落实等问题的监督情况，包括未成年人刑事强制措施和刑罚执行监督两方面内容。

3. 民事、行政诉讼监督。指对涉及未成年人利益的民事、行政诉讼，特别是监护人不适格等问题，依法建议、督促、支持有关单位、被害人亲属申请撤销不适格监护人的监护资格等工作情况。

（四）犯罪预防

犯罪预防工作是未成年人检察部门的重要职能，需要从个案预防、类案预防和一般预防三个方面进行综合评价，并注意掌握重新犯罪情况。其中的重点应当是立足于检察职能，依托办案进行个案和类案预防。

1. 个案预防（包括再犯预防、临界预防）。指对涉嫌犯罪的未成年人和因年龄原因不负刑事责任的未成年人，通过协调、督促家庭、学校、公安机关等相关部门组织开展亲职教育、心理疏导、帮助复学就业等工作，预防再犯。对所办未成年人案件要跟踪3年，掌握再犯比例等相关情况。

2. 类案预防。指加强类案分析、统计分析、犯罪特点、原因、趋势分析等，发现未成年人犯罪背后的政策、法律、制度和社会治理等方面的问题，提出预防犯罪的针对性意见和建议，发出检察公函、检察建议等并得到落实。

3. 一般预防。指积极参与校园周边环境整治，积极参与重点青少年群体教育管理工作，积极参与"扫黄打非""净网"等专项整治，完善法治副校长、检察官以案释法等制度，开展法治进校园、进企业、进乡村、进社区等宣传活动。

（五）专业化建设

未成年人检察工作需要专门人才，未成年人检察队伍的专业化建设，是未成年人检察工作科学、可持续发展的重要保障。具体可以从专门机构建设、专业人员配备和专业办案区建设三个方面进行评价。

1. 未成年人检察专门机构建设。包括省级、地市级检察院和未成年人刑事案件较多的基层检察院设立独立的未成年人检察专门机构的情况；地市级检察院根据当地实际指定一个基层检察院设立独立机构，统一办理辖区内的未成年人案件的情况；条件暂不具备的基层检察院设立专业办案组或者指定专人办理未成年人案件的情况。

2. 专业人员配备。未成年人检察专门机构或专业办案组配备人员年龄、性别结构是否合理（是否有一定比例的女性工作人员），是否经过专门培训（熟悉未成年人身心特点，具有犯罪学、心理学、社会学、教育学等相关专业知识），能否保持未成年人检察干警专职性和相对稳定性，能否在司法改革和检察改革中争取编制管理和组织人事部门支持、确保未检检察官员额。

3. 专业办案区建设。包括建设专门的讯问室、询问室、心理咨询室、法治教育室，配备适合未成年人身心特点的办案装备和设施，为检察机关教育感化挽救涉罪未成年人、保护救助未成年被害人提供合适环境的情况。

（六）"两条龙"建设

未成年人检察工作是一项实践性、探索性、综合性很强的工作，需要各地结合实际，充分发挥主动性，积极创新工作制度机制，推进相关配套体系建设。具体可从健全政法机关衔接配合机制和建立未成年人司法社会支持体系两个方面进行评价。

1. 健全政法机关衔接配合机制。包括加强与其他政法机关沟通协调，推动建立未成年人司法联席会议制度情况；促进各政法机关在评价标准、社会调查、逮捕必要性证据收集与移送、法律援助、分案起诉等方面形成共识情况；完善办理未成年人刑事案件配套体系情况等。

2. 建立未成年人司法社会支持体系。包括加强与综治、民政、教育、卫生、共青团等联系与配合，推动建立跨部门合作机制情况；推动建立未成年人社会观护体系，探索建立政府主导的未成年人司法保护社会服务机构和未成年人帮教基地，形成司法借助社会力量长效机制情况；推动构建预防未成年人重新犯罪工作支持机制，协助做好未成年犯刑满释放、解除社区矫正时的衔接管理工作情况等。

◉ **核心观点**

办理未成年人案件的检察官不能只负责审查证据、认定事实和适用法律，同时还必须在了解未成年人成长经历、犯罪原因、教育监护条件等信息的前提下对其进行帮教，与有关部门、社会组织一起制定帮教、监督考察方案，这是未检办案活动的重要组成部分。即使有司法辅助人员协助，也不能将检察官从这些工作中完全剥离开。未检的"办案质量"应当体现在涉罪的未成年人不再犯，被害的孩子恢复正常生活。

专题十八　未检人（未检检察官）的养成：如何能干"高级活"?

实践表明，司法人员的素质是确保司法公正高效的关键因素。未检工作当然也不例外。未检专业化最终要解决的是"未检人"的专业化问题，未检队伍的专业化是贯彻国家对未成年人特殊刑事政策、落实相关特殊保护制度的保证。

少年司法的特殊性还在于这一现象已不仅仅是个法律现象，而是一个社会现象、人文现象。就像美国，把少年司法研究置于像犯罪学和刑事司法学这样的整合学科的体系之中，也就是明确了少年司法是采用所有相关的社会科学和人文学科的知识来加以解释和指导。参与少年司法活动的人员应当具有或分别具有青少年学、犯罪学、社会学、越轨社会学、社会心理学、教育学以及法学的相关知识。少年司法的基础不是法律问题的讨论，而是对于一个特殊人群或个体的发展，以及营造这个人群和个体健康生长的人文环境的讨论。① 为此，2012 年修改后的《高检规定》第 8 条要求："各级人民检察院应当选任经过专门培训，熟悉未成年人身心特点，具有犯罪学、社会学、心理学、教育学等方面知识的检察人员承办未成年人刑事案件，并加强对办案人员的培训和指导。"

未检工作对象的特殊性以及未检专业标准的"高"要求，决定了未检岗位难度系数非常大。不少同志比喻未检工作干的是"高级活"。这里的"高级活"，指的是未检工作更多的是需要运用教育学、心理学、社会学的方式方法，惩罚仅作为辅助手段。之所以认为"惩罚"是"低级"的、教育是"高级"的手段，主要是因为惩罚是单向的，是施与受的关系，主动权在你手中；而教育是双向的，包括教和学平等的双方，只教不学，教育没有任何效果。因此在少年司法中需要未成年人的参与，需要他能与你合作，这是唯一的办法，你只是引导者，主动权全部在他手中。这是未检工作与其他检察工作最大的不同，也是其被称为"高级活"的原因。因此，未检履行的帮教职责比单纯的惩罚复杂得

---

① 皮艺军：《中国少年司法理念与实践的对接》，载《青少年犯罪问题》2010 年第 6 期。

多,所谓"十年树木,百年树人",讲的就是教育是极具难度的工作。

一、问题的提出:未检人的眼光

未检人眼睛里看到的是什么?是罪犯还是孩子?在"第一届世界少年司法大会"上,欧洲理事会代表 Regina Jensdottir 女士在发言中指出:在少年司法中,首先而且最重要的是儿童,不是罪犯;少年司法是要帮助儿童得到全面发展。少年司法精神有别于成年人司法,其主旨应当是以教育感化挽救为原则。"关于少年法院,其应当把握的首要理念,即其设立是为了防止少年被作为罪犯对待。"① 宋英辉老师认为,成人司法关注的是行为,而未成年人司法关注的是行为背后的人,所谓"行为人主义"。北京市海淀区人民检察院未检检察官杨新娥认为,未检工作既要教育未成年人,也要宽容未成年人犯罪,即使作出批准逮捕、提起公诉等惩罚性决定,也应是针对未成年人个体的情况进行科学教育的手段。重要的不是决定,而是作出决定的过程以及执行决定中对未成年人的教育和帮助,要将儿童最佳利益理念贯穿整个诉讼过程,把符合儿童最佳利益作为行动的指导和决定的标尺。② 上海市长宁区人民检察院未检检察官陆海萍认为,未检人不同于其他刑检干部的眼光是:"包容接纳的眼光""关爱的眼光""平等的眼光""发展的眼光"。③

问题的提出:未检人为何要有不同的眼光?

二、未检检察官的画像

(一)未检检察官是法律人

未成年人司法虽然要脱离成人司法而自成一体,但它仍属于司法的一种特殊形态,其本质还是司法,因此,必然具备司法的基本属性。"司法权的本质在于判断",司法权的最基本形态是裁判权,未成年人司法权也当然包含裁判权这一权能。与成人司法权类似,未成年人司法权的裁判权能包括对涉及未成年人案件事实和法律的判断,以及作出相应的裁决。④ 因此,未检检察官也是

---

① [美]玛格丽特·K. 罗森海姆等编:《少年司法的一个世纪》,商务印书馆 2008 年版,第 143 页。

② 杨新娥:《未检检察官的角色定位》,载《探索与梦想——未成年人检察 30 周年纪念文集》,中国检察出版社 2016 年版,第 11—19 页。

③ 陆海萍:《未检人的眼光》,载《探索与梦想——未成年人检察 30 周年纪念文集》,中国检察出版社 2016 年版,第 474—477 页。

④ 姚建龙:《少年法院研究》,华东政法学院 2003 年硕士学位论文。

法律人，信仰法律，讲法、讲理、逻辑严谨应当是对其最基本的要求。

2013年在考察美国少年司法制度时，我曾向费城法院（州法院）家事法庭玛格丽特·墨菲法官请教：从事少年司法的人员需要具备哪些素质。她脱口而出的是"理性"，见我迟疑，她想了想说："理性是最重要的，当然还有热情，得喜欢干这项工作。"我当时很困惑，因为我认为理性是所有从事法律工作的人都应当具备的一般素质，而对从事少年司法的法律人员应当有更特殊的要求，比如常说的爱心、耐心、细心之类。然而，随着对这项工作认识的不断深入，我们越来越感觉到"理性"对少年司法工作的重要意义：医生泪水涟涟帮不了病人，冷静询问、调查才能求解；尤其是面对脆弱、易感的孩子——即使表现不好的孩子其实也往往只是拿着武器的鸡蛋，一样易碎，司法人员的理性、平和至关重要——也许他们只是不会充分表达，才显得"冷漠"；只是因为冲动才"前后矛盾"，结果可能显得"狡猾""虚伪"等，司法人员如果对这些不能明察秋毫，又怎能"对症下药"？而司法人员的情绪化、随意性等，更容易给他们造成二次伤害。回想考察美国少年司法制度时，听到的都是这样的介绍：对未成年人违法犯罪整体理念是矫正，不是惩罚；一般尽量的对待方式是让其和家人在一起，这样对他最好；但也需考虑社区的安全，如果不把他关起来不足以防止他实施暴力行为，则要对他进行机构式的封闭矫治；强调少年法庭的法官没有惩罚权，定罪后如何矫正是他们重点要考虑的问题；也强调少年法庭的法官有很大的自由裁量权，每一个判决都会不同；公设辩护人会在诉讼中尽力向法官表达涉案未成年人的意愿，如是待在社区，还是送专门机构，最终由法官裁量对其作出最有利的决定等，总之，没有类似"对待犯罪的未成年人像父母对待孩子、老师对待学生、医生对待病人"这类的表达。现在想来，其实"像父母对待孩子、老师对待学生、医生对待病人"等，很难有标准来衡量，无法衡量的东西又怎么执行呢？但是"一般尽量的对待方式是让其和家人在一起""定罪后如何矫正是重点要考虑的问题"等要求更明确、更有利于执行，这一点是值得我们借鉴的。既然未检工作也是司法工作，未检人也是司法人员，则无论是处理未成年人犯罪案件还是处理其他案件，对理性的要求当然都是第一位的；甚至因为未检人面对的对象是敏感而脆弱的孩子，你的一句话、一个眼神，都可能给他们以巨大的影响，因此对未检人理性的要求标准应当更高，即绝对不允许情绪化，绝对不允许居高临下，绝对不允许有丝毫的不严谨：他在看着你，他在通过你了解规则、体验法治，在你一举手一投足中观察、评判你所说的"法律是平等的、严肃的、公正的"等是不是真的，还是仅仅是给他讲的大道理。有一次，观看某地中学生们表演的法治情景短剧，发现这样一个现象：当他们扮演正面人物时，包括正派的教师、检察官等,动作、表情都很做作,让人感觉很假;而当他们扮演反面人物时,如冷漠的教师、不认真的警察、霸道的城管等,都惟妙惟肖。曾有一个基层院的同志对未成年人犯罪之所以很严重的原因给出了这样的观点:"孩子们缺乏榜样!"台湾作家龙应台有篇文章介绍她在国外的见闻:路上遇到红灯时也不是绝对的无人抢行,但如果周围有孩子,则大人们像达成默契一般,都在那耐心等待。是的,如果孩子们时时见到的都是成人的胡作非为,我们又如何期待能够培养出他们的规则意识?所以未检人需要时刻提醒自己要小心谨慎,因为我们每一次面对未成年人其实都是言传身教。如有地方报的材料上讲,检察官通过严格把关,查清了涉嫌犯罪的未成年人实际年龄未达到法定刑事责任年龄,从而还其清白。是否达到法定刑事责任年龄与是否"清白"是何关系?如果其行为构成犯罪,只是未达到法定刑事责任年龄,只是不追究其刑事责任而已,并不应当影响对其行为的否定性评价;而如何让这样的孩子明白其行为是错的,对于法律给予的宽容和机会要好好珍惜,真正改过自新,如果不改,则可能会离正途越来越远,也许最后不再有机会等。还曾有一名同志发出这样的抱怨:现在有些孩子的家长素质也很差,你把他孩子放了他认为是应该的,毫无感激之情。对此我们想问:"不应该放吗?"如果不应该放,放便是滥用职权;如果根据法律规定应该放,则人家为什么要感激你呢?有人感激我们,会不会就有人恨我们呢?所以我们认为,未检工作不仅不应追求别人感激,而且也不应当接受别人的感激:我们是按照法律的规定、按照法律的授权办事,不用感激,当然也不用怪罪;如果把制度上的要求视为情感上的恩赐,是非常危险的。有些地方报来的先进事迹材料,往往讲当事人如何感谢我们、信任我们,包括被害人的母亲对办案人说"孩子的案子你办,我们放心了"之类的话。对这样的表扬、信任,我们的检察官也往往欣然接受,并引以为荣。对此,我们不能苟同,因为作为法律人,我们应当追求的是公民对法律的信任,对整体最起码是绝大多数司法人员的放心,而不是对某个办案人的放心。对当事人这样的表达,不仅不是作为法律人的荣耀,反而是耻辱:我们的公信力何在?尤其当着孩子的面,更应当对这样的感激予以澄清:我们是严谨地按照法律所赋予的权力履行职责,不接受任何对于个人的感激,这样才更有利于在孩子及其他公民面前树立法治的权威,而不是某个人的权威。总之,我们认为未检检察官办理涉及未成年人的案件也是在履行司法的裁判权,也是在判断、推理,理应严谨、专业;尤其是还肩负着教育、引导未成年人树立法治观念、规则意识的责任,更应当是法治的模范、法治的化身,无论是办理未成年人犯罪案件还是办理侵害未成年人的案件,无论是办案还是犯罪预防,乃至规划部署工作,都应当坚持法治思维、法治方式,坚持理性平和,做到宽严有度、程序正当,体现司法公正,处处体现法律专业人士所应当具有的严肃认真的本色,成为未成年人眼中的正面形象和学习的榜样。

"这个未成年人没有挽救可能性。"我们认为这样的判断是危险的,不慎重的。我国1991年批准加入的联合国《儿童权利公约》第37条要求"缔约国应确保:(a)任何儿童不受酷刑或其他形式的残忍、不人道或有辱人格的待遇或处罚。对未满18岁的人所犯罪行不得判以死刑或无释放可能的无期徒刑……"世界各国《刑法》普遍规定对未成年人不得适用死刑,不得对他们终身监禁,我国《刑法》也一样,这背后的理念不就是未成年人都有挽救的余地吗?这背后的价值追求不就是未成年人的福祉吗?执法官员的司法和执法必须依据法律,同时价值选择不是随心所欲的,要服从规范的价值明示或价值指引完成。①

(二)未检检察官是"特殊之教育者"

最高人民检察院原副检察长朱孝清在2012年全国首届未检工作会议上的讲话强调:"从某种意义上说,未检工作主要的不是办案,而是结合办案做涉罪未成年人的教育、感化、挽救工作。"这实际上是明确指出了未检工作与其他检察工作的重要区别:其并非仅"裁判"案件,还肩负着教育不良少年的重要职责。这一职责首先源于未成年人的特殊性,其不同于成年人,身心尚未发育成熟,心理和行为存在很大的可塑性,存在教育好的可能性;其已经有违法犯罪等不良行为,有教育改善的必要性和迫切性。其次,未检的教育职责也是来源于法律的明确规定,《未成年人保护法》《刑事诉讼法》中的未成年人刑事案件特别程序均明确规定,"对违法犯罪的未成年人,实行教育、感化和挽救的方针,坚持教育为主、惩罚为辅的原则"。虽然成人司法在办理成人案件过程中也会有教育作用,但是成人司法的主要职责在于公正和有效率地裁判案件,教育权没有也不应该上升为成人司法权的主要权能。少年司法制度的重要理论基础之一是"少年宜教不宜罚",因此各国少年法都带有很明显的教育性法律特色,少年司法机关在某种程度上也是特殊教育机关。正如我国台湾学者林纪东所言:"少年法庭实以审判机关而兼具教育机关之性质……且为特殊之教育机关。"②

可见,教育权能是少年司法权的重要特征和重要构成部分,教育权能应当上升为未检检察权的重要权能,未检检察官处理未成年人案件本身就蕴含着对

---

① 王雪梅:《论少年司法的特殊理念和价值取向》,载《青少年犯罪问题》2006年第5期。

② 姚建龙:《少年法院研究》,华东政法学院2003年硕士学位论文。

不良少年的教育，因而，未检亦为"特殊之教育机关"，未检检察官亦为"特殊之教育者"，这也是对未检检察官的特殊要求——你还要有教育者的眼光，你不能仅看到案件、看到行为，更要看到案件中的、行为背后的孩子，看到他们的需求，能够抓住教育的契机并及时给予回应，使他们重新有机会正确认识家庭、学校、社会，家人、老师、同伴以及侵害他或者被他所侵害的人，思考人生意义、追求和选择等，使他们能有一个学习机会，建立起自信心的机会。

2015年1月在瑞士召开的世界少年司法大会就明确倡导：培育尊重儿童的文化，在少年司法中，首先而且最重要的是儿童，不是罪犯，少年司法的责任是要帮助儿童得到全面发展。"看见"很重要、能看见什么很重要，比如是否能看见案件中的每一个孩子？包括犯罪的、未达责任年龄的、被害的、既犯罪又被害的、目睹暴力的等，是否能看见每一个孩子的问题和需求以及他们自身的优势、长处等。对上述这些如果我们视而不见，又怎能真正帮到他们？比如下面这段讯问时的对话，请问检察官的言行有何不妥。

"检察官：今天找你了解有关案件的相关情况，你要对我们说真话，听清楚了吗？

未成年人：漂亮的检察官姐姐，我知道错了，您就大人不记小人过，饶了我吧。

检察官：别耍嘴皮子，认真点，多大了？

未成年人：17岁，还未成年。"

有同志的回答是："直接感受就是典型的冰冷式教育方式，一开始就是你有错之观念，没有能打动的分析，未成年人也一直在游离，您觉得这样就是教育和感化吗？哪有平等啊？未成年人能认识到问题所在吗？"

问："请指出具体不妥之处，只有意识到具体的不妥之处才能避免。"

回答："沟通僵硬，先入罪的推定，解决方式单一，简单谈行为没有对孩子其他背景的一丝关切……唉，僵硬的沟通必然无法达到预期效果，有必要开设如何帮教的培训课啊，如何将法理融入沟通的语言和行为表达，这包括社会学、心理学、教育学的内容。"

我们认为上面的回答很有道理，并认为检察官的言行不妥之处主要在于只看到了"耍嘴皮子"，却没看到或听到孩子说"我知道错了?"如果聆听到了，回应以"哦，你知道错了，那么你说说错在哪了？"然后耐心引导他来分辨、来思考，会更有利于赢得其心灵转变、个人成长的契机。

可见，"看见"是前提，当然，"看见"后的处理也考验着未检检察官的专业能力：是简单依靠惩罚的办法（实践中有同志直接说"打击犯罪的未成年人"，我们认为这是不对的，法律规定对未成年人犯罪可以惩罚的方式辅助教育，惩罚的目的是为教育服务的，因此可以惩罚不等于可以"打击""镇压"），还是尝试用心理学、教育学、社会学等多种手段和方法？面对孩子，尤其是表现不好的孩子，什么是专业的态度？

例如有同志反映，实践中有时会遇到有的未成年犯罪嫌疑人对法律缺乏起码的尊重和敬畏，认为法律对其采取宽容的态度是理所当然的，不相信甚至认为不可能会被绳之以法。一个涉嫌抢劫的未成年人面对检察官时无丝毫悔意，甚至说"我是未成年人，按法律规定会从轻的。过个一年半载我就出去了"。对于这样的孩子又该怎么办？

有同志的回答是："对未成年人犯罪应当区别对待，对初犯、偶犯等，可以教育、感化、挽救，但对严重犯罪的未成年人，又对法律毫无敬畏，无悔罪之心（其实有些混迹社会的孩子比成人还成熟，根本不把法律放在眼里），对他们就得吓唬，就要震慑，要让他们明白不悔罪，检察官就可以让他吃牢饭！"

在这样的回答中，我们没有看到专业精神，没有看到理性，没有看到对生命的敬畏，只看到了权力的任性。实际上，面对这样的孩子，更需要我们从法律的角度给其阐释清楚道理，即我们常说的释法说理，使其知法律、明是非、思因果、懂利害。所谓"释法"，不仅仅是解释法律规定的条文，更要解释清楚法律条文背后所体现的法的精神：平等保护公民的权利；虽说"是非"是多元的，地位、利益分配不同，是非观不可能完全一致，但是，"是非"可以多元却不能虚无，既然是同类，是非观必定有"公约数"，比如生命、尊严、自由、平等，比如真、善、美，要引导孩子分辨善恶、美丑，懂得维护自己合法权利的同时也尊重别人的合法权利。又如世间事物普遍联系，其中最重要的是因果关系，没有无因之果，但是"果"往往比较明显，而"因"比较复杂和隐蔽，有远近、有多寡、有主次。再如虽然趋利避害几乎是人的本能，但明显的、短近的利害易看懂，长远的利害，就未必懂。因而需要我们耐心地引导孩子来分辨、来思考行为的代价，看到更长远、更根本的利害，从而帮助他们找到更好的解决方法，选择更有利于自身健康成长的道路。

未检检察官作为"特殊之教育者"，需要对教育的本质有清醒的认识，教育要为孩子的成长服务，不是一种情绪压制另一种情绪的行为，教育者更需要理智，不能被情绪左右，因为情绪本身不是教育；当我们的教育不起效果时，就需要另寻他途，而不是被情绪所牵引，这是教育者必须具备的基本智慧。

鲁迅先生认为教育者是"引路人"，而"为别人引路"是十分不容易的。鲁迅先生学识何其渊博，但他仍怕"上讲台，讲空话"，"误人子弟"，总是身体力行，兢兢业业，一丝不苟。他在《北京通信》中谈到的"站在歧路上是几乎难以举足,站在十字路口,是可走的道路很多。我自己,是什么也不怕的,生命是我自己的东西,所以我不妨大步走去,向着我自以为可以走去的路;即使前面是深渊、荆棘、峡谷、火坑,都由我自己负责。然而向青年说话可就难了,如果盲人瞎马,引入危途,我就该得谋杀许多人命的罪孽",可见"引路"是如履薄冰的事业。未检工作赋予未检检察官为处于困境的未成年人"引路"的职责,如果我们不想"误人子弟",就必须小心翼翼、严格要求自己,并全面提高个人素养,从而能够高瞻远瞩,拥有深邃的洞察力和深远的感染力,言传身教和因势利导能力贯穿办案始终,① 这样才配为孩子们"引路"。

(三)未检检察官是儿童保护专家

保护未成年人是少年司法制度创建的基本目的,特别是对那些特殊少年——犯罪少年、虞犯少年、无人管教少年(Neglected Child)和需要扶养少年(Dependent Child)等。少年司法裁判权和教育权的行使,其实质上都是为了保护少年,都服务于保护权的行使,因此保护权可以视为少年司法权的核心权能。如果说成人司法权的本质是判断,那么少年司法权的本质则在于保护。② 我国修改后的《刑事诉讼法》增设了未成年人刑事案件诉讼程序,从此特别程序确立的原则看,特别程序中的首条(《刑事诉讼法》第266条)即以集中规定的方式确立了"教育、感化、挽救"方针、"教育为主、惩罚为辅"原则、"诉讼权利保障原则"等,这些原则都显而易见是为了对未成年人予以"特殊保护"的,是为了帮助、教育涉罪未成年人;再从特别程序规定的制度、程序和要求看,特别程序共11条,规定了法律援助(《刑事诉讼法》第267条)、社会调查(《刑事诉讼法》第268条)、审查逮捕听取律师意见、严格限制适用逮捕措施和对未成年人与成年人分别关押、分别管理、分别教育(《刑事诉讼法》第269条)、讯问、审判时法定代理人或者合适成年人到场(《刑事诉讼法》第270条)、附条件不起诉(《刑事诉讼法》第271条至第273条)、审理不公开(《刑事诉讼法》第274条)、犯罪记录封存(《刑事诉讼法》第275条),这些制度、程序和要求可以说每一项都体现了立法对未成年人的"特殊关爱"。而我国《未成年人保护法》专设"司法保护"一章,赋予少年司法权保护权能,从广义上说,包括通过打击侵犯未成年人的违法犯罪行为达到保护未成年人的目的;在处理未成年人违法犯罪案件中,保护失足

---

① 王翠杰、张青聚:《依法治国新形式下推进未检队伍专业化建设刍议》,载千龙网2015年1月4日,网址 http://qndj.qianlong.com/show/11/12586-0.html,2015年10月13日最后阅读。

② 姚建龙:《少年法院研究》,华东政法学院2003年硕士学位论文。

未成年人的合法权益；在离婚、继承、收养等案件的处理过程中注意保护未成年人的利益；通过司法的力量为未成年人健康成长创造良好的环境。① 正因如此，未检的职责范围、综合性少年法庭的探索，均不像成人司法那样按照案件的性质或者程序严格划分，而是具有综合性，如未检"捕诉监防"四项权能，少年法庭审理的案件从性质上看包括了刑事、民事和行政等多类案件。尤其是与成人司法权相比，未成年人司法权中裁判权能的行使，是以保护未成年人为最主要的目标，是为了给未成年人寻求最佳的保护措施，而非单纯为了定性和处罚得准确，这与成人司法有着显著区别。孙谦副检察长曾指出，未检岗位的核心素能是司法保护能力，结合案件办理，充分保护未成年人权益，有效实现"教育、感化、挽救"，帮助未成年被害人恢复生活，使未成年犯罪嫌疑人重归社会，以及开展犯罪预防，都是司法保护的体现。

因此，我们认为，未检检察官其实也应当是儿童保护专家，这在一些国家和地区有相关的立法例。如我国台湾地区的"少年事件处理法"第7条第1项、"少年及家事法院组织法"第20条以及"司法院"的遴选办法均规定，少年法院院长、庭长、法官除需具有一般资格外，应遴选具有少年保护之学识、经验和热忱者任之，关于热忱的测验可以委托学术机构或团体进行。作为儿童保护专家，我们认为，未检检察官当然首先具有儿童保护的观念和儿童保护意识。"徒法不足以自行"，能够给孩子提供可靠保护的，首先是一种观念，一种深入成人社会每一个人心中的观念，"关于儿童的一切行动，不论是由公私社会福利机构、法院、行政当局或立法机构执行，均应以儿童的最大利益为一种首要考虑"，这是我国加入的联合国《儿童权利公约》所确立的"儿童最大利益原则"。作为儿童保护专家，未检检察官不仅自己要牢固树立"儿童最大利益"、尊重儿童权利的理念，在未检工作中，以未成年人的最大利益为出发点和落脚点，最大限度地确保未成年人的生存权、发展权（受教育权）、受保护权、参与权等基本权利的实现，还应当身体力行，担当倡导角色，提升广大民众对儿童权利的关注和尊重。其次，作为儿童保护专家，未检检察官还需要具有儿童保护的学识、经验和热忱。

1. 关于"学识"

《北京规则》在第22条说明中指出："处理案件的主管当局人背景可能不同……对于所有这些人员都要求具有最低限度的法律、社会学、心理学、犯罪学和行为科学的知识，这是同组织化和主管当局的独立性同等重要的。"《高检规定》则要求："各级人民检察院应当选任经过专门培训，熟悉未成年人身

---

① 姚建龙：《少年法院研究》，华东政法学院2003年硕士学位论文。

心特点,具有犯罪学、社会学、心理学、教育学等方面知识的检察人员承办未成年人刑事案件,并加强对办案人员的培训和指导。"上海市长宁区人民检察院的未检检察官陆海萍曾介绍过一名涉嫌绑架杀人的17岁少年,通过心理疏导思想转变的过程:检察官与他初次见面时,他情绪淡漠,一言不发。第一次心理疏导后,他坦言"我刚生下来,父母就外出打工,把我留给爷爷、奶奶……至于父母,我一直没有深刻的印象,因为他们难得回家,回家也只住几天。他们也从未解释过为什么把我留给爷爷、奶奶,不把我带在身边,我对他们很陌生,直到十四五岁,我才对他们逐渐有些印象,而这些印象都是不好的……反正家里发生的事让我恨我的父母,第一个恨他们不管我,第二个他们的所作所为,也让我恨他们。我爸爸在外面流里流气,还跟我好朋友的妈妈在一起,爷爷对我说,家里比较穷,你爸爸还问家里要钱,最严重的一次,我曾有杀我爸的念头。我妈也发生过事,但我不想说。我感到做什么都没意思,打不起精神来","我之所以绑架,除了钱之外,还想报复我的父母,同时我又希望他们能关注我","我对外面的世界觉得没有什么可留恋的,到哪儿都一样,自由不自由无所谓"。第二次心理疏导后,他发生了变化:"现在我觉得其实我并不像我自己以为的这么冷漠,我还是希望父母能关心我,还是对未来的世界有向往的。同时随着关押时间的增长,切身感觉到别人为什么会说最可贵的是自由,我现在也渴望自由","我现在最大的感觉就是后悔,想有机会能弥补自己的过失。我学会了站在别人的立场上想问题,以前很多想不通的事都能想通了。我以前总把我走到这一步的原因归结到别人身上,怪父母不关心我,怪朋友对我不真诚。现在我知道我自己的狭隘了,只想到自己,而对别人漠不关心。我现在一想到我杀死了张某某,我就特别后悔,他还那么小,跟我无冤无仇,就为了我一时的贪念,他就这么死了,我对不起他,对不起他家里人,也对不起我的家庭。"① 未成年人犯罪原因各不相同,有的是因家庭贫困、父母离异,有的是因厌学逃学,有的是因交友不慎,有的是因一时冲动,有的是因沉迷网络……从犯罪学理论上看,就有原生性犯罪规律、反应性犯罪规律、差异性犯罪规律、犯罪互动规律、临界性犯罪规律等。② 因此,要想真正把他们从歧途上拉回来,促使他们真诚悔罪、选择向善,不能简单地就案办案,只有抓住每个未成年人犯罪的"病因",综合运用犯罪学、心理学、教育学、社会学等知识,有针对性地进行矫治,才能达到标本兼治的效果。正如1948年

---

① 陆海萍:《未检人的眼光》,载《探索与梦想——未成年人检察30周年纪念文集》,中国检察出版社2016年版,第475页。

② 白建军:《关系犯罪学》,中国人民大学出版社2005年版,第395—427页。

《日本少年法》第9条规定的，家庭法院调查少年事件时，"务必就少年、保护人或关系人之现状、经历、素质、环境等，运用医学、心理学、教育学、社会学及其他专门知识，努力为之"。

而办理性侵害未成年人等案件的司法人员，更是必须精进有关儿童认知与心理方面的专业知识，才能对儿童认知与被害心理与反应有所认识，对陈述能力有限的儿童进行有效的询问，尤其是避免因为自己的"不专业"，成为二次伤害的制造者。比如，我国香港对参与询问的警方或社工有着特别要求：第一，所有办案人员必须接受为期两星期的"保护儿童特别调查基本训练课程"，该课程由香港警务处及社会福利署共同组织，授课教师均经美国德州休斯顿大学专业培训并认可，培训结束后颁发资格证书。第二，访问人员必须能够与未成年人建立融洽关系，取得他们信任，并懂得和他们有效地沟通。第三，掌握证据的基本规则及性侵害犯罪行为的基本元素和取证要点。第四，访问人员要掌握未成年人的生理、心理特点，了解他们的需要及行为表现。第五，要求访问人员能够注意聆听未成年人陈述，不会轻易打断他们的自由陈述。

未检"捕、诉、监、防"一体化的职能模式、未成年人保护综合化的趋势，决定了未检工作是一项跨领域、跨学科的工作，不仅涉及刑事法律，还涉及《未成年人保护法》《预防未成年人犯罪法》《婚姻法》《教育法》《劳动法》等诸多民事、行政、儿童福利方面的法律以及相关未成年人保护领域的专业知识，因而对未检察官知识储备的专业性、综合性要求极高。除了以少年司法为核心的法学知识，包括《宪法》《未成年人保护法》《预防未成年人犯罪法》《义务教育法》以及《刑法》《刑事诉讼法》《民法》《民事诉讼法》《行政法》《行政诉讼法》等，与未成年人身心特点相关的知识、教育保护知识，包含教育学、行为学、心理学、社会学、犯罪学等多门学科知识，都应当尽可能广泛地去了解和学习。通过深入研修、测试取得这些相关学科证书，如国家二级心理咨询师、国家教师资格证书等，成为复合型人才则更为可贵。当然，要求人人都成为通才不可行，对这部分的知识积累，重点可以放在了解和熟悉基本的理论，能够在实务中初步运用，并在需要的时候准确、及时地寻求专业支持。总之，未检是跨学科、跨领域的一项工作，国家亲权下"超级父母"的"育儿"学识都需要。

2. 关于"经验"

在现代汉语中，"经验"一般有两层意思：第一层意思是指从多次实践中得到的知识或技能，第二层意思是指人的亲身经历。在哲学上，经验指人们在同客观事物直接接触的过程中通过感觉器官获得的关于客观事物的现象和外部联系的认识。① 未检工作是一种实践性活动，未检人的经验需要在一定时期的未成年人保护、未成年人教育等工作中获得，当未检人对所遇到的问题能够及时作出正确的决策，或有相应解决问题的意识和能力时，我们会说他"经验丰富"。经验通常跟一个人的经历有关。一个人的知识范围、经历过的事，通常会成为一个人经验的体现。所谓"心中想，口中说，纸上作，不从身上习过，皆无用也"。②

但是，目前从事未检工作的人员结构不是很合理。首先，女性占绝对的优势，在各地未检干部中女性比例占70%以上，未检处（科）长大部分是女性，女性在这一特殊职业共同体中占主导地位。虽说女检察官办理未成年人犯罪案件有其细腻、耐心、母性等独特的优势，但是未检干部的过度女性化也值得反思：因为未成年人犯罪主体中男性居绝对比例，且犯罪时多数正值青春期，而处于青春期的男性叛逆心理很严重，女检察官虽然有细腻的心思，但是，由于性别的差异，往往对于青春期男性的所想、所为无法触碰、无法理解；而男性检察官则可以过来人的身份去理解、去开导涉罪未成年人，引导他们渡过这种尴尬时期，教导他们如何正确看待青春期不合理的行为，因此显然不能忽视男性检察官的作用。其次，是过度年轻化的倾向。目前，各地从事未检工作的干部大部分在35岁以下，具有明显的年轻化特征，这种年轻化特征有一定的合理性。未成年人犯罪与其监管人（父母、老师）缺乏心灵沟通及人性关怀有相当大的关系，他们最欠缺的是关心、鼓励、沟通和理解。年轻检察官思维活跃，容易接受新事物，因此，年轻检察官与青少年罪错者在沟通方面不会产生太大的代沟，易于被青少年接受。但与此同时，妈妈级、爸爸级，特别是拥有抚育过青春期孩子经验的检察官，在教育、感化涉罪未成年人方面的优势是不可低估的。因为有效的"谆谆教诲"不是一个空洞的字眼，不可能通过纯理论或者纯想象就能"制造"出来，它需要实践的积累，特别需要在一次次真实场景中反复尝试和修改，不断总结经验和教训，才能实现有效提升。③ 因此，我们认为，未检机构或专业办案组在人员配备上要考虑年龄、性别、知识结构的合理性，并加强岗位实务方面的培训，如训练未检察官对未成年人保护知识的运用和驾驭，再加上"未检人"自己不断对相关案件进行反思和总

---

① 互动百科的词条源于 http：//www.baike.com。
② 顾琤琮：《行成于思　业精于勤》，载《探索与梦想——未成年人检察30周年纪念文集》，中国检察出版社2016年版，第478—483页。
③ 姚建龙、尤丽娜：《对办理未成年人案件检察官群体的初步研究》，载《预防青少年犯罪研究》2012年第1期。

结,主动向经验丰富的前辈们请教学习,相互间多观察、多交流,认真办好每一起案件等,均是未检检察官获得经验、提高解决实际问题能力的办法。如上海市浦东新区人民检察院未检检察官顾玎琮在《行成于思 业精于勤》中谈到她的经验:通过对少年司法基本理论的不断学习,再将之对照着去评判自己多年的工作经历、以前承办过的几百起案件,真正认识到如果缺乏未检意识,未检办案很可能出现"重惩罚、轻帮教"的问题,法律监督、预防犯罪职能和大量案外工作很可能被评价为"不务正业",而未检工作很可能被理解为仅是"小儿酌减"的"公诉加侦监",也真正理解了"国家亲权"理论,意识到未检人的立场不应仅是国家公诉人,更应该是国家监护人。①

上海市长宁区人民检察院未检检察官陆海萍在《未检人的眼光》中谈到,每个未成年人也都有自己的独特之处,未检人要以开放的心态包容接纳他们,尤其是面对有些看起来很离经叛道的孩子。比如一个涉嫌多次盗窃的16岁未成年人,8岁时离家出走,从安徽到上海跟随他人乞讨,10岁开始单独行动,据其自述年收入可达数十万元;12岁开始因为年纪渐长,乞讨收入锐减,遂参与多个盗窃团伙(有新疆籍、安徽籍、江苏籍等,学会了上述地域的方言和扒窃、入室盗窃、盗窃助动车等作案手段);14岁开始手下有了一帮"兄弟",给5000元出场费可以帮他人摆平看不惯的人。他16岁的人生经历可能比我们一个32岁的未检人还要丰富得多。大部分未检人的人生经历是比较单纯的,从家庭到学校到单位,面对这样的孩子,如果没有包容接纳的眼光,不去了解他的成长背景,只看他的言谈举止,恐怕很容易产生"怎么会有这样的孩子!"的想法。作为未检人要知道自己的个体经验是有局限的,所以眼光要打开,要允许未成年人呈现自己最本真的状态,要理解他们的不得已,更要从中发现能够滋养他们生命的元素。比如这个在常人眼里可谓劣迹斑斑、毫无是非观念的16岁孩子,他的生存能力、适应能力无疑都胜过同龄人,也有一定的组织协调能力,语言和技能方面的学习能力也很不错。"如果能够补上缺失的教育,幡然醒悟,前途未可限量呢。"② 我们认为,这就体现了一个未检检察官的经验。又比如有的未检检察官认为,"越是对缺点多的孩子,越需要发现他身上的优点和潜能。也就是说,要唤醒孩子心中沉睡的巨人。看不到优点,就看不到希望。世上没有坏孩子,没有优点的孩子也不存在,是我们需要

---

① 顾玎琮:《行成于思 业精于勤》,载《探索与梦想——未成年人检察30周年纪念文集》,中国检察出版社2016年版,第478—483页。
② 陆海萍:《未检人的眼光》,载《探索与梦想——未成年人检察30周年纪念文集》,中国检察出版社2016年版,第474—477页。

练就一双慧眼。""取笑孩子就是冷暴力,无论是父母还是教师,都不可取笑孩子的缺点。冷暴力是对儿童更可怕的伤害,因为它是一种隐性的精神折磨,是孩子难以抵御的。""绝不能冤枉孩子。""对孩子的逆反心理,最明智的方法是以柔克刚;更高的境界是发现孩子逆反中的合理因素,尤其是那些珍贵的品质,如独立、参与、平等。""不能鼓励孩子的'告密'行为,要避免孩子利用'告密''揭发'来讨好的行为,以免造成道德上的不良影响。""受尊重的孩子才能学会尊重。""教育的有效性依赖于教育的一致性。"……上面所有这些真知灼见,恐怕也都源于我们未检检察官的经验。

3. 关于"热忱"

百度百科对"热忱"的解释是热心;热衷;热诚,热情的、慷慨的、热诚的或富于同情心的性质或状态,源自希腊文 entheos,意为"被神鼓励的"。我国台湾相关法律要求从事少年司法工作的人员要具有对少年保护的"热忱",美国费城法院家事法庭玛格丽特·墨菲法官也谈到少年司法人员要"热情",喜欢干这项工作。我国少年司法界很多同志认为未检工作是一项需要倾注大量爱心、耐心的检察业务,要求具有高尚的道德操守和司法素质以及未检工作所需要的积极外向、勇于担当、宽容亲和、乐于助人等能力潜质;① 少年司法必须将情感融入其中,需要检察官"弯下身"来与孩子对话;② 未检检察官要具有更多的同情心,把爱孩子的自然情感融入到未检工作中,把教育孩子的美好情感融入到未检工作中,把对孩子的良好期望融入到工作中,这样才能真正把教育、感化、挽救的方针落到实处,把教育为主、惩罚为辅的原则落到实处。③ 这种"热忱",我们从鲁迅先生"救救孩子"的呐喊中感觉到了,也从上海市长宁区人民检察院未检检察官陆海萍娓娓道来的语言中感觉到了,"在人的成长过程中,爱和阳光、空气、水一样不可或缺,对于未成年人来说更是如此。而那些涉罪的孩子几乎个个都在生活中缺少有品质的爱和关怀。在缺少最基本滋养的情况下,能够存活下来就不错了,哪里还能期待他们健康成长呢?但是他们毕竟还小,还有很强的修复能力和向上生长的生命潜能,在他们彻底生长扭曲之前,国家、社会、家庭如果能够补上缺失的关爱,一切还来

---

① 姚建龙、尤丽娜:《少年司法职业共同体的形成与养成》,载姚建龙著:《青少年犯罪与司法论要》,中国政法大学出版社 2014 年版,第 65—172 页。

② 王翠杰、张青聚:《依法治国新形式下推进未检队伍专业化建设刍议》,载千龙网 2015 年 1 月 4 日,网址 http://qndj.qianlong.com/show/11/12586-0.html,最后访问日期:2015 年 10 月 13 日。

③ 杨新城:《未检检察官的角色定位》,载《探索与梦想——未成年人检察 30 周年纪念文集》,中国检察出版社 2016 年版,第 11—19 页。

得及。我们既要引入各种资源尽量转化涉罪未成年人生存环境中的不良因素，我们也要告诉孩子，你不仅是父母的孩子，还是大地的孩子、是天空的孩子、是山的孩子、是水的孩子，只要健康活着，你就已经得到宇宙自然的关爱了。而且你还是国家的孩子，是我们大家的孩子，所以你会得到我国相关法律的宽宥处遇和社会力量的帮助。"我们还从山东省烟台市芝罘区人民检察院未检检察官刘力萍从不轻言放弃的执着中看到了。面对被观护人小虎两次从观护基地不辞而别，刘力萍检察官一再反思、调整自己的观护帮教方案，站在"儿童的视角"看待小虎的选择，尽心体会未成年人适应环境的艰难，觉察到游戏化思维和多年流浪生活形成的消极避世心理对小虎的影响，尝试委托心理专家帮助小虎调适心理和情绪，学会理智地选择和行动。未成年人身心尚未成熟，可塑性较强，思想波动较大，因此其改错的过程也容易出现反复、"时好时犯"的问题。因此，对于他们的帮助教育不能指望毕其功于一役，而应当采取循循善诱的方法，不厌其烦地开展工作，即遵循"反复施治"的规律。这就要求从事少年司法的人员不仅要具有丰富的儿童保护、教育学识和经验，还得具有"不信东风唤不回"的决心、信心与耐心，在教育、感化、挽救上投入更多的精力，也只有这样才能获得少年司法的最佳效果。

当然，也会有未检同仁把未检工作定位于依据法律法规办好未检案件，法律上不出错就行。我们也会听到这样的声音："不要以一句一切为了孩子就包打天下""保护未成年人不是检察机关一家的事"。好在最高检2015年出台的《八项措施》已回击了这样的逻辑：充分发掘检察职能与未成年人保护的相关性，把未成年人保护责任与检察机关法定职责有效地结合起来，而不是强调所谓职能的特殊性及其与未成年人保护的无关性。作为以儿童保护为专职的未检检察官，理应充分认识到未成年人是一个非常特殊的群体，由于受年龄、智力等因素的制约，这个群体无法成为一个利益表达共同体，无法为自己的权益进行斗争，无法对当局施加任何影响，无法为自己争取利益，其权益的维护几乎完全依赖于成人社会的自律与自觉，甚至是善心。未检检察官作为专门的未成年人保护组织人员，如果缺乏这种起码的自律、自觉和善心，没有担当的意识，实在不配这个名号。"孩子犯了天大的错，也要先保护起来，不允许伤害他、报复他、侵害他的权利；然后依法教育他、惩罚他，惩罚是教育的辅助手段，关进少管所也是为了保护他、教育他，所以少管所不是服刑的监狱，是矫治罪错的特殊学校。""家长、老师甚至所有成人都应当成为保护孩子的'警察'，不允许有人伤害孩子，帮助他们实现未成年人保护法等规定的基本权利，这也是这部法律所规定的所有成人的责任。"……好在这样的未检检察官越来越多了。

热忱是工作的灵魂,甚至就是生活本身。未检工作更不可或缺热忱——将争取和维护儿童最大利益作为自己奋斗拼搏的目标,当作是人生的快乐和荣耀。人类文明的先行者——无论他们来自什么种族,什么地区,无论什么年代——那些引领着人类从野蛮走向文明的人们,无不是充满热忱的人。

"其实没有好学生和坏学生之分,你摸清楚他们在想什么,因势利导,对症下药,总有一天,他们会让你惊讶和骄傲。"这是一个有三十多年教龄的教育专家的经验。"走在歧路上的未成年人也有对未来的憧憬,对美好生活的期望,我们在痛心他们一意孤行、不知回头的时候,更该质疑的或许是我们努力的方向。他们只是迷路的孩子,而我们却必须为他们铺好回归的路,架起希望的桥。"这是一位年轻的未检检察官的热忱。"面对未成年人迥然各异的经历、复杂多变的想法和敏感脆弱的情绪,我们不能以己度人,不能妄加评判,更不能横加干涉。激昂的情绪,无论是愤慨、痛心还是惋惜,并不能带来准确客观的处理结果。想要带领未成年人走出困境,我们必须冷静分析他们涉嫌犯罪的原因和具体处境,用理性的心态、全面的视角、深刻的思考帮助他们选择正确的人生道路,为他们营造更有利于成长的氛围,不失之偏颇,也不脱离实际……""无论是有关未成年人的政策原则、法律法规、国际通行做法,还是针对未成年人的社会、学校、家庭工作,亦或是研究未成年人身心特点的教育学、心理学、生物学等知识,我们都应当广泛涉猎,熟练掌握。从未成年人特殊的身心特点出发,以司法处遇为主,以心理咨询、行为矫治、人格完善等为辅,将未检工作作为一项综合性、长效性工作开展,才能有效预防未成年人再次犯罪、促使其健康成长……""受理一个案件,审查几本卷宗,开展一两次讯问,并不能了解未成年人涉嫌犯罪的根源和深层次的自身、家庭等问题。唯有抽丝剥茧,深挖细酌,从未成年人细微的表情变化、和父母相处的态度、谈论某些事情时的语气言词等,或者从调查走访其所在家庭、学校、社区获得的他人的评价看法出发,真正弄清楚未成年人的所思所想所感,方能对症下药,事倍功半……""未成年人的保护和挽救不应仅包含检察工作这一维度。适当的司法处遇可以于危急处拉孩子一把,及时的跟踪帮教可以于关键时护孩子一程,但是成长之路漫漫,需要的还是家庭、学校、社会的重重护航。没有亲情的滋养、持续的教育、良好的环境,未成年人不可能形成正确的认知和健全的人格。作为未检人,我们应当发挥自身优势,联合司法、教育、共青团、妇联、关工委等各部门,联合家庭、学校、社区等未成年人密切关系群体,以案件为切入点,从改善亲子关系、加强道德法制教育、净化成长环境、完善社会治理等入手，编织起各尽其职、紧密配合的未成年人保护网……"① 这些都是未检检察官在热忱和学识的引领下摸索出的经验。

（四）未检检察官是感恩儿童的人

如果您百度一下"感恩儿童"，除了"感恩儿童安全座椅"，几乎就是让儿童学会"感恩"，"儿童感恩父母""儿童感恩画"等，这值得我们成人社会反思：如果我们身体力行感恩儿童，他在互动中不就学会感恩了吗？如果我们不会感恩儿童、没有感恩儿童的能力，又怎能教他学会感恩？我们不该感恩儿童吗？儿童不值得我们感恩吗？那么请抚着自己的心想想，世界如果没有了儿童会是什么样的？儿童给世界带来了什么？有一首美国歌曲"当孩子诞生时"，每次听都感动得想流泪：

"一道希望之光/在空中闪耀/一颗微星照亮了天上的路/横跨整个大地/开展了一个崭新的黎明/这都是因为一个小孩的诞生

无声的愿望航过七海/转向的风在树梢呢喃/猜忌之墙崩塌倾圮/这全是因为一个小孩的诞生

……

我们总说孩子是我们的未来、我们的希望，那么我们不该感恩他吗？首都师范大学副教授、北京超越青少年社工事务所主任席小华老师在《回顾与超越——首都师范大学少年司法社会工作研究与服务中心成立五周年特刊刊首语》中的一段话，让我们非常感动也无比震撼，"感谢我们所服务的孩子们。是他们让我们有机会去体会不同的人生，是他们让我们迅速实现着自身的专业成长，是他们让我们体验着社工的专业价值，也是他们，给我们带来很多温暖与快乐……"同样，感恩未成年人，敬畏未成年人权利，这是未检检察官该有的态度。没有未成年人、没有未成年人权利的特殊保护，未检有独立存在的价值吗？未检的权力来源于未成年人权利，没有未成年人权利哪来的未检专业价值，又谈什么未检的专业成长？

但是很显然，我们现在还需要去学会感恩和敬畏未成年人权利。借用"教育孩子学会感恩其实就是让他们学会懂得尊重他人"以及"学会感恩，先要学会知恩"的道理，② 未检人学会感恩和敬畏未成年人权利，其实就是要学会尊重未成年人；学会感恩和敬畏未成年人权利，先要知道未成年人有哪些权利以及这些权利对未检人来说意味着什么。

---

① 张少芳：《守望朝阳——写在未检路上》，载《探索与梦想——未成年人检察30周年纪念文集》，中国检察出版社2016年版，第493—495页。

② 《孩子一生最受用的40种能力》，载http：//www.sina.com.cn。

《未成年人保护法》最早出台时，有着浓厚的治理青少年违法犯罪的背景，控制青少年犯罪是制定这部法律的原动力，即《未成年人保护法》是基于青少年违法犯罪是因为未成年人没有得到有效保护以及应采用综合治理刑事政策的认识下出台的，因此控制青少年犯罪的立法思路十分明显。如结构上采用家庭保护、学校保护、社会保护、司法保护的综合保护体系，并在这四大保护体系中重点对于与未成年人违法犯罪有关联的环节进行了规定，其中尤以司法保护主要应对未成年人违法犯罪为突出。虽然名为《未成年人保护法》，但却在没有确立未成年人基本权利，特别是权利特殊性的情况下，即在第3条中直接将未成年人确立为被教育的对象，对未成年人作为权利主体以及独立个体的人格、思维、行为等特点并没有给予应有的尊重。修改后的《未成年人保护法》将《儿童权利公约》规定的儿童最基本需求的权利条款（第1条至第41条，也被称为实质性条款）浓缩为四大权利，即生存权、受保护权、发展权（基于未成年人阶段的特点，将受教育权单独作了强调）和参与权，以及国家对此四大权利的特殊、优先保障义务和非歧视性义务在第3条中予以确立。根据《儿童权利公约》的规定，生存权，包括生命权、健康权和医疗保健获得权；受保护权，指保护儿童受适当照料与保护，免受歧视、剥削、酷刑、虐待、遗弃或疏忽照料的权利；发展权，指保障儿童成长过程中的各种需要得到满足，包括儿童有接受一切形式的教育（正规的和非正规的教育）的权利，以及能够给予儿童的身体、心理、精神、道德与社交发展的相应生活水平；参与权，指儿童享有参与家庭、文化和社会生活的权利，儿童不应被简单地视为一个弱小群体而仅仅需要特殊的照顾，他们应当作为一个有权利的群体而被所有人尊重。儿童保护的四大原则包括无歧视原则，指每一个儿童都平等地享有公约所规定的全部权利（无论在家庭、在学校、在社会，不允许有歧视）；特殊保护原则，指鉴于儿童因身心尚未成熟，在其出生以前和以后均需要特殊的保护及照料，包括法律上的适当保护；最大利益原则，指涉及儿童的一切事物和行为，都应首先考虑以儿童的最大利益为出发点；优先原则，指儿童在任何情况下都应首先受到保护和救济。修改后的《未成年人保护法》尤其引人注目的是其将尊重儿童权利和独立主体的新儿童观贯穿于各章之中，其中最为显著的体现是对未成年人参与权的保障条款增设上。如在家庭保护一章中，新增第14条，规定"父母或者其他监护人应当根据未成年人的年龄和智力发展状况，在作出与未成年人权益有关的决定时告知其本人，并听取他们的意见"，在社会保护一章中，新增"全社会应当树立尊重、保护、教育未成年人的良好风尚，关心、爱护未成年人"（第27条）的规定统领全章，"尊重"显著地摆在了"保护"和"教育"之前。在"司法保护"一章中则增加了

"人民法院审理离婚案件,涉及未成年子女抚养问题的,应当听取有表达意愿能力的未成年子女的意见"(第52条第2款)的规定。我们传统礼制是强调孩子对家长顺从、绝对服从,因此,在礼制传统仍根深蒂固的中国,修改后的《未成年人保护法》在儿童观上的革新可谓革命性的。虽然我们的《未成年人保护法》在立法上已与国际接轨,但在执行上还相当滞后,主要原因之一是我们在理念上还没有跟上,上对下控制、下对上顺从的传统仍根深蒂固,深入骨髓,因此我们要真正做到平等对待他人、尊重儿童自然很难。

上海市长宁区人民检察院未检检察官陆海萍坦言:"在现代人类世界,或许我们都在理论上认可人人生来平等,绝无高低贵贱之分,每个人皆有独立之人格。但在社会上生存,我们真的这样实践了吗?别说是我们承办案件的犯罪嫌疑人了,即使是我们自己的孩子,得到了我们的平等对待吗?"其实,我们相当多的部门和人员在未成年人保护的理念上还没有从以控制犯罪为主向保护权利为主转变,因此我们看到很多贯以"大爱""检爱"等名义下对儿童居高临下的态度,其中缺少从心灵深处蹲下身看儿童的自觉意识;甚至以"爱"的名义行伤害之实。如我们有些地方,还不仅是一个,报的经验材料上讲:让犯罪的未成年人现身说法,来教育、预防其他未成年人犯罪,这实实在在已是一种侵权行为,是将未成年人当成了教育的工具。还有的地方将涉罪未成年人写的心得体会编辑成书用于教育其他未成年人,却未征求未成年人的意见,这其实也是漠视未成年人权利主体地位的表现。还有的地方拍摄了"少年犯在看守所的一天",其中内容处处反映着歧视,居高临下,以罪犯对待,看不到尊重、平等、文明,让人看了很不舒服,却说很多学校都觉得拍得很好,争先恐后要给学生看。当问到他们这样做的目的是什么,到底想让孩子们看什么时,他们居然很吃惊:"目的是震慑呀!与以案释法一个道理,让他们知道犯罪会受到严厉惩罚,从而远离犯罪。"震慑?我们常说震慑犯罪分子,难道我们把我们的孩子都当成了犯罪分子或者潜在的犯罪分子?心理学上讲人往往按照他人的期待行事。这难道还不是以爱的名义行伤害之实吗?谁给了我们震慑孩子的权力?我们认为,以案释法、法治教育等,应当传达的是法治的精神:公平和正义,让孩子了解法律的本质是为了保护我们所有人的生命、财产、自由和权利,法律平等保护大家的权利,所以不能伤害别人、侵害别人权利,并引导孩子们理解法律、亲近法律、信仰法律。所以,无论未检做什么,对失足未成年人施以教育、惩罚,帮助其回归社会也好,救助未成年被害人也好,所有这一切必须以尊重未成年人为前提,这是我们最需要注意的问题。一颗尊重的心源于这样的理念:每个人都有存在的价值,没有任何一个人有资格否认另一个人;虽然我们有时很难不用自己的价值观去判断别人,但是一颗尊重的心，可以避免我们犯错太多。这可能就是为什么很多专家说要蹲下身来做儿童工作的道理：儿童变成成人，好比由青虫变成蝴蝶；成人只有收起翅膀，像青虫一样爬行，才能理解儿童的心情与生活。比如，对于一些长期形成的、习惯性的、极其熟练的行为不良的孩子，对于情感匮乏、对自己所惹的麻烦无动于衷、改不掉自己习惯性行为方式的孩子，以及对于犯了严重罪行、犯了令人发指罪行的孩子，即使我们认为根本不可能矫正，就如得了不治之症，无药可医的孩子（一位基层院的同志认为完全没有矫正可能性的占2—3成），对于这样的孩子我们仍然能本着一颗尊重的心吗？仍然能说不是他没有矫治可能性，而是我们能力不及吗？其实任何人都不是完人，都有优缺点，都有认识上的局限性，需要不断深化，这是常识；也因此任何人判断"完全没有矫正可能性"都有可能并非正确，多少以前的不治之症现在不都可以医治了吗？所以我们要警惕犯绝对的逻辑错误（也就是作绝对化的判断），只能说根据我们目前的认识能力和水平，难以矫正、难以医治；如果我们能这样看问题，也许我们就容易对所有的未成年人包括我们认为表现不好的未成年人都能本着一颗尊重的心。

深究成人对待未成年人不正确的态度和方式，妄加评判也好，横加干涉也罢，都是因为缺乏对未成年人起码的尊重；而面对弱小的孩子，一个成人要学会尊重，需要"收起翅膀，像青虫一样爬行"，这必然很难；而对于礼制传统仍根深蒂固的中国人无疑更加困难。为此，我们认为，未检检察官要真正学会尊重儿童，有必要上升至感恩儿童的高度来要求，只有我们意识到是我们该感恩儿童而不是儿童感恩我们，是儿童权利产生了未检而不是未检产生了儿童权利，没有儿童的权利就没有未检存在的必要性、合理性，才有利于我们清醒的意识到是儿童权利让未检有了实现其专业价值的可能性，也才能真正敬畏儿童、敬畏生命，并身体力行、身教言传地影响到孩子。

三、未检素能标准的两个维度："心"和"力"

席小华老师曾经指出，对从事未检工作人员的要求，与对青少年事务社工的要求有相似之处，主要有两点：一是"心"，二是"力"。"心"是指态度、观念，这决定着我们以怎样的立场、态度和具体言行对待孩子；"力"指能力、技巧，如是否具有综合、熟练地运用法律的能力，不仅是条文，还有其背后的精神、法理的运用等；而态度优于技巧，因为态度决定着措施手段，不同的态度导致采取不同的办法；其核心和灵魂是未成年人保护。这与2015年8月最高人民检察院孙谦副检察长在全国检察机关未成年人刑事检察工作座谈会上的讲话中明确指出的"要着力推进以司法保护能力为核心的未检素能建设"

相契合。综上所述，我们认为，未检素能标准既要明确未检理念，也要明确未检人对未成年人应当具有的态度与行为。

（一）未检人的态度

我们重点根据《未成年人保护法》《儿童权利公约》《北京规则》等，就未检人对未成年人应当具有的态度与行为提出以下意见：

1. 铭记未检权力来源于未成年人权利，没有未成年人权利特殊优先保护，就没有未检的专业价值。因此，未检人应当为未成年人权利的实现而奋斗。

2. 铭记未成年人是一个非常特殊的群体，其权益维护几乎完全依赖于成人社会的自律与自觉。未检专业精神体现在这种自律、自觉和担当上，也体现在专业服务上。

3. 关爱未成年人，重视未成年人身心健康，将未成年人生命安全放在首位。

4. 尊重未成年人人格，维护未成年人合法权益，平等对待每一个未成年人。不讽刺、挖苦、歧视未成年人，不体罚或变相体罚未成年人。以有利于促进未成年人尊严和价值感的方式对待未成年人，并增强其对他人的人权和基本自由的尊重，对其处遇应考虑到其年龄和促进其重返社会并在社会中发挥积极作用的愿望。

5. 深信未成年人有权享受特别照料和协助，有权享有可达到的最高标准的健康，并享有医疗和康复设施。应努力确保没有任何儿童被剥夺获得这种保健服务的权利。未成年人有权受益于社会保障包括社会保险，提供福利时应酌情考虑未成年人及负有赡养未成年人义务的人的经济情况和环境，以及与未成年人提出或代其提出的福利申请有关的其他方面因素。有权享有足以促进其生理、心理、精神、道德和社会发展的生活水平。为充分而和谐地发展其个性，有义务为其提供必要的帮助。

6. 重视家庭生活对未成年人健康成长的重要价值，积极创造条件，让未成年人尽可生活在正常的家庭之中，并对其家庭提供必要的帮助。

7. 充分考虑到未成年人处于受教育的重要时期，确保其能有效地获得和接受教育、培训、保健服务、康复服务、就业准备和娱乐机会，其方式应有助于该未成年人尽可能充分地参与社会，实现个人发展，包括其文化和精神方面的发展。

8. 重视未成年人的参与权和自主权，帮助发现可能的选择，相信每个人面临的问题和解决问题的办法都是独特的，并且其本人具有潜在的能力，不是教训而是开导，不是包办代替而是减少其依赖性，增强他们的独立性和自主性，启发他们用自己的意志，开发自己的潜在能力，解决自己面临的问题，帮助分析各种选择的优缺点,最后将选择权交给未成年人或者监护人。

9. 尊重个体差异,主动了解和满足有益于未成年人身心发展的不同需求,用符合未成年人身心发展和接受能力的方式适当指导和指引未成年人行使其合法权利。

10. 注重传递爱心和信心,增强未成年人对自我的认识,引导其形成良好的人际关系和参与关系自己切身利益事务的决策。对于其侵权行为、违法犯罪行为要及时严肃地进行批评教育,包括在必要时依法予以惩罚;对于认识误区和过激行为要进行引导和情绪疏导,帮助分析原因,找准症结。

11. 铭记未成年人的隐私、家庭、住宅或通信不受任意或非法干涉,其荣誉和名誉不受非法攻击。

12. 对未成年人的逮捕、拘留或监禁应符合法律规定并仅应作为最后手段,期限应为最短的适当时间;所有被剥夺自由的未成年人应受到人道待遇,其人格固有尊严应受尊重,并应考虑到他们这个年龄的人需要的方式加以对待。特别是,所有被剥夺自由的未成年人应同成人隔开,除非认为反之最有利于未成年人,并有权通过信件和探访同家人保持联系,但特殊情况除外;所有被剥夺自由的未成年人均有权迅速获得法律及其他适当援助,并有权向法院或其他独立公正的主管当局就其被剥夺自由一事之合法性提出异议,并有权迅速就任何此类行动得到裁定。

13. 应采用多种处理办法,诸如照管、指导和监督令、辅导、察看、寄养、教育和职业培训方案及不交由机构照管的其他办法,以确保处理未成年人的方式符合其福祉并与其情况和违法行为相称。

14. 充分注意采取积极措施,这些措施涉及充分调动所有可能的资源,包括家庭、志愿人员及其他社区团体以及学校和其他社区机构,以便促进未成年人的幸福,同时还应视为有助于保护青少年和维护社会的安宁秩序。

15. 重视自身日常态度言行对未成年人的重要影响与作用,重视与家庭、学校和社区的合作,综合利用各种资源。

(二)未检人的能力

根据百度百科,能力是完成一项目标或者任务所体现出来的素质,是直接影响活动效率,并使活动顺利完成的个性心理特征。根据上述解释可见,首先,能力是和活动紧密相连的,离开了具体活动,能力就无法形成和表现;其次,能力是顺利完成某种活动直接有效的心理特征,而不是全部心理条件。因为成功完成某种活动受许多主观因素的影响,如性格特征、兴趣与爱好等,但这些因素都不直接影响活动的效率,不直接决定活动的完成,而只有能力才有这种作用,它是完成某种活动所必备的心理特征。例如,事实证据审查判断能力、法律适用能力和出庭支持公诉能力等，是直接影响公诉人能否成功地完成指控犯罪任务的能力因素。如缺乏上述这些因素，就无法顺利有效地完成公诉任务。那么，直接影响未检检察官能否成功地完成未检工作任务的能力因素是什么呢？

未检职责比较特殊，未检检察官同时承担审查批捕、审查起诉、诉讼监督、犯罪预防、帮教维护等诸多职责，且应当由同一名未检检察官对同一个案件的捕诉监防职能全程、全面负责；但是上述职责并非侦监、公诉业务的简单叠加，未检检察官除了审查证据、事实和法律适用等，还必须在了解未成年人成长经历等信息的前提下，协调公安、法院、司法、教育、医疗、就业、工青妇等各部门、组织进行帮助、教育等工作。可见，未检检察官的职责既包括司法性职责，又包括保护性职责，未检检察官需要具备这两种不同性质职责所要求的知识和能力，而"司法保护能力"是未检核心素能。因为对未成年人作出的司法处理无论是强制决定还是软性建议都应以预防犯罪、教育和帮助未成年人为宗旨，在对未成年人案件作出法律基础判断的同时，重点对未成年人进行特殊的保护、教育和帮助。为此，我们认为，未检检察官主要应当具备以下能力：

1. 综合运用法律，尤其是保护未成年人的相关法律的能力。对于与未成年人保护相关的所有法律法规、司法解释，包括《宪法》《未成年人保护法》《预防未成年人犯罪法》《义务教育法》以及《刑法》《刑事诉讼法》《民法》《民事诉讼法》《行政法》《行政诉讼法》等所有关于未成年人的特别规定，不仅了然于胸，更能从理论基础、价值取向的高度对其知其然、知其所以然，从而真正内化于心、运用于实务。

2. 倾听能力。倾听是一种需要不断修炼的艺术，为了达到良好的沟通效果，要把自己放到他人提到的情景下，换位思考，不要想着反驳，要想着理解。同时观察他的表情、动作，综合起来判断他真正需要的是什么。倾听有三个级别，真正成功的倾听者不仅要听到事实性的信息，还要听到情感性信息以及信息背后的真实意图。倾听的三个级别可以用金字塔的形式表示，第一级意味着内容与事实，关注讲话者所传递信息的实质性内容，着重说话者所表达的实际思想；第二级意味着方式与情感，除关注内容外，还关注讲话者的情感特征，着重于说话者讲话时自身的真实感受；第三级意味着谈话能够带来哪些影响，关注讲话者讲话时的真正意图或者讲话内容背后的故事，着重于这次说话所能带来的影响。为此需要做到：专心、表现自己正在听，提供反馈、延迟判断和适当反应；尽力避免：注意力不集中、打断、分心、心存偏见以及不重视信息；鼓励他人倾听：帮助对方听懂你讲的内容，可以用直接要求法和鼓励法；参与：在谈话的全过程点头或与讲话者眼神联系，表现出你正在专心听讲；复述：在理解了谈话内容之后通过语言传回给讲话者，将说话者所讲内容或情感反向传递给说话者；总结：当接收到一些空开的信息之后，对讲话内容进行摘要，复述讲话要点并指明话题中心，证明你已经对谈话的整体内容有所掌握；澄清：当谈话过程中的信息模糊且不明确妨碍继续的时候，询问澄清性的问题，确保理解并掌握了主要细节或者进一步澄清某些问题。

3. 帮教能力。精通社会学、心理学和教育学等知识，熟悉未成年人犯罪心理和发案规律，能结合社会调查和案件审查情况适时对涉罪未成年人进行教育，开展心理矫治和观护帮教等工作，促使其认罪悔罪，帮助涉罪未成年人顺利回归社会。

4. 人际交往能力。未检工作着眼点在人，其他检察工作的着眼点在案件，因此未检检察官更多是做人的工作，需要优秀的人际交往能力，而其他检察官更多是对案件准确定性和指控，只需要基本的人际交往能力。确保未检检察官和涉罪未成年人及其家长顺畅沟通，这是教育、感化未成年人的前提，是从事未检工作必须具备的素质；只有具备人际亲和的能力，才能够很好地处理涉案未成年人、法定代理人、合适成年人、诉讼代理人、辩护人、社会观护人以及学校方面、社区方面、工作单位方面、观护基地方面、心理机构方面等各方的关系，化解社会矛盾，消除敏感因素，为依法妥善处理案件打下良好的基础。

5. 释法说理能力。在案件审查、诉讼活动监督及来访人员、家属接待等各项活动中，善于针对不同环节、不同对象、不同问题，阐明法理、释疑解惑，使诉讼当事人明辨是非，心悦诚服地接受并认同检察机关的决定，增强司法公信力。其实，人往往出自防卫才把立场踩得像水泥一样硬实，如果不是质问，只是疑问，犹豫一下，空气进去、水进去，他两个脚就不粘固其中。思想的本质是不安，一个人一旦左右摇摆，新的思想萌芽就出现了，自会剥离掉泥土露出来。①

6. 组织协调能力。发现办案工作中的问题积极联系协调，并能在职责范围内解决；具备较好的沟通技巧，能妥善处理与不同单位、部门、人群之间的事务性沟通问题。善于开展跨部门、跨单位的沟通协调，开展积极合作或发挥主导作用，推动建立行之有效的沟通联系机制。

7. 法律监督能力。善于监督，能够及时发现诉讼活动中存在的违法违规现象，依法启动纠正程序或提出的纠正措施、建议论证充分，积极督促整改，保证纠正效果。能立足未检职能，积极参与社会治理创新，提高执法公信力和

---

① 柴静：《看见》，广西师范大学出版社2013年版，第190页。

社会认可度。

对于未成年人保护及犯罪预防，不仅要从刑事、民事、行政等法学角度，还要从犯罪学、社会学、教育学等视角综合施策。因此，未检工作其实是一项综合的、复杂的、专业性非常强的工作，要求从事未检工作的人员应当熟悉未成年人身心特点，具有保护未成年人的学识、经验和热情；同时，未检工作不仅专业性强，而且未检人员对捕与不捕、诉与不诉等司法处遇具有一定的选择性，自由裁量权较大。能否对一名涉嫌犯罪的未成年人作出符合其特点和需求的处理决定并落实帮教措施等，取决于未检检察官的综合素质，而不仅仅是法律知识或者技能。总之，未检检察官不仅要具有法律人素质，还要精进儿童心理学、教育学等方面的知识，同时全面提升个人素养。只有懂得必要的心理学、教育学等方面的知识，善于倾听孩子内心的声音，才能"读"懂、理解孩子，才能按孩子的性格特点和儿童教育的客观规律办事，避免在教育的内容、教育的方式方法等方面出现偏差和失误。教育是一场人与人、心与心的相遇，真正的教育不仅来自专业系统的训练，更来自对人性的体悟和洞悉，来自对他人的同情和理解，来自我们内心最质朴、最淳厚的那层底色。当我们每一次面对每一个出了问题的孩子，其实都是我们面临着一个个教育契机；教育者需得珍惜光阴，在意生命，不负相遇不负爱！而我们内心的追求、对世界的认识、业余的爱好等都会自然散发于举手投足之间，不知不觉影响孩子，这就要求我们要全面提升个人素养，成为人格之师。

●核心观点

> 在专家学者以及最高检的大力推动下，未检机构在此次司改中得以保留并不断强化，是十分可喜的事情。独立机构是队伍专业化的保障。但是，如果认为有了独立机构便当然实现了专业化，则此言尚早。在大量的个案中，常常看到未检人成人司法的思维定式。未检专业化最终要解决的是未检人的专业化问题，未检人的理念与思维方式的形成是未检专业化的核心与标志。[①]

---

① 未检人的理念和思维方式的养成是未检专业化的核心与标志，这一说法系北京师范大学宋英辉教授提出，在此深表感谢！

专题十九　未检业务竞赛：考什么？怎么考？

一、首届全国检察机关未成年人检察业务竞赛回顾

2015年4月5日下发了《关于举办首届全国未检业务竞赛的通知》（高检诉〔2015〕14号），目标任务确定为：加强未检队伍落实未成年人犯罪特殊刑事政策的能力培养，提高未检人员业务素质和实践能力，通过业务竞赛的形式，实现全员参与练兵的目的，选拔优秀未检人才，充分发挥优秀人才的引领示范作用，激发全体未检干警的光荣感和使命感，努力建设专业化、职业化、高素质的未检队伍。2015年12月7日至12日，第一届全国检察机关未成年人检察业务竞赛活动在北京国家机关事务管理局东坝服务中心顺利举办。参加人员系各省、自治区、直辖市及新疆生产建设兵团人民检察院推荐并通过最高检资格审查的参赛选手。

（一）为期一天的未检综合业务知识笔试

上午审查案卷，主要考察内容：一是审查认定事实、证据及分析，这部分与对一般检察人员的要求差不多；二是需要说明及解决的问题，这部分包括分案起诉、法定代理人（合适成年人到场）、法律援助、听取辩护人意见、社会调查、帮教方案等知识点；三是审查意见，包括案件定性、提出量刑情节、提出起诉或者附条件不起诉处理等。

下午综合业务笔试，包括选择题、简答题、案例分析题、申论题。这部分均与未检"特殊"业务有关。笔试采取闭卷、笔答形式。

（二）加试赛

两项笔试成绩排名前20位的选手参加加试赛，其他选手观摩。加试赛采取答辩形式，题目内容是关于"未成年人涉嫌故意伤害（重伤）犯罪案件"。从一部外国电影《伊甸湖》中截取了三小段视频，并有背景资料介绍：

1. 假期，史蒂夫带女友珍妮开车前往他以前偶然发现的一个环境优美的湖边，虽然发现此地已被圈起并挂上了禁止进入的牌子，但他们还是开车穿越丛林来到了湖畔，在这儿遭遇一群当地 13—17 岁的少年。因少年一方带的狗跑来对珍妮狂叫以及少年们的录音机声音太大，史蒂夫前去制止，双方发生冲突……①

2. 第二天，史蒂夫潜水回来发现自己的车子、手机等不见了。他断定这是那群少年干的。当晚，史蒂夫和珍妮找到了那群少年的驻地……②

3. 逃跑过程中慌不择路，史蒂夫开车撞到了树上，史蒂夫让女友珍妮赶紧逃走，自己被那群少年抓到。第二天，没有逃走的珍妮发现了那群少年正在虐待史蒂夫……③

问题：请将视频中的人物均看成中国人，回答以下问题：

（一）请结合工作实践，谈谈如何处理类似的未成年人犯罪案件。（7 分钟）

（二）请结合该案，自拟主题讲一堂法制课，受众是学生和家长，受时间限制，观点点到即可。（7 分钟）

（提示：前两阶段共计 14 分钟，满 7 分钟时，计时员提示一次；满 14 分钟时，计时员提示自主答题结束，评委追问开始。）

（三）评委追问（6 分钟）

（提示：评委追问剩余 1 分钟时，有一次短促铃声提醒，用时满时，计时员提示结束答辩。）

（一）答辩要点：

1. 本案是未成年人共同犯罪案件，对未成年人犯罪的处理不能仅考虑其行为，还要考虑行为背后的人，因此除了要考虑每个未成年人在犯罪中的行为、主观恶性等，还要对每个未成年人成长经历、犯罪原因、监护教育等情况进行社会调查，根据每个未成年人责任的大小以及教育、感化、挽救难度的大小（再犯罪风险）等，考虑是用刑罚手段还是其他非刑罚手段来处理。

2. 如果动用刑罚手段要考虑年龄因素（是否达到刑事责任年龄，从案例看，有的可能达到刑事责任年龄了，有的可能没达到）、达到刑事责任年龄的，要看行为的轻重是否已构成犯罪以及在共同犯罪中是主犯、从犯、胁从犯等。除了主犯布莱特，其他孩子在犯罪中都不是特别积极，其中有两个孩子是

---

① 少年一方在语言上嘲笑、挑衅。
② 双方发生肢体冲突后，史蒂夫意外将布莱特的狗杀死。布莱特从震惊到万分心痛，其间将史蒂夫的车钥匙摔还史蒂夫。珍妮从地上捡起车钥匙后催促史蒂夫，二人迅速逃跑。布莱特见状怒吼：追！
③ 布莱特要求其中唯一的女孩用手机拍摄，其他男孩子都要用刀伤害史蒂夫。

被强迫的，本人根本不想伤害人的；其中，唯一的女孩子也没有直接的伤害行为等，这些都需要考虑。

3. 对于虽然构成犯罪，但符合相对不起诉条件可以作出相对不起诉决定，并根据情况可以进行训戒等。

4. 对于符合附条件不起诉条件的，可以作出附条件不起诉决定，并进行考察帮教。

5. 对于行为已构成犯罪但未达到刑事责任年龄的，应当与公安机关以及家庭、学校、社会保护组织等加强协调、配合，通过加强管教、社会观护等措施，预防其再犯罪，必要时可以由政府收容教养。

6. 针对每一个涉罪未成年人都应当根据社会调查（包括心理测评）等情况，综合分析各个未成年人回归社会的有利、不利因素，找到每个人的感化点，制定有针对性的帮教方案。比如主犯布莱特，撇除其在案件中表现得较深恶性外，其与所养之狗的互动表明其也有温情的一面，说明也有挽救的空间；其中的女孩为什么会是那样的表现？两个被强迫实施伤害行为的孩子，其本质是受害人，需要进行心理辅导，犯罪给其心理造成了较大伤害。

7. 还要考虑提供家庭教育指导，从司法实践看，"问题孩子"背后往往有"问题父母"。从案例情况看，几个孩子夜不归宿，根据我国《预防未成年人犯罪法》的规定，未成年人擅自外出夜不归宿的，父母或者其他监护人应当及时查找，或者向公安机关请求帮助（第16条）；父母或者其他监护人不履行监护职责，放任未成年人有不良行为或者严重不良行为的，由公安机关对未成年人的父母或者其他监护人予以训诫，责令其严加管教（第49条）；又如其中有孩子吸烟，根据我国《未成年人保护法》规定，禁止向未成年人出售烟酒，需要了解孩子吸的烟哪来的以及父母是否有放任行为等。未成年人的特点决定了其对家庭、家庭成员的依赖，因此，如果存在父母履行监护职责不到位包括"生而不养、养而不教、教而不当"等问题的，必须加以教育和指导，否则难以达到教育、挽救未成年人的目标。

8. 反思案件发生的深层次原因，家庭的、社会的等，提出预防未成年人犯罪的意见和建议，积极协助并推动相关部门解决突出问题。如该案例中成人（被害人）也是有一定的过错。其实本案中的被害人即成年人史蒂夫如果是守规则的人，是不该出现在案发地的，那是禁止进入的；根据我国《未成年人保护法》的规定，成人对未成年人负有保护义务，全社会应当尊重、关心、爱护未成年人，但本案中成年人史蒂夫在孩子面前表现得高高在上，并首先释放了敌意，他认为孩子们打扰了他，想摆平孩子，却未想到其实自己也许才是真正的入侵者，那个地方也许是那些孩子们平常玩耍的地方，是孩子们的

"天下"。成人相对于孩子由于存在天然的优势，所以往往很难做到尊重；试想如果史蒂夫面对的是一群膀大腰圆的成人，他还会有"小屁孩"的想法吗？所以成人在面对未成年人时更需要谨言慎行，多检讨反省自己的行为，学会尊重孩子、善待孩子，这是成人的法定义务。其实我们的一举一动，孩子都看在眼里，如果我们胡作非为，又怎能期待孩子遵守规则呢？

（二）参考要点：如以"远离犯罪（暴力）、平安长大"为主题。

对孩子：1. 未成年人犯罪对他人、对本人、对家庭、对社会的伤害；2. 树立规则意识，尊重他人权利，规则是保护自己的，不守规则与他人发生冲突的几率就高；3. 人与人之间难免有摩擦和矛盾，要学会宽容大度；4. 学会自省自救，避免卷入暴力（包括施暴和被施暴），要敢于对违法犯罪（暴力）说不，有困难找家长、学校、警察、检察官，学会远离违法犯罪（暴力）现场；5. 帮朋友犯罪是害朋友；6. 人生的路很长，要珍爱生命，不要让自己、他人的生命之花过早凋谢；7. 不犯罪、不被犯罪侵害，平安长大比什么都重要；8. 要志存高远，努力使自己生活充实、内心丰富，无事容易生非。

对成年人：1. 去暴力化是每个人的责任，尤其是家长、教师的责任，每个家长、教师都要做保护孩子的警察，对孩子不良行为要防微杜渐；2. 保护孩子避免卷入暴力（包括施暴和被施暴）；3. 教育孩子尊重他人权利，绝不要歧视他人；4. 教育孩子学会勇敢，敢于对违法犯罪（暴力）说不，学会远离违法犯罪（暴力）现场；5. 成年人应当怎么对待孩子，平等、尊重、理性、宽容，给孩子做出守规矩的榜样。成年人胡作非为又如何期待孩子守规则；6. 家庭、学校、社会、政府的不同责任。

除在内容上包含上述要点外，还要视讲授方式的不同而给分。比如同样是论及尊重他人人身财产权利，一种方式说"不能偷别人东西，法律规定盗窃1000元以上，就按犯罪处理……"另一种方式说"每个人对自己所有的东西享有所有权，我们不希望自己的所有被别人侵犯，同样别人也是如此，因而应当尊重别人的财产权利"，相比较前一种方式较为冰冷、机械，说教意味较浓，教育效果很可能适得其反，后一种显然更好一些，分数上应当更高些。

（三）评委追问题目参考：

1. 对未成年人暴力犯罪，比如本案，比如前阵子湖南三个学生杀老师，由于未满14周岁而未追究刑事责任，网上许多人都主张应当降低刑事责任年龄，从严处罚，对这个问题你怎么看？

要点：是否降低刑事责任年龄不是问题的根本，降低责任年龄也解决不了类似案件暴露的问题。类似案件暴露出家庭、社会、政府在未成年人教育方面存在突出问题。比如，我们的法制教育，比如成年人对待孩子的方式，比如留守儿童的家庭教育缺失。

2. 由于我们强调对犯罪未成年人教育挽救，使得一些孩子有恃无恐、胆大妄为，因此是否应当反思我们的一些做法是"小恶不惩纵容大恶"？

要点："应当是'小恶不教纵容大恶'。

3. 在预防未成年人犯罪方面，你认为国家、学校、家庭应当分别承担什么样的责任？

4. 对涉罪未成年人，特别是如本案中的暴力犯罪未成年人，如何教育、感化、挽救？

（该答辩题重点考察对涉及未成年人的法律、规定的熟悉程度，对未成年人问题的敏感性和未成年人保护视角以及解决问题的能力。）

进入加试环节的选手抽签确定上、下午场。所有参加加试的选手至候考室集中，上午场选手抽签决定考试顺序；中午，由下午场选手抽签决定考试顺序。第一位选手进入备考室，给予50分钟准备时间，然后开始答辩。第一位选手进入备考室20分钟后，第二位选手进入备考室准备，以此类推。5场答辩后，中途休息10分钟；休息之前，工作人员收取评委评分表。每位选手的答辩时间为20分钟，分自主答题和评委提问两部分。自主答题共2道，共计14分钟，满7分钟时，计时员提示一次，满14分钟时，计时员提示自主答题结束，评委提问开始。评委提问共计6分钟，剩余1分钟时，有一次短促铃声提醒，用时满时，计时员提示结束答辩。

（三）点评

虽然是第一次搞全国未检业务竞赛，但基本上没有出现大的纰漏，专家、同仁均对竞赛内容、方式大体认可。尤其是对于加试的形式和内容，专家、同仁一致非常认可。当然，竞赛前对于考什么、怎么考经过了较长时间的酝酿，并一直存在较为激烈的争议。

一种意见，姑且称为甲方，认为应当按照较为成熟的全国优秀公诉人比赛模式，考案卷审查。

另一种意见，姑且称为乙方，则坚决认为不应当像公诉人比赛那样考案卷审查，因为正如最高人民检察院原副检察长朱孝清在首届全国未成年人刑事检察工作会议讲话中讲到的，"从某种意义上说，未检工作主要的不是办案，而是结合办案做涉罪未成年人的教育、感化、挽救工作"。未检应当有未检的特色，重点考察未检的核心工作即帮教。

甲方反驳：未检不办案？不审查案卷？

乙方回应：未检工作的重心是帮助教育涉罪未成年人使之回归社会。未检虽然也审查案卷，但未检案件大部分案情简单，事实、证据不复杂，实际工作中审查案件并没有多大难度，而帮教却是普遍的弱项。

甲方：未成年人犯罪案件也有认定事实、适用法律难度大的，也有未成年人狡猾的。而且根据出生年月日推算年龄总有人搞错，一次考量刑建议就有很多人一个下午都答不出来。考察帮教？怎么考？找个未成年人替身当场表演？

乙方：未成年人犯罪案件当然也不能排除有认定事实、适用法律难度大的，但有多少？别自欺欺人。是有很多未检业务竞赛考年龄、刑期计算等，有的甚至设计"陷阱"，但其实这些考的是数学计算问题，可以称为"伪未检"问题。为什么那么多让大家困惑的未检问题不考，比如"教育、感化、挽救"原则到底怎么落实等，而非要考"伪未检"问题或者纯记忆问题呢？我们可以以简答、论述、案例等形式，考察选手运用少年司法原理解决实践中遇到问题的能力。

甲方：运用少年司法原理？那无论什么问题都尽可能从轻缓、帮教角度回答不就行了吗？能考察出个啥？

乙方：出个题考考你，看能考出个啥。

"有同志反映，一些未成年犯罪嫌疑人对法律缺乏起码的尊重和敬畏，认为法律对其采取宽容的态度是理所当然的，不相信，甚至认为不可能会被绳之以法。如一涉嫌抢劫的未成年人面对检察官无丝毫悔意，'我是未成年人，按法律规定会从轻的。过个一年半载我就出去了'。面对这样的未成年人你怎么办？"

甲方：对未成年人犯罪应当区别对待，对初犯、偶犯等，可以教育、感化、挽救，但对严重犯罪的未成年人，又对法律毫无敬畏，无悔罪之心（其实有些混迹社会的孩子比成人还成熟，根本不把法律放在眼里），对他们就得吓唬，就要震慑，要让他们明白不悔罪，检察官就可以让他吃牢饭！

乙方：你的回答让我更坚信自己的观点了。这个题可以这样出"有同志反映，一些未成年犯罪嫌疑人对法律缺乏起码的尊重和敬畏，认为法律对其采取宽容的态度是理所当然的，不相信，甚至认为不可能会被绳之以法。如一涉嫌抢劫的未成年人面对检察官无丝毫悔意，'我是未成年人，按法律规定会从轻的。过个一年半载我就出去了'。对此，有同志认为，对未成年人犯罪应当区别对待，对初犯、偶犯等，可以教育、感化、挽救，但对严重犯罪的孩子，又对法律毫无敬畏，无悔罪之心（其实有些混迹社会的孩子比成人还成熟，根本不把法律放在眼里），对他们就得吓唬，就要震慑，要让他们明白不悔罪，检察官就可以让他吃牢饭！

问题：（1）请结合相关法律规定说明是否赞同上述观点以及如何对待'严重犯罪'，又'对法律毫无敬畏，无悔罪之心'的孩子？（2）与未成年人沟通交流（包括讯问、询问）时应当注意哪些问题？可以结合工作实际谈。"

上述问题主要考察是否具有未成年人视角，对有不良行为的未成年人是否有敌视态度，以及解决问题的能力。

当然，最终争论的结果正如前面介绍的，是两派观点最后的折中。但可以说乙方算是取得了决定性的胜利。因为开始时几乎"一边倒"地笔试要模仿优秀公诉人比赛模式考案卷，加试也模仿优秀公诉人比赛进行论辩。而最后的结果不仅笔试下半场完全按乙方观点操作，就是上半场的"考案卷"，其实也只是形式上与优秀公诉人比赛一样，而实质内容上并没像优秀公诉人比赛那样在事实、证据、法律适用问题上考得那么"变态"（指难度大），也是主要考察对分案起诉、法定代理人（合适成年人到场）、法律援助、听取辩护人意见、社会调查、附条件不起诉、帮教等未检特殊制度、要求的掌握。

这次竞赛的成功一方面得益于北京师范大学刑事法律科学研究院教授、博士生导师宋英辉老师，北京市致诚律师事务所主任、北京市青少年法律援助与研究中心主任佟丽华老师，北京师范大学教授、博士生导师林艳琴老师，上海政法学院刑事司法学院院长、上海市未成年人法研究会会长姚建龙教授，首都师范大学副教授、北京超越青少年社工事务所主任席小华老师等专家的帮助。他们不仅对竞赛的整体设计方案、考察重点等予以指导，还亲自出题、担任评委、为选手授课辅导等。另一方面得益于各地未检部门、未检干警的积极参与、献计献策。尤其是北京、上海、浙江、江苏、山东、四川、成都等省、市，先行组织全省、全市未检业务竞赛，为全国未检业务竞赛探路。因此，可以说这次竞赛的成功是全国未检人以及少年司法界专家、同仁共同努力的结果。

二、未检业务竞赛应该考什么

总结这次竞赛的经验、教训，对今后未检业务竞赛考什么、怎么考，我们有以下几点看法供大家参考：

（一）通过什么样的题目来考出核心理念和能力

这一点至关重要。席小华老师提出考察的核心有两个方面，一是"心"，即态度、观念；二是"力"，即能力、技巧，并认为态度优于技巧，实体、程序的构筑均应服务于未成年人保护。我们认为席小华老师概括得非常准确、到位。其中"心"决定着我们以怎样的立场、态度和具体言行对待孩子，而"力"则体现我们是否能够综合、熟练地运用法律所赋予检察机关的职权帮助、教育未成年人。因此，所出题目应当围绕考察未检的专业的态度和专业的能力。

（二）所出题目应当直面现实问题

包括实践中存在的偏差（依然按照处理成人犯罪的思路处理未成年人案件、对有不良行为的未成年人有敌视态度等），重点考察解决问题的能力，突出未检工作的特殊性（未检工作与其他检察工作的差异：一般与特殊的关系），不考纯记忆问题，以及"伪未检"问题，如年龄、刑期计算等数学问题。并且整体设计思路要清晰，重点要突出。

（三）考察未检人的独特眼光

即是否既有法律人的视角，又有未成年人保护意识。未检人"看见"很重要，有时我们视而不见。未检人应当能够看见什么？是行为还是人？2015年1月在瑞士日内瓦召开的第一届世界少年司法大会提出要培育尊重儿童的文化，在少年司法中，首先而且最重要的是儿童，不是罪犯，少年司法的责任是要帮助儿童得到全面发展。因此，可以考察未检人在具体案件中是否能看见每一个孩子，包括犯罪的、未达责任年龄的、被害的以及既犯罪又被害的；能看到什么问题，犯罪的、违法的、不良的？能发现各个孩子有什么不同？他们的优点、缺点、需要、交往等。

三、具体考察内容

1. 考察掌握未成年人保护相关法律规定情况

实践中对于我国未成年人享有哪些权利这样的问题，还有同志答不出来。不了解我国未成年人享有哪些权利又怎么知道保护呢？而且权利背后是承担义务的主体以及权利救济问题，不了解谁有履责义务又怎么监督别人履行义务呢？2014年全国人大常委会王胜俊副委员长在第十二届全国人大常委会第十次会议上所作的《全国人大常委会执法检查组关于检查〈中华人民共和国未成年人保护法〉实施情况的报告》中指出，"有的从事教育、治安工作的教师、民警向检查组坦承，以前不知道有未成年人保护法"。从掌握的情况看，检察机关亦不同程度地存在对未成年人保护的法律、法规、国际公约等了解不够、理解不透的问题。理念决定行动，促进司法理念的转变目前仍是最为迫切的。为此，2014年12月2日，最高人民检察院制定下发了《关于进一步加强未成年人刑事检察工作的通知》（高检发诉字〔2014〕28号），第一点便要求各级检察机关"进一步加强对未成年人保护相关法律规定的学习，着力促进司法观念转变",并将我国先后参与制定或加入的联合国《少年司法最低限度标准规则》《预防少年犯罪准则》和《儿童权利公约》等国际社会重要法律文件列为要求各级检察机关加强学习的内容。

2. 考察是否熟知法律赋予未检部门的职权(责)

2015年5月高检院出台了《检察机关加强未成年人司法保护八项措施》,前五条梳理了检察机关在保护未成年人权利和合法权益方面应当履行的职责,包括严厉惩处各类侵害未成年人的犯罪、努力保护救助未成年被害人、最大限度教育挽救涉罪未成年人、充分发挥法律监督(包括民事、行政方面)职能优势、积极参与犯罪预防和普法宣传工作。对这些职权责任未检人都应当明确。

3. 考察是否深刻认识未检工作的原则

包括相关未成年人保护、未成年人犯罪预防等方面的法律原则、国家政策等,以及各原则之间、原则与相关制度机制之间、各相关制度机制之间的关系,如为什么未检工作模式是"捕诉监防"一体化?社会调查与附条件不起诉、与教育挽救的关系,以及公检法司之间的关系等,应当能够正确把握。

4. 考察相关具体操作

包括实体、程序,除了法律基本功底、素养,如事实证据认定、法律适用等,这是对一般检察人员的要求;对未检干警还有特殊要求,如特殊制度的执行、熟悉未成年人身心特点、能够采取有利于未成年人的方式方法等。

5. 考察的案件类型

未成年人涉罪和被侵害较为集中的案件类型,如盗窃、抢劫、伤害、聚众斗殴、寻衅滋事、强奸、涉毒及性侵害、虐待、遗弃等。

其中笔试应当重点考察对涉及未成年人权利保护的法律、法规、司法解释、司法文件的理解、把握和综合运用水平,特别是解决未检工作实际问题的能力,以及对未检工作及相关未成年人保护问题的认识和思考;答辩则重点考察对涉及未成年人的法律、规定的熟悉程度,对未成年人问题的敏感性和未成年人保护视角。

另外,关于评分规则,可以包括两种情况,对封闭式的问题提供标准答案;对于一些开放式问题,则可能没有标准化答案,可以提供参考答案,设计多个维度,看能答出多少个维度,而且选手可以自由发挥,但要符合法律规定的原则、精神、规则,有理有据即可。

◉ **核心观点**

未检业务竞赛与优秀公诉人的竞赛不同,考察的核心有两个方面,一是"心",即态度、观念;二是"力",即能力、技巧,而且态度优于技巧,实体、程序的构筑均应服务于未成年人司法保护和犯罪预防。

附：样 题

根据工作中遇到的问题及相关思考，在此我们设计了一些样题，供大家参考。需要强调的是，这些所谓的"样题"，都是我们个人自行设计，不代表组织观点；当然，其中很多问题都是大家平时在工作中提出来的，此处仅列出部分题目，各位读者可以自行思考。

一、简答题

问题1：如果未成年犯罪嫌疑人及其法定代理人提出自行聘请辩护人却未聘请，这种情况下公安机关未指定辩护的，检察机关是否应当书面纠正违法？

问题2：最高人民检察院《关于进一步加强未成年人刑事检察工作的决定》（以下简称《决定》）要求对未成年人犯罪案件要"坚持依法少捕、慎诉、少监禁，最大限度地降低对涉罪未成年人的批捕率、起诉率和监禁率"。《决定》发布后，网上有人认为检察机关"少捕慎诉少监禁"是"小恶不惩纵容大恶"，请问对此应当怎么回应？

问题3：法制课上讲未成年犯罪案件的案例是否违反未成年人刑事案件不公开原则？

问题4：《北京规则》第1.4条规定"少年司法应视为是在对所有少年实行社会正义的全面范围内的各国发展进程的一个组成部分，同时还应视为有助于保护青少年和维护社会的安宁秩序"。这一原则被概括为"双向保护原则"。最高人民检察院《关于进一步加强未成年人刑事检察工作的决定》明确提出要"注重矛盾化解，坚持双向保护"。请问"双向保护"的具体含义是什么？作为未检检察官如何执行这一原则，包括二者发生冲突时怎么把握？

问题5：刑事诉讼法第270条规定"对于未成年人刑事案件，在讯问和审判的时候，应当通知未成年犯罪嫌疑人、被告人的法定代理人到场。无法通知、法定代理人不能到场或者法定代理人是共犯的，也可以通知未成年犯罪嫌疑人、被告人的其他成年亲属，所在学校、单位、居住地基层组织或者未成年人保护组织的代表到场，并将有关情况记录在案。到场的法定代理人可以代为行使未成年犯罪嫌疑人、被告人的诉讼权利。到场的法定代理人或者其他人员认为办案人员在讯问、审判中侵犯未成年人合法权益的，可以提出意见。讯问笔录、法庭笔录应当交给到场的法定代理人或者其他人员阅读或者向他宣读"。对其中的"也可以"应当如何理解？未成年犯罪嫌疑人对法定代理人以外的合适成年人是否具有选择权？

问题6：请简述合适成年人到场的主要职责？

问题7：《刑事诉讼法》第268条规定，公安机关、人民检察院、人民法院办理未成年人刑事案件，根据情况可以对未成年犯罪嫌疑人、被告人的成长经历、犯罪原因、监护教育等情况进行调查；《北京规则》第16.1条规定：所有案件除涉及轻微违法行为的案件，在主管当局作出判决前的最后处理之前，应对少年生活的背景和环境或犯罪的环境进行适当的调查，以便主管当局对案件作出明智的判决。请问如何理解"可以"进行社会调查？

问题8：附条件不起诉的适用条件中"可能判处一年有期徒刑以下刑罚"如何具体把握？

问题9：如何区别适用附条件不起诉与相对不起诉？

问题10：《刑事诉讼法》规定"未成年犯罪嫌疑人及其法定代理人对人民检察院决定附条件不起诉有异议的，人民检察院应当作出起诉的决定"。请问如何保护上述"异议权"？

问题11：被害人谅解是否是附条件不起诉的必要条件？

问题12：目前案多人少的矛盾极为突出，而且很多基层院的管辖范围较大，被附条件不起诉的未成年人住处又比较分散，逐一管理、矫治和教育难度很大，如何解决？

问题13：对于实施犯罪行为时未满18周岁，但诉讼过程中已年满18周岁的犯罪嫌疑人，能否适用附条件不起诉？

问题14：《刑事诉讼法》第276条规定："办理未成年人刑事案件，除本章已有规定的以外，按照本法的其他规定进行。"如果"其他规定"（普通程序）与未成年人刑事案件诉讼程序（特别程序）的相关规定存在矛盾，如不起诉决定公开宣布、判决一律公开宣布与未成年人隐私保护、犯罪记录封存等，如何具体执行？

问题15：最高人民检察院《关于进一步加强未成年人刑事检察工作的决定》第8条规定，"设立未成年人刑事检察独立机构的检察院，一般应实行捕、诉、监（法律监督）、防（犯罪预防）一体化工作模式，由同一承办人负责同一案件的批捕、起诉、诉讼监督和预防帮教等工作"。请谈谈对未检"捕诉监防"一体化工作模式的认识，这种模式会不会导致权力滥用？

问题16：未检检察官应当具备哪些能力？

问题17：从下面的案例学到了什么？附条件不起诉考察期间未成年人不按要求准时报到，怎么办？

一个不成熟的六年级学生雷切尔，敌视八年级学生。一学生咨询师把他叫到大厅，告诉他要离八年级学生远远的。雷什么也没说，但很生气。咨询师意识到自己需要改变方式。第二天，咨询师对雷说，自己昨天的主意太蠢了，并告诉他如果他能够一星期没有冲突，就同意有一个"雷切尔日"。结果冲突消失了，有了许多个"雷切尔日"。一个月后咨询师问雷"你是怎么做到的？"雷愉快地说："很容易，我只是离八年级学生远远的。"当你的主意变成他的选择时，他就会很满意这种解决方法。研究显示，当未成年人能够选择时，能够减少敌意，更容易实现一致。

问题18：对于下面争论的问题，你的意见是什么？

A：附条件不起诉考验期间嫌疑人联系不上导致案件久拖不决的情况有什么比较好的处理方式？

B：确定是脱保，可以决定逮捕，到案后，可以认定严重违规的，走撤销附条件不起诉程序；也可以协调公安刑拘追逃，退回补侦。

C：再犯可能性大小？

A：案件情节不严重，是否会再犯，很难分析。

B：不管啥原因脱保，不管是否会再犯，都得设法让其到案；公安追逃效率最高；增强未成年人及监护人在案意识很重要。

C：司法资源有限，应当用在"刀刃"上。如果原本再犯可能性就不很大，经过帮教能确信无再犯可能性或极小，没必要大动干戈。但应深入总结经验教训：是否把法律规定、意义、孩子未来发展等道理向家长、孩子讲清了（帮助、教育）。

A：其实大家对处理方式是有分歧的。有的认为应该逮捕再网上追逃。有的认为，当事人并非恶意逃跑，只是因为对问题认识不到位，以为外出没什么大不了，也没有向检察机关或考察部门汇报请示的习惯，而且也并没有收到任何其在外面再犯罪的情况反馈，如果逮捕追逃的话，确无必要。还有人认为这个处理方式是杀鸡用宰牛刀。但是，认为要逮捕追逃的占大多数。如果不如此处理，案件程序便不知道如何走下去了。

B：捕后可以变更啊；只是作为到案手段，否则公安才不起劲。也是让他和家长有个正确认识，否则总觉得取保候审就是没事了，甚至觉得违规也没啥后果。当然，我们也要反思，取保候审和附条件不起诉的法律性质和违规后果是否告知到位了。

A：确实如你所说，他们普遍认为不关押就是没什么事了，即便检察机关在宣告时以及回访时多次强调过法律性质和违规后果。但总之他们认为没事，至少没什么大不了的事。

B：如果是这样，那就该逮捕；逮捕不仅是为了预防重新犯罪，更是为了保障诉讼。即便是醉驾案子，只能判拘役，取保期间脱保也要逮捕，不能只看罪行轻重和再犯可能。

问题19：有同志认为检察机关主持未成年人刑事案件的和解是既当裁判员又当运动员，你赞同此观点吗？为什么？

问题20：对于"教育、感化、挽救"方针和"教育为主、惩罚为辅"原则如何理解？其与双向保护、宽严相济刑事政策是何关系？

二、案例题

案例1：

某地一职高发生一起学生之间的聚众斗殴案件，该起案件致一人死亡、一人轻伤、一人轻微伤，数名主犯已经由上级检察院未检部门进行审查，其他12名参与聚众斗殴的学生（年龄均在16—17周岁左右）由基层院负责审查。经基层院审查有2名犯罪嫌疑人以前有过聚众斗殴行为，但因未满16周岁而未被处罚，其余10名犯罪嫌疑人均系初犯，12名犯罪嫌疑人均有认罪悔罪表现，12人中有6人（包含2名之前有过聚众斗殴行为的人）参与了对轻伤者的殴打，6人参与了对轻微伤者的殴打，其中犯罪嫌疑人小强参与了对轻微伤者的殴打。经多次做工作，学校明确表示拒绝保留12名犯罪嫌疑人的学籍；经做工作，11名犯罪嫌疑人家长已经与各被害人及其亲属达成和解并赔偿完毕，且正在分别为11人的转校等事宜进行联系；经征求各被害人及其亲属的意见，死者及轻微伤者一方对小强表示谅解并放弃赔偿要求，轻伤者一方表示原谅小强，但要求其赔偿5000元。经联系小强的父母，他们表示家里穷，没有路费到检察院接受询问，也没有能力进行赔偿，孩子大了不好管教，司法机关爱怎么处理就怎么处理；经联系小强父母所在地的村委会和派出所，他们证实小强平时表现较好，其家庭确实生活较为困难，当地因较为偏远尚没有负责社会矫治工作的机构开展工作。

问题：如果你是承办此案的检察官，请对该案的处理提出意见或者建议，并说明理由。

案例2：

2015年4月初，有网友爆料称，南京一对夫妇涉嫌虐待9岁养子致其浑身是伤。网帖称，虐待行为去年曾被校方发现，但校方最初以为是偶发情况故没多说。但近日，男童班主任发现其伤情日渐严重，性格也随之大变，出现畏惧人群等心理行为，班主任及任课老师在多方努力无果后，上网试图寻求帮助。随后，因一组记录幼童背部等体位被抽打出"乱麻状"等醒目伤痕的照片曝光，互联网上"民怨"沸腾。在网络推动、网友关注之下，养母"虐童案"最终从一起家庭暴力事件演变成一起具有全国影响力的公共事件。

经调查查明：男童的生母和养母是一对有亲缘关系的表姐妹。2013年6月，表姐夫妇通过安徽省来安县民政局办理收养手续，将表妹之子从安徽农村带回南京抚养（但当时对男童讲养母是亲生母亲）。2014年6月以来，养母为教育养子对其有过打骂行为。2015年3月31日晚，养母因认为养子考试作弊、未完成其布置的课外阅读作业等，使用抓痒耙、跳绳抽打养子，造成其体表挫伤。经南京市公安局物证鉴定所鉴定，被害男童躯干、四肢等部位挫伤面积为体表面积的10%，所受损伤已构成轻伤一级。

南京"虐童案"发生后，检察机关所做的工作包括：

1. 从媒体上得知案件信息后主动介入侦查活动，了解案情、督促立案、引导取证。

2. 协调政府相关部门落实对被害男童的临时安置（为其及亲生父母在学校附近安排租住房屋）、对养母监护能力、被害人家庭情况进行调查评估。

3. 邀请心理专家对被害男童进行心理疏导，评估伤害行为及舆论给其身心带来的负面影响。

4. 协调教育部门、居住社区做好临时监护期间的走访、跟踪工作，建立应急保护机制。

5. 在"两难"的情况下（即一方面民意汹涌，要求严惩施暴养母，以警示家暴、护佑童年，尤其是《关于依法处理监护人侵害未成年人权益行为若干问题的意见》，以及《关于依法办理家庭暴力犯罪案件的意见》刚出台不久；而另一方面，男童想念养母、要求回到养母身边，生父母希望孩子继续由养母抚养、在南京上学，养母也真诚悔过，双方达成和解协议），举办审查逮捕听证会，参与听证会的18名代表分别为人大代表和政协委员、法学和心理学专家、社会监督员。最后经综合考量作出不批准逮捕决定。

南京"虐童案"不批捕引起质疑：（1）不批捕否定了公安机关的刑拘；（2）本来家暴案件就难办，清官难断家务事，以后更不愿意办了；（3）老百姓认为不批捕就是不处理，打自己孩子没事；（4）不批捕理由是主观恶性不大，难道打死打残才批捕？（5）民政部门可以给孩子找更好的家庭；（6）孩子被打怕了，别无选择；（7）《关于依法处理监护人侵害未成年人权益行为若干问题的意见》及《关于依法办理家庭暴力犯罪案件的意见》刚出台，南京虐童案示范效应不好。

最后,该案被提起公诉。

问题:如果你是南京"虐童案"承办人,你会如何办理此案?

案例3:

胡某丧妻后独自抚养6岁女儿小花。胡某因生活不顺,经常酗酒,酒后经常打骂女儿小花,小花身上经常青一块紫一块,有时打骂得较狠,左邻右舍看不下去,将小花拉走。后胡某与人合伙倒卖盗版音像资料,并将其与小花母亲共有之房屋卖掉,将所售房款用于倒卖盗版音像资料,后全部亏本。一次酗酒后,胡某将亏钱的不顺再次发泄在小花身上,再次毒打小花至其轻伤,邻居发现后报警,相关部门介入。后小花的小姨林某提出愿意抚养小花并经与民政部门商量,将小花接至身边,并向法院提起申请撤销监护人资格诉讼。胡某认为,其只是偶尔喝酒后责骂小花,不应撤销其监护资格,且小花有祖父母,林某无权提出申请,没有资格担任监护人,若是法院剥夺其监护人资格,其将拒绝支付抚养费。据调查,小花祖父母体弱多病。法院审理后判决撤销胡某监护人资格,并指定林某担任监护人。后林某以小花名义向法院起诉,要求胡某归还其出售的与小花母亲共有房屋之房款中归属小花的部分,并承担小花的抚养费。胡某认为,房子属于其与小花母亲共有,小花母亲逝世后,其作为监护人,有权支配家庭财产,至于抚养费,由于已不是监护人,没有义务再承担。

问题:1. 林某是否有权提起撤销监护人资格诉讼?法院撤销胡某监护人资格的判决是否正确?法院是否可以指定林某担任小花的监护人?胡某不服法院判决,有何救济途径? 2. 胡某是否有权支配其所售房款?应否归还其中属于小花的部分?是否应当支付抚养费?

案例4:

王某(16岁)、李某(17岁)、赵某(16岁)、陈某(17岁)系某职高同学,四人父母均在外地工作,平时均跟老人住。四人喜欢上网打游戏,经常结伴逃学泡吧。在网吧里,四人结识了社会闲散青年皮某(21岁)。一日下午,皮某提到最近手头比较拮据,要去搞点钱,王某等四人均同意。于是,下午五时许在皮某的带领下,五人偷偷潜入温某家中,抄了2000元现金,欲出门时,温某下班回来撞个正着,温某呼救,皮某上前将温某打倒在地,并胁迫四人上前摁住温某,由皮某采用扼颈、捂嘴等方法至温某失去意识,五人见温某昏迷后匆匆逃离现场。温某醒来后报警,经鉴定,构成轻伤。公安经摸排调查,于当天下午18时左右在网吧将皮某、王某等五人抓获并拘留。侦查人员了解到王某等四人是在校学生,遂通知学校,并与四人家长联系,四人家长表示第二日中午才能赶到,王某学校教务主任当晚19时左右赶至派出所,并参与了分别针对王某、李某、赵某、陈某的第一次讯问。第二日中午,四人父母先后赶到,并于晚上21时左右,在派出所参与了第二次讯问。王某、李某的父母为两人分别聘请了律师,赵某、陈某的父母因经济原因,未给孩子聘请律师。事发后,王某学校教务主任将四个学生涉嫌犯罪的情况向学校报告,学校两天后作出开除四人学籍的决定。案件查清后,鉴于李某家庭监管条件较好,能积极给予被害人温某赔偿并与被害人达成和解,遂对李某作出了取保候审的决定。而对王某、赵某、陈某,因家庭条件较差,未能达成和解,遂提请检察机关批准逮捕。检察机关侦查监督部门承办人经阅卷后,认为本案事实清楚,情节较为恶劣,直接作出逮捕决定。审查起诉期间,王某和李某的辩护人提出,侦查阶段对王某和李某的讯问均未进行同步录音录像,要求排除四人供述。公诉人经审查后,认为程序上虽有瑕疵,但可以补正,没有采纳辩护人意见。公诉人对王某等四人开展了社会调查,走访其学校、所住社区,在学校开座谈会,向四人老师和同学了解四人平时表现情况。了解到王某和李某在学校表现尚可,较为团结同学,赵某和陈某表现一般,与同学来往较少,四人除经常逃学打游戏外,无其他不良爱好和行为,之前也无违法犯罪行为。并了解到,四人由于父母在外地,身边老人因年岁较大,管教不及。四人在公诉人的教育下,均表示后悔,希望有改正的机会。四人父母也表示一定好好管教孩子,希望能给孩子继续上学的机会。审查起诉期间,在承办检察官的积极推动下,王某、赵某、陈某和温某进行和解,达成和解协议,王某、赵某和陈某共同赔偿3000元。后检察机关以抢劫罪对王某等四人提起公诉,并建议法院从轻处罚。提起公诉后,法院为赵某和陈某指定了法律援助律师,并同时委托司法行政机关社区矫正部门对陈某等四人进行社区矫正可行性评估工作。司法行政机关社区矫正部门认为,王某和李某的家庭具有监护条件,而赵某和陈某的家庭监护条件较差,遂直接作出王某和李某适宜社区矫正,而赵某和陈某不适宜社区矫正的可行性评估报告。而法院最终没有采纳这一报告,对陈某和李某分别判处有期徒刑6个月,并宣告缓刑,并处罚金10000元,并责令陈某和李某的监护人及时缴纳。

问题:1. 请根据上述材料,指出办案机关在办案过程中有哪些不当之处?(原文中用序号标注,答案写在答题纸上) 2. 王某、李某、赵某和陈某在侦查阶段所做供述是否应当排除?请简要分析。

案例5:

有同志反映,一些未成年犯罪嫌疑人对法律缺乏起码的尊重和敬畏,认为法律对其采取宽容的态度是理所当然的,不相信,甚至认为不可能会被绳之以法。如一涉嫌抢劫的未成年人面对检察官无丝毫悔意,"我是未成年人,按法律规定会从轻的。过个一年半载我就出去了"。有同志认为,对未成年人犯罪应当区别对待,对初犯、偶犯等,可以教育、感化、挽救,但对严重犯罪的孩子,又对法律毫无敬畏,无悔罪之心,其实有些混迹社会的孩子比成人还成熟,根本不把法律放在眼里,对他们就得吓唬,就要震慑,要让他们明白不悔罪,检察官就可以让他吃牢饭。

问题:1.请结合相关法律规定说明是否赞同上述观点以及如何对待"严重犯罪",又"对法律毫无敬畏,无悔罪之心"的孩子?2.与未成年人沟通交流(包括讯问、询问)时应当注意哪些问题?可以结合工作实际谈。

案例 6:

下面是基层检察机关遇到的真实案例,针对这个案例检察官们曾展开过深入讨论,其间有些检察官甚至批评承办检察官"太过仁慈",不该给杨某更多机会。根据案例描述,请谈谈如果你是这个案件的承办检察官,你如何看待杨某再次实施犯罪的行为以及该采取何种行动策略?

案情:2014 年 8 月,杨某因盗窃被公安机关抓获,后被羁押于看守所。2014 年 12 月 26 日,检察院对杨某作出附条件不起诉决定,后送往某帮教基地,其间他在基地后厨从事砧板工作。2015 年 3 月,杨某因骚扰女服务员事件,帮教基地明确表达拒绝继续针对杨某开展帮教考察。承办检察官得知此事,于 2015 年 4 月将杨某送往另一帮教基地继续考察帮教。2015 年 5 月,杨某再次实施盗窃行为并被公安机关抓获,经询问得知,杨某在附条件不起诉期间曾先后实施过三次盗窃行为。目前杨某仍被羁押于看守所。

案例 7:

下面是两段讯问时的对话,请问检察官的言行有何不妥?

第一段

未成年人:给我一支烟我一定好好配合。

检 察 官:我们是女同志,不会随身带烟,结束后给你找一支。

未成年人:你们骗人,公安也是这样说的,完事就走了。

检 察 官:你是未成年人不应抽烟,趁机戒掉吧。

第二段

检 察 官:今天找你了解有关案件的相关情况,你要对我们说真话,听清楚了吗?

未成年人:漂亮的检察官姐姐,我知道错了,您就大人不记小人过,饶了我吧。

检 察 官:别耍嘴皮子,认真点,多大了?

未成年人:17 岁,还未成年。

三、申论题

题1:"推动未检工作专业化发展"是当前未检工作的重要目标。请自拟题目,围绕我国未检工作专业化建设问题展开论述。要求不少于1000字。

(或者根据以下相关资料,并结合工作实践,谈谈检察机关是否有必要建立以未成年人这一特殊主体为标准的独立业务类别?)

(或者谈谈你对未检检察官职责的认识即未检检察官的角色定位。)

1991年6月,最高人民法院、最高人民检察院、公安部、司法部联合下发了《关于办理少年刑事案件建立互相配套工作体系的通知》,要求"公安、检察、法院、司法行政各部门应加强相互间的联系,并逐步建立办理少年刑事案件的相应机构,使各个环节相互衔接起来,以加强对少年犯罪的治理和防范工作",并规定"人民检察院应根据办理少年刑事案件的特点和要求,逐步建立专门机构"。同年9月,第七届全国人大常委会通过了《中华人民共和国未成年人保护法》,其中规定:"公安机关、人民检察院、人民法院办理未成年人犯罪的案件,应当照顾未成年人的身心特点,并可以根据需要设立专门机构或者指定专人办理。"1992年5月,上海市公、检、法、司四家共同会签了《关于贯彻〈未成年人保护法〉和〈关于办理少年刑事案件建立互相配套工作体系的通知〉》的文件,其中规定"检察分院和区县检察院应进一步加强少年刑事案件的批捕、起诉工作,有条件的区县检察院可以设立少年刑事检察科"。据此,上海市检察机关在总结以往司法实践经验的基础上,要求各区县院逐步将原隶属于起诉部门的少年起诉组改为独立建制的未成年人刑事检察科。1992年5月,最高人民检察院在当时的刑事检察厅成立了少年犯罪检察工作指导处,同年8月,上海市虹口区人民检察院成立独立建制的未成年人刑事检察科,之后,各地纷纷建立未检专门机构。

由于最初的少年起诉组附属于审查起诉部门,因此职能范围仅限于未成年人犯罪案件的审查起诉、出庭公诉等工作,未成年人犯罪案件的审查批捕职能仍然由批捕(后来改称侦查监督)部门负责。未检部门独立建制后,未成年人犯罪案件的审查批捕整合到未检部门。最先采用的是"捕诉交叉"工作模式,即由未检部门内不同的办案人员分别办理未成年人刑事案件的审查批捕与审查起诉工作。这一模式运行一段时间后发现,由于办案人员与未成年人接触的时间较短,两个审查阶段分离时间较长,不利于办案人员全面了解涉罪未成年人的人格特征、犯罪心理、社会环境等情况,并开展有针对性且持续性的教育、矫治、预防等特殊检察工作。为未检部门开始尝试"捕诉防合一"的工作模式,即未成年人刑事案件的审查批捕、审查起诉、出庭公诉、个案帮教等工作由同一办案小组或同一办案人员负责，一跟到底，实现了诉前引导、庭审感化、案外帮教的有机衔接。该模式既提高了办案效率，又增强了教育矫治活动的针对性和连续性，并有利于未检专业化建设。

1996年《刑事诉讼法》修正，没有对实践中探索的办理未成年人刑事案件的一些特殊制度、程序予以专门规定和认可，在之后的机构改革中，全国法院系统少年法庭被纷纷撤并，1997年最高人民检察院和大多数地方的检察机关在机构改革中也取消了未检专门机构设置，未成年人犯罪案件重新由原来办理成人犯罪案件的各部门按照不同的诉讼阶段分别办理，只有上海等少数地方的法院、检察院坚持没有撤并少年法庭和未检机构。

但实践中各级检察院特别是基层检察院一直没有放弃尝试推行各种改革措施，坚持不懈地探索适合未成年人身心特点的工作制度机制，如社会调查、心理测试、合适成年人到场、诉前考察（附条件不起诉）、分案起诉、庭审教育等，逐步形成了一系列独具特色的未检工作制度，其中很多制度被2006年出台的《人民检察院办理未成年人刑事案件的规定》，2010年中央综治委预防青少年违法犯罪工作领导小组、最高人民检察院、最高人民法院、公安部、司法部和共青团中央联合出台的《关于进一步建立和完善办理未成年人刑事案件配套工作体系的若干意见》以及2012年新修改的《刑事诉讼法》吸收确定下来。这些制度集中体现了未检工作的特点以及基于这些特点而形成的特殊司法理念，反映了未检工作的规律，正是这些特别制度为未检业务再度独立出来奠定了基础。2006年的《人民检察院办理未成年人刑事案件的规定》要求，"人民检察院一般应当设立专门工作机构或者专门工作小组办理未成年人刑事案件，不具备条件的应当指定专人办理。未成年人刑事案件一般应当由熟悉未成年人身心发展特点，善于做未成年人思想教育工作的检察人员承办"。据此，上海市检察院于2009年成立未成年人刑事检察处，成为我国首个省级未成年人刑事检察部门，随后上海市检察院第一、二分院相继成立未检处，标志着全国首个三级未检机构建设完备。之后，北京、河北、天津等省市基层检察院陆续组建未检专门机构，安徽、河南、辽宁、黑龙江等地的一些市级检察院，还通过将辖区内的未成年人刑事案件统一指定一个基层检察院办理、成立未检专门机构的方式，整合司法资源，促进未检专业化建设。2012年，在司法实务部门和理论界的共同努力下，新修改的刑事诉讼法设专章规定了"未成年人刑事案件诉讼程序"，在吸收以往相关法律规定和总结实践经验的基础上，对办理未成年人刑事案件的一系列特殊方针、原则、制度和程序在立法上予以确定，如在第266条以集中规定的方式确立了未成年人特别程序的基本原则，包括教育、感化、挽救，教育为主、惩罚为辅，保障诉讼权利以及专人办理等原则。在此基础上,规定了一系列特殊的制度、程序和要求,如社会调查、合适成人介入、强制辩护、附条件不起诉、犯罪记录封存以及严格限制适用逮捕措施等。这是立法首次将未成年人刑事案件诉讼程序从成年人刑事诉讼程序中相对独立出来。为切实贯彻未成年人特别程序,进一步加强未检工作,高检在新修改的《刑事诉讼法》正式颁布前夕(2011年11月)在公诉厅成立了未成年人犯罪检察工作指导处,专门负责指导全国未检工作;2012年5月最高检在上海召开全国检察机关未成年人刑事检察工作会议,对未检工作进行专门研究部署,明确了指导思想、总体思路、发展目标以及具体措施和工作要求;朱孝清副检察长在讲话中指出,从某种意义上说,未检工作主要的不是办案,而是结合办案做涉罪未成年人的教育、感化、挽救工作。2012年10月,出台最高人民检察院《关于进一步加强未成年人刑事检察工作的决定》,对省级、地市级及基层检察院未检专门机构建设和专业化队伍建设提出具体要求,并明确了未检的受案范围和"捕、诉、监、防"一体化工作模式,要求着力贯彻党和国家对涉罪未成年人特殊的方针、原则和法律、政策,着力加强未成年人刑事检察队伍专业化建设,着力加强未成年人刑事检察工作制度化建设,着力促进政法机关办理未成年人刑事案件配套工作体系和未成年人犯罪社会化帮教预防体系建设和着力加强对未成年人刑事检察工作的领导;2013年12月,根据新修改的《刑事诉讼法》全面修订了《人民检察院办理未成年人案件的规定》,进一步完善了未检工作的特殊制度体系,强调办理未成年人刑事案件要"按照最有利于未成年人和适合未成年人身心特点的方式进行"、对未成年人实行特别保护原则,并在第8条明确规定"省级、地市级人民检察院和未成年人刑事案件较多的基层人民检察院,应当设立独立的未成年人刑事检察机构。地市级人民检察院也可以根据当地实际,指定一个基层人民检察院设立独立机构,统一办理辖区范围内的未成年人刑事案件;条件暂不具备的,应当成立专门办案组或者指定专人办理。对于专门办案组或者专人,应当保证其集中精力办理未成年人刑事案件,研究未成年人犯罪规律,落实对涉案未成年人的帮教措施等工作。各级人民检察院应当选任经过专门培训,熟悉未成年人身心特点,具有犯罪学、社会学、心理学、教育学等方面知识的检察人员承办未成年人刑事案件,并加强对办案人员的培训和指导"。2013年最高人民法院、最高人民检察院、公安部、司法部联合发布了《关于依法惩治性侵害未成年人犯罪的意见》第6条规定:"性侵害未成年人犯罪案件,应当由熟悉未成年人身心特点的审判人员、检察人员、侦查人员办理,未成年被害人系女性的,应当有女性工作人员参与。人民法院、人民检察院、公安机关设有办理未成年人刑事案件专门工作机构或者专门工作小组的,可以优先由专门工作机构或者专门工作小组办理性侵害未成年人犯罪案件。"据此，性侵害未成年人犯罪案件当然地纳入未检受案范围。

2013年党的十八届三中全会通过的《中共中央关于全面深化改革若干重大问题的决定》提出，建立符合职业特点的司法人员管理制度，完善司法人员分类管理制度，健全法官、检察官、人民警察职业保障制度等；2014年十八届四中全会作出的《中共中央关于全面推进依法治国若干重大问题的决定》把依法治国确定为治理国家的基本方略，要求实行司法人员的分类管理，推进司法人员的正规化、专业化、职业化，提高职业素养和专业水平；明确各类司法人员的工作职责、工作流程、工作标准，实行办案质量终身负责制和错案责任倒查问责制，确保案件处理经得起法律和历史检验等。值此整个司法体制改革的大背景下，未检工作将何去何从，各地都很困惑，一些进行检察官办案责任制改革的试点地方又将未检部门并入其他业务部门当中；大部分地方的未检专业化建设开始徘徊不前、停滞观望。为着力解决司法体制改革背景下加强未检工作问题，2014年12月出台最高人民检察院《关于进一步加强未成年人刑事检察工作的通知》明确指出，"设置专门机构、配齐配强专业人员，是贯彻国家对未成年人特殊刑事政策，落实一系列保护未成年人的特殊制度机制，实现未成年人刑事案件办理工作专业化的重要保障"；"将性侵害未成年人，拐卖（绑架）儿童，胁迫、诱骗、利用未成年人犯罪等专门针对未成年人的犯罪案件纳入未成年人刑事检察部门受案范围"；要求各级检察机关"着力推进未成年人刑事检察专门机构建设，提升队伍专业化水平：一是要抓住当前深化司法体制改革的时机，积极推进未成年人刑事检察主任检察官办案责任制试点，允许有条件的地方积极探索，解决未成年人刑事检察专门机构和专业化队伍建设问题；已建立专门未成年人刑事检察机构和专业化队伍的地方应当保持和巩固。二是强化未成年人刑事检察专业人员配备。案件量较小、指定专人办理未成年人刑事案件的地方实行检察官办案责任制的，指定的专人应当具有主任检察官资格。三是采取多种形式开展岗位练兵、业务培训和业务竞赛活动，着力建立一支素质、业务过硬的未成年人刑事检察队伍。四是制定未成年人刑事检察岗位素能基本标准，推进未成年人刑事检察队伍专业化、职业化建设"。

曹建明检察长指出："加强对未成年人的司法保护，关系到未成年人的健康成长，也关系到国家和民族的长远发展，既是全社会的共同责任，也是检察机关的重要职责。"

2015年5月12日，最高人民检察院制定下发了《检察机关加强未成年人司法保护八项措施》，从整体内容上看，可以分为两大部分，第一部分（第1

条至第5条）突出强调了检察机关在保护未成年人权利和合法权益方面应当切实履行的五项职责，包括严厉惩处各类侵害未成年人的犯罪、努力保护救助未成年被害人、最大限度教育挽救涉罪未成年人、积极参与犯罪预防和普法宣传工作等；第二部分（第6条至第8条），则强调了职责履行到位需要建立和完善三项制度机制，包括建立检察机关内部保护未成年人联动机制、推动完善政法机关衔接配合以及与政府部门、未成年人保护组织等跨部门合作机制、推动建立未成年人司法借助社会专业力量的长效机制。姚建龙教授认为，该八项措施具有充分发掘检察职能与未成年人保护相关性，把未成年人保护责任与检察机关法定职责有效地结合起来，而不是强调所谓职能的特殊性及其与未成年人保护的无关性，"为国家机关如何履行未成年人保护职责提供了值得赞赏的范例"；宋英辉教授认为，该八项措施体现了在保护的对象、内容、方式方法上的全面性、全方位性和综合性（强调对未成年人司法保护对象范围的全覆盖：涉罪未成年人、未成年被害人以及检察机关办理所有案件过程中涉及的未成年人；强调发挥全部检察职能，利用各检察工作环节和诉讼阶段，无论是审查批捕、起诉，还是职务犯罪侦查、诉讼活动监督等，都要注重加强对未成年人的司法保护，促进国家对未成年人保护的法律规定、福利政策落实到位；强调各种特殊保护制度和保护手段的全运用），"标志着未成年人司法保护向综合保护迈出了重要一步"。

2015年8月26—27日最高检在江苏无锡召开全国未检工作座谈会，主题确定为未检专业化、规范化建设；孙谦副检察长在讲话中明确指出：加强未成年人检察的专业化、规范化建设，这是做好未成年人检察工作的前提和基础。

国外少年司法一般是法院为中心，未成年人刑事案件的先议权在法院；我国是检察机关具有先议权，检察机关是国家法律监督机关（并非仅控诉）。龙宗智教授认为，检察机关侦查、批捕权的享有及公诉权的独占，对未成年人刑事政策的贯彻，包括非罪化、非监禁化的实现，发挥着关键的作用；同时，检察机关的法律监督角色与权能，为拓展工作空间、争取各方面支持创造了有利条件。因此，检察机关在少年司法改革与司法政策的贯彻中应当而且也能够发挥重要的功能作用。曹建明检察长多次强调：从批捕、起诉、审判、执行到刑满释放，贯穿了整个刑事诉讼过程，在未成年人司法保护工作上，检察院比法院环节更多，涵盖了整个司法过程，任务也更重。

题2：法律要求公安、司法机关办理未成年人刑事案件应当坚持"教育、感化、挽救"方针和"教育为主、惩罚为辅"原则，因此教育、感化、挽救工作是未检工作的重要内容。最高人民检察院原副检察长朱孝清就曾讲过，从某种意义上说，未检工作主要的不是办案，而是结合办案做涉罪未成年人的教育、感化、挽救工作。请结合以下案例描述（根据网上报道编辑、整理）及工作实践，谈谈教育、感化、挽救工作如何开展以及应当注意哪些问题。要求不少于1000字。

　　生母早逝的赵某在1991年16岁时，因与继母不睦离家出走，成为浪迹街头的"小混混"。这年3月中旬的一天下午，他用自行车的铁链条勒昏一名上班途中的妇女，劫得现金130元、手表1块。一周后，他又在中午时分与一名同伙将匕首架到别人的脖子上行劫，抢走一名男青年的手表。抓捕归案两个月后，赵某被法院一审以抢劫罪判处有期徒刑12年，女法官是该案的审判长。赵某以量刑过重为由提起上诉，中院终审维持原判。第二年，在当地关工委牵头下，女法官到少管所开展帮教活动，她给赵某带去了钢笔和笔记本，开始了对他的漫长帮教。1994年，女法官收到赵某在狱中给她写的第一封信，信中直白地表达了对她的仇恨："当我接到判决书时，我心里非常恨你。"有同事看了信后劝她："还是不要理他的好。"女法官说："赵某人很聪明，走到这一步非常可惜，如果能够改造好的话，会成为一个对社会有用的人。"于是，她给赵某回了信。在接下来的往来书信中，赵某多次向女法官表示对刑期和牢狱生活的抱怨，他在信中说自己屡屡违反监规，不愿劳动，软磨硬抗，拒绝改造。女法官针对他顽劣本性背后的孤独与虚弱，仔细捕捉他人性中善良因子的萌芽，始终以一个大姐的身份进行正面开导。长期的通信交流中，女法官的真诚和耐心渐渐融化了赵某心中的坚冰。他在不同的信中写道："原来，每当我想起自己的刑期就会想起你，心中对你有种说不出的恨。而现在，我的想法改变了，除了家人，你是我最信任的大姐了。""是你的来信解脱了我内心的烦恼，教我怎样做人，怎样生活……所以我尊敬你，愿把心里话告诉你。"由于心灵的严重扭曲，赵某对人生的看法是迷茫的。他在给女法官的一封书信中说："我觉得人活在世上就应该有所追求，不管是好的，还是坏的。只要有追求，他就不枉来到这个世上。你说对吧……"在女法官留存的5封书信草稿中，恰恰有一封是纠正他这一错误人生观的回信："不错，人应该有追求，但应该且必须追求美好的东西。我始终认为，人还是应以善为本，要善待人生、善待他人才好。如果人人都不择手段满足自己的私欲，人人都把自己的快乐建立在别人的痛苦之上，那么人世间还有什么善恶之分？因此，我希望你从良向善……"从赵某的回信可以看出，在女法官的鼓励下，他读了不少有益于自身改造的书。通过书信的来往，赵某信里的错别字少了，字也写得娴熟流畅了，言语表达也较从前更通顺了。他参加了篮球队、电声乐队，还在狱中学了医。初入医训班，赵某给"大姐"写信，对自己能否完成学业表示担忧，同时告诉女法官自己学得很刻苦。"看着你能这么用功，我真的很高兴"，"我内心是一直将你当我的弟弟看的。"女法官回信说。1995年8月1日赵某写信告诉女法官,自己在医训班上的5门课程考试成绩都在85分以上。女法官回信:"看到你能以每科85分以上的成绩结束一学期的学习,真是倍感欣慰,不过可不要骄傲噢!要继续加倍努力,才会有好的收获。"在女法官的耐心帮教下,赵某产生了积极改造争取减刑的念头,还在信中表示:"要把刑期变成学期。"赵某前后被减刑1年零6个月,于2001年9月提前刑满释放。获释后第二天,他便找到法院,在女法官面前长跪不起。刚刚出狱时,赵某的确想有一番作为。因为在监狱学过医,他跑了多家医院想谋一份差事,可几个月过去了,没有任何进展。女法官知道后,通过熟人为他联系医院的工作,也总是碰壁。她又帮忙联系私人诊所和其他工作,但都因赵某有前科而被拒之门外。不能自立的赵某只好依靠姐姐的接济。后来,女法官曾多次上他家,想了解他的近况,但没法联系上他。出狱不到一年,赵某又因犯盗窃罪被判徒刑。赵某第二次跨出监狱后重新走入他那个劣迹斑斑的"社交圈子",一次酒桌上一帮狐朋狗友的强盗逻辑,竟让他把10年铁窗生活的怨恨和对社会的仇视统统集中在了女法官身上,他把自己不能融入社会,遭受冷眼和歧视,都归根于法官的无情!于是,他开始了报复计划。2004年5月12日13时30分左右,出狱刚4个月的赵某,携刀窜到女法官家中要钱遭拒绝后,立即对女法官实施捆绑,强行索要。女法官大声对其进行斥责和警告,赵某拔出随身携带的尖刀,朝女法官的左颈部、左胸部等处连刺十余刀,将女法官杀害。同年8月2日,中院一审依法判处赵某死刑,赵某没有上诉,经过死刑复核后被押往刑场执行枪决。

题3:参考下面资料,结合工作实际,请谈谈目前未检工作存在的问题以及你对解决这些问题的思考?(或者修改后刑事诉讼法设立了"未成年人刑事案件诉讼程序",请谈谈你对这一程序的认识)要求不少于1000字。

2014年全国人大常委会执法检查组对《未成年人保护法》及相关法律规定的实施情况进行了全国范围检查,8月25日,王胜俊副委员长在第十二届全国人大常委会第十次会议上所作的《全国人大常委会执法检查组关于检查〈中华人民共和国未成年人保护法〉实施情况的报告》中指出,目前在未成年人司法保护方面存在以下问题:一是"对侵害未成年人人身安全的违法犯罪行为打击不力,一些犯罪行为没有及时发现和依法惩处,导致对犯罪分子威慑不足,发案数量居高不下";二是"贯彻落实刑事诉讼法对未成年人诉讼程序的规定不够,未成年人轻罪犯罪记录封存执行不严,社会调查、强制辩护存在走形式、走过场现象";三是"全面准确执行未成年人司法保护规定有偏差,过分强调对涉罪未成年人的司法保护,使一些犯有严重罪行的未成年人没有得到应有惩戒和警示，忽视对未成年被害人的保护和救助"；四是"对附条件不起诉的未成年人缺乏考察和行为矫治措施。个别地方没有执行分别关押和分案处理规定，没有落实办案人员专业化要求"。

2014年上半年，某省院开展了全省未检办案质量评查，评查活动分为两个阶段，一是各市级院对所辖基层院办理的未成年人刑事案件进行自查；二是将全省划分为五个片区，省院组成评查小组赴各片区，通过案件管理系统，以市级院为单位进行案件抽查。共抽查65件，覆盖了全省22个市分州；案件类型涉及盗窃（19件）、抢劫（13件）、故意伤害（11件）、故意杀人（4件）等19个罪名；其中，不起诉案件6件（包括附条件不起诉案件2件），其他为起诉案件。

从自查和抽查情况来看，存在以下问题：一是没有切实贯彻"少捕慎诉少监禁"原则，可捕可不捕的一捕了之、可诉可不诉的一诉了之。二是不注意核实犯罪嫌疑人的辩解，没有考虑到未成年人的特点，对应当认定自首等法定情节的没有认定，对共同犯罪没有区分主从犯等，导致部分案件实体处理存在偏差。三是评查案件中90%以上的案件在逮捕阶段没有听取律师意见，80%的案件在审查起诉阶段没有听取律师意见或没有记录在案，有34个案件没有做社会调查，占抽查案件总数的52.3%；为图方便，在没有通知法定代理人情况下直接通知合适成年人到场，或造假；没有准备个性化的帮教预案，法庭帮教走形式等。四是怠于履行监督职能。公安机关没有落实法律援助、讯问未成年人时没有通知合适成年人到场、伪造合适成年人签名、讯问女性未成年人没有女性侦查员在场等问题没有提出纠正意见；对于法院赃款赃物处置不当、超过审理期限、判决书认定犯罪事实错误、适用法律错误、量刑不当等没有予以监督等。

附：《Last hope of G》节选

序

呐，你相信奇迹吗？
你相信奇迹会发生在不久的将来吗？
你相信我们的未来会因为奇迹而变得美好吗？
前人耕耘，后人收获。
你愿意为后人的幸福而甘愿奉献自己吗？
我们不会是这个世界最后的耕耘者，但我们将会是这个世界最后的希望。

——韩暖尘

2033年，第一个超能力者被发现了。拥有超能力的人颠覆了一切常识，使得科学家们无法用其他词汇去形容。与其让传言变成恐慌的源头，各国政府决定公开超能力者的存在。随即，大量的超能力者被发现。

超能力者，顾名思义，有着超越常人能力的人类。这些能力有的是利用基因的自主变革强化身体甚至改造身体，有的则是超自然的，基本无法用科学来解释的。

为了搞清超能力者们的真面目，世界各国掀起了人体试验的狂潮——这种事情并没有发生。其原因是，超能力者普遍都是12岁到20岁的青少年，而且超能力者们的能力会在18岁开始衰弱，到20岁完全消失，之后无论用怎样精密的仪器进行检验，都只能得出与常人无异这样的结论。如果用青少年做人体试验的话，即便是自愿也绝不能允许，这样的道德底线在公布超能力者的同时被公布了出来。

"绝对不允许任何国家或个人利用超能力者进行人体试验。"被写入了联合国公约。

虽然不能进行人体试验，但是在超能力者同意的情况下对超能力者进行无害检查是可以做到的。

于是科学家们根据得到的数据得出了以下结论：

1. 是否为超能力者在其能力觉醒前是无法被检查出来的。

2. 任何一个 12 岁到 18 岁的孩子都可能觉醒超能力。

3. 超能力者的体内会凝聚一个无法被取出的、纳米型的基因球，这使得觉醒了能力的超能力者会被仪器轻易检查出来。

4. 大量数据表明，基因球像人体细胞一样有寿命，会在 20 岁后完全死亡并被人体免疫系统消灭。

5. 超能力者的能力都有一定的使用限制，同样的能力，不同的人、在同一时间内可以使用的次数也会不同。

超能力者的出现使得世人再一次重新审视未成年人。

超能力者不断出现，随之而来的则是犯罪低龄化问题日渐突出。以至于有的国家甚至动用武力对犯罪的超能力者进行镇压。

对超能力者的镇压行为使得人人自危，也使得世界各国再也无法对此事放置不管。

2035 年，第 90 届联合国会议在日内瓦举行。

会议决定提出将以下几条列入联合国公约。

第一，各国尽全力消除一切对超能力者的歧视。

第二，任何国家不得动用军队，或是等同于军队的力量对付超能力者，任何国家、宗教、组织不得宣扬超能力者威胁论。

第三，超能力者享有一切一般未成年人应当享有的权利。

第四，违反以上三条的国家将被驱逐出联合国并成为联合国公敌。

第五，各国倾尽全力对超能力者进行引导教育。

第六条，联合国正式把超能力命名为 Gift，把超能力者命名为 Gift 拥有者……

"以上是这次考试的考试范围，我本来也没希望你们这群家伙能听课，但起码把考试内容给我死死地印到脑袋里！"

……

主要参考文献

（按文献出版或者发表先后顺序排列）

一、参考书目

1. 姚建龙：《长大成人：少年司法制度的构建》，中国人民公安大学出版社 2003 年版。
2. 张立兆主编：《检察视野中的未成年人维权》，中国检察出版社 2004 年版。
3. 姚建龙：《少年刑法与刑法变革》，中国人民公安大学出版社 2005 年版。
4. 王雪梅：《儿童权利论》，社会科学文献出版社 2005 年版。
5. 莫洪宪：《中国青少年犯罪问题及对策研究》，湖南人民出版社 2005 年版。
6. 彭东、张寒玉：《检察机关不起诉工作实务》，中国检察出版社 2005 年版。
7. 张鸿巍：《少年司法通论》，人民出版社 2008 年版。
8. 卢琦主编：《中外少年司法制度研究》，中国检察出版社 2008 年版。
9. 姚建龙主编：《中国少年司法研究综述》，中国检察出版社 2009 年版。
10. 姚建龙：《超越刑事司法——美国少年司法史纲》，法律出版社 2009 年版。
11. 姚建龙：《中国青少年犯罪研究综述》，中国检察出版社 2009 年版。
12. 姚建龙：《权利的细微关怀——"合适成年人"参与未成年人刑事诉讼制度的移植与本土化》，北京大学出版社 2010 年版。
13. 宋英辉、甄贞主编：《未成年人犯罪诉讼程序研究》，北京师范大学出版社 2011 年版。
14. 宋英辉主编：《刑事和解制度研究》，北京大学出版社 2011 年版。
15. 张智辉主编：《附条件不起诉制度研究》，中国检察出版社 2011 年版。
16. 沈志先主编：《未成年人审判精要》，法律出版社 2012 年版。

17. 宋英辉、何挺、王贞会等：《未成年人刑事司法改革研究》，北京师范大学出版社 2013 年版。

18. 姚建龙、田相夏：《合适成年人与刑事诉讼——制度渊源、演进与未来》，中国人民公安大学出版社 2014 年版。

19. 姚建龙著：《青少年犯罪与司法论要》，中国政法大学出版社 2014 年版。

20. 苗生明、叶文胜主编：《附条件不起诉的理论与实践》，法律出版社 2015 年版。

二、参考文章

1. 孙谦、黄河：《少年司法制度论》，载《法制与社会发展》1998 年第 4 期。

2. 王雪梅：《少年诉讼权利的保护与完善》，载《青少年事务与政策研究报告》，天津社会科学院出版社 2003 年版。

3. 姚建龙：《未成年人犯罪非监禁化的理念与实现》，载《政法学刊》2004 年第 10 期。

4. 牛忠志、姚桂芳：《中外少年刑法若干问题比较研究》，载《政法论丛》2004 年第 6 期。

5. 龙宗智：《检察官自由裁量权论纲》，载《人民检察》2005 年第 8 期。

6. 皮艺军：《儿童权利的文化解释》，载《山东社会科学》2005 年第 8 期。

7. 徐美君：《未成年人刑事诉讼特别程序的理论基础》，载《青少年犯罪问题》2005 年第 4 期。

8. 储昭义：《刑事责任能力论》，华东政法学院 2005 年硕士学位论文。

9. 樊崇义、叶肖华：《论我国不起诉制度的构建》，载《山东警察学院学报》2006 年第 1 期。

10. 姚建龙：《论少年刑法》，载《政治与法律》2006 年第 3 期。

11. 王雪梅：《论少年司法的特殊理念和价值取向》，载《青少年犯罪问题》2006 年第 5 期。

12. 姚建龙：《未成年死刑犯的废除与美国少年司法的走势》，载《青少年犯罪问题》2007 年第 7 期。

13. 樊荣庆：《德国少年司法制度研究》，载《青少年犯罪问题》2007 年第 3 期。

14. 姚建龙：《国家亲权理论与未成年人司法——以美国未成年人司法为

中心的研究》，载《法学杂志》2008年第3期。

15. 吴晓萍：《论我国刑事责任年龄阶段的划分》，华东政法学院2008年硕士学位论文。

16. 葛懿：《论我国少年刑事责任制度》，西南政法大学2008年硕士学位论文。

17. 宋英辉等：《公诉案件刑事和解实证研究》，载《法学研究》2009年第3期。

18. 潘效国：《意大利的青少年犯罪与青少年司法状况》，载《青少年犯罪问题》2009年第1期。

19. 皮艺军：《中国少年司法理念与实践的对接》，载《青少年犯罪问题》2010年第6期。

20. 赵秉志、袁彬：《我国未成年人犯罪刑事立法的发展与完善》，载《中国刑事法杂志》2010年第3期。

21. 徐志林：《上海工读教育面临的问题与对策研究》，载《青少年犯罪问题》2010年第1期。

22. 宋英辉：《未成年人刑事司法的模式选择与制度构建》，载《人民检察》2011年第11期。

23. 卞建林：《我国刑事强制措施的功能回归与制度完善》，载《中国法学》2011年第6期。

24. 田相夏、姚建龙《未成年人强索类案件疑难问题与破解》，载《青少年犯罪问题》2011年第5期。

25. 郝银钟、盛长富：《未成年人司法的国家亲权悖论与修正》，载《法律适用》2011年第5期。

26. 姚建龙：《未成年人审前羁押制度检讨与改进建议》，载《中国刑事法杂志》2011年第4期。

27. 张璇：《中国少年司法制度建构的相关问题探讨——以美国少年司法制度为借鉴》，中国政法大学2011年博士学位论文。

28. 王文军：《刑事责任年龄的反思与重构——兼议刑事责任能力》，华东政法学院2011年硕士学位论文。

29. 金磊：《试论我国最低刑事责任年龄的降低》，西南政法大学2011年硕士学位论文。

30. 陈光中：《刑事诉讼法修改与未成年人刑事案件诉讼程序的创建》，载《预防青少年犯罪研究》2012年第5期。

31. 宋英辉、王贞会：《刑事强制措施修改若干问题》，载《暨南学报》

（哲学社会科学版）2012 年第 1 期。

32. 卞建林、李婵媛：《未成年人犯罪案件诉讼程序的立法完善》，载《青少年犯罪问题》2012 年第 1 期。

33. 卞建林：《论我国审前羁押制度的完善》，载《法学家》2012 年第 3 期。

34. 宋英辉：《刑事诉讼法修改与未成年人立法》，载《预防青少年犯罪研究》2012 年第 5 期。

35. 宋英辉：《特别程序彰显对未成年人特殊保护》，载《检察日报》2012 年 4 月 2 日第 3 版。

36. 李振武：《对符合条件的非本地户籍的未成年被告人应平等适用缓刑——从一例涉未成年被告人上诉案谈起》，载《预防青少年犯罪研究》2012 年第 7 期。

37. 程晓璐：《中国少年检察官的角色变迁与定位》，载《预防青少年犯罪研究》2012 年第 1 期。

38. 田宏杰、温长军：《超越与突破：未成年人刑事检察工作机制研究——兼及未成年人刑事案件公诉体系的构建》，载《法学杂志》2012 年第 11 期。

39. 黄太云：《刑事诉讼法修改释义》，载《人民检察》2012 年第 8 期。

40. 李琴：《美国青少年犯刑罚替代措施》，载《中国刑事法杂志》2012 年第 5 期。

41. 姚建龙：《转型社会的青少年控制》，载《社会科学家》2012 年第 4 期。

42. 孙道萃：《论未成年人羁押必要性的审查机制——以犯罪分层理论为基础》，载《预防青少年犯罪研究》2012 年第 4 期。

43. 张寒玉：《继往开来 锐意进取 努力开创未成年人刑事检察工作新局面》，载《人民检察》2012 年第 13 期。

44. 于天敏：《未成年人刑事案件审查逮捕程序改革探索专题》，载《人民检察》2012 年第 12 期。

45. 张寒玉：《未成年人刑事检察制度若干问题探讨》，载《刑事司法指南》2012 年第 4 辑。

46. 张寒玉：《解读〈最高人民检察院关于进一步加强未成年人刑事检察工作的决定〉》，载《刑事法律文件解读》2012 年第 11 期。

47. 陈光中、龙宗智：《关于深化司法改革若干问题的思考》，载《中国法学》2013 年第 4 期。

48. 彭东、张寒玉：《美国加拿大少年立法、司法现状及其启示》，载《人民检察》2013 年第 15 期。

49. 皮艺军：《十四期寄语——生物本能与少年越轨》，载《青少年犯罪问题》2013 年第 2 期。

50. 王晓萍：《未成年人捕后判轻刑问题研究》，载《法制与经济》2013 年第 11 期。

51. 李强、朱婷：《新刑事诉讼法实施后审查批准逮捕制度运行的调研报告》，载《中国刑事法杂志》2013 年第 12 期。

52. 刘宏武、孟庆：《"径行逮捕"之规范目的与适用》，载《人民检察》2013 年第 5 期。

53. 张寒玉、吕卫华：《附条件不起诉制度若干问题研究》，载《人民检察》2013 年第 9 期。

54. 王娜：《法国未成年人司法制度的变迁——兼论对中国未成年人司法制度完善的启示》，载《青少年犯罪问题》2013 年第 3 期。

55. 谢丽珍：《未成年人犯罪记录封存制度的反思与重构》，载《青少年犯罪问题》2013 年第 6 期。

56. 庄乾龙：《未成年人犯罪特别程序之定位》，载《青少年犯罪问题》2014 年第 3 期。

57. 宋英辉：《实行帮教与预防一体化促进未成年人健康成长》，载《人民法院报》2014 年 5 月 29 日第 5 版。

58. 张寒玉：《解读〈人民检察院办理未成年人刑事案件的规定〉》，载《刑事法律文件解读》2014 年第 4 期。

59. 张寒玉、陆海萍、杨新娥：《未成年人检察工作的回顾与展望》，载《预防青少年犯罪研究》2014 年第 5 期。

60. 石艳芳：《青少年犯罪何以频发：我国青少年犯罪原因新探》，载《青少年犯罪问题》2014 年第 1 期。

61. 宋英辉：《司法改革背景下未检机构何去何从》，载《检察日报》2015 年 2 月 27 日第 3 版。

62. 宋英辉：《完善对公安派出所刑事侦查监督机制》，载《检察日报》2015 年 6 月 22 日第 3 版。

63. 岳慧青：《司法改革背景下的未成年人检察体制改革》，载《青少年犯罪问题》2015 年第 1 期。

64. 戴铁浩：《禁止"威胁、引诱、欺骗"与讯问策略》，载《净月学刊》2015 年第 2 期。

65. 冯春萍、徐思源：《我国未成年人犯罪现状及预防研究》，载《新教育》2015 年第 13 期。

66. 毕亮杰、薛文超：《径行逮捕制度质疑》，载《广西政法管理干部学院学报》2015 年第 1 期。

67. 张寒玉、白洁：《〈最高人民检察院关于进一步加强未成年人刑事检察工作的通知〉解读》，载《刑事司法指南》2015 年第 1 辑。

68. 陈国庆、张寒玉、白洁：《〈检察机关加强未成年人司法保护八项措施〉解读》，载《检察调研与指导》2015 年第 3 辑。

69. 宋英辉、苑宁宁：《少年司法与法律体系建构需进一步改进》，载《检察日报》2016 年 6 月 30 日第 3 版。

70. 杨新娥：《未检检察官的角色定位》，载《探索与梦想——未成年人检察 30 周年纪念文集》，中国检察出版社 2016 年版。

71. 张寒玉、王英：《应对未成年人犯罪低龄化问题之制度建构与完善》，载《青少年犯罪问题》2016 年第 1 期。

72. 张寒玉、王英：《落实附条件不起诉制度重点问题解析》，载《青少年犯罪问题》2016 年第 3 期。

73. 宋英辉、张寒玉、王英：《特别程序下逮捕未成年制度初探》，载《青少年犯罪问题》2016 年第 5 期。

后　记

　　2017年的春节，没有回山东老家，也没有外出旅游，除了大年三十和初一休息两天，其余所有的时间都用来修改和完善这本书稿。尽管此刻，我依然有很多的不太满意，觉得很多地方还可以再修改，但是我知道，此刻我最需要的是接纳自己和这本书的不完美，相信它会在未来的岁月里得以不断完善，尽管永不可能到达完美。回顾参与写作此书的过程，此刻感触最深的是感恩。

　　2013年6月，干过公诉、民行、预防工作的我来到未检。同事都很羡慕我去了一个清闲的小部门，未检嘛，案子数量少，案情简单，孩子又没有太多心眼……但真的开始干，曾经是公诉席上的"孙二娘"、干过10年公诉的我就忽然发现知识不够了。以往办案，事实、证据、法律弄通弄细就可以，但未检案件办理中得找合适成年人、看看有没有法律援助、是否到位？未成年犯罪嫌疑人到底咋想的？被害人死活不开口怎么办？还有不同于公诉案件要监督侦查机关追捕追诉，法庭上斩钉截铁地说"公诉人代表本院依法对刑事诉讼全过程实施法律监督"，还得考虑怎么与公安和法院包括律师、父母、未成年人保护组织等形成教育感化挽救的合力？作为未检新人，我只能从头开始。法律法规、高检文件、宋英辉、姚建龙等少年司法领域专家的著述和全部知网论文，还有我学到的心理学知识和方法如何在未检工作各个环节运用……感谢各级领导和老师们耐心教我，感谢我遇到的每一个孩子，你们的故事和生命点亮了我的人生。

　　能够参与到这本书的写作，要感谢张寒玉处长。2016年10月，我在协助张处和最高检编写《未检工作指引》的后期，她邀请我参与本书的撰写，把我们不被认可的观点和方案在这里尽情地表达。虽然我深知自己理论素养和实践经验严重不足，但考虑到张处的眼睛因为多年的积劳成疾出了问题，腰部也严重受损，就答应她愿意做助手。在协助张处修改和完善的过程中我受益良多，系统地学习了她这么多年指导全国未检工作积累的理论和实践知识。可以说，本书凝聚了张寒玉处长多年的未检工作经验和思考。

　　感谢北京师范大学的宋英辉教授。在我参与本书的写作过程中，得以能够聆听他的指点，非常幸运。中国未检在司法改革中得以保留，宋老师和专家学者们尽了最大的努力。感触最深的是宋老师严于治学、宽以待人的做人态度。作为一名普通的基层未检干警，总能感觉到他的耐心、认真、细心、宽容和幽默。他一直在为了全国未成年人保护和犯罪预防而殚精竭虑，我常常不太懂事地为一个个案件、一个个问题不停地追着请教他，他总是在出差的路上或者候机或者其他间隙里耐心解答。宋老师在百忙当中给予本书深入浅出的指点，为本书增色不少。

感谢北京师范大学的何挺副教授。因为我在宁波工作，他又是宁波人，所以经常从他那里蹭指点。《未检工作指引》的修改和完善、论文和著述写作技巧和修改思路、未检工作开展和发展方向……他都一一指点。尤其是他以深厚的学术修养、严谨的逻辑思维、实证的研究方法给予本书诸多指点，让我获益良多。

感谢华东政法大学的李振林老师。从2015年10月编纂《未检工作指引》开始，从资料查找、指引修改和完善、乃至本文的撰写他都给予了最多的帮助和支持。作为刘宪权教授的得意门生，他把在刑法方面研究和著述毫无保留地教给我。他严谨的治学态度（最大限度地彰显了处女座的特质）、乐于助人的宽阔胸襟永远值得我学习。

感谢全国的未检同仁提供的诸多案例和指点，也感谢我的小伙伴们。志同道合，携手前行的日子让我勇气倍增。

这本书存在诸多不完美、不完善，恳请领导、专家学者、未检同仁、少年司法工作者给予指教。你们的指点和帮助以及关爱，将是我继续前行的最大动力。

我从事未检工作不长，确实感受到成人司法理念的惯性和制约。偶尔也会有伤心和难过的时候，曾好奇地斗胆请教过宋英辉教授，他是否也会有灰心的时候？宋老师的回答就九个字：不去努力，就没有希望。这九个字，一笔一画地镌刻在我的心上。从那一刻起，我再没有伤心和失望过。世间的事，不是因为有希望才去努力，而是因为不断地努力，才会有希望。每一份的希望，都是无数人努力换来的，莫辜负。一个更好的少年司法制度，也是如此。

是为后记。

王 英
2017年2月3日于甬城